批校经籍叢编　經部　〇一

說文解字

中國國家圖書館藏　上

〔漢〕許慎　著

〔清〕孫星衍　顧廣圻　批校

浙江古籍出版社

圖書在版編目(CIP)數據

說文解字 / (漢)許慎著;(清)孫星衍,顧廣圻批校
. -- 杭州 : 浙江古籍出版社, 2024.4(2025.1重印)
(批校經籍叢編)
ISBN 978-7-5540-2769-1

Ⅰ.①説… Ⅱ.①許… ②孫… ③顧… Ⅲ.①《説文
》 Ⅳ.①H161

中國國家版本館CIP數據核字(2023)第205358號

批校經籍叢編

説文解字

〔漢〕許慎　著

〔清〕孫星衍　顧廣圻　批校

出版發行　浙江古籍出版社
（杭州市體育場路347號　郵編：310006）
網　　址　http://zjgj.zjcbcm.com
叢書題簽　沈燮元
叢書策劃　祖胤蛟　路　偉
責任編輯　祖胤蛟
封面設計　吴思璐
責任校對　吴穎胤
責任印務　樓浩凱
照　　排　浙江大千時代文化傳媒有限公司
印　　刷　浙江海虹彩色印務有限公司
開　　本　889 mm × 1194 mm　1/16
印　　張　75.5
字　　数　480千
版　　次　2024年4月第1版
印　　次　2025年1月第2次印刷
書　　號　ISBN 978-7-5540-2769-1
定　　價　780.00圓

批校經籍叢編序

古籍影印事業久盛不衰，造福於古代文獻研究者至廣至深，電子出版物相輔而行，益令讀者視野拓展，求書便捷。今日讀者泛覽所及，非僅傳世宋元舊槧、明清秘籍多見複製本，即公私各家所藏之稿本、抄本及批校本，亦多經發掘，足備檢閲。昔人所謂『文獻足徵』之理想，似已不難實現。回溯古籍影印之發展軌跡，始於單種善本之複製，進而彙聚衆本以成編，再則拾遺補缺，名目翻新，遂使秘書日出，孤本不孤，善本易得。古人之精神言語至今不絶，國人拜出版界之賜久且厚矣。處此基本古籍多經影印之世，浙省書業同仁穿穴書海，拓展選題，兹將推出『批校經籍叢編』。

昔人讀書治學，開卷勤於筆墨，舉凡經史諸子、訓詁小學、名家詩文，誦讀間批校題識，乃爲常課。後人一編在手，每見丹黄爛然，附麗原書，詁經訂史，本色當行，其批校未竟者，覽者每引爲憾事。古籍流轉日久，諸家批校又多經增損，文本歧出，各具異同，傳本既夥，遂形成『批校本』之版本類型，蔚爲大觀。古籍書目著録中，通常於原有之版本屬性後，加注批校題跋者名氏。今人編纂善本目録，遇包含批校題跋之文本，即視其爲原本以外另一版本。

古書流傳後世，歷經傳抄翻刻，版本既多且雜，脱訛衍誤，所在不免。清人讀書最重校勘，尤於經典文本、傳世要籍，凡經寓目，莫不搜羅衆本，字比句櫛，列其異同，疏其原委，賞奇析疑，羽翼原書。讀書不講版本，固爲昔人所笑，而研究不重校勘，賢者難免，批校本之爲用宏矣。前人已有之批校，除少量成果刊佈外，殘膏賸馥，猶多隱匿於各家所庋批校本中，發微闡幽，有待識者。

批校本爲古今學人心力所萃，夙受藏書家與文獻學者重視。余生雖晚，尚及知近世文獻大家之遺範，其表表者當推顧廷龍、王欣夫諸前輩。兩先生繼志前賢，好古力學，均以求書訪書、校書編書以終其身，其保存與傳播典籍之功，久爲世人熟稔，而溯其治學成果，莫不重視批校本之搜集與整理。顧老先後主持合衆、歷史文獻及上海圖書館，諸館所藏古籍抄稿本及批校本，林林總總，數以千計，珍同球璧，名傳遐邇，至今仍播惠來學，霑溉藝林。欣夫先生亦文獻名家，平生以網羅董理前賢未刊著述爲職志，其藏書即以稿抄本及批校本爲重點，傳抄編校，終身不懈，所著《蛾術軒篋存善本書録》含家藏善本千餘種，泰半皆稿抄、批校本，通行刊本入録者，亦無不同時並載前人批校。先生學問博洽，精於流略，於批校本鑒定尤具卓識，嘗謂前人集注、集釋類專著，多采摭諸家批校而成，如清黄汝成編《日知録集釋》，於光大顧亭林學術影響甚鉅，而未采及之《日知録》批校本，猶可爲通行本補苴。先生於批校本之整理實踐，又可以編纂《松崖讀書記》爲例。先生自少即有志輯録清代考據學大家惠棟批校成果，分書分條，隨得隨録，歷時久而用力深，所作『輯例』，雖爲《讀書記》而作，實則金針度人，已曲盡批校本之閫奥，不辭覼縷，摘録於次：

一、是書仿長洲何（焯）《義門讀書記》、桐城姚範《援鶉堂筆記》例，據先生校讀羣書或傳録本，案條輯録。先采列原文，或注或疏，或音義，次空一字録案語。如原文須引數句或一節以上者，則止標首句而繫『云云』二字於下，以省繁重，蓋讀此書者，必取原書對讀，方能明其意旨也。

二、所見先生校讀之書，往往先有先生父半農先生評注，而先生再加校閲者，大概半農先生多用朱筆，先生多用墨筆。然亦有爲例不純、朱墨錯出者。原本尚可據字跡辨認，傳録本則易致混淆，故間有先後不符、彼此歧異者，亦有前見或誤，後加訂正，於此已改而於彼未及者，可見前哲讀書之精進。今既無從分析，衹可兩存之，總之爲惠氏一家之學而已。

三、原書於句讀批抹，具有精意，足以啟發讀者神智。本欲仿歸、方評點《史記》例詳著之，因瑣碎過甚，卷帙太鉅，又傳録本或有衹録校語而未及句讀批抹者，故未能一一詳之也。

四、凡傳録本多出一時學者之手，故詳審與手蹟無異，每種小題下必注據某某録本，以明淵源所自。録者間有校語，則附録於當條下。

五、先生羣經注疏校閲本，其精華多已采入《九經古義》。今所輯者皆隨手箋記，本有未定之説，或非精詣所在，然正可見先正讀書之法。若以『君子不示人以璞』之語爲繩，則非輯是編之旨也。

六、《左傳補注》已有專書，故兹編不列，其《讀説文記》傳抄本最多，其刻入《借月山房叢書》、《小學類編》者，亦出後人綴集，茲以便學者，不煩他求，故仍列入焉。

七、先生所著《更定四聲稿》，其目志傳藝文均不載，僅一見於顧（廣圻）傳録先生所校《廣韻跋》中。前年偶於坊間得朱（邦衡）手抄殘本五册，吉光片羽，亦足珍貴，重爲案韻排比，録附於後，尚冀異日全稿發現，以彌闕憾。

八、先生《文抄》，今所傳貴池劉氏《聚學軒叢書》二卷本，係出新陽趙元益所抄集，其未刻遺文（見於印本或墨蹟者），據所見附輯附後。

九、茲編所輯，僅據所藏所見者隨得隨録，其或知而未見、見而未能借得，及未知、未見者，尚待續輯，望海内藏書家惠然假讀，補所未備，是所禱耳。

十、是編之輯已歷十稔，所據各本除自有外，多假諸同好摯友，如常熟瞿氏（啓甲、熙邦）鐵琴銅劍樓、丁氏（祖蔭）緗素樓、杭縣葉氏（景葵）卷盦、吴興劉氏（承幹）嘉業堂、至德周氏（暹）自莊嚴堪、貴池劉氏（之泗）玉海堂、吴縣潘氏（承謀）彦均室、顧氏則奐過雲樓，及江蘇國學圖書館、上海涵芬樓，皆助我實多，用志姓氏於首，藉謝盛誼。

先生矻矻窮年，成此巨編，遺稿經亂散佚，引人咨嗟。先生輯録方式以外，今日利用古籍普查成果，網羅羣書，慎擇底本，影印『惠氏批校本叢書』，足與輯本方駕齊驅，而先生所記書目，猶可予以擴充。又所記底本有録自『手蹟真本』者，有從『録本』傳抄者，可知名家批校在昔已見重學林，原本、過録本久已並存。如今天下大同，藏書歸公，目録普及，技術亦日新月異，以影印代替輯録，俾原本面貌及批校真蹟一併保存，仿真傳世，其保護典籍之功，信能後來居上。

浙江古籍出版社編輯諸君，於古籍影印既富經驗，又於存世古籍稿抄批校本情有獨鍾，不辭舟車勞頓，目驗原書，比勘覆覈，非僅關注已知之名家批校本，又於前人著録未晰之本，時有意外發現，深感其志可嘉而其事可行。而入選各書，皆爲歷代學人用力至深、批校甚夥之文本，而毛扆、黄丕烈、盧文弨、孫星衍、顧廣圻等人，均爲膾炙人口之校勘學家。出版社復精心製版，各附解題，索隱鉤玄，闡發其藴。此編行世，諒能深獲讀者之歡迎而大有助於古代文獻研究之深入。

本叢書名乃已故沈燮元先生題署，精光炯炯，彌足珍貴。憶昔編輯部祖胤蛟君謁公金陵，公壽界期頤，嗜書如命，海内所共知，承其關愛，慨然賜題，不辭年邁，作書竟數易其紙。所惜歲月如流，書未刊行而公歸道山，忽已期年。瞻對遺墨，追懷杖履，益深感慕焉。

甲辰新正雨水日，古烏傷吴格謹識於滬東小吉浦畔

出版説明〔一〕

董婧宸

在國家圖書館所藏的衆多清人批校本中，孫星衍、顧廣圻批校《説文解字》（善07315），是尤爲獨特的〔二〕。在這部十二厚册的《説文解字》中，並没有太多惹人注意的藏印，却有着朱墨爛然的校語和簽條。這部《説文》上的批校意見，來自洪頤煊、嚴可均、孫星衍、顧廣圻〔三〕。在校語之旁，尚有不少圈點和塗抹，甚至是毫不留情的大叉。在這部《説文》校本背後，塵封着怎樣的《説文解字》校勘和刊刻往事？它與孫星衍主持刊行的平津館本《説文解字》有着怎樣的聯繫？它又與署『歸安姚文田、烏程嚴可均同撰、孫星衍商訂』的《説文校議》、顧廣圻著《説文辨疑》《説文考異》等《説文》學著作有着怎樣的聯繫？兹不避繁瑣，覼縷述之。

一、國圖藏孫星衍、顧廣圻校本《説文解字》概況及其遞藏

國圖藏孫星衍、顧廣圻校本《説文解字》，是乾隆年間浙江地區自毛氏汲古閣本五次剜改本翻刻的翻本甲〔四〕。這一版本，也是乾隆嘉慶間較爲通行的《説文》刻本之一。

就分册和藏印而言，此本標目至二上、二下至三下、四上至四下、五上至五下、六上至六下、七上至七下、八上至九上、九下至十下、十一上至十二上、十二下至十三下、十四上至十四下、十五上至十五下各一册，共十二册。標目首葉鈐有『葉印鳳毛』白方、『恒齋』朱方，『王岡印』朱方、『南石』白方，『王穉之印』白方，『涵芬樓』朱長、『海鹽張元濟經收』朱方，『北京圖書館藏』朱方。卷十五下末葉鈐『涵芬樓藏』白方，『北京圖書館藏』朱方。其中，葉鳳毛（一七〇九—一七八一），字超宗，號恒齋。王岡（一六九七—一七七〇），字南石，號旅雲山人。葉鳳毛與王岡，均爲活躍在康熙至乾隆年間松江府南匯縣的書畫家。乾嘉之際，此書轉歸孫星衍所有。

就跋文而言，此本各卷之末，有孫星衍朱筆手跋、顧廣圻墨筆手跋數則，反映出孫星衍、顧廣圻在嘉慶年間的校勘情况。根

據跋文可知，孫星衍有兩次集中的《說文》校勘活動：其一，嘉慶十二年（一八〇七）二三月間。孫星衍自二月十日起，校《說文解字》一過，二月廿四日校訖。這一次校勘，除第十二册孫氏跋於卷十五下葉四外，其餘各册，孫氏均跋於各册末葉。據孫氏所署『平津館、讓棗軒、南枝軒』等可知，孫星衍時寓山東督糧道官舍。孫星衍旋督運北上[五]，二月廿六日至三月一日，孫氏舟行至東光時，參以《玉篇》，又校《說文》一過，並跋於卷五下、七下、九下、十下、十二上、十四下末葉，亦即第四、六、七、八、九、十一册之末。其二，嘉慶十二年十二月至嘉慶十三年（一八〇八）正月間。孫星衍自十二月十六日起，另『以額鹽臺借寄小字宋本《說文》校一過』，次年正月四日校訖。跋文中的額鹽臺，指時任兩淮巡鹽御史的額勒布[六]。這一次校勘，孫氏逐卷有跋，除卷十五下孫氏跋於葉十四外，其餘各卷，孫氏均跋於卷末，多署『平津館』，各卷跋文中均明確提及『小字宋本』或『宋本』，標目葉一天頭亦有『依宋本小字板校』的識語，知這一次校勘，孫氏寓於山東督糧道官舍，且主要據額勒布藏本校勘。顧廣圻的覆校，也有兩次較爲集中的時段。其一，嘉慶十五年（一八一〇）六月至嘉慶十六年（一八一一）八月，顧廣圻居蘇州，第一次覆校《說文解字》，集中校勘了卷一上至卷九上，共七册，除卷一下外，顧氏跋於第一、三、四、六、七册末[七]。嘉慶十八年（一八一三，癸酉）七月，顧廣圻移寓江寧孫星衍冶城山館後，又自第一册起重校，至嘉慶十九年（一八一四）校至卷五下，共校四册。顧氏僅在第一册末撰跋[八]。

就遞藏而言，孫星衍之後，此書的流傳長期不顯。一九一六年，張元濟通過黄報廷（祉安），爲涵芬樓購入此本[九]。當時供職於商務印書館的孫毓修，也曾借閲孫顧校本，並將此本上的校語，過録於自藏的毛初印本《說文解字》上。歷經一九三二年東方圖書館劫難後，孫星衍、顧廣圻校本《說文解字》於一九五三年隨涵芬樓的其他書籍一起入藏北京圖書館（今國家圖書館）。《涵芬樓燼餘書録》《北京圖書館藏古籍善本書目》著録[一〇]。

二、孫顧校本《說文解字》與平津館本《說文解字》的底本和校記

孫星衍、顧廣圻校本《說文解字》，誕生在乾嘉以來《說文解字》研究不斷推進的歷史背景下。同時，孫星衍在嘉慶年間

謀刊平津館本《説文解字》之時，曾借抄、借校宋本《説文解字》，並擬附刻校記。今孫顧校本《説文解字》上的校語，透露出孫本刊刻前後的書籍流傳和校勘情況。爲討論方便，以下分别述之。

（一）段玉裁《汲古閣説文訂》和孫星衍校刻《説文解字》

嘉慶元年（一七九六），焦循在與劉台拱的書信中，道一時風氣，言：『近時數十年來，江南千餘里中，雖幼學鄙儒，無不知有許鄭者。』[一一]在清代《説文解字》研究史上，段玉裁嘉慶二年（一七九七）撰成的《汲古閣説文訂》，影響最爲深遠。乾嘉之際，段玉裁得到藏書家周錫瓚、袁廷檮等人的幫助，獲見周錫瓚所藏毛扆手校汲古閣本《説文解字》第五次校樣、趙均抄本《説文解字》兩種大字本《説文》，並周錫瓚藏宋刻本《説文解字》、葉萬抄本《説文解字》及王昶藏宋刻本《説文解字》三種小字本《説文》，參校以徐鍇《説文解字繫傳》、李燾《説文解字五音韻譜》宋明刻本等書，考訂汲古閣本《説文解字》的版本源流、剜版情況及校改來源。經過比勘，段玉裁指出，乾嘉時期通行的汲古閣本《説文解字》，係經毛扆剜改，多取《繫傳》校改，並不如小字宋本爲善。段氏《汲古閣説文訂》以校記的方式，擇要録出各本異同並附考訂。一方面，《説文訂》喚起了乾嘉學人對《説文》宋本的關注，黄丕烈注《百宋一廛賦》，即稱《説文訂》之後，『宋本之妙，固已洗剔一新』[一二]。另一方面，《説文訂》也激起了乾嘉學人對《説文》校勘的興趣，嚴可均撰《説文訂訂》，稱《説文訂》一書，『令天下治《説文》者獲此一編，似獲數宋本也』[一三]。包括桂馥、陳鱣、錢坫、鈕樹玉等人在内的《説文》研究者，也曾過録或援引《説文訂》之説[一四]。

就孫星衍而言，孫氏『生平好《説文》』，早年即有刊刻《説文解字》之志。乾隆五十九年（一七九四），孫星衍致書段玉裁，提及『欲校訂重刊行之』，唯彼時孫氏尚擬削去新附字、反切及徐鉉、徐鍇之説[一五]。嘉慶年間，受段玉裁《汲古閣説文訂》的影響，他一方面通過借抄、借校的方式，搜討宋本，以尋覓刊刻《説文解字》的底本；另一方面，他也在從事《説文》校勘工作。嘉慶九年（一八〇四）二月，孫星衍任山東督糧道，駐德州，以『平津』顔其官舍[一六]。在平津館期間，他與幕下的洪頤煊、嚴可均一起，以《説文解字》爲校勘底本，參考《汲古閣説文訂》的校語另作校勘，並札請遠在蘇州的顧廣圻覈定校記，擬將校記作爲平津館本《說文解字》的附録刊行。嘉慶十五年（一八一〇）前後，平津館仿宋刊本《說文解字》出版。嘉慶十六年（一八一一），孫星衍致仕。退居江寧後，孫氏也曾邀請顧廣圻、嚴可均至江寧冶城山館校刊書籍。孫顧校本《說文解字》上的校語，便和孫星衍在嘉慶年間的一系列書籍校刊活動息息相關。

（二）孫星衍借抄、借校並購藏宋本《說文》與孫本《說文解字》的底本選擇

孫星衍《孫氏祠堂書目序》中道：『海内奇文秘籍，或寫或購，盡在予處。』[一七]在謀求平津館本《說文解字》的刊刻底本的過程中，孫星衍先請錢侗影抄王昶藏宋本《說文解字》，至嘉慶十三年（一八〇八）正月收到。稍早的嘉慶十二年（一八〇七）十二月，孫星衍另外借得了額勒布所藏宋本《說文解字》，便在孫顧校本《說文解字》上通校宋本一過。孫氏將額勒布藏宋本與錢侗影抄宋本略作比較後，決定以額勒布藏本爲底本翻刻。嘉慶十三年初，孫星衍將額勒布藏本轉寄給顧廣圻，由顧廣圻在蘇州孫子祠主持平津館本《說文解字》的刊刻工作。嘉慶十六年（一八一一）致仕前後，孫星衍又購得了趙宧光、錢曾舊藏另一部宋本《說文解字》。顧廣圻在寓居孫氏冶城山館時，也曾利用孫星衍所藏宋本從事校勘《說文》的工作。在孫顧校本《說文解字》和孫星衍曾經收藏的影宋抄本和宋本《說文解字》中，留下了孫氏前後購藏和校勘《說文》的曲折歷程。

嘉慶十年（一八〇五）八月，孫星衍致書錢侗，中云：

> 先從段茂堂處致一札，未知達否？弟欲重刊宋本《說文》，爲之考證于後，引各書所引《說文》之詞，訂定其是，附載各卷。即求尊書刊版，想好古如足下，必樂成人之美也。寫就寄到時，必奉潤筆，以酬雅意，千萬留意辦理。[一八]

此時，錢侗在王昶幕下，與朱文藻等人一同編纂《金石萃編》。王昶藏有宋本《說文解字》，在乾嘉時期聲名尤著，也是嘉慶二年（一七九七）段玉裁作《汲古閣說文訂》的重要參校本，錢侗曾於嘉慶十年（一八〇五）閏六月在王昶藏宋本上留下觀款[一九]。孫氏札中，雖未明確提及請錢侗影抄王昶藏本《說文》一事，但已透露出他重刊宋本《說文》並附入校記的刻書

計劃。此後，錢侗即開始襄助孫氏影抄王昶藏本《説文》。嘉慶十三年（一八〇八）正月，錢侗攜王昶本《説文解字》的影抄本至德州，孫星衍酬以工價七十兩，事見孫星衍正月七日跋錢侗抄本《説文解字》（上圖綫善756314—21）：

> 此本從王少寇藏祠宋本影鈔。戊辰正月，錢文學侗到德州見付，酬贈工價白銀七十兩。時又借得額鹽政宋本，粗校一過，大略相同，惟有一二處少異。如又部『叓』，此本作『神也』，額本仍作『引也』之類，恐是補葉改寫之異。今擬重刊，以額本爲定。宋刻如『蟬媛』『蜉游』之屬，不作『嬋媛』『蜉蝣』，勝于毛本者，指不勝屈。吾後人其寶藏之。人日記于平津館，五松居士。

此本鈐有錢侗『趙堂校本』、孫星衍『孫印星衍』『方伯監司之官』『孫伯淵宋元祕册』、洪頤煊『頤煊審定』等印章。無欄格，行款、版心處大小字及刻工、正文文字，基本依王昶本抄寫〔二〇〕。孫氏跋文提及的『叓』『蟬媛』『蜉游』，分別見孫顧校本卷三下葉七『叓』、十二下葉三『嫛』、十三上葉十五『蜉』下。不過，覆案校語可知，孫顧校本中，孫星衍僅於『叓』下校出王昶本異文，『嫛，女嫛之嬋媛』條，額勒布本與王昶本實有異文而孫氏失校王昶本〔二一〕。結合孫星衍正月四日校完額勒布藏本，正月七日始爲錢侗本撰跋的情形看，或因孫氏已校過額勒布本，故並未對後來才獲見的錢侗抄本作細緻的校勘工作。

孫星衍跋孫顧校本和錢侗抄本表明，孫星衍嘉慶十二年（一八〇七）冬借得的額勒布藏宋本《説文解字》，是孫星衍更爲重視的宋本，也是孫星衍刊平津館本《説文解字》的實際底本。該本今藏國圖（善09588）〔二二〕，明末清初，經毛晉、毛扆、季因是、季振宜、戴大章等人遞藏〔二三〕。約在乾嘉之際，該本爲寓居揚州的歙人汪灝所有，此後爲鮑志道、鮑漱芳父子遞藏。就在嘉慶十二年春，額勒布爲藤花榭本《説文解字》撰序，猶言『兹見新安鮑君惜分家藏宋板《説文解字》一書，悉心點檢，豕亥無訛，洵堪珍秘，緣重爲雕鐫，用廣流布』，明確提及藤花榭本的底本爲鮑漱芳（字席芬，一字惜分）家藏宋本。當年八月，鮑漱芳卒。大約此後不久，此本轉歸額勒布所有〔二四〕。十二月，孫星衍在德州平津館收到了額勒布寄來的宋本《説文解字》，並在卷一末留下了『嘉慶丁卯歲，以額鹽臺借寄小字宋本《説文》校一過』的跋文。孫氏旋致書顧廣圻，云，『尚有借到額鹽政小字《説文》，遇便寄交尊處翻版等事，乞先爲留意』〔二五〕。次年一月，孫氏獲見錢侗抄本後，他便收藏了錢侗抄本，另將額勒布藏本寄與時在蘇州的顧廣圻，由顧廣圻在虎丘孫子祠設局開雕。

平津館本《説文解字》，由顧廣圻影摹篆文，劉文奎、劉文楷、劉文模鋟刻上版，較爲忠實地翻刻了底本的篆文、説解以及底本的版式、版心大小字及刻工情況。嘉慶十四年（一八〇九）孫星衍撰寫《重刊宋本説文序》，冠於平津館本《説文解字》卷首，刊成約在嘉慶十五年（一八一〇）前後。孫本内封題『嘉慶甲子歲仿宋刊本/説文解字/五松書屋藏』，署嘉慶九年（一八〇四），殆因底本與嘉慶十二年（一八〇七）額勒布撰序的藤花榭本同出一本，孫氏不便明言底本所出，並改題年代更早的嘉慶九年（一八〇四）〔二六〕。

孫星衍另外還藏有一部宋本《説文解字》，爲趙宧光、錢曾等人舊藏，今存殘本於北大圖書館（LSB/9084）〔二七〕。此本《孫氏祠堂書目》《平津館鑒藏記書籍》並未著録，上有孫星衍『星衍私印』『伯淵家藏』及顧廣圻『廣圻審定』『顧印廣圻』等鑒藏印章。根據《孫氏祠堂書目》刊於嘉慶十五年（一八一〇）的線索可知，孫星衍收藏此本的時間，當不早於平津館本《説文解字》刊成，或在孫氏致仕之後〔二八〕。嘉慶十六年（一八一一）七月，孫星衍引疾辭官，九月抵江寧並寓五松園，十月移居冶城山館，十二月邀請顧廣圻至江寧校書。自嘉慶十六年冬至嘉慶十九年（一八一四）秋，顧廣圻館於冶城山館，幫助孫星衍校刊書籍〔二九〕。結合顧廣圻的鈐印和校勘情況看，顧廣圻在冶城山館時，曾經校勘了這部孫星衍後來收藏的宋本《説文解字》，並據以作爲撰寫《説文考異》及《説文考異附録》的依據。

（三）孫顧校本《説文解字》上的洪頤煊、嚴可均、孫星衍、顧廣圻校勘意見

在孫顧校本上，有孫星衍、顧廣圻的朱墨批校，並洪頤煊手校簽條一紙，顧廣圻手校簽條四紙。此外，今藏南圖的孫毓修舊藏毛初印甲本《説文解字》上，有洪頤煊手校簽條九紙，孫星衍手校簽條六紙，並顧廣圻手校簽條七紙，與國圖藏本並無重複，原亦當爲孫顧校本原書上的簽條〔三〇〕。這些校語的校勘層次複雜，以下略作梳理。

相關校語中，洪頤煊的校勘最早，均以墨筆書於簽條上。洪頤煊的校勘包括兩部分内容：一爲校勘《説文》，簽條散見於卷三至卷十三；一爲考察許慎生平，見卷十五，抄寫在版心爲『平津館』的稿紙上，與洪頤煊嘉慶五年（一八〇〇）《呈淵如夫子書》、嘉慶八年（一八〇三）《三呈孫淵如夫子書》内容相合，當爲洪頤煊在平津館期間以孫氏平津館稿紙抄録[三一]。

孫星衍的校勘在洪頤煊之後，多用朱筆批校，偶用簽條。從校勘内容看，孫星衍的校勘分爲兩次。孫星衍的第一次校勘，在嘉慶十二年（一八〇七）二三月間，多校於版框内的相應説解之旁，内容爲繕録嚴可均《説文校議》初稿之説，間有孫氏案語。三月孫星衍督糧北上，校完《説文解字》之後。據嚴可均嘉慶十一年（一八〇六）《説文校議叙》和嘉慶二十三年（一八一八）《説文校議後叙》，嘉慶十年（一八〇五）秋冬之交，嚴可均館於孫氏平津館，並應孫星衍之邀，在《説文長編》（含姚文田、嚴可均輯録的《群書引説文類》）基礎上，別作《説文校議》，至嘉慶十一年冬，『《説文校議》成，質之孫氏，孫氏繕寫一本』[三二]。從孫星衍第一次校勘的時間和内容看，嚴氏所説的孫星衍『繕寫一本』，或即指孫氏將嚴氏《校議》初稿謄録於自己的《説文解字》藏本上。孫星衍第二次校勘，在嘉慶十二年十二月至嘉慶十三年（一八〇八）正月間，時孫星衍借得額勒布藏宋本《説文解字》，孫氏校勘時，多校於天頭，亦偶校於版框中，並注明『宋』『宋本』或『小字宋本』。

顧廣圻的校勘在孫星衍之後，或徑書於洪頤煊、孫星衍校語之後，或另寫於天頭，亦偶用簽條，並有塗抹、圈點及大叉。顧廣圻校勘此本《説文解字》，當是應孫星衍之邀。孫星衍刊刻平津館本《説文解字》時，原擬附刻校記，嘉慶十三年閏五月初九，孫星衍致書顧廣圻，催辦《説文》刊刻，並談及『《説文校字》尚乞暇時核定，附各條於後。足下學識素所佩服，必能折衷至當』[三三]。孫氏此札，旨在請顧廣圻在嚴可均、孫星衍校語基礎上加以核定，以期『折衷至當』。此後，孫星衍將有洪、孫校語的《説文解字》寄給在蘇州的顧廣圻。顧廣圻在孫顧校本上的校勘工作，實際始於嘉慶十五年，這或許是由於此前顧廣圻仍在主持刊刻平津館本《説文解字》的工作，尚無暇處理核定校勘記的工作。今孫顧校本上的顧廣圻校勘，集中在兩段時間——顧廣圻的第一次校勘，自嘉慶十五年六月起，校至嘉慶十六年七月，顧氏集中校勘了前七册，即《説文》卷一至卷九上。這一次校勘，多用墨筆，偶用朱筆。此時，孫星衍猶在山東平津館，顧廣圻則在蘇州校勘。顧廣圻的第二次覆校，自嘉慶十八年七月，自卷一起重校，至嘉慶十九年校至卷五。這一次校勘，多用墨筆〔三四〕。此時，孫星衍已自德州返回江寧，並邀顧廣圻至冶城山館校書。同時，反映顧廣圻嘉慶十五年至嘉慶十九年間《説文》校勘工作的，還有顧廣圻手校的毛初修印本《説文解字》〔三五〕、汪啓淑刻本《説文解字繫傳》〔三六〕、錢坫《説文解字斠詮》〔三七〕等顧氏手校校本。

在孫顧校本和南圖藏本上的簽條，反映出洪頤煊、嚴可均、孫星衍和顧廣圻的校勘意見。以下，謹摘録數則，以覘見諸家考訂〔三八〕：

（一）璠，璵璠。魯之寶玉。从玉番聲。孔子曰：『美哉璵璠。遠而望之，奂若也；近而視之，瑟若也。一則理勝，二則孚勝。』

〔嚴可均〕定五年《左傳·釋文》，『璵，本又作與』；《事類賦》『玉』注引『孔子』上有『逸論語』三字。

〔顧廣圻簽條〕查《事類賦》此條並不引《説文》也。《賦》云：『魯之璠璵。』注曰：『《逸論語》曰：璠璵，魯之寶也。孔子曰：美哉璠璵。』云云。嚴孝廉之校語，可謂孟浪矣。何以《説文》之『璠璵』，與吴淑之『璠璵』，亦不辨耶。（又言引一誤，言在「孔子」上二誤。）

（二）蒐，茅蒐，茹藘。人血所生，可以染絳。

〔嚴可均〕《御覽》九百九十六引作『茹蘆』，是。《説文》無『藘』。『人血』，各書引同。惟《一切經音義》十四引作『地血』，《廣雅》及陸璣疏亦作『地血』。

〔顧廣圻〕《韻會·六魚》云：『《説文》：「人血所生。」故從艸從鬼，一名地血。』廣圻按，此最明了。

〔顧廣圻簽條〕廣圻按，《説文》：『人血所生。』四字句，下文云『从鬼』，謂此也。《廣雅》『地血』二字句，乃此艸之别名耳。迥不相涉，不可捏合爲一。倘改《説文》作『地血所生』，便不可通。何也？蓋地血者，猶言地毛、地筋之類。地本無血，毛、筋安有所生耶？（南藏《一切經音義》『茹藘也』，不作『地』字。）

（三）箏，箏菳皃。

〔嚴可均〕《一切經音義》二十一引作『筝薴，髮亂也』。

〔孫星衍〕疑非此文。

〔顧廣圻〕元應引《説文》作『筝薴』（止此）。下文『同，仕行反，下女庚反。髮亂也』（乃元應語）。嚴孝廉揔以爲《説文》誤矣。伯淵觀察云『疑非此文』，最爲卓識。癸酉再校。〔三九〕

（四）𠷎，誰也。从口、𢎘，又聲。𢎘，古文疇。

〔嚴可均〕《廣韻》引《説文》：『𠷎，誰也。又作𠷎。』

〔顧廣圻〕廣圻按，《繫傳》無『𢎘，古文疇』四字，最是。此如『示』下云『二，古文上字』等語，皆非許書元文也。

〔顧廣圻〕並不如此讀法。段大令誤讀《廣韻》，首爲是説於《尚書撰異》，嚴孝廉祖其誤而小變之。予别有辨。

（五）册，符命也。諸侯進受於王也。

〔嚴可均〕《華嚴音義序》，《音義》引『符命也』，下有『謂上聖符信校命以授帝位，字或從竹，或古爲圓形也』。

〔孫星衍〕疑非本文。

〔顧廣圻〕絶非許氏《説文》，凡此等今皆不取。

（六）訾，不思稱意也。

〔嚴可均〕《一切經音義》七引作『量也，思也』，十二、十八引作『思也』，十三引作『思稱意曰訾』，二十引作『思稱意也』，俱無『不』字。《玉篇》作『不思稱其上也』，語相及也。

〔顧廣圻簽條〕廣圻按，《一切經音義》所引『訾』訓皆非也。《毛·小旻·傳》云：『訿訿，不思稱其上。』叔重之所本也。《爾雅·釋文》引《字林》『不思稱乎上之意』，《玉篇》云『不思稱其上也』，轉轉相承可證，不得如彼矣。唯今《毛傳》誤倒作『思不』，而《正義》中言『不思』，未誤。證之《説文》《字林》《玉篇》，的然無疑。近有校《毛詩》者，反謂《正義》倒，甚非。

（七）䰝，鬻屬。

［嚴可均］《韻會》引作「鬳也」。

［顧廣圻］廣圻按，《韻會·二十五徑》云「甑，《説文》鬳也」（引今《瓦部》文也）。「本作䰝，從鬲曾聲，鬻屬也」（引今《鬲部》文也）。嚴孝廉以爲《韻會》引此作「鬳也」，蓋沿鈕校之誤，其實蓋鈕誤讀《韻會》耳。黄公紹並不引「䰝，鬳也」，《韻會》俱在，可覆按而知。今訂正删之。

（八）鬩，恒訟也。

［洪頤煊簽條］頤煊案，《爾雅·釋言》云：「鬩，恨也。」「恒」疑「恨」字之譌。

（九）鵠，鴻鵠也。

［嚴可均］《文選·西都賦》注、《一切經音義》四引作「黄鵠也」。

［嚴可均］《詩·賓之初筵》鵠，引《説文》云：「即鵲也，小而難中。又云：鵠者，覺也，直也，射者直己志。」

［顧廣圻］顧廣圻曰：《詩·釋文》：「鵠，户沃反，鳱鵠也。《説文》云：即鵲也，小而難中。」考陸言「鳱鵠也，小而難中」者，取鄭《大射》注也。鄭引《淮南子》曰：「鳱鵠知來。」而許「鸒」下云：「鵯鸒，山鵲，知來事鳥也。」故言《説文》「即鵲也」，直引其義而不繫於形，乃謂「鳱鵠」爲《説文》之「鵯鸒，山鵲」，非謂《説文》之「鵠」，許以爲即鵲也。錢獻之、鈕匪石諸家，皆載入「鴻鵠也」下，似未得其解。辛未四月十日燈下書。

（十）脠，生肉醬也。

［孫星衍］脠，延，宋本从延。

［顧廣圻簽條］《五音韻譜》脠、《繫傳》脠（皆與宋本無異）。段玉裁反欲改作「延聲」，豈非巨謬耶？澗蘋記。

汪秀峰刻《繫傳》，篆文皆用汲古閣本剪帖，故亦少一筆，汪不學之過也。

（十一）餀，《爾雅》曰：「餀謂之餘。」

〔嚴可均〕各本作『喙』，毛依《繫傳》刊改。《説文》無『⿰飠彖』。

〔孫星衍〕宋本作『謂之喙』。

〔顧廣圻簽條〕影抄《繫傳》作『喙』，汪板誤改『⿰飠彖』，依汲古閣也。段茂堂以爲汲古閣依小徐，是爲顛倒也，但不見影抄，必不知段之謬耳。

（十二）櫪，櫪㯕，椑指也。

〔洪頤煊簽條〕頤煊案，《一切經音義》引《字林》云：『櫪㯕，柙其指也。』『椑』即『〔柙〕』字之譌。櫪㯕亦手械也。今〔謂〕之摎指。

〔顧廣圻簽條〕當爲『柙』。

〔嚴可均〕椑，當爲柙，《字林》作『柙其指也』。

〔顧廣圻〕廣圻按，此并引『柙』下文耳。

（十三）偲，彊力也。从人思聲。《詩》曰：『其人美且偲。』

〔嚴可均〕《詩·盧令·釋文》引作『强也』。《韻會》引作『强力也』。

〔孫星衍〕當作勥，一字誤爲二也。

（十四）卒，隸人給事者衣爲卒。

〔嚴可均〕宋本『爲卒』上無『衣』字。

〔孫星衍〕小字宋本仍作『衣爲卒』〔四〇〕。

（十五）繙，冕也。

〔洪頤煊簽條〕頤煊案，《玉篇》：『繙，冤也。』《莊子·天道篇》『繙』，《十三經釋文》引司馬注：『繙，煩冤也。』此作『冕』字誤。『冕』與上下文不類。

［孫星衍］《玉篇》『冕』作『冤』，如洪説。

上述這些校語，僅是管中窺豹，却透露出洪頤煊、嚴可均、孫星衍、顧廣圻的校勘旨趣並不相同，乃至針鋒相對。

洪頤煊校勘《説文》，多用他書訓釋作理校。如『閲』下參《爾雅》，『櫪』下參《一切經音義》，『繙』下參《玉篇》及《經典釋文》。洪氏校勘中，並未參校其他版本《説文》，甚至也不是他書所引《説文》。

嚴可均校勘《説文》，則參用他校和對校，並尤重他校。就他校而言，嚴可均曾先與姚文田一同從群書所引《説文》中輯録《説文》異文，編成《舊説文録》（上圖綫善T285534-35），嚴可均作《舊説文録書目》一篇，開列嚴可均輯録異文之本，包括鄭玄三禮注等典籍舊注、玄應《一切經音義》等佛經音義、張參《五經文字》、玄度《九經字樣》、吴淑《事類賦》等書。嚴氏又云：

鼎臣學識荒陋，其所校定者，譌謬羡脱，彌望而然。余與二同志重欲校定，因起東漢、止北宋，凡諸書之引《説文》者，大録一編爲底簿焉。以鼎臣未舊而前乎鼎臣者舊也，故題曰『舊説文録』云。

在《舊説文録》中，嚴可均以『學殖荒陋』評價徐鉉（鼎臣）校定《説文》，他與姚文田、丁授經等友人一起，分別摘録東漢至北宋諸書所引《説文》，録爲底簿。嚴可均又在嘉慶六年另外撰跋，考訂《繫傳》《太平御覽》《六書故》《古今韻會舉要》諸書所引《説文》的性質，並録出異文〔四一〕。嘉慶十一年（一八〇六），嚴可均作《説文校議叙》：『援據古書，注明出處，疑者闕之，不敢謂盡復許君之舊，以視鉉本，則居然改觀矣。』在《説文》研究中，嚴可均一直致力於搜集早期經典所引的《説文》舊本，以期超越徐鉉校定之本，恢復許書舊貌。不過，在具體校勘實踐中，『璠、⿱艹爭、屬、册、訾、鵠』等例下，嚴可均在引録校勘資料時，尚存在一些誤讀、誤引的情況，故顧廣圻有嚴詞批評。就對校而言，相較於《舊説文録》《韻會舉要引繫傳抄》等書，嚴可均的校語中，也增加了不少《説文》大徐本的宋本、毛本剜改異文，及《繫傳》小徐本的汪啓淑刻本異文。從校語來源看，嚴可均《説文校議叙》雖言『就毛氏汲古閣初印本，別爲《校議》卅篇』，實際上嚴氏的版本校勘，多本段玉裁《説文訂》之説，乃至沿襲了段玉裁《説文訂》之誤校〔四二〕；而嚴氏所用《繫傳》及《韻會》等書，亦版本不佳，部分影響了其對相關異文的判斷。

孫星衍第一次校勘《説文》時，在繕録嚴可均校語後，亦有疑詞或案語，見『⿱艹爭、册、偲』等例下。孫星衍第二次校勘，則在段玉裁《説文訂》和嚴可均校語基礎上，再參校額勒布本，見『艇、戠、卒』等例下。

顧廣圻應孫星衍之邀，對洪頤煊、嚴可均、孫星衍的校語作了細緻的覆核工作。在小學書籍方面，顧廣圻主要核對了《説文》《五音韻譜》《繫傳》以及《玉篇》《廣韻》《集韻》《類篇》《韻會》《六書故》等小學書籍所引《説文》，特別是在版本上，采用宋本《説文》、宋本《五音韻譜》和影抄本《繫傳》、元本《古今韻會舉要》，訂正了段玉裁《説文訂》和嚴可均校語中的誤校和失校[四三]。在核對引文方面，顧廣圻詳細核對了洪頤煊、嚴可均、孫星衍校語所引書籍的出處、卷數和引文，並用塗乙和校改等方式，訂正了孫星衍過録校語中涉及的篇名和卷數之誤[四四]。在辨別體例方面，顧廣圻嚴格區別了他書徵引《説文》與否：顧廣圻在《玉篇》《廣韻》《集韻》《類篇》《六書故》等書徵引《説文》而嚴可均失校處，加以補充；《玉篇》《廣韻》等書實際未引《説文》而嚴可均據以校勘者，顧廣圻則綴以『不引』『不云《説文》』等案語，以反駁嚴説[四五]。同時，顧廣圻也在『璠、莩、訾、鬸、櫪』等例下，考辨了類書、《一切經音義》和《韻會》引《説文》的複雜體例，並對相關校語做了核定的工作。不過，誠如《涵芬樓燼餘書録》所述，『嚴氏所校，孫氏間有商榷之詞，而顧氏乃嚴加駁詰，語不少遜。至洪氏頤煊，則僅承師命偶參末議而已』，『且（顧）于毛斧季、錢竹汀、段茂堂、鈕匪石諸氏之説，亦多糾正』[四六]，在諸人批校中，顧廣圻措辭嚴厲，這也爲日後嚴可均、顧廣圻的不合埋下了伏筆。

三、孫顧校本《説文解字》與孫星衍、嚴可均、顧廣圻的《説文》研究

尋繹孫顧校本《説文解字》上的孫星衍、嚴可均、顧廣圻校語，今人可以追溯孫星衍《重刊宋本説文序》的來龍去脉，亦可以尋覓嚴可均《説文校議》的初稿情況，更可以管窺顧廣圻《説文》校勘的真知灼見。

（一）孫顧校本的孫星衍校語與孫星衍《重刊宋本説文序》

嘉慶十四年（一八〇九），孫星衍爲平津館仿宋刊本《説文解字》作序，題《重刊宋本説文序》，中有一節辨析《説文》版本流傳及傳寫訛誤，云：

漢人之書多散佚，獨《說文》有完帙，蓋以歷代刻印得存，而傳寫脱誤，亦所不免。大氐「一曰」已下，義多假借，後人去之。（如：祖，本始廟，又爲祈請道神，見《初學記》引嵇含《祖道賦序》。渾，本混流，又爲測儀器也，見《太平御覽》。日，本太陽之精，又君象也，見《事類賦》注。苛，本小草，又曰尤劇也，見《一切經音義》。戲，本偏軍，又曰相弄也，見《太平御覽》。此類甚多，姑舉一二。）或節省其文。（如：稷，田正也，自商已來，周棄主之，見《大觀本草》唐本。橘，碧樹而冬生，見《韻會》。毋，古人言毋，猶今人言莫，見《尚書》《禮記》疏。山，凡天下名山，出銅之山四百六十七，出鐵之山三千六百有九，見《爾雅·釋文》。鯆，一名江豚，多膏少肉，見《晉書音義》。兕，皮堅厚，可以爲鎧，皤冢之山，其獸多兕，見《藝文類聚》。）或失其要義。（如：月食則望，日食則朔，見《史記正義》，當在「有」字下。耤，古者天子躬耕，使民如借，見《初學記》。無底曰囊，有底曰橐，見《詩·釋文》。大曰潢，小曰洿，天生曰鹵，人生曰鹽，見《一切經音義》。桎所以質地，梏所以告天，見《周禮·釋文》。瓻，瓦器，受六合，見《史記索隱》。）或引字移易。（如《御覽》引「琛，寶也」，乃「珍」字。《廣韻》引「睽，耳不相聽也」，乃「睽，目不相聽也」。《初學記》引「池，陂也」，即「陂」下「一曰池也」。《一切經音義》引「繐，蜀布也」，乃「繒」解。）或妄改其文。（如「坏，丘一成也」，見《水經注》《太平御覽》，今依僞孔傳改作「再成」。「墓，兆域也」「葝，大也」見《爾雅·釋文》及疏，今「葝」作「葼」，「墓」作「邱也」。「莍，裹如裘也」，見《爾雅·釋文》，今作「表如裏也」。「蟹，六足二螯也」，見《荀子》楊倞注，「足」當爲「跪」，言足之屈折處，今改「八足二敖」。）俱由增修者不通古義，賴有唐人北宋書傳引據，可以是正文字。宋本亦有訛舛，然長於今世所刊毛本者甚多。（如：「中，而也」，「而」爲誤字，然如「而」是「内」之譌，今改作「和也」，便失其意。「諴」引《周書》曰「不能諴于小民」，今依《書》作「丕」。不、丕俱語助詞。「矯，揉箭箝也」，今本「箝」作「箱」。「帎，幓裂也」，今本作「祭」。「息，喘也」，今本作「端」。「菊，以秋華」，今本作「似秋華」。「揖，攘也」，「扶，左也」，今本作「讓」、作「佐」。「瘨，腹張」，今本作「脹」。或違《說文》本義，或無其字。）

孫星衍將《說文》傳寫訛誤分爲不同的情況，在論及《說文》今本「一曰」多被刪汰時，舉出「祖、渾、日、苛、戲」諸例；

在論及《説文》今本『節省其文』，舉出『稷、橘、毋、山、䰾、兕』諸例；在論及《説文》今本『失其要義』，舉出『有、楷、囊、潢、鹽、桯、梏、瓿』諸例；在論及《説文》今本『引字移易』，舉出『珍、睽、陂、繕』諸例；在論及《説文》今本『妄改其文』，舉出『坏、菽、墓、莍、蟹』諸例；在論及《説文》宋本與毛本版本之誤，舉出『中、諴、矯、帊、息、蘜、揖、扶、瘨』諸例。覆案孫顧校本可知，上述各例孫星衍均有校語，其中不乏吸收嚴可均之説者。需要特別指出的是，孫氏提及的『珍、睽、橘』三條，在孫顧校本上的顧廣圻校語及《説文考異》等著作中，對孫星衍序中所持的校勘意見有明確的辯駁[四七]；而孫氏提及『今本』之誤中，『矯、帊、息』三例，係孫氏據以批校的《説文解字》翻本中的翻刻訛誤，汲古閣原刻俱不誤，孫顧校本上顧廣圻也間有指出[四八]。這些例子透露出，孫顧校本《説文解字》實爲孫星衍嘉慶十四年（一八〇九）撰寫《重刊宋本説文序》的重要依據，此時這一校本仍在孫星衍平津館，故顧廣圻在主持刊刻平津館本時，未及核定，仍照孫氏原稿刊刻。平津館本刊成前後，孫星衍方將孫顧校本轉交給時在吴門的顧廣圻。

（二）孫顧校本的嚴可均校語和《説文校議》

孫星衍、顧廣圻校本《説文解字》上孫星衍過録的嚴可均校語，反映出嘉慶十一年（一八〇六）至十三年（一八〇八）前後嚴可均《説文校議》的初稿面貌，也對認識嚴可均《説文》研究的前後進展有着重要的參考價值。

追溯嚴可均《説文校議》的成書過程，堪稱複雜曲折：嘉慶二年（一七九七），姚文田先撰《説文摘録》（北大SB/411.234/4306）[四九]。嘉慶六年（一八〇一）前後，姚文田、嚴可均分別從群書所引《説文》中，輯録成《舊説文録》和《韻會舉要引説文繫傳抄》《説文字句異同録》（國圖A02115）。其後，姚文田之子姚衡，據上述姚文田、嚴可均按書輯録的群書引《説文》條目，改依《説文》『始一終亥』的順序，謄録成《群書引説文類》初稿（國圖A02104），稿中署『歸安姚文田輯』[五〇]。與此同時，姚衡又於嘉慶九年（一八〇四），將迻録《群書引説文類》時撰寫的札記，別纂爲《小學述聞》[五一]。此後，姚文田又重新校理《群書引説文類》初稿，改題《説文解字考異》，並另外謄録成《説文解字考異》清稿（國圖A02102）。嘉慶十年（一八〇五）十一月至嘉慶十一年（一八〇六）二月間，姚文田復校閲了《説文解字考異》清稿的前四册[五二]。另一方面，《群書引説文類》初稿編就後，嚴可均曾於嘉慶十年五月至閏六月間校閲一過並手抄副本[五三]。嘉慶十年秋冬之交，嚴可均離開姚文田館，至孫星衍德州平津館幕下，並應孫星衍之請，以《群書引説文類》爲基礎，參考段玉裁《汲古閣説文訂》的版本校語，別加案語，撰寫《説文校議》。嘉慶十一年冬，嚴可均《説文校議》初稿完成後，孫星衍旋即繕寫一本，並另作商訂。孫星衍在嘉慶十四年撰寫的《重刊宋本説文序》中提及：『吾友錢明經坫、姚修撰文田、嚴孝廉可均、鈕居士樹玉，及予手校本，皆檢録書傳所引《説文》異字異義，參考本文，至嚴孝廉爲《説文校議》，引證最備。』孫星衍在刊刻平津館本《説文解字》的同時，擬以孫顧校本上的嚴可均、孫星衍校語爲基礎，請顧廣圻加以删訂，編成校記。不過，顧廣圻的覆核工作，自嘉慶十五年（一八一〇）起，至嘉慶十九年（一八一四）止，因孫星衍、顧廣圻同赴揚州全唐文館而中輟[五四]。嘉慶十九年（一八一四）起，嚴可均寓孫星衍冶城山館，校勘《全上古三代秦漢文》。嘉慶二十三年（一八一八）正月，孫星衍辭世。二月，嚴可均將孫星衍遺文整理爲《冶城山館遺稿》[五五]。嚴可均又在孫星衍族弟孫星海的幫助下，修改《説文校議》並付梓。六月，嚴可均撰《説文校議後叙》，署『戊寅六月既望嚴可均書於冶城山館』。最終，《説文校議》牌記署『嘉慶戊寅中秋刊成於冶城山館』，撰人署『歸安姚文田、烏程嚴可均同撰，陽湖孫星衍商訂』[五六]，卷末有『江寧劉文楧鐫』字。這些情況表明，雖然《説文校議》卷端署嚴可均之『四録堂類集』，刊刻的出資方仍爲孫星衍家。這或許是由於孫星衍本擬委託顧廣圻核定的《説文解字》校記未克完成，故孫星衍家人轉刻《説文校議》[五七]。在嚴可均《説文校議叙》中『或乃挾持成見，請與往復，必得當乃已』，也隱晦地道出了與顧廣圻校勘意見的不合。

孫顧校本《説文解字》上的嚴可均校語，爲孫星衍自嚴可均初稿上過録，不可避免地存在一些引文節略、傳寫訛誤，但孫顧校本上的嚴可均校語，是從姚文田、嚴可均編纂《群書引説文類》到《四録堂類集》刻本《説文校議》的重要中間環節，體現了嚴可均《説文》學研究前後嬗變的軌迹[五八]。

（三）孫顧校本的顧廣圻校語和《説文考異》《説文辨疑》

孫星衍、顧廣圻校本《説文解字》上的顧廣圻校語，是顧廣圻嘉慶十五年至十九年（一八一四）間兩次覆核洪頤煊、嚴可均、孫星衍諸人校勘意見時所作，也是顧廣圻《説文考異》（附《説文考異附録》）及《説文辨疑》（附《説文條記》）的濫觴。

潘錫爵於咸豐七年至九年（一八五七—一八五九）間，自黄國珍（省齋）、顧瑞清（河之）處，録副《顧氏説文學兩種》。其中《説文考異》（附《説文考異附録》）和《説文辨疑》已有清稿。潘錫爵『得見先生手書條記』後，另外録出《説文條記》，附於《説文辨疑》之後，並請管慶祺校勘，事見潘錫爵咸豐九年《顧氏説文學兩種》跋文：

> 咸豐丁巳季春，余薄游城南書肆，得見鈔本《説文》兩種。一曰《説文辨疑》，一曰《説文考異附録》。《辨疑》者，采正嚴孝廉説也（每條前列『舊説』，即孝廉説）。《考異附録》者，考校汲古閣本也（汲古閣本，同爲鉉本，且亦出宋本，故别爲《附録》。即此可見先生義例之謹嚴）。《考異》不著名，而《辨疑》則著先生名，皆屬未竟之藁，余初疑其贋，及讀《辨疑》數則，乃彌嘆非精於許書義例者不能作，爰購得之。詢其由來，知爲黄君省齋家故物。省齋與先生爲莫逆交。二書原稿具在其家，併向假來，校勘一過。因得見先生手書條記，迺并録之。時河之適館城中張氏，余遂往詢《辨疑》，冀得全書。豈知先生家無存藁，因假得《考異》，見其上有觀察校語，並有先生自校語。而『玉』字、『瓄』字等條上方，又朱書『此一條另有辨』，其説今具載在《辨疑》中，以是益信其爲先生所作無疑。余即手自艸録《考異》，屬元和管吉雲明經（慶祺）爲加校正，存諸家塾，而先生《説文》之書，于是備焉。

潘錫爵所録的顧廣圻《説文》相關著作，今有潘錫爵原抄本和自潘錫爵抄本而出的劉履芬抄本、江都李氏半畝園抄本等抄本存世。潘錫爵原抄本，今分藏浙圖（0770）和蘇圖（L1925），浙圖存《考異》四卷，缺《考異》卷五及《説文考異附録》。蘇圖存《説文辨疑》《説文條記》[五九]。劉履芬抄本，今藏國圖（善本15059），《説文考異》《説文考異附録》《説文辨疑》《説文條記》四種全，並過録有潘錫爵撰寫的各書跋文[六〇]。江都李氏半畝園抄本，今藏上圖（線善759058），僅收録《説文辨疑》《説文條記》與《席氏讀説文記》同裝一册，未録潘錫爵跋，另有《擬定説文校議辨疑目録》及劉壽曾同治九年（一八七〇）

跋文，言『此書世無傳刻本，顧氏集序誌狀亦未及之。元和潘邑侯先生藏有副墨，寫贈德清戴子高先生。庚午冬，壽曾與戴先生同客金陵，出以相示』。知亦出自潘錫爵抄本〔六一〕。

《顧氏說文學二種》中的《說文考異》及所附《說文考異附録》，實爲顧廣圻在嚴可均、孫星衍校語基礎上録出的平津館本《說文》校記的草稿，從未刊刻。潘錫爵咸豐七年（丁巳，一八五七）在書肆獲見《說文考異附録》，未題撰人，後潘錫爵又從顧廣圻之孫顧瑞清處得見有孫星衍及顧廣圻校語的《說文考異》底稿，遂署『元和顧廣圻』，並將正文及孫顧校語一併録出，又請管慶祺校正〔六二〕。《說文考異》《說文考異附録》分別依《說文》分卷，今各存五卷。《說文考異》旨在比勘宋本《說文》與群書所引《說文》的異文，其體例爲先録《說文》篆文，大字抄録宋本《說文》正文，下雙行小字，爲《說文》校語，間有案語〔六三〕。《說文考異附録》旨在比勘宋本《說文》與毛本《說文》不同印次間的差異，其體例先以大字抄録宋本《說文》的正文，後另起一行，以『毛』注出宋本與毛本的差異，並以『用鍇本』『用《五音韻譜》』等，考明毛本的校改來源。《考異附録》中，凡注明『初次』者，指宋本與毛初印本有異；凡未注明『初次』者，指宋本與毛初印本相同，毛本剜改後與宋本有異。

《顧氏說文學二種》中的《說文辨疑》，是顧廣圻在校勘過程中，辯駁嚴可均之說而撰寫的札記，原書無題，後題『說文辨疑』〔六四〕。《說文辨疑目録》有『禧、玉』等三十四條，但有考證内容者，僅至《說文》三下『夬』條，共二十條，《說文》四上『睍』至五下『韛』共十四條，『有目無辨』。《辨疑》體例，先録《說文》正文，次録嚴可均之說，標爲『舊說』，後爲顧廣圻札記。《說文條記》爲潘錫爵從顧廣圻校勘《說文》的簽條中録出，有『神、玉、球』等十五條，有考證内容者共九條，至《說文》九上『甶』。另『燮、昏、衮、㞋、耏、繼』六條僅有《說文》正文而無考證，在《說文》三上、七上、八上、九下、十三上〔六五〕。《說文條記》所載顧廣圻簽條，『翡、甶』二條署辛未者，爲嘉慶十六年（一八一一）事，與孫顧校本上的校勘時間相合；又『翡、栝、褐、甶』四條，孫顧校本上有顧廣圻簡短的案語，《條記》較爲詳細。不過，《條記》所據的簽條，與孫顧校本的簽條並無重複。這些簽條，或爲孫顧校本散佚的簽條，或爲顧廣圻別有校本。《說文辨疑》又有刻本數種，據版本源流可分爲以下幾支：

其一，湖北崇文書局本，牌記作『光緒三年（一八七七）三月湖北崇文書局開雕』，無序跋目録，正文有《辨疑》《條記》，又光緒九年（一八八三）耕雨樓刻本，翻刻自崇文書局本。其二，雷浚刻本，刊成不晚於光緒十年（一八八四），有雷浚叙，並有目録、《辨疑》，無《條記》〔六六〕。其三，張炳翔光緒十一年（一八八五）《許學叢書》本，《説文辨疑》收入第二集，附有雷浚叙，並有目録、《辨疑》及張炳翔跋，無《條記》。張炳翔跋署光緒十年冬，其中提及獲見崇文書局本、雷浚刻本和潘錫爵手抄本，細加比勘〔六七〕。其四，許湝祥、許頌鼎刻許氏古均閣《許學叢刻》本，牌記作『光緒十三年丁亥十月海甯許氏古均閣校刊平湖徐惟琨書檢』，譚獻序署光緒十五年正月，刊刻當在光緒十三年至十五年（一八八七—一八八九）間，有目録、《辨疑》，末有許槤題識：『此未成之書，咸豐丁巳從先生後裔借録。』知其底本爲許槤咸豐七年（一八五七）所録，亦無《條記》。其五，劉世珩《聚學軒叢書》本，末有劉世珩跋，署光緒辛丑（二十七年，一九〇一）二月，實爲繆荃孫代作〔六八〕。跋文指出：『用雷刻付梓，而以崇文本附刻九字列於後。』即《辨疑》以雷浚刻本爲底本，收録雷浚叙、目録及正文，並附崇文書局本《條記》，合爲一編。從各本的來源看，潘錫爵抄本、雷浚刻本及《許學叢刻》本均明確提及底本自顧瑞清處録副；唯崇文書局本有《條記》，當與潘錫爵抄本關係密切，但刊刻時亦稍有改動〔六九〕。如雷浚所言，《辨疑》『稿藏於家，僅吾輩數人傳鈔之未廣也』，當時傳寫不同，刊刻時又間有校改，故各本在目録、内容、序跋上，略有差異〔七〇〕。

孫顧校本上的顧廣圻校語，是《説文考異》《説文考異附録》和《説文辨疑》的重要源頭。前舉孫顧校本上的校語，見於《説文考異》者如下：

（一）璠璵璠。（『璵』當作『與』，本書無『璵』篆，在新修十九文。定五年《左傳·釋文》：『璵，本又作與。』）

（二）蒐茹藘。（《御覽》九百九十六引『藘』作『蘆』。本書無『藘』篆。）

（三）䓫䓫[illegible]皃。（《集韻》《類篇》引『䓫』上有『艸』字。《一切經音義》二十一引作『䓫薴，髮亂也』。疑非此文。）

（四）𠷎𠷎，古文疇。（《繫傳》無此四字。）

（五）訾不思稱意也。（《一切經音義》屢引，或作『量也，思也』，或作『思稱意曰訾』，或作『思稱意也』，皆大非。

考《釋訓・釋文》引《字林》云：『不思稱乎上之意。』《玉篇》云：『不思稱其上也。』必皆本出《説文》。此『稱』下當脱『上』字，《毛・小閔・傳》云：『不思稱乎上。』又《説文》所自出也。今本毛傳倒『不思』二字，《正義》未譌。

（六）鵠鴻鵠也。《文選・西都賦》注、《一切經音義》四引作『黄鵠也』。

前舉孫顧校本上的校語，見於《説文考異附録》者如下：

（一）脠（毛改作脡。）

（二）餀《爾雅》曰：『餀謂之喙。』（毛改『喙』爲『餯』。）

前舉孫顧校本上的校語，見於《説文辨疑》者，有『蒐、䔰、𩰲、訾、𩱧』諸例，茲以『訾、甑』二條爲例：

（一）薴，艸亂也。从艸薴聲。杜林説：艸䔰薴皃。

䔰，䔰薴皃，从艸爭聲。

舊説云：《一切經音義》廿一『鬇鬡』，引《説文》『䔰薴，髮亂也』，以元應所引訂之，則今本有闕脱，當言：『杜林説：艸䔰薴如髮亂也。』

案，此説非也。考《一切經音義》云：『鬇鬡，《説文》作䔰薴，同。仕行反，下女庚反。髮亂也。』此一條之内，僅有『䔰薴』二字是所引之《説文》，其餘盡爲元應之語，非《説文》也。云『《説文》作䔰薴，同』者，因經是『鬇鬡』，而以《説文》辨其字之正體也，言假借則用䔰薴耳，故但引字形而不引《説文》之本義也。云『仕行反，下女庚反』者，爲經『鬇鬡』作音，而䔰薴之假借爲鬇鬡正體者，因無異音也。云『髮亂也』者，爲經『鬇鬡』解義也。至解經『鬇鬡』之義，則與《説文》䔰薴所自有之本義全不相涉矣。孫伯淵觀察云：『疑非《説文》。』直截了當，萬無異議。不知舊説者何以必誤讀，而移『髮亂也』三字并屬之許氏也？然自知此二字在艸部，其本義不容云髮亂也，於是而遂以議及杜林説矣。然又自知此二字在艸部，杜林説仍不容云髮亂也，於是而從元應語之外添出一『如』字，以改去『杜林説』之『皃』字，以曲爲遷就，而用心苦矣。雖然，終無可遷就也。夫亂髮之䔰薴，其原由取象於亂艸之䔰薴，而後有是語，故髟部無『鬇鬡』，而艸部有『䔰藍』，此六書造字之法也，安得顛倒翻逆，云『如髮亂也』哉？然則其所添改之一字，較諸誤讀《一切經音義》，尤爲厚誣杜林矣。且也，杜林説艸䓴藍皃者，謂艸之强皃，與許言艸亂也，截然不同。惟其如此，故兩解分别載之，烏得如添改所云，一概歸之艸亂而已哉？

又案，《一切經音義》十一『苦蔘』一條云：『《説文》作蓡，同。所金反，苦草也。其類有多種，謂丹蔘、元蔘等也。』讀法與上條同。合而觀之，可以得全書之大例。

（二）䰝，鬵屬。

舊説云：《韻會》二十五徑引作『甗也』。

案，此説非也。『甑，甗也。』《説文》自在瓦部。《韻會》甑下云：『《説文》甗也。』此引瓦部文也。又云：『本作䰝，从鬲曾聲，鬵屬也。』此引鬲部文也。原許君之意，本非一器一字。䰝从鬲者，金屬之器也；甑从瓦者，土屬之器也。徐楚金於『䰝』下《繫傳》曰：『今俗作甑，甗無底曰䰝。』於是而合鬲屬、瓦屬二器爲一器，合䰝、甑二字爲一字，失其恉矣。然雖合之，仍但謂瓦部『甑』爲鬲部『䰝』之俗字耳，未嘗去瓦部之『甑』字，亦未嘗改鬲部『䰝』之説解爲『甗也』二字也。故黄公紹《韻會》雖有甑字，無䰝字，則必併兩部之文而引之。其先引『甗也』者，因正文出甑，承之而立文也。次言『本作甑』，引『从鬲曾聲，鬵屬也』者，其全書之言本作某字，例在下也。全用鍇本，故『鬵屬也』較鉉本多一『也』字；全用鍇説，故其下云：『甗無底曰䰝。徐曰：今俗作甑也。』然則舊説謂《韻會》引『䰝』下之《説文》云『甗也』，曷嘗有其事哉？

比勘上述前後相因的校語、校記和考證可知，顧廣圻在嚴可均、孫星衍等人的校語基礎上，根據文獻的是非，做了不同的處理：其一，嚴可均所舉異文及考訂有可取者，顧廣圻加以吸收；嚴可均所舉異文及考訂有誤者，顧廣圻加以删汰；孫星衍在嚴可均校語後的案語及宋本校語，顧廣圻加以沿用。顧氏在嚴、孫二人校語的基礎上，分别整理成《考異》及《考異附録》。如《考異》『䓴』條，在保留嚴可均校勘《一切經音義》的異文及孫星衍『疑非此文』的案語外，顧氏還增入了《集韻》《類篇》的異文。

此外，比較孫顧校本和《考異》及《考異附録》，亦不難注意到顧氏在嚴可均、孫星衍既有校語上所作的裁定工作。其二，嚴可均所舉異文完全不可從者，顧廣圻不入《考異》。如『册』下嚴可均據《華嚴音義序》，孫星衍有『疑非本文』之校語，顧廣圻有『絶非許氏《説文》，凡此等今皆不取』之案語。『䣝』條爲嚴可均誤讀《韻會》，顧廣圻有『今訂正删之』之案語。今《考異》及《考異附録》中，未收録『册、甑』二條。其三，在謄録《説文考異》和《説文考異附録》清稿的同時，顧廣圻也將辯駁嚴氏的校語加以補充，謄於另册，後人題爲《説文辨疑》。如《辨疑》『莑』下，較顧氏批校，《辨疑》更加深入地論述了《一切經音義》中複雜的引書體例，並附論『葠』例；又《辨疑》『䣝』下，較顧氏批校，《辨疑》詳細討論了《韻會》引用《説文》及徐鍇《繫傳》的情況。正如潘錫爵跋《顧氏説文學兩種》：『《辨疑》一書，不特申明《説文》之義例，并申明群書引證《説文》之義例。』

關於《説文辨疑》和《説文考異》的題名和署名，雷浚初見的《辨疑》抄本，並無『説文辨疑』之題，後來顧瑞清録出副本並供同人傳抄時，改題《説文辨疑》。潘錫爵在書肆所見的《説文辨疑》，已有此題，並署顧廣圻之名。潘錫爵所見的《説文考異》，則未署顧廣圻之名。今考孫顧校本中與《説文辨疑》有關的『鬲、喁』二條，顧廣圻分别有『予别有辨』『予别有一解』的批語，知『説文辨疑』之題，確非顧廣圻手定。劉壽曾、雷浚、張炳翔等學人也指出，『説文辨疑』之題名實不符，當題『説文校議辨疑』爲妥〔七一〕。又考孫顧校本與《説文考異》有關的『噭、瞯』二條，顧廣圻分别有『予别有説，今入《考異》』『甲戌二月校得，此條擬入《考異》』的批語，知『説文考異』之題，當經過孫星衍和顧廣圻商定。就署名而言，《説文辨疑》是顧廣圻獨立撰寫的學術著作，而《説文考異》和《説文考異附録》則不是顧廣圻獨立撰寫。從《考異》及《考異附録》的内容看，《考異》是以嚴可均、孫星衍的校語爲基礎編纂，文中引録顧廣圻、鈕樹玉説，題爲『顧氏廣圻』『鈕氏樹玉』〔七二〕，抄本上又有『伯淵閲』等孫氏的校閲和商訂之筆〔七三〕。《考異附録》是以孫星衍校勘額勒布藏宋本的校語爲基礎編纂，顧廣圻覆核時，又借孫星衍所藏宋本校勘。由這些線索可知，《考異》實爲顧廣圻代孫星衍撰的平津館本《説文》校記的初稿，並曾交孫星衍審閲。與顧廣圻代黄丕烈撰《國語札記》、代張敦仁撰《撫本禮記考異》《鹽鐵論考證》、代胡克家撰《文選考異》

的情况類似，《考異》原本的署名，或當爲孫星衍。今《説文考異》撰人題『元和顧廣圻』，爲潘錫爵所增〔七四〕。

今《説文考異》《説文考異附録》和《説文辨疑》的内容，均至《説文》卷五。潘錫爵另外抄録的《説文條記》，至《説文》卷九。結合孫顧校本上顧廣圻兩次校勘《説文》的情况看，顧廣圻録出《考異》和《考異附録》並别撰《説文辨疑》，大約和顧廣圻嘉慶十八年（一八一三）至嘉慶十九年（一八一四）間在孫顧校本上重校有關。顧廣圻謄出《説文考異》初稿後，曾交孫星衍審閲。孫顧校本『瞤』下，有顧氏『甲戌二月校得。此條擬入《考異》』的校語〔七五〕，知嘉慶十九年（一八一四），顧廣圻在謄清校記的同時，仍在孫顧校本《説文》上作校訂，以期完善《考異》。顧廣圻另以孫顧校本上的批校和《考異》的初步考訂爲基礎，撰寫了辨證嚴説的札記，後人題爲《説文辨疑》〔七六〕。不過，由於種種原因，顧廣圻的《説文》校勘工作最終未能整理成書。孫星衍去世後，嚴可均在孫氏家人幫助下刻成《説文校議》，而顧廣圻則多所轉徙，羈屑傭書〔七七〕，《虎丘倉頡廟》一詩的小注中，留下了顧廣圻『辛未，予校刊許氏《説文》，頗多疑義，久未勒成』〔七八〕的感慨。而在孫顧校本上的顧廣圻批校，特别是其中未經整理寫入《説文考異》《説文辨疑》的校語，爲今人追蹤顧廣圻的《説文》校勘工作，提供了彌足珍貴的線索。

結語

穿越時光，保留在孫星衍、顧廣圻校本《説文解字》上的朱墨校語，默默講述着孫星衍平津館本《説文解字》刊刻背後，孫星衍、洪頤煊、嚴可均、顧廣圻在不同階段、不同地點的校勘工作——孫星衍在《説文解字》刻成前後，一直多方求抄、求借和求購宋本《説文解字》。嘉慶年間，在德州平津館，孫星衍曾與洪頤煊、嚴可均一同考訂金石，校勘書籍。孫氏於嘉慶十二年（一八〇七）、十三年（一八〇八）之際，先後獲見額勒布所藏宋本《説文解字》、錢侗所抄王昶本《説文解字》。孫氏將借得的額勒布藏本寄與顧廣圻，由顧廣圻在蘇州孫子祠主持平津館本《説文解字》的翻刻工作，並由劉文奎、劉文楷、劉文模完成録板刊刻工作。此後，孫氏又將過録有嚴可均校語並附孫星衍本人案斷和校記的《説文解字》校本，轉寄顧廣圻審定，以期完成校記。嘉慶十五年前後，平津館本《説文解字》刊成，但孫星衍原擬附刻的校記並未完成。顧廣圻自嘉慶十五年（一八一〇）起，在孫星衍校本上開始核閲校記。嘉慶十六年（一八一一）七月，孫星衍致仕，返回江寧，又邀顧廣圻同至冶城山館，一同校刊書籍。顧廣圻嘉慶十八年至十九年（一八一四）間，重新自卷一起校勘，撰成《説文考異》及《説文考異附録》五卷初稿，並交孫星衍審閲。顧廣圻也將辯駁嚴可均的校語録出，另外撰寫札記。但顧廣圻在江寧的《説文》校勘，因爲嘉慶十九年（一八一四）與孫星衍同赴揚州校勘《全唐文》而告一段落。嚴可均嘉慶十九年（一八一四）起，亦寓於孫星衍冶城山館，至嘉慶二十三年（一八一八）孫星衍去世後，嚴可均整理孫星衍遺文爲《冶城山館遺稿》，又得孫星衍族弟孫星海之助，於當年九月，以冶城山館爲名，刊成四録堂類集本《説文校議》。而顧廣圻的《説文解字》校勘殘稿，生前並未整理成書。顧廣圻道光十五年（一八三五）去世後，自咸豐以迄光緒年間，學人從不同途徑録出了《説文考異》和《説文辨疑》的多個副本，輾轉傳抄，不絶如縷。光緒年間，《説文辨疑》有多個刻本問世，但作爲平津館本《説文解字》原擬附刻的《説文考異》，却未見刊刻，僅以抄本流傳。

時過境遷，今人已無從知曉，曾同在孫星衍冶城山館校書的嚴可均和顧廣圻，是否因《説文》校勘意見的不合而展開過論辯。不過，保留在孫星衍、顧廣圻校本《説文解字》上的朱墨校筆，則真實地呈現出孫星衍、洪頤煊、嚴可均、顧廣圻在《説文》研究中不同的學術觀點和學術旨趣，爲今人了解乾嘉學人的《説文》校勘工作，提供了寶貴的學術資料，確爲不可多得的批校佳本。猶記若干年前，筆者曾爲查考平津館本《説文解字》的刊刻情況，去國家圖書館善本部查閲這部孫顧校本《説文解字》。彼時國圖善本部的稿抄批校本，自黑白膠卷複製的價格是三十元一拍。考慮到昂貴的複製費用，筆者還是選擇了到館查閲膠卷——那一個暑假，基本每天都泡在善本部泛着昏黄燈色的膠卷機前，轉動膠卷機上的翻頁旋鈕，聽着嘎吱嘎吱的聲響，一葉一葉地辨識着屏幕上的黑白字迹，逐一録出洪頤煊、嚴可均、孫星衍和顧廣圻的朱墨校語。爲了看清被顧廣圻墨筆塗去的孫星衍所録嚴可均朱筆校語，還要不時起身，把膠卷旋轉放大至兩倍大小仔細辨識膠卷機上並不清楚的淺灰色筆迹。每每閉館出來，昏眩的膠卷機燈光，和嚴可均、顧廣圻彼此交鋒的校語，一起迴蕩在腦海裏。特别是顧廣圻毫不客氣的『嚴孝廉誤認』，『嚴孝廉之校語，可謂孟浪矣』，『嚴孝廉誤讀《地理志》』，『嚴孝廉自撰之説，亟宜删』的校語〔七九〕，至今印象深刻。如今，浙江古籍出版社全彩影印孫顧校本，洵爲藝林佳話。聊綴數語，志其原委如右。

癸卯大暑初稿於滬上，立秋定稿於京師爾雅居

尾注

〔一〕 感謝老友董岑仕的鼓勵，倘或没有她陪伴我在國圖、上圖、南圖、静嘉堂文庫等地訪書，幫我在浙圖、蘇圖代查潘錫爵抄本《顧氏説文學兩種》，這篇文章的文獻資料恐怕會大爲縮水。感謝小友許小慎的督促，倘或没有他的陪伴，這篇不成熟的小文或許能更早交稿。

〔二〕 爲行文方便，本文所引的諸本，遵循前人習慣，沿用簡稱。《説文解字》簡稱《説文》，《説文解字繫傳》簡稱《繫傳》。段玉裁《汲古閣説文訂》簡稱《説文訂》，姚文田、嚴可均《説文校議》簡稱《校議》，顧廣圻《説文辨疑》簡稱《辨疑》，顧廣圻《説文條記》簡稱《條記》，顧廣圻《説文考異》及《説文考異附録》簡稱《考異》及《考異附録》（不指姚文田稿本《説文解字考異》）。《説文》刊本中，毛本指毛氏汲古閣本，涉及印次差異時另加説明；孫本指孫星衍刊平津館本。《説文》校本中，孫顧校本指孫星衍、顧廣圻批校本《説文解字》（國圖善07315）。各本刊刻、流傳或批校情况詳下。文中所録題跋批校，清諱諸字，保留原貌，不作回改。

〔三〕 關於孫星衍、洪頤煊、嚴可均、顧廣圻等人的書籍校刻活動和相關繫年，參張召南撰、王德福續《孫淵如先生年譜》，《藕香零拾》叢書本；李慶《顧千里研究》，上海古籍出版社，一九八九年；陳韻珊、徐德明《清嚴可均事蹟著述編年》，藝文印書館，一九九五年；陳鴻森《洪頤煊年譜》，《『中央研究院』歷史語言所集刊》八十本第四分，二〇〇九年；翁敏修《清代説文校勘學研究》，東吴大學二〇〇九年博士論文；潘妍艷《孫星衍山東幕府研究》，北京大學二〇一二年碩士論文；焦桂美《孫星衍研究》，上海古籍出版社，二〇一七年；鄭幸《學術良工：劉文奎局與乾嘉學者的出版活動》，《古典文獻研究》第二十四輯下，二〇二一年；鄭幸《清代刻工與版刻字體》，中華書局，二〇二二年。

〔四〕 關於汲古閣本的印本印次及其翻刻本，參郭立暄《中國古籍原刻翻刻與初印後印研究》『清初毛氏汲古閣刻本《説文解字》十五卷』條，中西書局，二〇一五年，第三四七—三四九頁；董婧宸《毛氏汲古閣本〈説文解字〉版本源流考》，《文史》二〇二〇年第三輯。

〔五〕 《孫淵如先生年譜》嘉慶十二年條：『二月，督運北上。』

〔六〕 額勒布，姓索佳氏，名額勒布，字履豐，號約齋，生平參包世臣《額侍郎別傳》（《藝舟雙楫》卷七）。《孫淵如先生年譜》嘉慶十年條：『九月，返至濟寧，隨同欽使鹽政額勒布鞫事泲上，十一月回德州。』嘉慶十年，額勒布任巡鹽監察御史，時孫星衍已結識額勒布。嘉慶十一年至十三年，額勒布任兩淮巡鹽御史，故孫氏稱之爲『額鹽政』『額鹽臺』。

〔七〕 顧廣圻於嘉慶十五年六月校第一册，嘉慶十六年閏三月校第二册，嘉慶十六年六月校第五、第六册，七月校至第七册。又，自第八册起，偶有散見的顧廣圻校語，見南圖孫毓修舊藏本十三上『⿱斬糸』的簽條，孫顧校本十三上『雖』字等；又《説文條記》亦有九下『耏』條、十三上『繼』

條。

〔八〕 孫顧校本上的顧廣圻校語，最晚至嘉慶十九年甲戌，見卷四『瞯、鷳』、卷五下『廎』等字下。

〔九〕 張元濟一九一六年十一月廿一日日記：『還孫、顧校《説文解字》，五十元（黄祉安經手）。』十二月六日：『買入孫星衍、顧千里校宋本《説文解字》，計十二本，洋五十元。由黄祉安買入。』收入張元濟《張元濟日記》，商務印書館，二〇一八年，第一四〇頁、一四五頁。案，黄報廷，字祉安，南匯人。

〔一〇〕 張元濟撰、陳先行整理《涵芬樓燼餘書録》，商務印書館，二〇一八年；張元濟撰、張人鳳整理《涵芬樓燼餘書録》，上海古籍出版社，二〇二二年，第六八—六九頁。《北京圖書館藏古籍善本書目》：『《説文解字》十五卷，漢許慎撰，清初毛氏汲古閣刻本，孫星衍、顧廣圻校並跋，十二册，七行小字，雙行不等，白口，左右雙邊。』書目文獻出版社，一九八七年，第一六〇頁。

〔一一〕 焦循《與劉端臨教諭書》，《雕菰集》卷十三，道光四年（一八二四）阮福嶺南節署本。

〔一二〕 顧廣圻撰，黄丕烈注《百宋一廛賦》，收入顧廣圻著、王欣夫輯《顧千里集》卷十二，中華書局，二〇〇七年，第四頁。

〔一三〕 嚴可均《説文訂訂序》，許氏古均閣刻《許學叢刻》本。

〔一四〕 桂馥校本汲古閣本《説文解字》，今藏國圖（善02093），有引録自《汲古閣説文訂》校語的簽條；陳鱣校本汪啓淑刻本《説文解字繫傳》，今藏國圖（善07317），有陳鱣乾隆五十五年（一七九〇）初校、嘉慶三年（一七九八）重校的批語，陳鱣於重校時過録了《説文訂》校語。又桂馥《説文解字義證》、錢坫《説文解字斠詮》、鈕樹玉《説文解字校録》中，均有轉引自《説文訂》的初印本、宋本等版本校語。

〔一五〕 孫星衍《與段大令若膺書》：『生平好《説文》，以爲微許叔重，則世人習見秦時徒隸之書，不睹唐虞三代周公孔子之字，竊謂其功不在禹下。惜原書爲徐鉉兄弟增加音切，又頗省改，嘗欲校訂重刊行之，削去新附字與孫緬音、二徐謬説，懷此有年。』《問字堂集》卷四。又孫星衍《重刊宋本説文序》：『舊本既附以孫愐音切，雖不合漢人聲讀，傳之既久，姑仍之。』《説文解字》平津館本卷首。

〔一六〕 孫星衍《平津館記》：『鬲津至平原曰平津，經漢高城入海，公孫丞相以此封焉。予參藩山左，駐節安德，地爲平原故郡，當燕齊孔道，通人過訪無虚日，非有翹材之館也。官貧兼負帑項，布被脱粟，非以爲詐也。位業去古人遠甚，射策甲科偶相似，又不足述也。所以名吾館者，以識風土古迹。後之士夫，爲國樹人，或有慕夫開閤之風也。』《平津館文稿》卷下。

〔一七〕 孫星衍撰，焦桂美、沙莎點校《平津館鑒藏記書籍 廉石居藏書記 孫氏祠堂書目》，上海古籍出版社，二〇〇八年，第二三五頁。

〔一八〕 孫星衍《與錢同人書》，録自陳鴻森《孫星衍遺文續補》，《古典學》，華東師範大學出版社，二〇一二年，第四七六—四九七頁。

〔一九〕 王昶舊藏的《説文解字》，今藏日本静嘉堂文庫，爲宋元遞修晚修印本《説文解字》。據該本藏印和題跋，知曾爲吴城、王昶、阮元、錢侗、汪士鐘、蔡廷相、蔡廷楨、陸心源等人經藏或寓目。此外，與王昶交好的錢大昕、段玉裁、黄丕烈、顧廣圻等人，亦曾獲睹該本。王昶本卷末有錢侗嘉慶十年『乙丑閏六月錢侗耤觀』的篆書觀款。孫星衍札中提及：『蘭泉師府中朱朗齋諸人，均祈道念。』知錢侗、朱文藻（朗齋）此時均在王昶幕下。

〔二〇〕 錢侗抄本上，間有抄寫後校改的痕迹，個別文字與王昶舊藏本有出入。如『亥』之古文，錢侗抄本篆形與王昶本不同，而與毛剜改本、《繫傳》相同。

〔二一〕 案，『曼』，額勒布本、毛本等作『引也』，王昶本作『神也』。孫顧校本天頭有孫星衍校語：『宋本亦作「引也」。蘭泉本「神也」。』『嫚』，額勒布本、毛試印本作『蟬』，王昶本、毛初印本、毛剜改本等作『嬋』。孫顧校本版框有孫星衍過録嚴可均校語：『《説文》無「嬋」，當从手。』天頭有孫星衍校語：『宋本作「蟬媛」。』曼和嫚，額勒布本和王昶本的差異，均爲宋元遞修早修印本和晚修印本因修版産生的異文，參董婧宸《宋元遞修小字本〈説文解字〉版本考——兼考元代西湖書院的兩次版片修補》，《勵耘語言學刊》二〇一九年第一期。

〔二二〕 額勒布舊藏《説文解字》，爲宋元遞修早修印本《説文解字》。此本有額勒布『額勒布號約齋』『額勒布印』『鄂爾崐索佳氏藏書記』及額勒布之子寶奎『五峰寶奎之章』『寶奎號五峰』等印。

〔二三〕 乾隆四十七年（一七八二），翁方綱曾寓目此本，並記載當時的藏印，見翁方綱《書宋槧説文後》，《復初齋文稿》（臺圖 13335），影印本收入翁方綱《復初齋文集》，文海出版社，一九七四年，第一二八六—一二九一頁。關於翁方綱寓目和此本在明末至乾隆年間的遞藏情況，參董婧宸《朱筠跋宋葉淳舊藏小字本〈説文解字〉源流考述——兼論舊槧〈説文解字〉在乾隆中後期京城學者圈的流傳及影響》，《版本目録學研究》第九輯，二〇一八年。

〔二四〕 《説文解字》書前鈐有『新安汪灝藏本』，標目葉有『竹農珍賞』印章，在季因是、季振宜之後，額勒布印章之前，此印翁方綱未録。《揚州畫舫録》卷十五載汪灝，『字右梁，號竹農，性古雅，工詩畫』，知乾嘉之際，此本爲汪灝收藏。《揚州畫舫録》卷六又載，乾隆末年，西園曲水由汪灝轉歸鮑志道（鮑漱芳之父）。從這些線索看，大約乾隆後期至嘉慶初，宋本《説文》先後經汪灝、鮑志道、鮑漱芳遞藏，而鮑志道、鮑漱芳並未鈐印。大約道光十年（一八三〇）額勒布去世後，此本轉歸汪喜孫收藏，道光十八年（一八三八）丁晏爲汪喜孫作跋，後經楊以增、楊紹和遞藏，後入藏國圖。關於此本在乾嘉時期的遞藏情況，參董婧宸《藤花榭本〈説文解字〉底本及校刊考》，《文獻》二〇一九年第六期。

〔二五〕 孫星衍《與顧千里書三》，録自陳鴻森《孫星衍遺文續補》，原札藏國圖（善 16833），影印件見《國家圖書館藏鈔稿本乾嘉名人別集叢刊》（二五册），國家圖書館出版社，二〇一〇年，第一四六—一五〇頁。

〔二六〕　相關信札繫年及孫本刊刻始末，參董婧宸《孫星衍平津館本〈説文解字〉解題》，《孫氏覆宋本説文解字》，廣西師範大學出版社，二〇二一年。

〔二七〕　孫星衍舊藏《説文解字》爲宋元遞修晚修印本《説文解字》，今存標目、卷一上下、卷八至卷十三，共四册。據該本藏印和題跋，知曾爲趙宧光、黄翼、錢曾、張敦仁、張子絜、張子實、孫星衍、顧廣圻、袁芳瑛、李盛鐸、李滂等人經藏或寓目。

〔二八〕　洪頤煊自嘉慶十年至嘉慶十六年，館於孫星衍德州平津館幕下，佐孫氏校勘書籍、鑒定版本。今錢侗影抄王昶本標目葉有洪頤煊『頤煊審定』朱方，無顧廣圻印章，知洪頤煊在山東幫助撰寫《平津館鑒藏記書籍》《孫氏祠堂書目》時曾寓目此本，而顧廣圻則未獲見此本。額勒布舊藏宋本《説文解字》標目葉有『顧印廣圻』白方，當爲顧廣圻在蘇州校刊平津館本時所鈐。孫星衍舊藏宋本《説文解字》一上首葉、十二上首葉，分别有『廣圻審定』朱方和『顧印廣圻』白方，無洪頤煊印章，當爲嘉慶十六年後顧廣圻在江寧爲孫星衍校刻書籍時所鈐。

〔二九〕　《孫淵如先生年譜》嘉慶十六年條：『七月，引病。十三日酉時生一男，十八日交卸，廿六日，登舟南歸。重九前一日先抵金陵，眷屬等十一日亦至，寓五松園。十月，移居冶城東麓烈愍祠。』『過臘八日，始歸邀顧君廣圻至寓校訂古籍。』顧廣圻《廣復古篇序》：『予自辛未冬洎甲戌秋，在孫淵如觀察冶城山館者，幾及三年，爲淵翁校刊《續古文苑》《華陽國記》《抱朴子内篇》《古文尚書考異》《紹熙雲間志》等書，兼爲鄱陽胡中丞重翻元槧《通鑑注》。』辛未爲嘉慶十六年，甲戌爲嘉慶十九年。收入顧廣圻著、王欣夫輯《顧千里集》卷十二，中華書局，二〇〇七年，第一八〇頁。

〔三〇〕　南圖藏毛初印甲本《説文解字》（GJ117527），鈐『孫毓修印』『星儒』『小緑天藏書』等印章，爲孫毓修舊藏。書中有洪頤煊、孫星衍、顧廣圻校簽，另有孫毓修自涵芬樓舊藏本過録的部分孫星衍、顧廣圻校跋。從國圖藏本、南圖藏本的源流看，嚴可均、洪頤煊曾同在孫星衍山東平津館幕下，顧廣圻則在江南校書，今國圖藏本上的校跋爲孫、顧手迹，而南圖本上的校跋筆迹出自孫毓修之手，係過録校本，内容遠少於國圖藏本。另一方面，南圖藏本的簽條則爲洪、孫、顧手迹。如三下葉六『鬩』，孫顧校本上留有洪頤煊簽條殘根之迹，與南圖藏本相接；又南圖藏本卷十五洪頤煊校勘許慎生平之簽條三紙，爲有欄格的稿紙，欄格寬、高相同。其中『冲上書言父病，並非病篤不起』之簽條，版心有『平津館』字，知三紙原均爲平津館稿紙。按，上圖藏顧廣圻校《漢官六種》，包括《漢舊儀》《漢舊儀補遺》（線善756286）、《漢官解詁》《漢官典職儀式選用》《漢儀》（線善756287）兩種，爲孫星衍平津館本的清樣稿本，版心下有『平津館』字，與洪頤煊簽條所用稿紙相同。從内容看，南圖『玉、蒐、訾、艇、餀、帢、繙、蜆』等簽條上的校語，與國圖藏本中孫顧校語有關，其中『訾』條之説，與《説文辨疑》合。孫毓修曾任職於商務印書館，並參與《四部叢刊》等書籍的影印工作，蓋孫毓修曾從涵芬樓借得原書並過録校語。一九二三年孫毓修去世，涵芬樓藏本原有的部分簽條，亦隨之流入孫氏藏書，並最終入藏南圖。張元濟撰寫《涵芬樓燼餘書録》時，上述簽條已在孫毓修藏書中，故未提及與《説文辨疑》有關的「呰」條。

〔三一〕　參洪頤煊嘉慶五年（一八〇〇）閏四月六日撰《呈淵如夫子書》，《筠軒文鈔》卷一；洪頤煊嘉慶七年（一八〇二）八月九日撰《三呈孫淵如夫子書》，《筠軒文鈔》卷一。

〔三二〕　參嚴可均《説文校議叙》《説文校議後叙》，收入姚文田、嚴可均撰，孫星衍商訂《説文校議》，嘉慶二十三年冶城山館本，《續修四庫全書》二一三册影印，上海古籍出版社，二〇〇二年。又《説文校議》卷十五末，署「嘉慶丙寅十一月晦嚴可均書于平津館」，時嚴可均在孫星衍幕下。

〔三三〕　孫星衍《與顧千里書四》，録自陳鴻森《孫星衍遺文續補》。

〔三四〕　大體而言，署嘉慶十五年、十六年的校語，顧氏偶有用朱筆，見「藒、蕛、菸、酃」等條下；署嘉慶十八年、十九年的校語，顧氏概用墨筆。但目前孫顧校本上的顧廣圻校勘，除了顧氏在孫顧校本或其他校本上明確著明年份的條目外，很難根據内容區别出具體的校次和時間。

〔三五〕　國圖藏汲古閣本《説文解字》（善本07316）舊題「佚名校、袁廷檮跋」，卷一署癸酉六月，卷三署甲戌二月，卷五署甲戌，即嘉慶十八年、十九年。卷一至卷五的朱筆校勘，「蘆」「蕢」「莖」「莽」「呭」「食」等多例，係據宋本校勘汲古閣本，與孫顧校本《説文解字》上以「宋」注明宋本的校改完全相同，二本的校跋時間前後一致，卷四「再」、卷九「煩」二條，顧校本與孫顧校本上署嘉慶十六年辛未的校語一致。又此本「箾」之篆形有點去，表明所據爲宋元遞修晚修印本《説文解字》，即孫星衍後來收藏的宋本《説文解字》。可以確知，國圖善本07316上，各書著録的「佚名」校語，爲顧廣圻手迹，校勘時間約與顧廣圻校勘孫顧校本同時，且此本是顧廣圻校勘宋本與汲古閣本異同的重要參考，也與顧廣圻撰寫《説文考異附録》關係密切。

〔三六〕　顧廣圻手校汪啓淑刻本《説文解字繫傳》，曾藏海源閣，後經王獻唐、張景栻遞藏，署「辛未閏月讀，辛未六月、癸酉再讀」，即嘉慶十六年閏三月、六月和嘉慶十八年，亦與孫顧校本的時間相合，參楊紹和《楹書隅録》「校本説文解字繫傳四十卷十册」條，收入王紹曾主編《訂補海源閣書目五種》，齊魯書社，二〇〇二年，第六八—六九頁；王獻唐《説文繫傳三家校語抉録》，《山東省立圖書館季刊》一九三一年第一集；杜澤遜《長伴蠹魚老布衣——記藏書家張景栻先生》，《藏書家》第四輯，齊魯書社，二〇〇一年。

〔三七〕　臺圖藏錢坫《説文解字斠詮》（00943），顧廣圻、鈕樹玉校。卷二上「犥」條，署庚午七月，即嘉慶十五年；卷三至卷五「卧、鴂、朐、主』條，署嘉慶十六年辛未閏三月至五月；卷二至卷五的『唬、局、夬、叶、管』條，署嘉慶十七年壬申七月至八月；卷一至卷二的『雈、士、造、鼪、魯』及卷六『郙』條，署嘉慶十八年癸酉六月至七月。卷二至卷六的『登、羊、彗、肄、矍、舀、笘、典、杍』條，署嘉慶十九年甲戌二月至六月。

〔三八〕 以下校語，先節録與討論有關的《説文》原文，以［ ］注明校語的作者。其中孫星衍校語，參考《説文校議》可知爲嚴可均校語者，徑題嚴可均。原爲同一校者但校語另起者，録文亦分别録出。（ ）表示原批校爲雙行小注。

〔三九〕 此條孫星衍過録嚴可均之語及商訂之詞，顧廣圻用墨筆塗去，又在『疑非此文』邊加圈。

〔四〇〕 案，此條顧廣圻無文字批校，另以墨筆改嚴可均校語『無』爲『有』，又在孫星衍『仍作「衣爲卒」』旁加圈。

〔四一〕 姚衡輯録《小學述聞》（《寒秀艸堂筆記》卷二），收録有嚴可均《鐵橋題跋》。案，《小學述聞》所録嚴可均跋，除《韻會舉要》外，其餘跋文下落不詳。比較《鐵橋題跋》中的《韻會舉要》一篇，與今存的嚴可均《韻會舉要引説文繫傳抄》（國圖A02115，與姚文田《説文字句異同》合訂）稿本内容基本相合，可知姚衡輯録，當據嚴可均館於姚文田時的稿本。

〔四二〕 孫顧校本『卒、庚、喬』下，均有嚴可均校語，係自段玉裁《汲古閣説文訂》之誤校而出。關於段玉裁《汲古閣説文訂》的誤校，可參董婧宸《從本校到理校：段玉裁〈汲古閣説文訂〉及其在〈説文〉學史的影響》，《漢語史研究集刊》第二十七輯，二〇一九年。

〔四三〕 顧廣圻在嚴可均、孫星衍基礎上，整理《説文》校記爲《説文考異》，開列『説文考異引用書目』，即包括《繫傳》《五音韻譜》《玉篇》《廣韻》《集韻》《類篇》《韻會》《六書故》，加上《説文》宋本，爲顧廣圻主要依據的小學書籍。需要指出的是，與嚴可均的版本校勘多據《説文訂》和汪刻本《繫傳》不同，顧氏《繫傳》用汲古閣影抄本，見『趛、衡、箙、習、昳、華、再、攸、亶、匧、宎、傷』等多條下。又《説文條記》『栝』條，有顧廣圻案語：『《韻會》引篆體作栝，解作舌聲。元板不誤，或誤栝作枯，誤舌作古，明板如此。嚴孝廉改爲枯、占聲。元明板皆不然，恐是以意會之。』知顧氏覆核時，據元刻本《韻會》，並參校了明刻本《韻會》。

〔四四〕 顧廣圻校改出處及卷數，見『璧、瓏、瑀、特、牼、告、鷗、精』等字下。

〔四五〕 顧廣圻增補引文，見『萇、莽、吺、趬』等字下；顧廣圻駁斥『不引』，見『祪、玪、芨、牣、簝』等字下。

〔四六〕 顧廣圻批語涉及嚴可均，可參『玉、璠、瑁、薇、董、葦、藪、特、鬳、吅、迦、䶌、鬥、鸞、隼、予、篙、箪、贅、鄐』等條下；顧廣圻批語涉及錢大昕，見『曰』等條；顧廣圻批語涉及段玉裁，見『鬲、鬻、㬅、攺』等條；顧廣圻批語涉及鈕樹玉，見『䶌、睍、鵠、雗』等條。

〔四七〕 『珍』，孫顧校本《説文解字》及《説文辨疑》『琛』條下有辨；『睽』，《説文考異》『睽』條下有辨，又《説文辨疑目録》『有目無辨』諸條中有此條；『橘』，孫顧校本《説文解字》有辨。

〔四八〕　孫顧校本《説文解字》五下「矯」，誤作「揉箭箱也」，天頭有孫星衍朱筆校語：「宋本作箝。」後有顧廣圻墨筆校語：「汲古元刻同。」又如孫顧校本《説文解字》五上「尌」，誤作「二凡，从重从一」，孫星衍朱筆校作「立也，从壴从寸」，天頭孫星衍朱筆校語：「依宋本改。」後有顧廣圻朱筆校語：「汲古本亦不誤。」

〔四九〕　姚文田《説文摘録序》：「文田早年入塾，竊好是書，後益泛覽諸家，始知今本闕遺，乃時時見於他説。丁巳冬，僑寓京師，因取北宋以前各書，廣收博采，去其文義全同，與大義不殊而字句繁簡小異者，或由彼人增損，又有字體雖異而許氏實有正文，及灼知爲彼書謬誤者，概不收録。」

〔五〇〕　國圖A02104著録爲《説文解字考異》，共二十八册，書稿按徐鉉校定《説文解字》分卷，第一册内襯無題，卷端原題「説文解字一上」，後改題「説文解字考異弟一」，下署「歸安姚文田輯」。第二册至第二十七册内襯題「群書引説文類」，卷端題「説文解字一下」等，無署名。卷内多有塗乙，知當爲最初謄録的稿本，原題即嚴可均《説文校議》中提及的「群書引説文類」，後改作「説文解字考異」，《説文解字考異》清稿本（A02102）自此本而出。

〔五一〕　姚衡嘉慶九年題《小學述聞》：「家大人與嚴丈鐵橋，共造《説文長編》。《群書引説文類》先成，命衡書之，當時每有多得，輒以小紙別疏其副，置之篋衍。歲月既久，所積漸多，因依引書次第，録爲一册，名曰《小學述聞》。」《寒秀艸堂筆記》卷一。

〔五二〕　國圖A02102外封題「説文解字考異」，共二十八册，第一册卷端題「説文解字考異一上」，署「歸安姚文田輯，大興嚴可均同纂」（「大興嚴可均同纂」爲後補），第二册卷一下起，僅署「歸安姚文田輯」。各册鈐有「姚文田印」「秋農」等姚文田印章，第一册至第四册有姚文田嘉慶十年十一月至次年二月（一八〇五—一八〇六）手校跋語，當爲清稿本。

〔五三〕　國圖A02104第十册至十四册，襯葉有嚴可均五月初七日至初九日閲過的題識，並鈐嚴可均「銕橋」朱方；第十五册有嚴可均題識「六月初五日閲過」，第十六册有嚴可均題識「六月初八日閲過並手鈔副本」，第十七册有嚴可均題識「閏六月初二日手鈔副本」，第十八册至二十册有嚴可均閏六月初三日至初八日閲過的題識，全書間有嚴可均「均按」的手校簽條。結合「閏六月」可知，此本當爲嚴可均嘉慶十年校閲，且嚴可均曾「手鈔副本」。關於姚文田纂《説文摘録》、姚文田嚴可均編《韻會舉要引説文繫傳抄》《説文字句異同録》《舊説文録》、姚衡謄録《群書引説文類》並別纂《小學述聞》，及姚文田嚴可均纂《説文解字考異》初稿和清稿本間的撰作、流傳情況，可參趙兵兵《咫進齋研究》，北京大學二〇二二年博士論文。

〔五四〕　《孫淵如先生年譜》嘉慶十九年條「七月，至揚州，鹽政阿公聘校刊《全唐文》」。顧廣圻《西園感舊圖序》：「甲戌、丙子際，同孫觀察伯淵先生在揚。』時在嘉慶十九年、二十年間，見《顧千里集》卷十四，第二一六頁；又顧廣圻爲孫星衍族弟孫星海所輯《廣復古編》作《廣復古編序》，署：『嘉慶廿有一年秋八月既望，時爲觀察分校《唐文》於揚州，事畢將返吳門之次也。』見《顧千里集》卷十二，第一八一頁。

〔五五〕 《孫淵如先生年譜》嘉慶二十三年條：『正月十二日卯時卒。二月，嚴孝廉輯君雜文之未刊者，爲《治城山館遺稿》。』

〔五六〕 嚴可均《説文校議後叙》：『（孫星海）通小學，促余付梓，復資其商訂焉。戊寅六月既望嚴可均書於治城山館。』又，南圖藏有孫星海、嚴可均校跋平津館本《説文解字》（KB1355），其中孫星海校語，間有引及孫星衍説，其校勘時間，據標目署『嘉慶乙亥四月廿六日』，卷十五署『嘉慶丙子歲四月十三日孫星海校于金陵烈愍祠之治城山館』，知爲孫星海嘉慶二十年至二十一年在治城山館時所校。後有嚴可均覆核的手校校語，當爲嚴可均在治城山館時所校。

〔五七〕 鄭幸《學術良工：劉文奎局與乾嘉學者的出版活動》指出：『嘉慶二十三年正月，孫星衍去世。在其家人的主持下，劉文奎局又繼續完成了《平津館叢書》中《芳茂山人詩録》九卷（附《長離閣集》一卷）的刊刻工作，這才結束了與孫星衍的合作。』案，《芳茂山人詩録》内封署『嘉慶戊寅秋八月刊成』，《説文校議》牌記屬八月中秋刊成，二書幾乎同時刊成，當同爲孫星衍去世後由孫氏家人主持下完成。

〔五八〕 孫顧校本《説文解字》『玉』『珛』下的孫星衍過録嚴可均校語，與顧廣圻《説文辨疑》『玉』下的『舊説』相合，但《説文校議》刻本中，並無此條考證，當爲嚴可均後來删去。

〔五九〕 浙圖本《説文考異》外封題『説文考異上』，第一頁題『顧氏説文學兩種，《説文考異》五卷（附録一卷），《説文辨疑》一卷（條記附）』，鈐有潘錫爵『潘印錫爵』『邕侯』二印，《説文考異》卷端鈐『邕侯校讀』印，但浙圖僅有《説文考異》四卷，無《説文考異》卷五及《説文考異附録》。蘇圖本有《説文辨疑》《説文條記》，外封無題字，《説文辨疑目録》鈐有潘錫爵『潘印錫爵』『邕侯』印，《説文辨疑》卷端鈐有潘錫爵『邕侯校讀』印。《説文條記》後有潘錫爵跋《説文條記》，但劉履芬抄本有潘錫爵跋《顧氏説文學兩種》，此本無。案，國圖劉履芬抄本，《説文考異》卷一至卷四爲一册，《説文考異》卷五及《説文考異附録》《説文辨疑》《説文條記》爲一册。參考劉履芬抄本看，今潘錫爵抄本原有的《説文考異》卷五及《説文考異附録》部分，及潘錫爵跋《顧氏説文學二種》，或在流傳中佚去。

〔六〇〕 劉履芬抄本《顧氏説文學二種》，鈐有『劉印履芬』『卯金』『髦遜』『海日廔』印章，沈曾植《海日樓藏書目》著録。

〔六一〕 《席氏讀説文記附説文辨疑》，紙捻草裝，書衣題『顧千里説文辨疑、席玉侃讀説文記，半畝園李氏抄本』，内封爲原書衣，左題『席氏讀説文記（同治九年三月十七日半畝園李氏寫完）』，右題『顧千里先生説文辨疑一册（坿後）』。據内封及内容可知，李祖望先於同治九年三月抄録《席氏讀説文記》，至同治九年冬，李祖望之甥劉壽曾自戴望（子高）處獲見潘錫爵贈送給戴望的《説文辨疑》（附《説文條記》）

録副本，劉壽曾亦録副一本，並重新據《說文》順序，將《說文辨疑》《說文條記》的條目合編爲《擬定說文校議辨疑目録》，撰寫跋文，李氏再予録副。

〔六二〕　潘錫爵《說文考異跋》：『此書原本不題撰人，蓋先生當時爲孫觀察撰，故卷三「鈐」字條下有「顧氏廣圻曰」云云。』載劉履芬抄本《說文考異附録》後。《說文考異》有過録的孫星衍校跋、顧廣圻校語，及管慶祺校語若干。孫氏跋語，見卷一末、卷二末、卷三末『伯淵閱』，卷四末『伯淵閱，又校』。

〔六三〕　『福』『中』『犧』『犓』等條下所引《說文》正文，宋本、毛本有所不同，而《考異》與宋本相同，知《考異》校勘底本爲宋本。

〔六四〕　雷浚《說文辨疑序》：『此潤蕢先生未成之書，先生身後，予始見於先生之孫河之孝廉案頭，尚無書名，後河之先生録一副本，借與同人鈔之，則已有書名矣。』『然此四字，實非潤蕢先生手定也。』《雷刻四種》本《說文辨疑》。

〔六五〕　《說文條記》題『說文條記坿』。末有潘錫爵跋：『右十五條，皆先生手書在散紙者，其中「玉」字一條已入《辨疑》，而不及《辨疑》中之詳盡，「翡」字亦列在目録，以是知爲《辨疑》未成之稿本。』今按，潘錫爵抄本所録的《說文條記》，即光緒三年崇文書局本《說文辨疑》書後所附《說文條記》的底本，後《聚學軒叢書》本又據崇文書局本收入。

〔六六〕　雷浚刻《說文辨疑》，無内封和牌記，曾先後收入光緒十年刻成的《雷刻四種》和光緒二十一年（一八九五）左右彙編的《雷刻八種》。其中《雷刻四種》内封題『雷刻四種，說文引經例辨三卷，說文外編十五卷補遺一卷，重刻顧氏說文辨疑一卷，劉氏碎金一卷』，牌記署『光緒甲申春仲刻竣本宅藏版』，知《說文辨疑》刊成不晚於光緒十年。雷浚光緒十九年（一八九三）去世後，門人續刊《睡餘偶筆》等書，彙編成《雷刻八種》，其中亦收入《說文辨疑》。

〔六七〕　《許學叢書》陸續刻成，第一集牌記署『光緒癸未秋開雕甲申夏五工竣版藏張氏儀鄦廬』，第二集牌記署『光緒乙丣孟秋栞斁張氏儀鄦廬藏版』。張炳翔《說文辨疑跋》：『復得潘𡺚侯（錫爵）明經手鈔本互勘，與雷氏本、局本並有不同，殆當時傳抄之各異與？』《許學叢書》本。

〔六八〕　上圖藏繆荃孫《京師圖書館志書目録》（線普492897-900）中夾有繆荃孫所跋《說文辨疑》，鈐『荃孫手箋』白方印，與劉世珩跋文同，唯文中『荃孫』改作『世珩』，末句『江陰繆荃孫跋』改署『光緒辛丑二月貴池劉世珩識』。

〔六九〕　《說文條記》抄本與崇文書局本小有不同。如『褐』下抄本署『立秋日揮汗書此條』，崇文書局本無此字。『曰』下抄本署『辛未十月燈下』，崇文書局本無『燈下』。

〔七〇〕　崇文書局本無《説文辨疑目録》，其餘各本有。《説文辨疑》正文，『喁』條崇文書局本與抄本及諸刻本小有不同。又，僅崇文書局本和據崇文書局刊刻的耕雨樓本、《聚學軒叢書》本有《説文條記》。其中，崇文書局本有『玉』條，又收録了『燮、昏、衮、㞙、耏、繼』六條無校語的條目，《聚學軒叢書》本則無。

〔七一〕　劉壽曾《説文校議辨疑跋》（江都李氏半畝園抄本《説文辨疑》）：『首行原題《説文辨疑》，尋按其文，係爲駁《説文校議》而作。』『今一律標爲《校議》，並改題曰《説文校議辨疑》，著其實也。』雷浚《説文辨疑序》：『不知何由流傳至湖北崇文書局，彼居當事諸君，未悉此書原委，艸艸刊布。書中凡云「舊説」、云「此説」，皆《校議》説，而局刻無叙，未將此意叙明，則所云「舊説」「此説」，讀者茫然不知何説。』『顧書名當云「説文校議辨疑」，不當云「説文辨疑」，此四字不完，不醒目也。』張炳翔：『右元和顧君澗薲《説文辨疑》一卷，向衹見崇文書局本，竊疑是書係訂正烏程嚴氏可均《説文校議》而作，非辨許書之疑，頗覺名實不符，且首尾不完，當爲未竟之稾。』

〔七二〕　卷三『斡』下引『顧氏廣圻』説，『話』『孰』下引『鈕氏樹玉』説。

〔七三〕　孫星衍校語，卷一首頁天頭有『槱』『冃』『禰』等字意見，末云『似俱宜酌改，餘極安，星衍記』，另卷一『中、虇』，卷四『旺、睽』字天頭亦有校語。其中，『中，而也』，《考異》：『《五音韻譜》「而」作「和」，《繫傳》、《韻會》亦作「和」。』下有朱校『「而」字疑當作「内」』，天頭『酌添四字可否』，其説與孫星衍《重刊序》之説合。『禰』之説，與嚴可均《説文校議後叙》所引孫星衍説一致。

〔七四〕　潘錫爵《説文考異跋》：『此書原本不題撰人，蓋先生當時爲孫觀察撰。』『竟題先生名，從其實也。』劉履芬抄本《説文考異附録》後。

〔七五〕　瞯，宋本、毛初印本作『江淮之間謂眄曰瞯』，毛剜改本『眄』改『眂』。《考異附録》卷四：『瞯，毛改「眄」作「眂」，用鍇本。』此條僅注明毛氏校改出處。孫顧校本《説文》有顧廣圻嘉慶十九年校語：『初印本亦作「眄」，《五音韻譜》同。《繫傳》「眄」作「眂」，臣鍇曰：「眂，古視字。」』今按此與「睎」下「海岱之間謂眄曰睎」，「眄」下云「一曰衺視也，秦語」，「略」下云「眄也」，「睇」下云「南楚謂眄曰睇」互見。《方言》曰：「瞯、睇、睎、略，眄也」云云，最爲可從。鍇誤「眂」，鉉已改正，毛斧季又依鍇改鉉，可謂誤之甚矣。甲戌二月校得。此條擬入《考異》。』顧氏校語結合《方言》説明《説文》『瞯』的訓釋來源和版本差異，論證大徐本作『眄』爲優，其考證較《考異附録》已更爲深入，但謄清的《考異》中，尚未收録此條。

〔七六〕　關於孫顧校本上的顧廣圻批校與《説文辨疑》，《涵芬樓燼餘書録》指出：『如玉、壐、蒐、薴、葠、菩、噭、矞、叩、喁、趼、贈、夬等字，大意已見於是本評注之中，其他有目無辨者十四條，如睍、鸞、雝、鴠、争、朁、䚢、簜、豐、虍等字，是本亦均有疑辭。』關於顧廣圻編纂《説文考異》

與《說文辨疑》的關係，《考異》『玉、瑴』天頭有『此另有辨一條』，又『琿、莧、薴、噉、鬲、騅、叩、喁、誅、訾、讀』等條，《說文考異》的考證與《說文辨疑》相合；《說文辨疑目録》中『有目無辨』的『睽、鸞、鵝、鸛、豐、虍、鞲』條，《說文考異》中也已有初步考證。

〔七七〕 顧廣圻於道光六年（一八二六）撰《嚴小秋詞序》，於孫星衍幕下的生活多有回憶，中云：『追思嘉慶辛未洎甲戌之間，陽湖孫伯淵先生解組東省，卜居白門，招予至止，下榻見客，凡一時名流從先生遊者，恒辱下交及之。』『俄爾戊寅之春，先生驟歸道山，予旋多所轉徙。』見《顧千里集》第二〇九頁。

〔七八〕 顧廣圻《虎丘倉頡廟》，《顧千里集》第四七頁。又，顧廣圻曾於道光初年，館於揚州洪瑩，擬刊《說文解字繫傳》，事見顧廣圻撰《藝芸書舍宋元本書目序》、李兆洛《與汪孟慈農部》（《養一齋集》卷十八）等。

〔七九〕 『嚴孝廉誤認』及『嚴誤認』的校語，見孫顧校本《說文解字》『玉、薇、董、雛、戠』等條下，其餘分別見『璠、藪、逅』條下。

《説文解字》十五卷 汲古閣刊本，十二册。嚴鐵橋、孫淵如、顧千里、洪筠軒校

吴縣雷浚重刊顧廣圻《説文辯疑叙》謂：『歸安嚴孝廉可均纂《説文校議》，所據者毛刻大字本。陽湖孫觀察星衍得宋小字本，欲重刊行世，延孝廉校字，孝廉自用其《校議》説，多所校改。元和顧茂才廣圻以爲不必改。觀察從茂才言，今所傳《説文》孫本是也。孝廉校改之本，世遂不見。孝廉頗與茂才不平，故《校議叙》有「或乃挾持成見，請與往復，必得當乃已」之語。』今觀是本，乃知即雷氏所指，初由嚴氏校改，孫氏從而審之，繼得小字宋本，又校一過，而顧氏最後爲之抉擇者也。嚴氏所校，孫氏間有商榷之詞，而顧氏乃嚴加駁詰，語不少遜。至洪氏頤煊，則僅承師命偶參末議而已。雷氏又言，茂才於《校議》中，摘尤不可從者三十四條，欲加辨正，至二十條而病卒。今雷氏所刊前二十條，如玉、壐、蒐、薴、蕧、菩、噭、噣、吅、喁、趼、齝、夬等字，大意已見於是本評注之中，其他有目無辨者十四條，如晛、鸞、鵨、鴇、争、甹、鱅、篡、豐、虍等字，是本亦均有疑辭，且噭、噣、喁三字，顧氏旁注『予別有説』，『今入《考異》』，或『予別有辨』等語，是顧氏校閲之時，已有別著一書與《校議》相辨之意。其自迨著述時，始將應辨之字，重加甄録。故雷本所舉之字，是本有未加可否者。雷本所刊三十四條，僅至原書之第五下止。其自第六上至第十四下，嚴氏所校爲顧氏抨擊者，尚屬不少。且於毛斧季、錢竹汀、段茂堂、鈕匪石諸氏之説，亦多糾正。雷氏謂：『辨正各條，無一條不細入毫茫，出人意外，入人意中。』是本所注，雖爲最初未定之稿，然使能彙集成編，以續於《辨疑》之後，於治許氏學者，亦未始無助也。

藏印：『葉印/鳳毛』、『恒齋』、『王樨/之印』、『王岡印』、『南石』。

目録

底本爲中國國家圖書館藏汲古閣刻本原書框高二十厘米寬十五點七厘米

北宋本校刊

說文眞本

汲古閣藏板

說文解字標目

銀青光祿大夫守右散騎常侍上柱國東海縣開國子食邑五百戶臣徐鉉等奉

敕校定

說文解字弟一

一 於悉切　上 時掌切　示 神至切　三 穌甘切

王 雨方切　玉 魚欲切　玨 古岳切　气 去既切

士 鉏里切　丨 古本切　屮 丑列切　艸 倉老切

蓐 蓐而蜀切
茻 茻模朗切

說文解字弟二

小 小私兆切
八 八博拔切
釆 釆蒲莧切
半 半博幔切

牛 牛語求切
犛 犛里之切
告 告古奧切
口 口苦后切

凵 凵口犯切
吅 吅況袁切
哭 哭苦屋切
走 走子苟切

止 止諸市切
癶 癶北末切
步 步薄故切
此 此雌氏切

正 正之盛切
是 是承旨切
辵 辵丑略切
彳 彳丑亦切

廴 余忍切

㢟 丑連切

行 戶庚切

齒 昌里切

牙 五加切

足 即玉切

疋 所菹切

品 丕飲切

龠 以灼切

冊 楚革切

說文解字弟三

㗊 阻立切

舌 食列切

干 古寒切

𧮫 其虐切

只 諸氏切

㕯 女滑切

句 古侯切

丩 居虯切

古 公戶切

十 是執切

卅 蘇沓切

言 語軒切

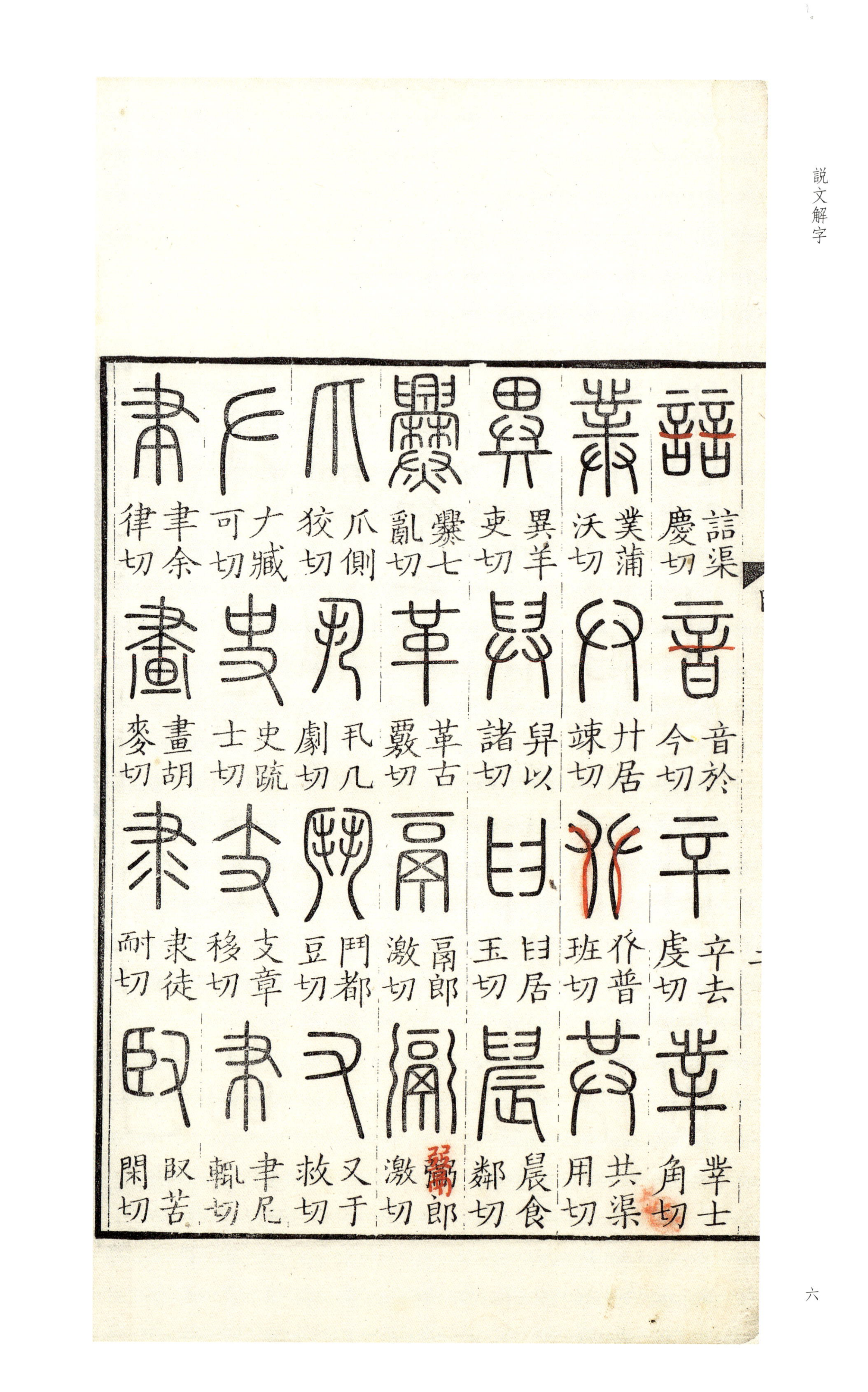

誩渠慶切　音於今切　䇂去虔切　丵士角切

菐蒲沃切　𠬞居竦切　𠬜普班切　共渠用切

異羊吏切　舁以諸切　𦥑居玉切　晨食鄰切

爨七亂切　革古覈切　鬲郎激切　䰜郎激切

爪側狡切　丮几劇切　鬥都豆切　又于救切

𠂇臧可切　史疏士切　支章移切　𦘒尼輒切

聿余律切　畫胡麥切　隶徒耐切　臤苦閑切

臣 植鄰切
殳 市朱切
殺 所八切
几 市朱切
寸 倉困切
皮 符羈切
㼱 而兖切
攴 普木切
教 古孝切
卜 博木切
用 余訟切
爻 胡茅切
㸚 力几切

說文解字弟四

旻 火劣切
目 莫六切
䀠 九遇切
眉 武悲切
盾 食閏切
自 疾二切
白 疾二切
鼻 父二切

皕 彼利切
習 似入切
羽 王矩切
隹 職追切

奞 息遺切
雈 胡官切
𦫳 工瓦切
苜 模結切

羊 與章切
羴 式連切
瞿 九遇切
雔 市流切 首模結切		

說文解字

酉陌博 彼切	奞息遺切	雈胡官切	習似入切	羽王矩切	雀職追切
習入切	萑	艹工瓦切	首模結切	隹徒	
羊與章切

雥 徂合切 華胡瓜切	玄胡涓切	叔干奴昨切	
羴式連切	雔候古切
鳥 都了切 予余呂切	占知廉切
烏 哀都切
華 北潘切

冓 古候切
幺 於堯切
丝 於虯切
叀 職緣切

玄 胡涓切
予 尹呂切
放 甫妄切
𠬪 平小切

𣦼 昨干切
歺 五割切
死 息姊切
冎 古瓦切

骨 古忽切
肉 如六切
筋 居銀切
刀 都牢切
刃 而振切
㓞 恪八切
丰 古拜切
耒 盧對切
角 古岳切

說文解字弟五

竹 陟玉切
箕 居之切
丌 居之切
左 則箇切
工 古紅切
㠭 知衍切
巫 武夫切
甘 古三切
曰 王伐切
乃 奴亥切
丂 苦浩切
可 肯我切

亏 亏胡雞切
号 号胡到切
亐 于羽俱切
旨 旨職雉切

喜 喜虛里切
壴 壴中句切
鼓 鼓工戶切
豈 豈墟喜切

豆 豆徒候切
豊 豊盧啓切
豐 豐敷戎切
䖒 虛許羈切

虍 虍荒烏切
虎 虎呼古切
虤 虤五閑切
皿 皿武永切

凵 凵去魚切
去 去丘據切
血 血呼決切
丶 丶知庾切

丹 丹都寒切
青 青倉經切
井 井子郢切
皀 皀皮及切

鬯 鬯丑諒切
食 食乘力切
亼 亼秦入切
會 會戶外切

四

倉 倉七岡切　入 入人汁切　缶 缶方久切　矢 矢式視切

高 高古牢切　冂 冂古熒切　𩫏 郭古博切　京 京舉卿切

亯 亯許兩切　㫗 㫗胡口切　畗 畗芳逼切　㐭 㐭力甚切

嗇 嗇所力切　來 來洛哀切　麥 麥模獲切　夊 夊山危切

舛 舛昌兖切　舜 䑞舒閏切　韋 韋宇非切　弟 弟特計切

夂 夂陟侈切　久 久舉友切　桀 桀渠列切

說文解字弟六

木莫卜切　東得紅切　林力尋切　才昨哉切

叒而灼切　之止而切　帀子荅切　出尺律切

𣎵普活切　生所庚切　乇陟格切　垂是爲切

𠌶況于切　華戶瓜切　禾古兮切　稽古兮切

巢鉏交切　桼親吉切　束書玉切　橐胡本切

口羽非切　員王權切　貝博蓋切　邑於汲切

𨛜胡絳切

說文解字弟七

日 人質切
旦 得案切
倝 古案切
㫃 於幰切

冥 莫經切
晶 子盈切
月 魚厥切
有 云九切

朙 武兵切
囧 俱永切
夕 祥易切
多 得何切

毌 古丸切
马 乎感切
𣐺 胡感切
卤 徒遼切

齊 徂兮切
朿 七賜切
片 匹見切
鼎 都挺切

克 苦得切
彔 盧谷切
禾 戶戈切
秝 郎擊切

黍 舒呂切

香 許良切

米 莫禮切

毇 許委切

臼 其九切

凶 許容切

朩 匹刃切

𣏟 匹卦切

麻 莫遐切

尗 式竹切

耑 多官切

韭 舉友切

瓜 古華切

瓠 胡誤切

宀 武延切

宮 居戎切

呂 力舉切

穴 胡決切

㝱 莫鳳切

疒 女戹切

冖 莫狄切

𠕁 莫保切

冃 莫報切

㒳 良獎切

网 文紡切

襾 呼訝切

巾 居銀切

巿 分勿切

宋本此四字在重字下以衣接裘

帛 旁陌切

白 旁陌切

㡀 毗祭切

黹 陟几切

說文解字弟八

人 如鄰切

匕 呼跨切

匕 卑履切

从 疾容切

比 毗至切

北 博墨切

丘 去鳩切

乑 魚音切

王 他鼎切

重 柱用切

衣

裘 巨鳩切

老 盧皓切

毛 莫袍切

毳 此芮切

尸 式脂切

尺 昌石切

尾 無斐切

臥 吾貨切

身 失人切

㐆 於機切

衣 衣於希切　履 履良止切　舟 舟職流切　方 方府良切

儿 儿如鄰切　兄 兄許榮切　兂 兂側岑切　皃 皃莫教切

兆 兆公戶切　先 先穌前切　禿 禿他谷切　見 見古甸切

覞 覞弋笑切　欠 欠去劒切　㱃 㱃於錦切　次 次叙連切

旡 旡居未切

說文解字弟九

頁 頁胡結切　百 百書九切　面 面彌箭切　丏 丏彌兗切

𦣻書九切　県古堯切　須相俞切　彡所銜切

彣無分切　文無分切　髟所銜切　后胡口切

司息茲切　卮章移切　卪子結切　印於刃切

色所力切　卯去京切　辟必益切　勹布交切

包布交切　茍己力切　鬼居偉切　甶敷勿切

厶息夷切　嵬五灰切　山所間切　屾所臻切

屵五葛切　广魚儉切　厂呼旱切　丸胡官切

危 魚爲切　石 常隻切　長 直良切　勿 文弗切

冄 而琰切　而 如之切　豕 式視切　彖 羊至切

彑 居例切　豚 徒魂切　豸 池尒切　兕 徐姊切

易 羊益切　象 徐兩切

說文解字弟十

馬 莫下切　廌 宅買切　鹿 盧谷切　麤 倉胡切

㲋 丑略切　兔 湯故切　莧 胡官切　犬 苦泫切

炏 語斤切　鼠 書呂切　能 奴登切　熊 羽宮切

火 呼果切　炎 于廉切　黑 呼北切　囪 楚江切

焱 以冉切　炙 之夜切　赤 昌石切　大 徒蓋切

亦 羊益切　夨 阻力切　夭 於兆切　交 古爻切

尣 烏光切　壺 戶姑切　壹 於悉切　㚔 尼輒切

奢 式車切　亢 古郎切　夲 土刀切　夰 古老切

亣 他達切　夫 甫無切　立 力入切　竝 蒲迴切

囟 囟息進切 思 思息茲切 心 心息林切 惢 惢才規切

說文解字第十一

水 水式軌切 沝 沝之壘切 瀕 頻符眞切 〈 〈姑泫切

巜 巜古外切 川 川昌緣切 泉 泉疾緣切 灥 灥詳遵切

永 永于憬切 𠂢 𠂢匹卦切 谷 谷古祿切 仌 仌筆陵切

雨 雨王矩切 雲 雲王分切 魚 魚語居切 𩺰 𩺰語居切

燕 燕於甸切 龍 龍力鍾切 飛 飛甫微切 非 非甫微切

卂 息晉切

說文解字弟十二

乞 烏轄切

不 方久切

至 脂利切

西 先稽切

鹵 郎古切

鹽 余廉切

戶 侯古切

門 莫奔切

耳 而止切

𦣝 弋之切

手 書九切

𠦬 古懷切

女 尼呂切

毋 武夫切

民 彌鄰切

丿 於小切

𠂆 余制切

乁 弋支切

氏 承旨切

氐 丁禮切

戈 古禾切　戉 王伐切　我 五可切　亅 衢月切

珡 巨今切　乚 於謹切　亡 武方切　匸 胡禮切

匚 府良切　曲 丘玉切　甾 側詞切　瓦 五寡切

弓 居戎切　弜 其兩切　弦 胡田切　系 胡計切

說文解字弟十三

糸 莫狄切　素 桑故切　絲 息兹切　率 所律切

虫 許偉切　䖵 古魂切　蟲 直弓切　風 方戎切

它 它託何切　龜 龜居追切　黽 黽莫杏切　卵 卵盧管切

二 二而至切　土 土它魯切　垚 垚吾聊切　堇 堇巨斤切

里 里良止切　田 田待季切　畕 畕居良切　黃 黃乎光切

男 男那含切　力 力林直切　劦 劦胡頰切

說文解字弟十四

金 金居音切　幵 幵古賢切　勺 勺之若切　几 几居履切

且 且千也切　斤 斤舉欣切　斗 斗當口切　矛 矛莫浮切

車 尺遮切
𠂤 都回切
𨸏 房九切
𨺅 似醉切

厽 力軌切
四 息利切
宁 直呂切
叕 陟劣切

亞 衣駕切
五 疑古切
六 力竹切
七 親吉切

九 舉方切
禸 人九切
嘼 許救切
甲 古狎切

乙 於筆切
丙 兵永切
丁 當經切
戊 莫候切

己 居擬切
巴 伯加切
庚 古行切
辛 息鄰切

辡 皮免切
壬 如林切
癸 居誄切
子 即里切

了 了盧鳥切
孨 孨旨兗切
𠫓 𠫓他骨切
丑 丑敕久切

寅 寅弋眞切
卯 卯莫飽切
辰 辰植鄰切
巳 巳詳里切

午 午疑古切
未 未無沸切
申 申失人切
酉 酉與久切

酋 酋字秋切
戌 戌辛聿切
亥 亥胡改切

說文解字標目

宋本慎字缺

凡兩本之字不必更正出于卷末載其異同

説文解字弟一上　漢太尉祭酒許慎記

銀青光禄大夫守右散騎常侍上柱國東海縣開國子食邑五百户徐鉉等奉

敕挍定

十四部　六百七十二文　重八十一宋

凡萬六百三十九字

文三十一新附

一　惟初太始道立於一造分天地化成

太始繫傳韻會引作太極

凡更正補入之字用墨刻白文別之又切及徐氏語用圈隔開所有本于他書更正之說載于每卷之末

萬物凡一之屬皆从一於悉切

弌古文一

元始也从一从兀徐鍇曰元者善之長也故从一愚袁切

元下鍇本傳云俗本有聲字

天顛也至高無上从一大他前切

丕大也从一不聲敷悲切

吏治人者也从一从史史亦聲徐鍇曰吏之治人心主於一故从一力置切

文五　重一

丄高也此古文上指事也凡上之屬皆从上時掌切

上篆文上

帝諦也王天下之號也从上朿聲都計切

𢂇古文帝古

文諸上字皆从一篆文皆从二二古文上字辛示辰龍童音章皆从古文上

旁 溥也从二闕方聲步光切 㫄 古文旁 𣃟 亦古文旁 雱 籀文

丅 底也指事胡雅切 下 篆文丅

文四 重六

示 天垂象見吉凶所以示人也从二二古文上字三垂日月星也觀乎天文以察時變示神事也凡示之屬皆从示神至切

凡嘗為某之字並無各書引用本文實據者不必更正止于卷末載明

字亦可作祐也

𥘅古文示祜上諱臣鉉等曰此漢安帝名也福也當从示古聲候古切

禮履也所以事神致福也从示从豊豊亦聲靈啓切

𠁧古文禮

禧禮□也从示喜聲許其切

禛以眞受福也从示眞聲側鄰切

祿福也从示录聲盧谷切

褫福也从示虒聲息移切

禎祥也从示貞聲陟盈切

祥福也从示羊聲一云善似羊切

祉福也从示止聲敕里切

福祐也从示畐聲方六切

祐助也从示右聲于救切

祺吉也从示其聲渠之切

𥛉籒文从基

祗敬也从示氏聲旨移切

禔安福也从示是聲易曰禔旣平市支切

神

天神引出萬物者也从示申聲食鄰切

祇 地祇提出萬物者也从示氏聲巨支切

祕 神也从示必聲兵媚切

齋 戒潔也从示齊省聲側皆切

𪉖 籀文齋从襲省襲音禱

禋 潔祀也一曰精意以享爲禋从示垔聲於眞切

𥛚 籀文从宀

祭 祭祀也从示以手持肉子例切

祀 祭無巳也从示巳聲詳里切

禩 祀或从異

祡 燒祡燓燎以祭天神从示此聲虞書曰至于岱宗祡仕皆切

𥛛 古文祡从隋省

禷 以事類祭天神从示類聲力遂切

祪 祔祪祖也从示危聲過委切

祔 後死者合食於先祖从示付聲符遇切

祖 始廟也从示且聲則古切

說文一上

祊 門内祭先祖所以徬徨从示彭聲詩曰祝祭于祊補盲切 祊 祊或从方

祰 告祭也从示告聲苦浩切

祏 宗廟主也周禮有郊宗石室一曰大夫以石爲主从示从石石亦聲常隻切

祉 以豚祠司命从示比聲漢律曰祠祉司命卑履切

祠 春祭曰祠品物少多文詞也从示司聲仲春之月祠不用犧牲用圭璧及皮幣似兹切

礿 夏祭也从示勺聲以灼切

禘 諦祭也从示帝聲周禮曰五歲一禘特計切

祫 大合祭先祖親疏遠近也从示合周禮曰三歲一祫侯夾切

祼 灌祭也从示果聲古玩切

𥛱 數祭也从示毳聲讀若春麥爲毳之毳臣鉉等曰春麥爲毳今無此語且非異文所未詳也此芮切

祝

集韻禜下有引禮記

祭主贊詞者从示从人口一曰从兌省易曰兌爲口爲巫之六切

⿰示畱 祝⿰示畱也从示畱聲力救切

祓 除惡祭也从示犮聲敷勿切

祈 求福也从示斤聲渠稀切

禱 告事求福也从示壽聲都浩切

禱 禱或省

𥜒 籀文禱

禜 設緜蕝爲營以禳風雨雪霜水旱癘疫於日月星辰山川也从示禜省聲一曰禜衛使灾不生禮記曰雩禜祭水旱爲命切

繫傳韻會引作从營省聲

省聲

此後鄭注傳記文是徐氏所引

不應入本文

禳 磔禳祀除癘殃也古者燧人禜子所造从示襄聲汝羊切

春官詛祝文

禬 會福祭也从示从會會亦聲周禮曰禬之祝號古外切

禪 祭天也从示單聲時戰切

禦 祀也从示御聲魚舉切

䄜 祀也从示昏聲古末切

禖 祭也从示某聲莫桮切

禡

祭具也从示胥聲私呂切 祳 社肉盛以蜃故謂之祳天子所以親遺同姓从示辰聲春秋傳曰石尚來歸祳時忍切 祴 宗廟奏祴樂从示戒聲古哀切 禡 師行所止恐有慢其神下而祀之曰禡从示馬聲周禮曰禡於所征之地莫駕切 禂 禱牲馬祭也从示周聲詩曰既禡既禂都皓切 [馬壽] 或从馬壽省聲 社 地主也从示土春秋傳曰共工之子句龍爲社神周禮二十五家爲社各樹其土所宜之木常者切 𡉚 古文社 禓 道上祭从示易聲与章切 祲 精氣感祥从示侵省聲春秋傳曰見赤黑之祲子林切 禍 害也神不福也从示咼聲胡果切 祟 神禍也从示从出雖遂切 𥜃 籀文祟从𩏂省 祅

地反物爲祅也从示芺聲於喬切

祘 明視以筭之从二示逸周書曰士分民之祘均分以祘之也讀若筭蘇貫切

禁 吉凶之忌也从示林聲居蔭切

禫 除服祭也从示覃聲徒感切

文六十三 重十三

禰 親廟也从示爾聲一本云古文䄫也泥米切

祧 遷廟也从示兆聲他彫切

祆 胡神也从示天聲火千切

祚 福也从示乍聲臣鉉等曰凡祭必受胙胙即福也此字後人所加徂故切

文四 新附

三 天地人之道也从三數凡三之屬

皆从三 蘇甘切

弎 古文三从弋

文一　重一

王 天下所歸往也董仲舒曰古之造文者三畫而連其中謂之王三者天地人也而參通之者王也孔子曰一貫三爲王凡王之屬皆从王 李陽冰曰中畫近上王者則天之从雨方切

王 古文王

閏 餘分之月五歲再閏告朔之禮天子居宗廟閏月居門中从王在門中周禮曰閏月王居門中終月也如順切

皇 大也从自自始也始皇者三皇大君也自讀若鼻今俗以始生子爲鼻子胡光切

文三 重一

玉 石之美有五德潤澤以溫仁之方也䚡理自外可以知中義之方也其聲舒揚尃以遠聞智之方也不撓而折勇之方也銳廉而不忮絜

方也象三玉之連丨其貫也凡玉之屬皆从玉 陽冰曰三畫正均如貫玉也魚欲切

𤣩 古文玉

璙 玉也从玉尞聲洛簫切

瓘 玉也从玉雚聲春秋傳曰瓘斝工玩切

璥 玉也从玉敬聲居領切

琠 玉也从玉典聲多殄切

𤪌 玉也从玉夒聲讀若柔耳由切

𤩽 玉也从玉毄聲讀若鬲郎擊切

璠 璵璠魯之寶玉从玉番聲孔子曰美哉璵璠遠而望之奐若也近而視之瑟若也一則理勝二則孚勝附袁切

璵 璵璠也从玉與聲以諸切

瑾 瑾瑜美玉也从玉堇聲居隱切

瑜 瑾瑜美玉

唐韻據爾雅釋地瓄玉兒廣雅

玉篇引史記云昆山出瓄玉晉輿服志九嬪佩采瓄玉

御覽六百九十二引尚書大傳云大夫好佩采瓊玉是瓄爲瓊之誤

琪 宋

史記封禪書索隱引三輔決錄云杜陵有玉氏音肅說文以爲從玉音畜牧之畜

也从玉俞聲羊朱切

玒 玉也从玉工聲戶工切

琜 琜瓄玉也从玉來聲落哀切

瓊 赤玉也从玉夐聲渠營切

璚 瓊或从矞

瓗 瓊或从巂

琁 瓊或从旋省臣鉉等曰今與璿同

珦 玉也从玉向聲許亮切

瑚 玉也从玉剌聲盧達切

珣 醫無閭珣玗琪周書所謂夷玉也从玉旬聲一曰器讀若宣相倫切

璐 玉也从玉路聲洛故切

瓚 三玉二石也从玉贊聲禮天子用全純玉也上公用駹四玉一石侯用瓚伯用埒玉石半相埒也徂贊切

瑛 玉光也从玉英聲於京切

璑 三采玉也从玉無聲武扶切

珛 朽玉也从玉有聲讀若畜牧之畜許救切

璿 美玉也从玉睿聲春秋傳曰璿弁玉纓似

史記封禪書索隱于公玉帶引三輔決錄者玉氏音畜說文以為…畜明…者主…句

大

在琦字下

之方也象三玉之連丨其貫也凡玉

陽冰曰三畫正均

之屬皆从玉

如貫玉也魚欲切

玉 古文玉

璙 玉也从玉尞聲洛蕭切

瓘 玉也从玉雚聲春秋傳曰瓘斝

璥 玉也从玉敬聲

琠 玉也从玉典聲

瓘斝玉玩切

李善數賦此條並不引說文也賦云魯之璠璵注曰逸論語曰璠璵魯之寶也孔子曰美哉璠璵云云嚴孝廉校語所謂混矣日以說文之璵璠玉5足與之璠璵山存疑耶

言引一誤 言在孔子上二誤

玉篇引史記云昆山出瓄玉晉輿服志九嬪佩采瓄玉

御覽六百九十二引尚書舊讚云東好佩采瓊玉是瓄爲瓊之誤

琪 案

一百

史記封禪書索隱引三輔決錄云杜陵有玉氏音畜說文以爲從玉音畜牧之畜

也从玉俞聲羊朱切 玒 玉也从玉工聲戶工切 琜 琜瓄玉也从玉來聲落哀切

瓊 赤玉也从玉夐聲渠營切 璚 瓊或从矞 瓗 瓊或从巂 琁 瓊或从旋省臣鉉等曰今與璿同

珦 玉也从玉向聲許亮切 瑓 玉也从玉剌聲盧達切

珣 醫無閭珣玗琪周書所謂夷玉也从玉旬聲一曰器讀若宣相倫切 璐 玉也从玉路聲洛故切

瓚 三玉二石也从玉贊聲禮天子用全純玉也上公用駹四玉一石侯用瓚伯用埒玉石半相埒也徂贊切

瑛 玉光也从玉英聲於京切 璑 三采玉也从玉無聲武扶切

珛 朽玉也从玉有聲讀若畜牧之畜許救切 璿 美玉也从玉睿聲春秋傳曰璿弁玉纓似

沇切

璿　古文璿

璿　籀文璿

球　玉磬也从玉求聲巨鳩切

璆　球或从翏

琳　美玉也从玉林聲力尋切

璧　瑞玉圜也从玉辟聲比激切

瑗　大孔璧人君上除陛以相引从玉爰聲爾雅曰好倍肉謂之瑗肉倍好謂之璧王眷切

環　璧也肉好若一謂之環从玉睘聲戶關切

璜　半璧也从玉黃聲戶光切

琮　瑞玉大八寸似車釭从玉宗聲藏宗切

琥　發兵瑞玉爲虎文从玉从虎虎亦聲春秋傳曰賜子家雙琥呼古切

瓏　禱旱玉龍文从玉从龍龍亦聲力鍾切

琬　圭有琬者从玉宛聲於阮切

璋　剡上爲圭半圭爲璋从玉章聲禮六幣圭以馬璋以皮璧以帛琮以錦琥以繡璜以黼諸良切

左傳昭二年疏引作禱旱玉也為龍文

昭廿二年傳…子家子雙琥下有是字

周禮小行人文

今繫傳瓛上有三字缺會云

郭注釋樂云鏧音形如犂錧釋文𠚣字林云田器也江南人呼犂刃爲錧說文云錧字故作𨥫

繫傳已說冠即錧可不必從嚴孝廉之說矣

琰 璧上起美色也从玉炎聲以冉切 玠 大圭也从玉介聲周書曰稱奉介圭古拜切

瑒 圭尺二寸有瓚以祠宗廟者也从玉昜聲丑亮切 瓛 桓圭公所執从玉獻聲胡官切

珽 大圭長三尺抒上終葵首从玉廷聲他鼎切 瑁 諸侯執圭朝天子天子執玉以冒之似犂冠周禮曰天子執瑁四寸从玉冒冒亦聲莫報切 玥 古文省 璬 玉佩从玉敫聲古了切 珩 佩上玉也所以節行止也从玉行聲戶庚切 玦 玉佩也从玉夬聲古穴切

瑞 以玉爲信也从玉耑徐鍇曰耑諦也會意是僞切 珥 瑱也从玉耳耳亦聲仍吏切

瑱 以玉充耳也从玉真聲詩曰玉之瑱兮臣鉉等曰今充耳字更从玉旁充非是他甸切

玉篇作玥

說文一上

𤨻 瑱或从耳

琫 佩刀上飾天子以玉諸侯以金从玉奉聲邊孔切

珌 佩刀下飾天子以玉从玉必聲卑吉切

璏 劒鼻玉也从玉彘聲直例切

瑵 車蓋玉瑵从玉蚤聲側絞切

瑑 圭璧上起兆瑑也从玉篆省聲周禮曰瑑圭璧直戀切

珇 琮玉之瑑从玉且聲則古切

璂 弁飾往往冒玉也从玉綦聲渠之切

琪 璂或从基

璪 玉飾如水藻之文从玉喿聲虞書曰璪火黺米子皓切

瑬 垂玉也冕飾从玉流聲力求切

璹 玉器也从玉𠷎聲讀若淑殊六切

瓃 玉器也从玉畾聲臣鉉等案靁字注象回轉之形畾不成字凡从畾者並當从靁省魯回切

瑳 玉色鮮白从玉差聲七何切

玼 玉色鮮也

考御覽八百二說文曰琛寶也犍爲舍人曰美寶爲琛最爲大誤說文那得有犍爲舍人注耶必是爾雅無疑類書之難引如此
癸酉六月書

宋本引詩作瑟

从玉此聲詩曰新臺有玼千禮切

璱 玉英華相帶如瑟弦从玉瑟聲詩曰璱彼玉瓚所櫛切

瑮 玉英華羅列秩秩从玉㮚聲逸論語曰玉粲之璱兮其瑮猛也力質切

瑩 玉色从玉熒省聲一曰石之次玉者逸論語曰如玉之瑩烏定切

今本釋文引此論語無之字

璊 玉䅿色也从玉㒼聲禾之赤苗謂之虋言璊玉色如之莫奔切

玧 璊或从允

瑕 玉小赤也从玉段聲乎加切

史記司馬相如傳索隱引作玉之小赤色

琢 治玉也从玉豖聲竹角切

琱 治玉也一曰石似玉从玉周聲都寮切

理 治玉也从玉里聲良止切

珍 寶也从玉㐱聲陟鄰切

御覽八百二引作琛寶也華書珍作珎珎作琛珎相似故誤為琛

玩 弄也从玉元聲五換切

貦 玩或从貝

玲 玉聲从玉令聲郎丁切

瑲 玉聲也从玉倉聲詩曰鞗革有瑲七羊切

玎

今本釋文虋作䅿

說文一

宋 五音韻譜 癸酉再校 毛依小徐

玉聲也从玉丁聲齊太公子伋謚曰玎公當經切

琤 玉聲也从玉爭聲楚耕切

瑣 玉聲也从玉貨聲蘇果切

瑝 玉聲也从玉皇聲乎光切

瑀 石之似玉者从玉禹聲王矩切

玤 石之次玉者以爲系璧从玉丰聲讀若詩曰瓜瓞菶菶一曰若盒蚌補蠓切

玪 玪塾石之次玉者从玉今聲古函切

塾 玪塾也从玉勒聲盧則切

琚 瓊琚从玉居聲詩曰報之以瓊琚九魚切

璓 石之次玉者从玉莠聲詩曰充耳璓瑩息救切

玖 石之次玉黑色者从玉久聲詩曰貽我佩玖讀若芑或曰若人句脊之句舉友切

𤥂 石之似玉者从玉𦣞聲讀若貽與之切

珢 石之似玉者从玉艮聲語巾切

玴 石之似玉者从玉曳聲余

宋本作次　汲古初刻作次

制切

璅　石之似玉者从玉巢聲子皓切

璡　石之似玉者从玉進聲讀若津將鄰切

⿰王朁　石之似玉者从玉朁聲側岑切

璁　石之似玉者从玉悤聲讀若蔥倉紅切

⿰王號　石之似玉者从玉號聲讀若鎬乎到切

⿰王𡴘　石之似玉者从玉𡴘聲讀若曷胡捌切

⿱臤玉　石之似玉者从玉臤聲烏貫切

⿰王燮　石之次玉者从玉燮聲穌叶切

玽　石之似玉者从玉句聲讀若苟古厚切

似當從韵會引作次

琂　石之似玉者从玉言聲語軒切

璶　石之似玉者从玉盡聲徐刃切

琟　石之似玉者从玉隹聲讀若維以追切

瑦　石之似玉者从玉烏聲安古切

瑂　石之似玉者从玉眉聲讀若眉武悲切

璒　石之似玉者从玉登聲都騰切

𤣪 石之似玉者从玉厶聲讀與私同息夷切 玗 石之似玉者从玉于聲羽俱切

𤪌 玉屬从玉叜聲讀若沒莫悖切 瑎 黑石似玉者从玉皆聲讀若諧戶皆切

碧 石之青美者从玉石白聲兵尺切 琨 石之美者从玉昆聲虞書曰楊州貢瑤琨古渾切

瑻 琨或从貫 珉 石之美者从玉民聲武巾切 瑤 玉之美者从玉䍃聲詩曰

報之以瓊瑤余招切 珠 蚌之陰精从玉朱聲春秋國語曰珠以禦火災是也章俱切 玓

玓瓅明珠色从玉勺聲都歷切 瓅 玓瓅从玉樂聲郎擊切 玭 珠也从玉比聲宋弘云淮

水中出玭珠玭珠之有聲步因切 蠙 夏書玭从虫賓 珕 蜃屬从玉劦聲禮佩刀士珕琫

廣韻引生海中而色赤也

玉篇瑤下不引說文云此誤

而珧珌臣鉉等曰劦亦音麗故以爲聲郎計切

珧 蜃甲也所以飾物也从玉兆聲禮云佩刀天子玉琫而珧珌余昭切

玟 火齊玟瑰也一曰石之美者从玉文聲莫桮切

瑰 玟瑰从玉鬼聲一曰圜好公回切

璣 珠不圜者从玉幾聲居衣切

琅 琅玕似珠者从玉良聲魯當切

玕 琅玕也从玉干聲禹貢雝州球琳琅玕古寒切

𤥚 古文玕

珊 珊瑚色赤生於海或生於山从玉刪省聲穌干切

瑚 珊瑚也从玉胡聲戶吳切

珋 石之有光璧珋也出西胡中从玉丣聲力求切

琀 送死口中玉也从玉从含含亦聲胡紺切

𤪌 遺玉也从玉歔聲以周切

璗 金之美者與玉同色从玉湯聲禮佩刀諸侯璗琫而璆珌徒朗切

靈

靈巫以玉事神从玉霝聲郎丁切 𩇯 靈或从巫

文一百二十六 重十六

珈 婦人首飾从玉加聲詩曰副笄六珈古牙切 璩 環屬从玉豦聲見山海經彊魚切

琖 玉爵也夏曰琖殷曰斝周曰爵从玉戔聲或从皿阻限切 琛 寶也从玉深省聲丑林切

璫 華飾也从玉當聲都郎切 琲 珠五百枚也从玉非聲普乃切 珂 玉也从玉可聲苦何切

玘 玉也从玉己聲去里切 珝 玉也从玉羽聲況三切 璀 璀璨玉光也从玉崔聲七罪切

璨 玉光也从玉粲聲倉案切 琡 玉也从玉叔聲昌六切

瑄 璧六寸也从玉宣聲須緣切

珙 玉也从玉共聲拘竦切

文十四 新附

珏 二玉相合爲一珏凡珏之屬皆从珏 古岳切

瑴 珏或从㱿

班 分瑞玉从珏从刀布還切

⿲王車王 車笭閒皮篋古者使奉玉以藏之从車珏讀與服同房六切

文三 重一

气 雲气也象形凡气之屬皆从气 去既切

切

氛 祥气也从气分聲符分切 雰 氛或从雨

文二　重一

士 事也數始於一終於十从一从十孔子曰推十合一爲士凡士之屬皆从士　鉏里切

玉篇韵會引作推一合十

壻 夫也从士胥聲詩曰女也不爽士貳其行士者夫也讀與細同穌計切 婿 壻或从女

爾雅釋親疏引作女之夫也

壯 大也从士爿聲側亮切 壿 舞也从士尊聲詩曰壿壿舞我慈損切

文四 重一

丨 上下通也引而上行讀若囟引而下行讀若逻凡丨之屬皆从丨古本切

中 和也从口丨上下通陟弓切 中 古文中 𠁦 籀文中

㫃 旌旗杠皃从丨从㫃㫃亦聲丑善切

文三 重二

說文解字弟一上

說文解字弟一下　漢太尉祭酒許愼記

銀青光祿大夫守右散騎常侍上柱國東海縣開國子食邑五百戶臣徐鉉等奉

敕校定

屮　艸木初生也象丨出形有枝莖也

在十九晧草字下
韻會引作象屮出形

古文或以爲艸字讀若徹凡屮之

屬皆从屮尹彤說　臣鉉等曰丨上下通也象艸木萌芽通徹

地上也　丑列切

屯 難也象艸木之初生屯然而難从屮貫一一地也尾曲易曰屯剛柔始交而難生陟倫切

每 艸盛上出也从屮母聲臣鉉等案左傳原田每每今别作莓非是武罪切

毒 厚也害人之艸往往而生从屮从毒徒沃切

𣫠 古文毒从刀葍

岁 艸初生其香分布从屮从分分亦聲撫文切

芬 岁或从艸

𡴯 菌𡴯地蕈叢生田中从屮六聲力竹切

𦬞 籀文𡴯从三𡴯

熏 火煙上出也从屮从黑屮黑熏象也許云切

文七　重三

艸 百芔也从二屮凡艸之屬皆从艸

从毒　繫傳韻會引作毒聲

一切經音義七及十二十九引作岁芬也

倉老切

莊　上諱　臣鉉等曰此漢明帝名也从艸从壯未詳側羊切　𦾓　古文莊

蓏　在木曰果在地曰蓏从艸从㼌郎果切　芝　神艸也从艸从之止而切

萐　萐莆瑞艸也堯時生於庖廚扇暑而涼从艸疌聲士洽切　莆　萐莆也从艸甫聲方矩切

虋　赤苗嘉穀也从艸釁聲莫奔切　荅　小尗也从艸合聲都合切　萁　豆莖也从艸其聲渠之切

藿　尗之少也从艸靃聲虛郭切　莥　鹿藿之實名也从艸狃聲敕久切

蓈　禾粟之采生而不成者謂之董蓈从艸郎聲魯當切　稂　蓈或从禾

莠 禾粟下生莠从艸秀聲讀若酉与久切

萉 枲實也从艸肥聲房未切

黂 萉或从麻賁

芓 麻母也从艸子聲一曰芓即枲也疾吏切

⿱艹異 芓也从艸異聲羊吏切

蘇 桂荏也从艸穌聲素孤切

荏 桂荏从艸任聲如甚切

⿱艹矢 菜也从艸矢聲失匕切

⿱艹豈 菜之美者雲夢之⿱艹豈从艸豈聲驅喜切

葵 菜也从艸癸聲彊惟切

薑 禦溼之菜也从艸彊聲居良切

蓼 辛菜薔虞也从艸翏聲盧鳥切

蒩 菜也从艸祖聲則古切

⿱艹豦 菜也似蘇者从艸豦聲彊魚切

薇 菜也似藿从艸微聲無非切

⿱艹𢼸 籀文薇省

蓶 菜也从艸唯聲

以水切

菦　菜類蒿从艸近聲周禮有菦菹巨巾切

⿱艹釀　菜也从艸釀聲女亮切

莧　莧菜也从艸見聲侯澗切

芋　大葉實根駭人故謂之芋也从艸亏聲徐鍇曰芋猶言吁吁驚辭故曰駭人王遇切

駭人一切經音義十五引作驚人

莒　齊謂芋爲莒从艸呂聲居許切

蘧　蘧麥也从艸遽聲彊魚切

菊　大菊蘧麥从艸匊聲居六切

葷　臭菜也从艸軍聲許云切

蘘　蘘荷也一名蒚蒩从艸襄聲汝羊切

菁　韭華也从艸青聲子盈切

蘆　蘆菔也一曰薺根从艸盧聲落乎切

宋

菔　蘆菔似蕪菁實如小尗者从艸服聲蒲北切

苹　蓱也無根浮水而生者从艸平聲符兵切

茞　艸也从艸臣聲稹鄰切

薲 大蓱也从艸賓聲符眞切

藍 染青艸也从艸監聲魯甘切

藼 令人忘憂艸也从艸憲聲詩曰安得藼艸況袁切

蕿 或从煖

萱 或从宣

营 营藭香艸也从艸宮聲去弓切

芎 司馬相如說营或从弓

藭 营藭也从艸窮聲渠弓切

一切經音義二及八及十二引作香艸也則艸上脫香字

蘭 香艸也从艸闌聲落干切

葌 艸出吳林山从艸姦聲古顏切

葰 薑屬可以香口从艸俊聲息遺切

芄 芄蘭莞也从艸丸聲詩曰芄蘭之枝胡官切

虈 楚謂之離晉謂之虈齊謂之茝从艸嚻聲許嬌切

蘺 江蘺蘼蕪从艸離聲呂之切

蘪

茝 虈也从艸𦣞聲昌改切

蘪 蘪蕪也从艸麋聲靡爲切

薰 香艸也从艸熏聲許云切

[illegible] 水萹茿从艸从水毒聲讀若督徒沃切

萹 萹茿也从艸扁聲方沔切

茿 萹茿也从艸筑省聲陟玉切

藒 芞輿也从艸揭聲去謁切

芞 芞輿也从艸气聲去訖切

莓 馬莓也从艸母聲母辠切

茖 艸也从艸各聲古額切

苷 甘艸也从艸从甘古三切

芧 艸也从艸予聲可以爲繩直呂切

藎 艸也从艸盡聲徐刃切

蒁 艸也从艸述聲食聿切

荵 荵冬艸从艸忍聲而軫切

萇 萇楚跳弋一名羊桃从艸長聲直良切

薊 芙也从艸魝聲古詣切

䔧 艸也从艸里聲讀若釐里之切

藋 釐艸也一曰拜商藋从艸翟聲徒弔切

說文一下

芨 堇艸也从艸及聲讀若急居立切 葥 山莓也从艸歬聲子賤切 ⿱艹務 毒艸也从艸務聲莫候切 ⿱艹務 卷耳也从艸務聲亡考切 蓡 人蓡藥艸出上黨从艸浸聲山林切 虊 鳧葵也从艸攣聲洛官切 ⿱艹戾 艸也可以染留黃从艸戾聲郎計切 荍 蚍虾也从艸收聲渠遥切 ⿱艹毗 蒿也从艸毗聲房脂切 萭 艸也从艸禹聲王矩切 荑 艸也从艸夷聲杜兮切 薛 艸也从艸辥聲私列切 苦 大苦苓也从艸古聲康杜切 菩 艸也从艸音聲步乃切 ⿱艹啻 薏苢从艸啻聲一曰蓍英於力切 茅 菅也从艸矛聲莫交切 菅 茅也从艸官聲古顏切

廣韻蒻平席○不誤
文選注華書作
莞○

蘄 艸也从艸靳聲江夏有蘄春亭臣鉉等案說文無靳字他字書亦無此篇下有菥字注云江夏平春亭名疑相承誤重出一字渠支切

地里志蘄春縣屬江夏

莞 艸也可以作席从艸完聲胡官切

藺 莞屬从艸閵聲良刃切

蒢 黃蒢職也从艸除聲直魚切

蒲 水艸也可以作席从艸浦聲薄胡切

蒻 蒲子可以爲平席从艸弱聲而灼切

藝文類聚六十九御覽七百九引作可以爲薦

古列子薦數文選注

御注引作華席則平書作革

⿱艹深 蒲蒻之類也从艸深聲式箴切

蓷 萑也从艸推聲詩曰中谷有蓷他回切

宋本平作革非

萑 艸多皃从艸隹聲職追切

茥 缺盆也从艸圭聲苦圭切

莙 牛藻也从艸君聲讀若威渠殞切

⿱艹睆 夫蘺也从艸睆聲胡官切

蒚 夫蘺上也从艸鬲聲力的切

苢 芣苢一名馬舃其實

如李令人宜子从艸㠯聲周書所說羊止切

薵　芫藩也从艸壽聲徒合切

薵或从交

蘻　艸也从艸毄聲古歷切

蓲　艸也从艸區聲去鳩切

⿱艹固　艸也从艸固聲古慕切

⿱艹榦　艸也从艸榦聲古案切

藷　藷蔗也从艸諸聲章魚切

蔗　藷蔗也从艸庶聲之夜切

⿱艹𧟟　羘蘘可以作縻綆从艸𧟟聲女庚切

⿱艹賜　艸也从艸賜聲斯義切

⿱艹中　艸也从艸中聲陟宮切

萯　王萯也从艸負聲房九切

芺　艸也味苦江南食以下气从艸夭聲烏浩切

⿱艹弦　艸也从艸弦聲胡田切

⿱艹𨷼　艸也从艸𨷼聲𨷼籒文囿于救切

莩　艸也从艸孚聲芳無切

⿱艹寅

兔苽也从艸寅聲翼真切

荓 馬帚也从艸幷聲薄經切

蕕 水邊艸也从艸猶聲以周切

荌 艸也从艸安聲烏旰切

藄 綦月爾也从艸綦聲渠之切

莃 兔葵也从艸稀省聲香衣切

蕄 灌渝从艸夢聲讀若萌莫中切

蕧 盜庚也从艸復聲房六切

苓 卷耳也从艸令聲郎丁切

蘔 艸也从艸贛聲一曰薏苢古送切又古禫切

藑 茅葍也一名蕣从艸敻聲渠營切

葍 葍也从艸富聲方[illegible]切

葍 葍也从艸畐聲方六切

蓨 苗也从艸脩聲徒聊切又湯彫切

苖 蓨也从艸由聲徒歷切又他六切

薚 艸枝枝相值葉葉相當从艸昜聲楮羊切

藙

說文一下

嬰薁也从艸奥聲於六切

葴　馬藍也从艸咸聲職深切

蓾　艸也可以束从艸魯聲郎古切

𦼫　蓾或从鹵

𦺚　艸也从艸𣪠聲臣鉉等案說文無𣪠字當是㲉字之省而聲不相近未詳苦怪切

蔞　艸也可以烹魚从艸婁聲力朱切

藟　艸也从艸畾聲詩曰莫莫葛藟一曰秬鬯也力軌切

蒬　棘蒬也从艸冤聲於元切

茈　茈艸也从艸此聲將此切

藐　茈艸也从艸貌聲莫覺切

萴　烏喙也从艸則聲阻力切

蒐　茅蒐茹藘人血所生可以染絳从艸从鬼所鳩切

茜　茅蒐也从艸西聲蒼見切

𦺗　赤𦺗也从艸隸聲息利切

薜　牡贊也从艸辟聲蒲計切

莣　杜榮也从艸忘聲武方切

苞 艸也南陽以爲麤履从艸包聲布交切 艾 冰臺也从艸乂聲五蓋切

蔁 艸也从艸章聲諸良切 芹 楚葵也从艸斤聲巨巾切 薽 豕首也从

艸甄聲側鄰切 蔦 寄生也从艸鳥聲詩曰蔦與女蘿都了切 樢 蔦或从木

芸 艸也似目宿从艸云聲淮南子說芸艸可以死復生王分切 𦽏 艸也从艸𣪠聲

麤最切 葎 艸也从艸律聲呂戌切 茦 莿也从艸朿聲楚革切 葀

苦婁果蓏也从艸昏聲古活切 葑 須從也从艸封聲府容切 薺 蒺棃也从艸齊聲詩

曰牆有薺疾咨切又徂禮切 莿 茦也从艸刺聲七賜切 董 鼎董也从艸童聲杜

說文一下　七

林曰藹根多動切

蘻 狗毒也从艸繫聲古詣切

⿱艹嫂 艸也从艸嫂聲蘇老切

芐 地黃也从艸下聲禮曰鈃毛牛藿羊苄豕薇是侯古切

蘞 白蘞也从艸僉聲良冉切

蘝 蘞或从斂

䔠 黃䔠也从艸金聲巨今切

芩 艸也从艸今聲詩曰食野之芩巨今切

藨 鹿藿也从艸麃聲讀若剽一曰蔽屬平表切

虉 綬也从艸鶂聲詩曰邛有旨虉是五狄切

蔆 芰也从艸淩聲楚謂之芰秦謂之薢茩力膺切

⿱艹遴 司馬相如說蔆从遴

芰 蔆也从艸支聲奇記切

茤 杜林說芰从多

薢 薢茩也从艸解聲胡買切

茩 薢茩也从艸后聲胡口切

芡 雞頭也从艸欠聲巨險切

蘜日精也以秋華从艸𥷚省聲居六切 蘜蘜或省 蘥爵麥也从艸龠聲以勺切 藗牡茅也从艸遬聲遬籀文速桑谷切 ⿱艹私茅秀也从艸私聲息夷切 蒹雚之未秀者从艸兼聲古恬切 薍⿱艹剡也从艸亂聲八月薍爲葦也五患切 ⿱艹剡雚之初生一曰薍一曰鵻从艸剡聲他敢切 菼⿱艹剡或从炎 薕蒹也从艸廉聲力鹽切 薠青薠似莎者从艸煩聲附袁切 茚昌蒲也从艸卬聲益州生五剛切 䓞茀䓞也从艸邪聲以遮切 芀葦華也从艸刀聲徒聊切 茢芀也从艸列聲良薛切 菡菡⿱艹閻也从艸圅聲胡感切 ⿱艹閻菡⿱艹閻芙蓉華未發爲菡⿱艹閻

說文一下

巳發爲芙蓉从艸閻聲徒感切

蓮 芙蕖之實也从艸連聲洛賢切

茄 芙蕖莖从艸加聲古牙切

荷 芙蕖葉从艸何聲胡哥切

蔤 芙蕖本从艸密聲美必切

蕅 芙蕖根从艸水禺聲五厚切

蘢 天蘥也从艸龍聲盧紅切

蓍 蒿屬生千歲三百莖易以爲數天子著九尺諸侯七尺大夫五尺士三尺从艸耆聲式脂切

宋本作千歲百莖有脫字

菣 香蒿也从艸臤聲去刃切

⿱艹堅 菣或从堅

莪 蘿莪蒿屬从艸我聲五何切

蘿 莪也从艸羅聲魯何切

菻 蒿屬从艸林聲力稔切

蔚 牡蒿也从艸尉聲於胃切

蕭 艾蒿也从艸肅聲蘇彫切

萩 蕭也从艸秋聲七由切

芍 鳧茈也从艸勺聲胡了切

蕍 王彗也从艸湔聲昨先切
蔿 艸也从艸爲聲于鬼切
⿱艹允 艸也从艸允聲直深切
蘜 治蘠也从艸鞠聲居六切
蘠 蘠靡虋冬也从艸牆聲賤羊切
芪 芪母也从艸氏聲常支切
菀 茈菀出漢中房陵从艸宛聲於阮切

菀玉篇作[illegible]

莔 貝母也从艸朙省聲武庚切
⿱艹朮 山薊也从艸朮聲直律切
蓂 析蓂大薺也从艸冥聲莫歷切
菋 荎藸也从艸味聲无沸切
荎 荎藸艸也从艸至聲直尼切

[illegible]傳云艸字

藸 荎藸也从艸豬聲直魚切
葛 絺綌艸也从艸曷聲古達切
蔓 葛屬从艸曼聲無販切
⿱艹皐 葛屬白華从艸皐聲古勞切
莕 萎餘也从艸杏聲何梗切

爾雅釋草釋文引說文作荇

巳發爲芙蓉从艸閻聲徒感切

蓮 芙蕖之實也从艸連聲洛賢切

茄 芙蕖莖从艸加聲古牙切

荷 芙蕖葉从艸何聲胡哥切

蔤 芙蕖本从艸宓聲美必切

蕅 芙蕖根从艸水禺聲五厚切

蘢 天蘥也从艸龍聲盧紅切

蓍 蒿屬生千歲三百莖易以爲數天子蓍九尺諸侯七尺大夫五尺士三尺从艸耆聲式脂切

菣 香蒿也从艸臤聲去刃切

⿱艹堅 菣或从堅

莪 蘿莪蒿屬从艸我聲五何切

蘿 莪也从艸羅聲魯何切

䓞 蒿屬从艸林聲力稔切

蔚 牡蒿也从艸尉聲於胃切

蕭 艾蒿也从艸肅聲蘇彫切

萩 蕭也从艸秋聲七由切

芍 鳧茈也从艸勺聲胡了切

玉篇䒗下不引說文或係
自因此字本艸作䒗與玉
篇同　徐鍇引本艸

王彗也从艸

艸也从艸爲

艸也
从艸

蔓冬也从
聲賤羊切

陵
阬切

析蓂大
蔾也从

艸也从艸
直尼切

艸
葛
虆

萎餘也从艸
杏聲何梗切

释文引說文作莕

繫傳七

說文一下

荇莕或从行同

菨菨餘也从艸妾聲子葉切

⿱艹罤艸也从艸罤聲古渾切

芫魚毒也从艸元聲愚袁切

蘦大苦也从艸霝聲郎丁切

蕛蕛英也从艸稊聲大兮切

苵蕛苵也从艸失聲徒結切

艼艼熒朐也从艸丁聲天經切

蔣苽蔣也从艸將聲子良切又即兩切

苽雕苽一名蔣从艸瓜聲古胡切

⿱艹育艸也从艸育聲余六切

藣艸也从艸罷聲符羈切

⿱艹難艸也从艸難聲如延切

莨艸也从艸良聲魯當切

葽艸也从艸要聲詩曰四月秀葽劉向說此味苦苦葽也於消切

薖艸也从艸過聲苦禾切

菌地蕈也从艸囷聲渠殞切

蕈

桑䕲从艸覃聲慈衽切

䓴 木耳也从艸耎聲一曰萮茈而兖切

葚 桑實也从艸甚聲常衽切

蒟 果也从艸竘聲俱羽切

芘 艸也一曰芘茮木从艸比聲房脂切

蕣 木堇朝華暮落者从艸䑞聲詩曰顏如蕣華舒閏切

萸 茱萸也从艸臾聲羊朱切

茱 茱萸茮屬从艸朱聲市朱切

茮 茮菉从艸尗聲子寮切

莍 茮樧實裹如表者从艸求聲巨鳩切

荊 楚木也从艸刑聲舉卿切

㓝 古文荊

菭 水衣从艸治聲徒哀切

芽 萌芽也从艸牙聲五加切

萌 艸芽也从艸朙聲武庚切

茁 艸初生出地皃从艸出聲詩曰彼茁者葭鄒滑切

莖 枝柱从艸

宋本作葟

巠聲戶耕切 莛 莖也从艸廷聲特丁切 葉 艸木之葉也从艸枼聲与涉切 ⿱艹劂 艸之小者从艸劂聲劂古文銳字讀若芮居例切 芣 華盛从艸不聲一曰芣苢縛牟切 葩 華也从艸皅聲普巴切 芛 艸之皇榮也从艸尹聲羊捶切 葟字 蘳 黃華从艸黊聲讀若壞乎瓦切 毛本作讀若墮壞 蔈 苕之黃華也从艸輿聲一曰末也方小切 英 艸榮而不實者一曰黃英从艸央聲於京切 薾 華盛从艸爾聲詩曰彼薾惟何兒氏切 萋 艸盛从艸妻聲詩曰菶菶萋萋七稽切 毛本艸盛下有貌字 菶 艸盛从艸奉聲補蠓切 薿 茂也从艸疑聲詩曰黍稷薿薿魚己切 蕤 艸木華垂皃从艸甤聲儒隹切 ⿱艹𢦏 青齊沇冀謂木

舊本皆曰作不此再詳今不載

細枝曰葼从艸嵏聲子紅切

𦺇 艸萎𦺇从艸移聲弋支切

萗 艸木形从艸原聲愚袁切

莢 艸實从艸夾聲古叶切

芒 艸耑从艸亡聲武方切

⿱艹隋 藍蓼秀从艸隨省聲羊捶切

蔕 瓜當也从艸帶聲都計切

荄 艸根也从艸亥聲古哀切又古諧切

荺 茇也茅根也从艸均聲于敏切

茇 艸根也从艸犮聲春艸根枯引之而發土爲撥故謂之茇一曰艸之白華爲茇北末切

芃 艸盛也从艸凡聲詩曰芃芃黍苗房戎切

⿱艹傅 華葉布从艸傅聲讀若傅方遇切

⿱艹執 艸木不生也一曰茅芽从艸執聲姊入切

菥 艸多皃从艸折聲江夏平春有菥亭語斤切

茂 艸豐盛从艸戊聲莫候切

宋本元作不生也生主苗作草木生皃按上下文非

此作不生 按不字 衍文 曰 字

宋本作茲音聲

宋本多隸字

⿱艹暘 艸茂也从艸暘聲丑亮切

蔭 艸陰地从艸陰聲於禁切

⿱艹造 艸皃从艸造聲初救切

茲 艸木多益从艸絲省聲子之切

䔛 艸旱盡也从艸俶聲詩曰䔛䔛山川徒歷切

藃 艸皃从艸歊聲周禮曰轂雖獘不藃許嬌切

蔇 艸多皃从艸既聲居味切

薋 艸多皃从艸資聲疾茲切

蓁 艸盛皃从艸秦聲側詵切

莦 惡艸皃从艸肖聲所交切

芮 芮芮艸生皃从艸内聲讀若汭而銳切

茬 艸皃从艸在聲濟北有茬平縣仕甾切

薈 艸多皃从艸會聲詩曰薈兮蔚兮烏外切

⿱艹敄 細艸叢生也从艸敄聲莫候切

芼 艸覆蔓从艸毛聲詩曰左右芼之莫抱切

蒼 艸色也从艸倉聲七岡切

䕲 艸得風皃从艸風讀若婪盧含切

萃 艸皃从艸卒聲讀若瘁秦醉切

蒔 更別種从艸時聲時吏切

苗 艸生於田者从艸从田武鑣切

苛 小艸也从艸可聲乎哥切

蕪 薉也从艸無聲武扶切

薉 蕪也从艸歲聲於廢切

荒 蕪也从艸㠩聲一曰艸淹地也呼光切

䔒 艸亂也从艸寍聲杜林說艸䔒藍皃女庚切

䔒 䔒藍皃从艸爭聲側莖切

落 凡艸曰零木曰落从艸洛聲盧各切

蔽 蔽蔽小艸也从艸敝聲必袂切

蘀 艸木凡皮葉落陊地爲蘀从艸擇聲詩曰十月隕蘀他各切

蕰 積也从艸溫聲春秋傳曰蕰利生孽於粉切

蔫 菸也从艸焉聲

十行閩監本毛初印戴本作綫……

甫田詩圃毛傳箋
傳引作

於乾切

菸　鬱也从艸於聲一曰殘也央居切

𦾰　艸旋皃也从艸榮聲詩曰葛藟縈之於營切

蔡　艸也从艸祭聲蒼大切

茷　艸葉多从艸伐聲春秋傳曰晉糴茷符發切

菜　艸之可食者从艸采聲蒼代切

荋　艸多葉皃从艸而聲沛城父有楊荋亭如之切

𦬒　艸浮水中皃从艸乏聲孚凡切

薄　林薄也一曰蠶薄从艸溥聲旁各切

苑　所以養禽獸也从艸夗聲於阮切

藪　大澤也从艸數聲九州之藪楊州具區荊州雲夢豫州甫田青州孟諸沇州大野雍州弦蒲幽州奚養冀州楊紆幷州昭餘祁是也蘇后切

菑　不耕田也从艸甾易曰不菑畬徐鍇曰當言从艸从巛从田田不耕則艸塞之故从巛巛音災若从甾則下有甾缶

宋本作地

字相亂側詞切 甾 菑或省艸 蘨 艸盛皃从艸䍃聲夏書曰厥艸惟蘨余招切

薙 除艸也明堂月令曰季夏燒薙从艸雉聲他計切 䔭 耕多艸从艸耒耒亦聲盧對切

⿱艹致 艸大也从艸致聲陟利切 蔪 艸相蔪苞也从艸斬聲書曰艸木蔪苞慈冉切

槧 蔪或从槧 茀 道多艸不可行从艸弗聲分勿切 苾 馨香也从艸必聲毗必切

蔎 香艸也从艸設聲識列切 芳 香艸也从艸方聲敷方切 蕡 雜香艸从艸賁聲浮分切

藥 治病艸从艸樂聲以勺切 䕻 艸木相附䕻土而生从艸麗聲易曰百穀艸木䕻於土呂支切

蓆 廣多也从艸席聲祥易切 芟 刈艸也从艸从

殳所銜切

繫傳韻會引作殳聲

荐　薦蓆也从艸存聲在甸切

藉　祭藉也一曰艸不編狼藉从艸耤聲慈夜切

蒩　茅藉也从艸租聲禮曰封諸侯以土蒩以白茅子余切

蕝　朝會束茅表位曰蕝从艸絶聲春秋國語曰致茅蕝表坐子說切

晉語作致茅蕝設望表

茨　以茅葦蓋屋从艸次聲疾茲切

急就章顏注引作茅茨蓋屋也韻會引作茨茅

葺　茨也从艸咠聲七入切

蓋　苫也从艸盍聲古太切

苫　蓋也从艸占聲失廉切

藹　蓋也从艸渴聲於蓋切

⿱艹屈　敘也从艸屈聲區勿切

藩　屏也从艸潘聲甫煩切

菹　酢菜也从艸沮聲側魚切

⿱艹𥁎　或从皿

⿱艹𥁎　或从缶

荃　芥脃也从艸全聲此緣切

⿱艹酤　韭鬱也从艸酤聲苦步切

蘫　瓜菹也从艸監聲魯甘切

⿱艹泜　菹也从艸泜聲直宜切

⿱艹⿱泜皿　⿱艹泜或从皿皿器也

⿱艹橑　乾梅之屬从艸橑聲周禮曰饋食之籩其實乾橑後漢長沙王始煮艸爲橑盧皓切

⿱艹潦　橑或从潦

藙　煎茱萸从艸顡聲漢律會稽獻藙一斗魚既切

⿱艹宰　羹菜也从艸宰聲阻史切

若　擇菜也从艸右右手也一曰杜若香艸而灼切

蓴　蒲叢也从艸專聲常倫切

茜　以艸補缺从艸西聲讀若陸或以爲綴一曰約空也直例切

⿱艹尊　叢艸也从艸尊聲慈損切

莜　艸田器从艸條省聲論語曰以杖荷莜今作蓧徒弔切

萆　雨衣一曰衰衣从艸卑聲一曰萆藨似烏韭扶歷切

⿱艹是　艸也从艸是聲是支切

苴 履中艸从艸且聲子余切 ⿱艹麤 艸履也从艸麤聲倉胡切 蕢 艸器也从艸貴聲求位切 臾 古文蕢象形論語曰有荷臾而過孔氏之門 ⿱艹𠬶 覆也从艸侵省聲七朕切 茵 車重席从艸因聲於眞切 鞇 司馬相如說茵从革 芻 刈艸也象包束艸之形叉愚切 茭 乾芻从艸交聲一曰牛蘄艸古肴切 荹 亂艸从艸步聲薄故切 茹 飤馬也从艸如聲人庶切 莝 斬芻从艸坐聲麤臥切 萎 食牛也从艸委聲於偽切 ⿱艹敕 以穀萎馬置莝中从艸敕聲楚革切 䒼 蠶薄也从艸曲聲丘玉切 蔟 行蠶蓐从艸族聲千木切 苣 束葦燒从艸巨聲臣鉉等曰今俗別作炬非是

其呂切

蕘 薪也从艸堯聲如昭切

薪 蕘也从艸新聲息鄰切

蒸 折麻中榦也从艸烝聲煮仍切

𦯬 蒸或省火

蕉 生枲也从艸焦聲即消切

𦯬 糞也从艸胃省式視切

薶 瘞也从艸貍聲莫皆切

蓡 喪藉也从艸侵聲失廉切

折 斷也从斤斷艸譚長說食列切

𣂚 籀文折从艸在仌中仌寒故折

折 篆文折从手

芔 艸之總名也从艸屮許偉切

艽 遠荒也从艸九聲詩曰至于艽野巨鳩切

蒜 葷菜从艸祘聲蘇貫切

左文五十三　重二大篆从茻

芥　菜也从艸介聲古拜切　蔥　菜也从艸悤聲倉紅切　[艹寉]　艸也从艸寉聲詩曰食鬱及萑余六切　蕇　亭歷也从艸單聲多殄切　苟　艸也从艸句聲古厚切　蕨　鱉也从艸厥聲居月切　莎　鎬侯也从艸沙聲蘇禾切　蓱　苹也从艸洴聲薄經切　蓳　艸也根如薺葉如細柳蒸食之甘从艸堇聲居隱切　菲　芴也从艸非聲芳尾切　芴　菲也从艸勿聲文弗切　䕞　艸也从艸鶾聲呼旰切　藿　薍也从艸萑聲胡官切　葦　大葭也从艸韋聲于鬼切　葭　葦之未秀者从艸叚聲古牙切　萊　蔓華也从艸來聲洛哀切　荔　艸也似蒲而小根可作㕞从艸劦聲

華嚴音義十三引說文曰蒙謂王蒍也蒍一曰王彗也下

顾千里曰莖蕭都九一物之㮰也許讀与王肰師異耶楚詞知之 庚午肩

郎計切

蒙 王女也从艸冡聲莫紅切

藻 水艸也从艸从水巢聲詩曰于以采藻子皓切

薻 藻或从澡

菉 王芻也从艸录聲詩曰菉竹猗猗力玉切

蓸 艸也从艸曹聲昨牢切

⿱艹卣 艸也从艸卣聲以周切

菬 艸也从艸沼聲昨焦切

⿱艹吾 艸也从艸吾聲楚詞有菩蕭艸五乎切

范 艸也从艸氾聲房𡉏切

艿 艸也从艸乃聲如乘切

䒌 艸也从艸血聲呼決切

萄 艸也从艸匋聲徒刀切

芑 白苗嘉穀从艸己聲驅里切

藚 水舄也从艸賣聲詩曰言采其藚似足切

苳 艸也从艸冬聲都宗切

薔 薔虞蓼从艸嗇聲所力切

苕　艸也从艸召聲徒聊切　䕯　艸也从艸楙聲莫厚切　萺　艸也从艸冒聲莫報切　茆　鳧葵也从艸丣聲詩曰言采其茆力久切　荼　苦荼也从艸余聲同都切臣鉉等曰此即今之茶字　蘩　白蒿也从艸緐聲附袁切　蒿　菣也从艸高聲呼毛切　蓬　蒿也从艸逢聲薄紅切　䒫　籀文蓬省　藜　艸也从艸黎聲郎奚切　蘬　薺實也从艸歸聲驅歸切　葆　艸盛皃从艸保聲博裒切　蕃　艸茂也从艸番聲甫煩切　茸　艸茸茸皃从艸聰省聲而容切　葏　艸皃从艸津聲子僊切　䕺　艸叢生皃从艸叢聲徂紅切　草　草斗櫟實也一曰象斗子从艸早聲自保切臣

案郝釋草釋文引作草叢生也

鉉等曰今俗以此爲艸木之艸別作皁字爲黑色之皁案櫟實可以涤帛爲黑色故曰草通用爲草棧字今俗書皁或从白从十或从白从七皆無意義無以下筆

菆 麻蒸也从艸取聲一曰蓐也側鳩切

蓄 積也从艸畜聲丑六切

萅 推也从艸从日艸春時生也屯聲昌純切

菰 艸多皃从艸狐聲江夏平春有菰亭古狐切

菿 艸木倒从艸到聲都盜切

文四百四十五 重三十一

芙 芙蓉也从艸夫聲防無切

蓉 芙蓉也从艸容聲余封切

薳 艸也左氏傳楚大夫薳子馮从艸遠聲韋委切

荀 艸也从艸旬聲臣鉉等案今人姓荀氏本郇侯之後宜用

説文一下　十七

鄃字相倫切

莋 越嶲縣名見史記从艸作聲在各切

蓀 香艸也从艸孫聲思渾切

蔬 菜也从艸疏聲所菹切

芊 艸盛也从艸千聲倉先切

茗 荼芽也从艸名聲莫迥切

薌 穀气也从艸鄉聲許良切

藏 匿也臣鉉等案漢書通用臧字从艸後人所加昨郎切

蕆 左氏傳以蕆陳事杜預注云蕆敕也从艸未詳丑善切

蘸 以物没水也此蓋俗語从艸未詳斬陷切

文十三 新附

蓐 陳艸復生也从艸辱聲一曰蔟也凡蓐之屬皆从蓐 而蜀切

蓐 籀文蓐从茻

薅 拔去田艸也从蓐好省聲呼毛切

𦼮 籀文薅省

茠 薅或从休詩曰既茠荼蓼

文二　重三

茻 眾艸也从四屮凡茻之屬皆从茻讀與冈同　模朗切

莫 日且冥也从日在茻中茻亦聲　莫故切又慕各切

莽 南昌謂犬善逐菟艸中為莽从犬从茻茻亦聲　謀朗切

葬 藏也从死在茻中一其中所以薦之易曰古之葬者厚衣之以薪　則浪切

文四

說文解字弟一下

嘉慶丁卯秋以顧抱冲處借家小字宋本說文校一過十二月十六日狂風竟夜至今未息五松居士記于平津館

庚午六月覆勘　澗薲顧廣圻記

宋本無八字

說文解字弟二上　　漢太尉祭酒許慎記

銀青光祿大夫守右散騎常侍上柱國東海縣開國子食邑五百户臣徐鉉等奉

敕校定

三十部　六百九十三文　重八十七（八十八）

凡八千四百九十八字

文三十四新附

八　物之微也从八丨見而分之凡小

𠔀部引唐本作而八分之

之屬皆从小私兆切

少 不多也从小丿聲書沼切

小丿 少也从小乀聲讀若輟子結切

文三

八 別也象分別相背之形凡八之屬皆从八博拔切

分 別也从八从刀刀以分別物也甫文切

尒 詞之必然也从入丨八八象气之分散兒氏切

曾 詞之舒也从八从曰四聲昨稜切

尚 曾也庶幾也从八向聲時亮切

余下云 玉篇余余同上

从意也从八豕聲徐醉切

多言也从言从八从厃臣鉉等曰厃高也八分也多故可分也職廉切

畫也从八从人人各有介古拜切

分也从重八八别也亦聲孝經說曰故上下有别兵列切

平分也从八从厶音司八猶背也韓非曰背厶爲公古紅切

分極也从八弋弋亦聲卑吉切

語之舒也从八舍省聲以諸切

二余也讀與余同

文十二 重一

辨别也象獸指爪分别也凡釆之屬皆从釆讀若辨蒲莧切

古文釆

獸足謂之番从釆田象其掌附袁切

番或从足从煩

古文番

悉也知宷諦也从宀从釆徐鍇曰宀覆也釆别也包覆而深别之宷悉也式荏切

篆文宷从番

詳盡也从心从釆息七切

古文悉

解也从釆釆取其分别物也从睪聲賞職切

文五　重五

物中分也从八从牛牛爲物大可以分也凡半之屬皆从半博慢切

胖 半體肉也一曰廣肉从半从肉半亦聲普半切

叛 半也从半反聲薄半切

文三

牛 大牲也牛件也件事理也象角頭三封尾之形凡牛之屬皆从牛 徐鍇曰件若言物一件二件也封高起也語求切

牡 畜父也从牛土聲莫厚切

犅 特牛也从牛岡聲古郎切

特 朴特牛父也从牛寺聲徒得切

牝 畜母也从牛匕聲易曰畜牝牛吉毗忍切

犢 牛子也从

牛瀆省聲徒谷切

𤘘 二歲牛从牛市聲博蓋切

犙 三歲牛从牛參聲穌含切

牭 四歲牛从牛从四四亦聲息利切

𤛜 籀文牭从貳

犗 騬牛也从牛害聲古拜切

牻 白黑雜毛牛从牛尨聲莫江切

㹁 牻牛也从牛京聲春秋傳曰牻㹁吕張切

犡 牛白脊也从牛厲聲洛帶切

𤙛 黃牛虎文从牛余聲讀若塗同都切

犖 駁牛也从牛勞省聲吕角切

捋 牛白脊也从牛寽聲力輟切

𤘶 牛駁如星从牛平聲普耕切

犥 牛黃白色从牛麃聲補嬌切

犉 黃牛黑脣也从牛𦎫聲詩曰九十其犉如勻切

㹊 白牛也从牛隺聲五角切

𤛫 牛長脊也从牛畺聲

居良切

𤙔 牛徐行也从牛攴聲讀若滔土刀切

犨 牛息聲从牛雔聲一曰牛名赤周切

牟 牛鳴也从牛象其聲气从口出莫浮切

𤛓 畜牲也从牛產聲所簡切

牲 牛完全从牛生聲所庚切

牷 牛純色从牛全聲疾緣切

牽 引前也从牛象引牛之縻也玄聲苦堅切

牿 牛馬牢也从牛告聲周書曰今惟淫舍牿牛馬古屋切

牢 閑養牛馬圈也从牛冬省取其四周帀也魯刀切

犓 以芻莖養牛也从牛芻芻亦聲春秋國語曰犓豢幾何測愚切

犪 牛柔謹也从牛夒聲而沼切

犕 易曰犕牛乘馬从牛葡聲平祕切

𤚽 耕也从牛黎聲郎奚切

𤚓 兩壁耕也从牛非聲一曰

覆耕種也讀若匪非尾切

牛羊無子也从牛𠷎聲讀若糗糧之糗徒刀切

觸也从牛氐聲都禮切

牛踶衛也从牛衛聲于歲切

牛很不從引也从牛从臤臤亦聲一曰大皃讀若賢喫善切

牛𨙸下骨也从牛巠聲春秋傳曰宋司馬牼字牛口莖切

牛舌病也从牛今聲巨禁切

南徼外牛一角在鼻一角在頂似豕从牛尾聲先稽切

滿也从牛刃聲詩曰於牣魚躍而震切

萬物也牛爲大物天地之數起於牽牛故从牛勿聲文弗切

宗廟之牲也从牛羲聲賈侍中說此非古字許羈切

文四十五　重一

犍 犗牛也从牛建聲亦郡名居言切

犝 無角牛也从牛童聲古通用僮徒紅切

文二 新附

犛 西南夷長髦牛也从牛𠩺聲凡犛之屬皆从犛切

氂 犛牛尾也从犛省从毛莫交切

斄 彊曲毛可以箸起衣从犛省來聲洛哀切

厤 古文斄省

文三 重一

告 牛觸人角箸横木所以告人也从

玉篇引作吼

口从牛易曰僮牛之告凡告之屬皆从告 古奥切

〔嚳〕急告之甚也从告學省聲 苦沃切

一切經音義三引急下有也字

文二

〔口〕人所以言食也象形凡口之屬皆从口 苦后切

另別有說今入考異

〔噭〕吼也从口敫聲一曰噭呼也古弔切

[illegible]說文字乳當作[illegible]

〔噣〕喙也从口蜀聲陟救切

〔喙〕口也从口彖聲許穢切

〔吻〕口邊也从口勿聲武粉切

〔脗〕吻或从肉从昏

〔嚨〕

嚨 喉也从口龍聲盧紅切

喉 咽也从口侯聲乎鉤切

噲 咽也从口會聲讀若快一曰嚵噲也苦夬切

吞 咽也从口天聲土根切

咽 嗌也从口因聲烏前切

嗌 咽也从口益聲伊昔切

𦤃 籀文嗌上象口下象頸脈理也

喗 大口也从口軍聲牛殞切

哆 張口也从口多聲丁可切

呱 小兒嗁聲从口瓜聲詩曰后稷呱矣古乎切

啾 小兒聲也从口秋聲即由切

喤 小兒聲从口皇聲詩曰其泣喤喤乎光切

咺 朝鮮謂兒泣不止曰咺从口宣省聲況晚切

唴 秦晉謂兒泣不止曰唴从口羌聲丘尚切

咷 楚謂兒泣不止曰噭咷从口兆聲徒刀切

喑 宋齊謂兒泣不

韻会引有聲

止曰喑从口音聲於今切

㘈 小兒有知也从口疑聲詩曰克岐克嶷魚力切

咳 小兒笑也从口亥聲戶來切

孩 古文咳从子

嗛 口有所銜也从口兼聲戶監切

咀 含味也从口且聲慈呂切

啜 嘗也从口叕聲一曰喙也昌說切

㗱 噍也从口集聲讀若集子入切

嚌 嘗也从口齊聲周書曰大保受同祭嚌在詣切

噍 齧也从口焦聲才肖切

嚼 噍或从爵又才爵切

吮 欶也从口允聲徂沇切

㖩 小歓也从口率聲讀若㕞所劣切

嚵 小㖩也从口毚聲一曰喙也士咸切

噬 啗也喙也从口筮聲時制切

啗 食也从口臽聲讀與含同徒濫切

嘰 小食也从口幾聲居衣切

⿰口尃 噍皃从口尃聲補各切

含 嗛也从口今聲胡男切

哺 哺咀也从口甫聲薄故切

味 滋味也从口未聲無沸切

嚛 食辛嚛也从口樂聲火沃切

⿰口竅 口滿食从口竅聲丁滑切

噫 飽食息也从口意聲於介切

嘽 喘息也一曰喜也从口單聲詩曰嘽嘽駱馬他干切

唾 口液也从口垂聲湯臥切

涶 唾或从水

咦 南陽謂大呼曰咦从口夷聲以之切

呬 東夷謂息爲呬从口四聲詩曰犬夷呬矣虛器切

喘 疾息也从口耑聲昌沇切

呼 外息也从口乎聲荒烏切

吸 內息也从口及聲許及切

嘘 吹也从口虛聲朽居切

爾雅釋鳥釋文引作口中嚼食也

郭傳廣韵云引作銜也

一切經音義十二引食辛下無嚛

一切經音義十一引作飽出息也

疑食下脫出

繫傳从尹口
韻會从口以發號

吹 噓也从口从欠昌垂切
喟 大息也从口胃聲丘貴切
嘳 喟或从貴
嘽 口气也从口𦎧聲詩曰大車嘽嘽他昆切
嚏 悟解气也从口疐聲詩曰願言則嚏都計切
⿰口質 野人之言从口質聲之日切
宋本作言之
唫 口急也从口金聲巨錦切又牛音切
噤 口閉也从口禁聲巨禁切
名 自命也从口从夕夕者冥也冥不相見故以口自名武并切
吾 我自稱也从口五聲五乎切
哲 知也从口折聲陟列切
悊 哲或从心
嚞 古文哲从三吉
君 尊也从尹發號故从口舉云切
𠮃 古文象君坐形
命 使也从口从令眉病切
咨 謀事曰咨从口次聲

即夷切

召 評也从口刀聲直少切

問 訊也从口門聲亾運切

唯 諾也从口隹聲以水切

唱 導也从口昌聲尺亮切

和 相譍也从口禾聲戶戈切

咥 大笑也从口至聲詩曰咥其笑矣許既切又直結切

啞 笑也从口亞聲易曰笑言啞啞於革切

噱 大笑也从口豦聲其虐切

唏 笑也从口稀省聲一曰哀痛不泣曰唏虛豈切

听 笑皃从口斤聲宜引切

呭 多言也从口世聲詩曰無然呭呭余制切

嘄 聲嘄嘄也从口梟聲古堯切

咄 相謂也从口出聲當沒切

唉 譍也从口矣聲讀若埃烏開切

哉 言之閒也从口𢦏聲祖才切

噂 聚語也从口尊聲詩

繫傳韻會引譍字作應

繫傳韻會引作希聲

繫傳作應

曰噂沓背憎子損切

咠 聶語也从口从耳詩曰咠咠幡幡七入切

呷 吸呷也从口甲聲呼甲切

嘒 小聲也从口彗聲詩曰嘒彼小星呼惠切

嚖 或从慧

嘫 語聲也从口然聲如延切

唪 大笑也从口奉聲讀若詩曰瓜瓞菶菶方蠓切

嗔 盛气也从口眞聲詩曰振旅嗔嗔待年切

嘌 疾也从口票聲詩曰匪車嘌兮撫招切

嘑 唬也从口虖聲荒烏切

喅 音聲喅喅然从口昱聲余六切

嘯 吹聲也从口肅聲穌弔切

歗 籒文嘯从欠

台 說也从口㠯聲与之切

㖡 喜也从口䍃聲余招切

启 開也从戶从口康禮切

嗿 聲也从口貪聲詩曰有嗿其饁他感切

韻會引例作从戌戌悉也

廣韻𡉇隸作嚋文疇字四字是此如示下二古文上字等語皆非許書元文也

咸 皆也悉也从口从戌戌悉也胡監切
呈 平也从口壬聲直貞切
右 助也从口从又徐鍇曰言不足以左復手助之于救切
啻 語時不啻也从口帝聲一曰啻諟也讀若鞮施智切
吉 善也从士口居質切
周 密也从用口職留切
周 古文周字从古文及
唐 大言也从口庚聲徒郎切
啺 古文唐从口昜
𠷎 誰也从口𠷎又聲𠷎古文疇直由切
嘾 含深也从口覃聲徒感切
噎 飯窒也从口壹聲烏結切
嗢 咽也从口𥁑聲烏沒切
哯 不歐而吐也从口見聲胡典切
吐 寫也从口土聲他魯切
噦 气啎也从口歲聲於月切
咈 違也从口弗聲周書曰咈其耇

說文二上

長符弗切

嚘 語未定皃从口憂聲於求切

吃 言蹇難也从口气聲居乙切

嗜 嗜欲喜之也从口耆聲常利切

啖 噍啖也从口炎聲一曰噉徒敢切

哽 語爲舌所介也从口更聲讀若井級綆古杏切

嘐 誇語也从口翏聲古肴切

啁 啁嘐也从口周聲陟交切

哇 諂聲也从口圭聲讀若醫於佳切

㖕 語相訶歫也从口歫辛辛惡聲也讀若櫱五葛切

吺 讙吺多言也从口投省聲當侯切

呧 苛也从口氐聲都禮切

呰 苛也从口此聲將此切

嗻 遮也从口庶聲之夜切

唊 妄語也从口夾聲讀若莢古叶切

嗑 多言也从口盍聲讀若甲候榼

切

嗙 謌聲嗙喻也从口旁聲司馬相如說淮南宋蔡舞嗙喻也補盲切

噧 高气多言也从口蠆省聲春秋傳曰噧言訶介切

叴 高气也从口九聲臨淮有叴猶縣巨鳩切

嘮 嘮呶讙也从口勞聲敕交切

呶 讙聲也从口奴聲詩曰載號載呶女交切

叱 訶也从口七聲昌栗切

噴 吒也从口賁聲一曰鼓鼻普魂切

吒 噴也叱怒也从口乇聲陟駕切

噊 危也从口矞聲余律切

啐 驚也从口卒聲七内切

唇 驚也从口辰聲側鄰切

吁 驚也从口于聲況于切

嘵 懼也从口堯聲詩曰唯予音之嘵嘵許幺切

嘖 大呼也从口責聲士革切

謮 嘖或从言

廣韻引說文呻也吟也。爾雅釋訓文也。五經文字：呻吟也，乃用毛詩傳文。嚴孝廉校議欲補說文吟字，似乎未安。玉篇吚下云吚呻也，又本說文亦無吟字。

嗷　衆口愁也从口敖聲詩曰哀鳴嗷嗷五牢切

唸　吚也从口念聲詩曰民之方唸吚都見切

（詩板釋文廣引說文作唸呻也〔illegible〕經文）

（字林引說文作吚呻吟也）

吚　唸吚呻也从口尸聲馨伊切

嚴　呻也从口嚴聲五銜切

呻　吟也从口申聲失人切

吟　呻也从口今聲魚音切

（說文繫傳第十九御覽三百九十二引作歎也）

訡　吟或从音

訡　或从言

嗞　嗟也从口兹聲子之切

（書作嗟）

哤　哤異之言从口尨聲一曰雜語讀若尨莫江切

叫　嘑也从口丩聲古弔切

嘅　嘆也从口既聲詩曰嘅其嘆矣苦蓋切

唌　語唌嘆也从口延聲夕連切

嘆　吞歎也从口歎省聲一曰太息也他案切

喝　㵣也从口曷聲於介切

哨　不容也从口肖聲才肖切

（韻會引作口不容也書有口字）

吪　動也从口化聲

詩曰尚寐無吪五禾切

噆 嗛也从口朁聲子荅切

吝 恨惜也从口文聲易曰以往吝臣鉉等曰今俗別作恡非是良刃切

𠘇 古文吝从彣

各 異辭也从口夊夊者有行而止之不相聽也古洛切

否 不也从口从不方九切

唁 弔生也从口言聲詩曰歸唁衛侯魚變切

哀 閔也从口衣聲烏開切

嗁 號也从口虒聲杜兮切

嗀 歐皃从口殸聲春秋傳曰君將嗀之許角切

咼 口戾不正也从口冎聲苦媧切

⿰口叔 嗼也从口叔聲前歷切

嗼 ⿰口叔嗼也从口莫聲莫各切

𠯑 塞口也从口氒省聲氒音厥古活切

𠯚 古文从甘

嗾 使犬聲从口族聲春秋傳曰公嗾夫獒穌奏切

繫傳聲下有也
韻会聲作也

吠　犬鳴也从口犬符廢切

咆　嘷也从口包聲薄交切

嘷　咆也从口皋聲乎刀切

獋　譚長說嘷从犬

喈　鳥鳴聲从口皆聲一曰鳳皇鳴聲喈喈古諧切

哮　豕驚聲也从口孝聲許交切

喔　雞聲也从口屋聲於角切

呝　喔也从口尼聲烏格切

咮　鳥口也从口朱聲章俱切

嚶　鳥鳴也从口嬰聲烏莖切

啄　鳥食也从口豖聲竹角切

唬　嗁聲也一曰虎聲从口从虎讀若暠呼訏切

呦　鹿鳴聲也从口幼聲伊虯切

[幼欠]　呦或从欠

噳　麋鹿羣口相聚皃从口虞聲詩曰麀鹿噳噳魚矩切

喁　魚口上見从口禺聲魚容切

局　促也从口在尺下復

局之一曰博所以行棊象形徐鍇曰人之無涯者唯口故口在尺下則爲局博局外有垠堮周限也渠綠切

㕣 山閒(玉篇作山澗)陷泥地从口从水敗皃讀若沇州之沇九州之渥地也故以沇名焉以轉切

谷 古文㕣

文一百八十　重二十一

哦 吟也从口我聲五何切

嗃 嗃嗃嚴酷皃从口高聲呼各切

售 賣去手也从口雔省聲詩曰賈用不售承臭切

噞 噞喁魚口上見也从口僉聲魚檢切

唳 鶴鳴也从口戾聲郎計切

喫 食也从口契聲苦擊切

喚 評也从口奐聲古通用奐呼貫切

咍 蚩笑也从口从台呼來切

嘲 謔也从口朝聲漢書通用啁陟交切

宋本亦作窑

[篆] 張口皃从口牙聲許加切

文十 新附

凵 張口也象形凡凵之屬皆从凵 口犯切

文一

吅 驚嘑也从二口凡吅之屬皆从吅 讀若讙 臣鉉等曰或通用讙今俗别作喧非是況袁切

[篆] 亂也从爻工交吅一曰窑嗀讀若禳徐鍇曰二口噂沓也爻物相交質也工人所作也已象交構形女庚切

窒 按此傳廣韻引作窒嗀起僞作讀 及𥽈

[篆] 籀文嗀

[篆] 教命急也从吅厰聲語杴切

廣韻引命作令

[篆] 古文

咢 譁訟也从吅屰聲五各切

單 大也从吅甲吅亦聲闕都寒切

喌 呼雞重言之从吅州聲讀若祝之六切

文六 重二

哭 哀聲也从吅獄省聲凡哭之屬皆从哭 苦屋切

喪 亾也从哭从亾會意亾亦聲息郎切

文二

走 趨也从夭止夭止者屈也凡走之屬皆从走 徐鍇曰走則足屈故从夭子苟切

趨 走也从走芻聲七逾切 赴 趨也从走仆省聲臣鉉等曰春秋傳赴告用此字今俗作訃非是芳遇切 趣 疾也从走取聲七句切 超 跳也从走召聲敕宵切 趫 善緣木走之才从走喬聲讀若王子蹻去嚻切 赳 輕勁有才力也从走丩聲讀若鐈居黝切 䞄 緣大木也一曰行皃从走支聲巨之切 趮 疾也从走喿聲臣鉉等曰今俗别作躁非是則到切 趯 踊也从走翟聲以灼切 ⿺走厥 蹶也从走厥聲居月切 越 度也从走戉聲王伐切 趁 ⿺走亶也从走㐱聲讀若塵丑刃切 ⿺走亶 趁也从走亶聲張連切 趞 趞趞也一曰行皃从走昔聲七雀切 趬 行輕皃一曰趬舉足也从

廣韻十八引作趨走之貌也

走堯聲牽遥切 急走也从走弦聲胡田切 蒼卒也从走𠂒聲讀若資取私切 繫傳引作倉卒也

行皃 輕行也从走票聲撫招切 行皃从走臤聲讀若菣棄忍切 行皃从走酋聲千牛切 行皃从走蜀聲讀若燭之欲切 行皃从走匠聲讀若匠疾亮切

走皃从走叡聲讀若紃臣鉉等以爲叡聲遠疑从容詳遵切 走意从走穌聲讀若髽結之結古屑切 走意从走困聲丘忿切 走意从走坐聲蘇和切

走意从走憲聲許建切 走意从走臱聲布賢切 走也从走戴聲讀若詩威儀秩秩直質切 走也从走有聲讀若又于救切 走輕也从走烏

説文字助附在訓

聲讀若鄔安古切

走顧皃从走瞿聲讀若劬其俱切

走皃从走蹇省聲九犖切

疑之等趍而去也从走才聲倉才切

淺渡也从走此聲雌氏切

獨行也从走匀聲讀若煢渠營切

安行也从走與聲余呂切

能立也从走巳聲墟里切

古文起从辵

留意也从走里聲讀若小兒孩戸來切

行也从走臭聲香仲切

低頭疾行也从走金聲牛錦切

趌趨怒走也从走吉聲去吉切

趌趨也从走曷聲居謁切

疾也从走睘聲讀若讙況袁切

直行也从走气聲魚訖切

趨進趩如也从走異聲與職切

踶也

玉篇趬疾行也

凡玉篇非引説文者同不再校举

此与趩下趯下相次三字宋本皆作趨當以趨之誤也

小字宋本两趍超俱作趨

从走決省聲古穴切

趩　行聲也一曰不行皃从走異聲讀若勑丑亦切

趆　趍也从走氏聲都禮切

趍　趍趙夊也从走多聲直离切

趙　趍趙也从走肖聲治小切

赾　行難也从走斤聲讀若菫丘菫切

⿺走夐　走意也从走夐聲讀若繘居聿切

趠　遠也从走卓聲敕角切

⿺走龠　趠⿺走龠也从走龠聲以灼切

⿺走矍　大步也从走矍聲丘縛切

⿺走契　超特也从走契聲丑例切

⿺走幾　走也从走幾聲居衣切

⿺走弗　走也从走弗聲敷勿切

⿺走矞　狂走也从走矞聲余律切

⿺走曼　行遲也从走曼聲莫還切

趉　走也从走出聲讀若無尾之屈瞿勿切

趜　窮也从走匊聲居六

說文二上　十五

切

趑　趑趄行不進也从走次聲取私切

趄　趑趄也从走且聲七余切

䞻　䞻行䞻䞻也从走虔聲讀若愆去虔切

𧾩　行𧾩趢也一曰行曲脊皃从走雚聲巨員切

趢　𧾩趢也从走彔聲力玉切

䞭　行䞭䞭也从走夋聲七倫切

趚　側行也从走朿聲詩曰謂地蓋厚不敢不趚資昔切

䞨　半步也从走圭聲讀若跬同丘弭切

䞶　䞶隝輕薄也从走虒聲讀若池直离切

𧼫　僵也从走咅聲讀若匐朋北切

䞩　距也从走厈省聲漢令曰䞩張百人車者切

𧾵　動也从走樂聲讀若春秋傳曰輔𧾵郎擊切

趡　動也从走隹聲春秋傳曰盟于趡趡地名千水切

𧻘　𧻘田易居也从走亘聲羽元切

韻會引有人

⿺走眞 走頓也从走眞聲讀若顛都年切 ⿺走甬 喪辟踊从走甬聲余隴切（繫傳作擗） ⿺走畢 止行也一曰竈上祭名从走畢聲卑吉切 ⿺走斬 進也从走斬聲藏濫切 趧 趧婁四夷之舞各自有曲从走是聲都兮切 趒 雀行也从走兆聲徒遼切 赶 舉尾走也从走干聲巨言切

文八十五　重一

止 下基也象艸木出有址故以止爲足凡止之屬皆从止諸市切

歱 跟也从止重聲之隴切（玉篇一切經音義十二引作足跟也）

⿺止尚 歫也从止尚聲丑庚切

歭 踞也从止

寺聲直离切

歫 止也从止巨聲一曰搶也一曰超歫其呂切

歬 不行而進謂之歬从止在舟上昨先切

歷 過也从止厤聲郎擊切

𣦗 至也从止叔聲昌六切

𣦢 人不能行也从止辟聲必益切

歸 女嫁也从止从婦省𠂤聲舉韋切

𡚇 籀文省

疌 疾也从止从又又手也屮聲疾葉切

𤴛 機下足所履者从止从又入聲尼輒切

𣥂 蹈也从反止讀若撻他達切

歰 不滑也从四止色立切

文十四　重一

癶 足刺癶也从止𣥂凡癶之屬皆从

王本刀作足有所刺

癶讀若撥北末切

登上車也从癶豆象登車形都滕切**𧾷**籒文登从収

𤼵以足蹋夷艸从癶从殳春秋傳曰𤼵夷蘊崇之普活切

文三　重一

步行也从止少相背凡步之屬皆从步薄故切

歲木星也越歷二十八宿宣徧陰陽十二月一次从步戌聲律歷書名五星爲五步相銳切

文二

𣥠止也从止从匕匕相比次也凡此之屬皆从此雌氏切

啙窳也闕將此切

𣦵識也从此朿聲一曰藏也遵誄切

文三

些語辭也見楚辭从此从二其義未詳蘇箇切

庚午七月顧廣圻西溪校

癸亥七月再校

文一 新附

說文解字弟二上

丁卯年二月初十日校于安德謙李軒 孫星衍

壬午年十二月十六校小字宋本

犛犛麁切音与此互易宋本是也

說文解字弟二下　漢太尉祭酒許慎記

銀青光祿大夫守右散騎常侍上柱國東海縣開國子食邑五百戶臣徐鉉等奉

敕校定

是也从止一以止凡正之屬皆从

正　徐鍇曰守一以止也之盛切

古文正从二二古上字

古文正从一足足者亦止也

春秋傳曰

反正爲乏房法切

文二　重二

是 直也从日正凡是之屬皆从是承旨切

𣆞 籒文是从古文正

韙 是也从是韋聲春秋傳曰犯五不韙于鬼切

愇 籒文韙从心

尟 是少也尟俱存也从是少賈侍中說酥典切

文三 重二

辵 乍行乍止也从彳从止凡辵之屬皆从辵讀若春秋公羊傳曰辵階而

宣六年傳作躇階

宋本作延
廣韵樹玉篇廣韵
視行也繫傳延行
皃

辵 丑略切

迹 步處也从辵亦聲資昔切

蹟 或从足責

速 籀文迹从朿

䢔 無違也从辵𠦪聲讀若害胡蓋切

𨓞 先道也从辵率聲疏密切

邁 遠行也从辵蠆省聲莫話切

邁 邁或不省

巡 視行皃从辵川聲詳遵切

遬 恭謹行也从辵殸聲讀若九居又切

辻 步行也从辵土聲同都切

邎 行邎徑也从辵䌛聲以周切

延 正行也从辵正聲諸盈切

征 延或从彳

隨 从也从辵𡐦省聲旬爲切

𨒅 行皃从辵市聲蒲撥切

迋 往也从辵王聲春秋傳曰子無我迋于放切

逝 往也从辵折聲讀若誓時制切

𨑩 往也从辵且聲𨑩齊語全徒切

徂 或𨑩从彳

𨔶 籒文从虘

述 循也从辵术聲食聿切

𨘿 籒文从秫

遵 循也从辵尊聲將倫切

適 之也从辵啻聲適宋魯語

過 度也从辵咼聲古禾切

遦 習也从辵貫聲工患切

𨗳 媟𨗳也从辵賣聲徒谷切

進 登也从辵閵省聲即刃切

造 就也从辵告聲譚長說造上士也七到切

𦨈 古文造从舟

逾 𨓈進也从辵俞聲周書曰無敢昏逾羊朱切

遝 迨也从辵眔聲徒合切

迨 遝也从辵合聲侯閤切

迮 迮迮起也从辵作省聲阻革切

逪 迹造也从辵昔聲倉各切

遄 往來數也从辵耑聲易曰目事遄往 市緣切

速 疾也从辵束聲 桑谷切

遬 籀文从欶

警 古文从欶从言

迅 疾也从辵卂聲 息進切

适 疾也从辵𠯑聲讀與括同 古活切

逆 迎也从辵屰聲關東曰逆關西曰迎 宜戟切

迎 逢也从辵卬聲 語京切

𨒪 會也从辵交聲 古肴切

遇 逢也从辵禺聲 牛具切

遭 遇也从辵曹聲一曰邐行 作曹切

遘 遇也从辵冓聲 古候切

逢 遇也从辵峯省聲 符容切

遻 相遇驚也从辵从咢咢亦聲 五各切

迪 道也从辵由聲 徒歷切

遞 更易也从辵虒聲 特計切

通 達也从辵甬聲 他紅切

𨑨 迻也从辵

止聲斯氏切
徙 徙或从彳
𡴀 古文徙
迻 遷徙也从辵多聲弋支切
遷 登也从辵䙴聲七然切
拪 古文遷从手西
運 逐徙也从辵軍聲王問切
遁 遷也一曰逃也从辵盾聲徒困切
遜 遁也从辵孫聲蘇困切
返 還也从辵从反反亦聲商書曰祖甲返扶版切
彶 春秋傳返从彳
還 復也从辵瞏聲戶關切
選 遣也从辵巽巽遣之巽亦聲一曰選擇也思沇切
送 遣也从辵倂省蘇弄切
𨔶 籀文不省
遣 縱也从辵㕣聲去衍切
邐 行邐邐也从辵麗聲力紙切
逮 唐逮及也从辵隶聲臣鉉等曰或作迨徒耐切
遲 徐行也从辵犀聲詩曰行道遲遲直

尼切 𨒈 遲或从𡰥 遟 籀文遲从犀 𨘢 徐也从辵黎聲郎奚切 遰 去也从辵帶聲特計切 𨗉 行皃从辵肙聲烏玄切 𨘏 馬不行也从辵𩣡聲讀若住中句切 逗 止也从辵豆聲田候切 迟 曲行也从辵只聲綺戟切

逶 逶迆衺去之皃从辵委聲於爲切 蟡 或从虫爲 迆 衺行也从辵也聲夏書曰東迆北會于匯移尔切 遹 回避也从辵矞聲余律切 避 回也从辵辟聲毗義切

違 離也从辵韋聲羽非切 遴 行難也从辵粦聲易曰以往遴吝良刃切 僯 或从人 逡 復也从辵夋聲七倫切 䢇 怒不進也从辵氐聲都禮切 達

說文二下 四

達 行不相遇也从辵羍聲詩曰挑兮達兮徒葛切

达 達或从大或曰迭

逯 行謹逯逯也从辵彔聲盧谷切

迵 迵迭也从辵同聲徒弄切

迭 更迭也从辵失聲一曰达徒結切

迷 惑也从辵米聲莫兮切

連 負連也从辵从車力延切

逑 斂聚也从辵求聲虞書曰㫄逑孱功又曰怨匹曰逑巨鳩切

退 數也从辵貝聲周書曰我興受其退薄邁切

逭 逃也从辵官聲胡玩切

𨘻 逭或从雚从兆

遯 逃也从辵从豚豚亦聲徒困切

逋 亾也从辵甫聲博孤切

𨓾 籀文逋从捕

遺 亾也从辵𧶠聲以追切

遂 亾也从辵㒸聲徐醉切

𨗨 古文遂

逃 亾也从辵兆聲徒刀切

追　逐也从辵𠂤聲陟隹切

逐　追也从辵从豚省徐鍇曰豚走而豕追之會意直六切

逎　迫也从辵酉聲字秋切

遒　逎或从酋

近　附也从辵斤聲渠遴切

𡵂　古文近

邋　搚也从辵巤聲良涉切

迫　近也从辵白聲博陌切

䢅　近也从辵臸聲人質切

邇　近也从辵爾聲兒氏切

迩　古文邇

遏　微止也从辵曷聲讀若桑蟲之蝎烏割切

遮　遏也从辵庶聲止車切

𨘢　遮遙也从辵羨聲于線切

迣　迾也晉趙曰迣从辵世聲讀若寘征例切

迾　遮也从辵列聲良辥切

迀　進也从辵干聲讀若干古寒切

𨒞　過也从辵侃聲去虔切

宋本自作目

連遱也从辵婁聲洛侯切

迣 前頡也从辵市聲賈侍中說一讀若拾又若郅北末切

迦 迦互令不得行也从辵枷聲徐鍇曰迦互猶犬牙左右相制也古牙切

越 踰也从辵戉聲易曰雜而不越王伐切

逞 通也从辵呈聲楚謂疾行爲逞春秋傳曰何所不逞欲丑郢切

遼 遠也从辵尞聲洛蕭切

遠 遼也从辵袁聲雲阮切

𨘢 古文遠

逖 遠也从辵狄聲他歷切

逷 古文逖

迥 遠也从辵同聲戶穎切

逴 遠也从辵卓聲一曰蹇也讀若棹苕之棹臣鉉等案棹苕今無此語未詳敕角切

迂 避也从辵于聲憶俱切

⿺辵聿 自進極也从辵聿聲子僊切

邍 高平之野人所登从辵备彔闕愚袁切

道 所行道也从辵从𩠐一達謂之道徒皓切 𨗨 古文道从𩠐寸

遽 傳也一曰窘也从辵豦聲其倨切

迒 獸迹也从辵亢聲胡郎切 䟘 迒或从足从更

𨑩 至也从辵弔聲都歷切

邊 行垂崖也从辵𦒱聲布賢切

文一百一十八 重三十一

邂 邂逅不期而遇也从辵解聲胡懈切

逅 邂逅也从辵后聲胡遘切

遑 急也从辵皇聲或从彳胡光切

逼 近也从辵畐聲彼力切

邈 遠也从辵䫉聲莫角切

遐 遠也从辵叚聲臣鉉等曰或通用假字胡加切

迄 至也从辵气聲許訖切

迸

散走也从辵并聲北諍切

透 跳也過也从辵秀聲他候切

邏 巡也从辵羅聲郎左切

迢 迢遰也从辵召聲徒聊切

逍 逍遥猶翱翔也从辵肖聲臣鉉等案詩只用消摇此二字字林所加相邀切

遥 逍遥也又遠也从辵䍃聲余招切

文十三 新附

彳 小步也象人脛三屬相連也凡彳之屬皆从彳 丑亦切

德 升也从彳㥁聲多則切

徑 步道也从彳巠聲徐鍇曰道不容車故曰步道居正切

復 往來也从彳复聲房六切

猱 復也从彳从柔柔亦聲人九切

徎 徑行也从

彳呈聲丑郢切

往 之也从彳𡳿聲于兩切

𢓸 古文从辵

㣛 行皃从彳瞿聲其俱切

彼 往有所加也从彳皮聲補委切

徼 循也从彳敫聲古堯切

循 行順也从彳盾聲詳遵切

彶 急行也从彳及聲居立切

⿰彳𣥠 行皃从彳𣥠聲一曰此與馺同穌合切

微 隱行也从彳㪯聲春秋傳曰白公其徒微之無非切

徥 徥徥行皃从彳是聲爾雅曰徥則也是支切

徐 安行也从彳余聲似魚切

⿰彳夷 行平易也从彳夷聲以脂切

⿰彳⿰言甹 使也从彳⿰言甹聲普丁切

⿰彳夆 使也从彳夆聲讀若蠭敷容切

⿰彳戔 迹也从彳戔聲慈衍切

徬 附行也从彳旁聲蒲浪切

徯 待也从彳

奚聲胡計切
蹊 徯或从足
待 竢也从彳寺聲徒在切
𢓊 行𢓊𢓊也从彳由聲徒歷切
徧 帀也从彳扁聲比薦切
徦 至也从彳段聲古雅切

九經字樣韻會引作迺字樣非引也

復 却也一曰行遲也从彳从日从夊他內切
衲 復或从內
退 古文从辵
後 遲也从彳幺夊者後也徐鍇曰幺猶𦃃躓之也胡口切
逡 古文後从辵
𢕄 久也从彳犀聲讀若遲杜兮切
很 不聽从也一曰行難也一曰盭也从彳皀聲胡懇切
[illegible] 相迹也从彳重聲之隴切

韻會引[illegible]作度

得 行有所得也从彳㝵聲多則切
㝵 古文省彳

六書故引畫本自[illegible]

徛 舉脛有渡也从彳奇聲去奇切
㣧 行示也从彳勻聲司馬法斬以㣧詞

閏切

律 均布也从彳聿聲呂戌切

御 使馬也从彳从卸徐鍇曰卸解車馬也或彳或卸皆御者之職牛據切

馭 古文御从又从馬

亍 步止也从反彳讀若畜丑玉切

文三十七 重七

廴 長行也从彳引之凡廴之屬皆从廴 余忍切

廷 朝中也从廴壬聲特丁切

㢟 行也从廴正聲諸盈切

建 立朝律也从聿从廴臣鉉等曰聿律省也居萬切

文四

㢟安步㢟㢟也从廴从止凡㢟之屬皆从㢟丑連切

延長行也从㢟丿聲以然切

文二

行人之步趨也从彳从亍凡行之屬皆从行戶庚切

術邑中道也从行朮聲食聿切

街四通道也从行圭聲古膎切

衢四達謂之衢从行瞿聲其俱切

衝通道也从行童聲春秋傳曰及衝以戈擊之昌容切

衕通街

也从行同聲徒弄切

迹也从行戔聲才綫切

衙 行皃从行吾聲魚舉切又音牙

衎 行喜皃从行干聲空旱切

行且賣也从行从言黃絢切

衒 衒或从玄

將衛也从行率聲所律切

衛 宿衛也从韋帀从行行列衛也于歲切

文十二　重一

齒 口齗骨也象口齒之形止聲凡齒之屬皆从齒昌里切

古文齒字

齗 齒本也从齒斤聲語斤切

齔 毀齒也男八月生齒八歲

而齔女七月生齒七歲而齔从齒从七初堇切

⿰齒責　齒相值也一曰齧也从齒責聲春秋傳曰皙⿰齒責士革切

齜　齒相齘也一曰開口見齒之皃从齒柴省聲讀若柴仕街切

齘　齒相切也从齒介聲胡介切

齞　口張齒見从齒只聲研繭切

⿰齒兼　齒差也从齒兼聲五銜切

齺　齒擠也一曰齰也一曰馬口中橜也从齒芻聲側鳩切

齵　齒不正也从齒禺聲五婁切

齇　齬齒也从齒虘聲側加切

齱　齵也从齒取聲側鳩切

齹　齒參差从齒差聲楚宜切

⿰齒佐　齒差跌皃从齒佐聲春秋傳曰鄭有子齹臣鉉等曰說文無佐字此字當从𡯂傳寫之誤昨何切

齤　缺齒也一曰曲齒从齒𢍏聲讀若權巨員切

齳　無齒

也从齒軍聲魚吻切

齾 缺齒也从齒獻聲五鎋切

⿰齒巨 齗腫也从齒巨聲區主切

齯 老人齒从齒兒聲五雞切

齮 齧也从齒奇聲魚綺切

⿰齒出 齰齒也从齒出聲仕乙切

齰 齧也从齒昔聲側革切

齚 齰或从乍

⿰齒咸 齧也从齒咸聲工咸切

齦 齧也从齒皀聲康很切

⿰齒干 齒見皃从齒干聲五版切

⿰齒卒 齰齚也从齒卒聲昨沒切

⿰齒列 齒分骨聲从齒列聲讀若剌盧達切

齩 齧骨也从齒交聲五巧切

⿰齒屑 齒差也从齒屑聲讀若切千結切

⿰齒吉 齒堅聲从齒吉聲赫鎋切

⿰齒豈 ⿰豈齒牙也从齒豈聲五來切

齝 吐而噍也从齒台聲爾雅曰牛曰齝丑之切

齕 齧也从齒

說文二下 一

爾雅釋詁疏引作老人兒

齒也

史記高紀索隱引許云

側齧也

玉篇不

重出字

玉篇此不云說文

气聲戶骨切⿰齒聯齒見皃从齒聯聲力延切齧噬也从齒㓞聲五結切齭齒傷酢也从齒所聲讀若楚創舉切齨老人齒如臼也一曰馬八歲齒臼也从齒从臼臼亦聲其久切齬齒不相值也从齒吾聲魚舉切齛羊粻也从齒世聲私列切齸鹿麋粻从齒益聲伊昔切⿰齒至齒堅也从齒至聲陟栗切⿰齒骨齧骨聲从齒从骨骨亦聲戶八切⿰齒昏噍聲从齒昏聲古活切⿰齒尃噍堅也从齒博省聲補莫切

文四十四　重二

齡年也从齒令聲臣鉉等案禮記夢帝與我九齡疑通用靈武王初聞九齡之語不達其義乃云西方

有九國若當時有此齡字則武王豈不違也蓋後人所加郎丁切

文一 新附

牙 牡齒也象上下相錯之形凡牙之屬皆从牙 五加切

宋本作武牙避唐諱

𤘗 古文牙

𤘽 武 虎牙也从牙从奇奇亦聲去奇切

𤘍 齒蠹也从牙禹聲區禹切

齲 𤘍或从齒

文三 重二

足 人之足也在下从止口凡足之屬皆从足 徐鍇曰口象股脛之形即玉切

玉篇引作在體下此脫一字

止部歱足跟也經書作上

蹏 足也从足虒聲杜兮切 跟 足踵也从足艮聲古痕切 𧿹 跟或从止

踝 足踝也从足果聲胡瓦切 跖 足下也从足石聲之石切 踦 一足也从足奇聲去奇切

跪 拜也从足危聲去委切 跽 長跪也从足忌聲渠几切

踧 行平易也从足叔聲詩曰踧踧周道子六切 躣 行皃从足瞿聲其俱切

踖 長脛行也从足昔聲一曰踧踖資昔切 踽 疏行皃从足禹聲詩曰獨行踽踽區主切

蹡 行皃从足將聲詩曰管磬蹡蹡七羊切 躖 踐處也从足斷省聲徒管切

詩作磬筦

𧾷卜 趣越皃从足卜聲芳遇切 踰 越也从足俞聲羊朱切 䟕 輕也从足戉聲

王伐切

蹻 舉足行高也从足喬聲詩曰小子蹻蹻居勺切

跾 疾也長也从足攸聲式竹切

蹌 動也从足倉聲七羊切

踊 跳也从足甬聲余隴切

躋 登也从足齊聲商書曰告予顛躋祖雞切

躍 迅也从足翟聲以灼切

跧 蹴也一曰卑也絭也从足全聲莊緣切

蹴 躡也从足就聲七宿切

躡 蹈也从足聶聲尼輒切

跨 渡也从足夸聲苦化切

蹋 踐也从足𦐇聲徒盍切

踄 蹈也从足步聲旁各切又音步

蹈 踐也从足舀聲徒到切

躔 踐也从足廛聲直連切

踐 履也从足戔聲慈衍切

踵 追也从足重聲一曰往來皃之隴切

踔 踶也从足卓聲

晉氏以蹢為蹄故云足以躅同濁故云垢也

知教切

蹛 踶也从足帶聲當蓋切

蹩 踶也从足敝聲一曰跛也蒲結切

踶 躛也从足是聲特計切

躛 衛也从足衛聲于歲切

⿱執足 ⿱執足足也从足執聲徒叶切

⿰足氏 尌也从足氏聲承旨切

蹢 住足也从足適省聲或曰蹢躅賈侍中說足垢也直隻切

躅 蹢躅也从足蜀聲直錄切

踤 觸也从足卒聲一曰駭也一曰蒼踤昨沒切

蹶 僵也从足厥聲一曰跳也亦讀若橜居月切

⿰足闕 蹶或从闕

跳 蹶也从足兆聲一曰躍也徒遼切

⿰足辰 動也从足辰聲側鄰切

⿰足屠 峙⿰足屠不前也从足屠聲直魚切

⿰足弗 跳也从足弗聲敷勿切

蹠 楚人謂跳躍曰蹠从足庶聲之石切

𨂝 趿也从足荅聲他合切

䠛 跳也从足䍃聲余招切

趿 進足有所擷取也从足及聲爾雅曰趿謂之擷蘇合切

䟺 步行獵跋也从足貝聲博蓋切

躓 跲也从足質聲詩曰載躓其尾陟利切

跲 躓也从足合聲居怯切

跇 述也从足世聲丑例切

蹎 跋也从足眞聲都年切

跋 蹎跋也从足犮聲北末切

爾雅釋言蹶引蹎下無跋字

蹐 小步也从足脊聲詩曰不敢不蹐資昔切

跌 踼也从足失聲一曰越也徒結切

踼 跌踼也从足易聲一曰搶也徒郎切

蹲 踞也从足尊聲徂尊切

踞 蹲也从足居聲居御切

跨 踞也从足夸聲苦化切

躩 足躩如也从足矍聲丘縛切

踣 僵也从足

音聲春秋傳曰晉人踣之蒲北切

跛 行不正也从足皮聲一曰足排之讀若彼布火切

蹇 跛也从足寒省聲臣鉉等案易王臣蹇蹇今俗作謇非九輦切

蹁 足不正也从足扁聲一曰拖後足馬讀若苹或曰徧部田切

跭 脛肉也一曰曲脛也从足夅聲讀若逵渠追切

踒 足跌也从足委聲烏過切

跣 足親地也从足先聲穌典切

跔 天寒足跔也从足句聲其俱切

⿰足困 瘃足也从足困聲苦本切

距 雞距也从足巨聲其呂切

躧 舞履也从足麗聲所綺切

⿰革麗 或从革

⿰足叚 足所履也从足叚聲乎加切

⿰足非 跀也从足非聲讀若匪扶味切

跀 斷足也从足月聲魚厥切

⿰足兀 跀或从兀

字作[illegible]淮南注最
雖若[illegible]爲此不脱
文之説失之遠矣
今不復取 淮南子脩務訓
百舍重趼許君注之如
此故陸德明引入莊子
天道百舍重趼下而
不稱説文云也

𧿶 曲脛馬也从足方聲讀與彭同薄庚切

趹 馬行皃从足決省聲古穴切

趼 獸足企也从足开聲五甸切

莊子天道釋文引作足指許君云
[illegible]中[illegible]偽為趼疑
是淮南注

路 道也从足各臣鉉等曰言道路人各有適也洛故切

蹸 轢也从足粦聲良忍切

跂 足多指也从足支聲巨支切

文八十五　重四

躚 蹁躚旋行从足䙴聲穌前切

蹭 蹭蹬失道也从足曾聲七鄧切

蹬 蹭蹬也从足登聲徒亘切

蹉 蹉跎失時也从足差聲臣鉉等案經史通用差池此亦後人所加七何切

跎 蹉跎也从足它聲徒何切

蹙 迫也从足戚聲臣鉉等案李善文選注通蹴字子六切

踸 踸踔行無常皃从足甚聲丑甚切

文七 新附

疋 足也上象腓腸下从止弟子職曰問疋何止古文以爲詩大疋字亦以爲足字或曰胥字一曰疋記也凡疋之屬皆从疋所菹切

𤴓 門戶疏窗也从疋疋亦聲囱象𤴓形讀若疏所菹切

𤴰 通也从爻从疋疋亦聲所菹切

文三

品 衆庶也从三口凡品之屬皆从品 丕飲切

嵒 多言也从品相連春秋傳曰次于嵒北讀與聶同尼輒切

喿 鳥羣鳴也从品在木上穌到切

文三

龠 樂之竹管三孔以和衆聲也从品侖侖理也凡龠之屬皆从龠 以灼切

龡 龡音律管壎之樂也从龠炊聲昌垂切

篪 管樂也从龠虒聲直离切

䶵

踸 踸踔行無常皃从足甚聲丑甚切

文七 新附

疋 足也上象腓腸下从止弟子職曰問疋何止古文以爲詩大疋字亦以爲足字或曰胥字一曰疋記也凡疋之屬皆从疋所菹切

𤕟 門戶疏窻也从疋疋亦聲囱象𤕟形讀若疏所菹切

𤴓 通也从爻从疋疋亦聲所菹切

文三

品 衆庶也从三口凡品之屬皆从品　丕飲切

喦 多言也从品相連春秋傳曰次于喦北讀與聶同尼輒切

喿 鳥羣鳴也从品在木

按六部籟三孔籥也張守節莊引彼文籟寫者因司馬賦

知籟從故倒之耳丕知後人於注有此例琨麓娓也

从龠炊聲昌垂切

虒聲直离切

䶵或从竹

龢 調也从龠禾聲讀與和同戶戈切

龤 樂和龤也从龠皆聲虞書曰八音克龤戶皆切

文五 重一

冊 符命也諸侯進受於王也象其札一長一短中有二編之形凡冊之屬皆从冊楚革切

笧 古文冊从竹

嗣 諸侯嗣國也从冊从口司聲徐鍇曰冊必於廟史讀其冊故从口祥吏切

孠 古文嗣从子

扁 署也从戶冊戶冊者署門戶之文也方沔切

文三　重二

說文解字弟二下

丁卯年十二月十七日校宋本

說文解字弟三上　漢太尉祭酒許慎記

銀青光禄大夫守右散騎常侍上柱國東海縣開國子食邑五百戶臣徐鉉等奉

勅校定

五十三部　文六百三十七　重百四十三

凡八千六百八十四字

文十六新附

㗊　衆口也从四口凡㗊之屬皆从㗊

讀若戢阻立切 又讀若呶

鍇傳作一曰呶

嚚 語聲也从㗊臣聲語巾切 𡁭 古文嚚

囂 聲也气出頭上从㗊从頁頁首也許嬌切 𡅈 囂或省

嘂 高聲也一曰大呼也从㗊丩聲春秋公羊傳曰魯昭公叫然而哭古弔切

𡅅 呼也从㗊莧聲讀若讙呼官切

器 皿也象器之口犬所以守之去冀切

文六 重二

舌 在口所以言也別味也从干从口干亦聲凡舌之屬皆从舌 徐鍇曰凡物入口必

于於舌故从于食剡切

𦧲歠也从舌沓聲他合切

舓以舌取食也从舌易聲神旨切

𦧇舓或从也

文三　重一

干犯也从反入从一凡干之屬皆从干古寒切

𢆉撖也从干倒入一爲干入二爲𢆉讀若餁言稍甚也如審切

屰不順也从干下屮屰之也魚戟切

文三

口上阿也从口上象其理凡谷之屬皆从谷其虐切

廣韻引阿也下有一曰笑皃

谷或如此 或从肉从豦

舌皃从谷省象形他念切

古文西讀若三年導服之導一曰竹上皮讀若沾一曰讀若誓弼字从此

文二　重三

語巳詞也从口象气下引之形凡只之屬皆从只諸氏切

聲也从只甹聲讀若馨呼形切

文二

㕯 言之訥也从口从内凡㕯之屬皆从㕯 女滑切

繫傳作內聲

矞 以錐有所穿也从矛从㕯一曰滿有所出也 余律切

彥彜引作一曰出之

繫傳韻會引作冏聲

商 从外知内也从㕯章省聲

𠁷 古文商 宋

𠀤 亦古文商

𩫖 籀文商 式陽切

文三 重三

句 曲也从口丩聲凡句之屬皆从句 古矦切又九遇切

拘止也从句从手句亦聲舉朱切

笱曲竹捕魚笱也从竹从句句亦聲古厚切

鉤曲也从金从句句亦聲古矦切

文四

丩相糾繚也一曰瓜瓠結丩起象形凡丩之屬皆从丩居虯切

𦱯艸之相丩者从茻从丩丩亦聲居虯切

糾繩三合也从糸丩居黝切（繫傳作丩聲）

文三

古故也从十口識前言者也凡古之

屬皆从古臣鉉等曰十口所傳是前言也公戶切

𠖉古文古

嘏大遠也从古叚聲古雅切

文二　重一

十數之具也一爲東西丨爲南北則四方中央備矣凡十之屬皆从十是執切

丈十尺也从又持十直兩切

千十百也从十从人此先切

肸響布也从十从𦣞臣鉉等曰𦣞振𦣞也羲乙切

卙卙卙盛也从十从甚汝南名蠶盛曰卙子入切

博

大通也从十从尃尃布也補各切

𠦃 材十人也从十力聲盧則切

廿 二十并也古文省人汁切

卙 詞之卙矣从十咠聲秦入切

文九

卅 三十并也古文省凡卅之屬皆从卅 蘇沓切

世 三十年爲一世从卅而曳長之亦取其聲也舒制切

文二

言 直言曰言論難曰語从口䇂聲凡言之屬皆从言 語軒切

譻聲也从言賏聲烏莖切
謦欬也从言殸聲殸籒文磬字去挺切
語論也从言吾聲魚舉切
談語也从言炎聲徒甘切
謂報也从言胃聲于貴切
諒信也从言京聲力讓切
詵致言也从言从先先亦聲詩曰螽斯羽詵詵兮所臻切
請謁也从言青聲七井切
謁白也从言曷聲於歇切
許聽也从言午聲虛呂切
諾譍也从言若聲奴各切
譍以言對也从言雁聲於證切
讎猶譍也从言雔聲市流切
諸辯也从言者聲章魚切
詩志也从言寺聲書之切
𧦅古文詩省
讖驗也从言韱聲楚蔭切
諷誦也从言風聲

犀

芳鳳切

誦 諷也从言甬聲似用切

讀 誦書也从言賣聲徒谷切

⿱中言 快也从言从中於力切

訓 說教也从言川聲許運切

誨 曉教也从言每聲荒内切

譔 專教也从言巽聲此緣切

譬 諭也从言辟聲匹至切

謜 徐語也从言原聲孟子曰故謜源而來魚怨切

詇 早知也从言央聲於亮切

諭 告也从言俞聲羊戍切

詖 辯論也古文以爲頗字从言皮聲彼義切

諄 告曉之孰也从言𦎫聲讀若庉章倫切

謘 語諄謘也从言犀聲直离切

詻 論訟也傳曰詻詻孔子容从言各聲五陌切

誾 和說而諍也从言門聲語巾切

謀 慮難曰謀从言某聲莫浮切

⿱母口

謀 古文謀

謀 亦古文

謨 議謀也从言莫聲虞書曰咎繇謨莫胡切

謨 古文謨从口

訪 汎謀曰訪从言方聲敷亮切

諏 聚謀也从言取聲子于切

論 議也从言侖聲盧昆切

議 語也从言義聲宜寄切

訂 平議也从言丁聲他頂切

詳 審議也从言羊聲似羊切

諟 理也从言是聲承旨切

諦 審也从言帝聲都計切

識 常也一曰知也从言戠聲賞職切

訊 問也从言卂聲思晉切

訊 古文訊从卤

詧 言微親詧也从言察省聲楚八切

謹 慎也从言堇聲居隱切

⿰言乃 厚也从言乃聲如乘切

諶 誠諦也从言甚聲詩曰天難諶斯是吟切

信 誠也从人从言會意息晉切 𠈑 古文从言省 㐰 古文信

訦 燕代東齊謂信曰訦从言冘聲是吟切 誠 信也从言成聲氏征切 誡 敕也从言戒聲古拜切

誋 誡也从言忌聲渠記切 諱 誋也从言韋聲許貴切

誥 告也从言告聲古到切 𡁽 古文誥 詔 告也从言从召召亦聲之紹切

誓 約束也从言折聲時制切 譣 問也从言僉聲周書曰勿以譣人息廉切

詁 訓故言也从言古聲詩曰詁訓公戶切 藹 臣盡力之美从言葛聲詩曰藹藹王多吉士於害切

誎 餔旋促也从言束聲桑谷切 諝 知也从言胥聲私呂切 証 諫也从言

正聲之盛切

諫 証也从言柬聲古晏切

諗 深諫也从言念聲春秋傳曰辛伯諗周桓公式荏切

課 試也从言果聲苦臥切

試 用也从言式聲虞書曰明試以功式吏切

諴 和也从言咸聲周書曰不能諴于小民胡毚切

䚻 徒歌从言肉聲余招切

詮 具也从言全聲此緣切

訢 喜也从言斤聲許斤切

說 說釋也从言兌聲一曰談說失爇切又弋雪切

計 會也筭也从言从十古詣切

諧 詥也从言皆聲戶皆切

詥 諧也从言合聲候閤切

調 和也从言周聲徒遼切

話 合會善言也从言𠯑聲傳曰告之話言胡快切

譮 籀文話从會

諈 諈諉累也从言垂聲竹寘切

諉累也从言委聲女恚切　警戒也从言从敬敬亦聲居影切　謐靜語也从言𥁑聲一曰無聲也彌必切　謙敬也从言兼聲苦兼切　誼人所宜也从言从宜宜亦聲儀寄切　詡大言也从言羽聲況羽切　諓善言也从言戔聲一曰謔也慈衍切

誐嘉善也从言我聲詩曰誐以溢我吾何切　詷共也一曰譀也从言同聲周書曰在夏后之詷徒紅切　設施陳也从言从殳殳使人也識列切　護救視也从言蒦聲胡故切

譞譞慧也从言圜省聲許緣切　誧大也一曰人相助也从言甫聲讀若逋博孤切

諰思之意从言从思胥里切　託寄也从言乇聲他各切　記疏也从言己聲居吏切

切

譽 稱也从言與聲羊茹切

譒 敷也从言番聲商書曰王譒告之補過切

謝 辭去也从言䠶聲辝夜切

謳 齊歌也从言區聲烏侯切

詠 歌也从言永聲爲命切

咏 詠或从口

諍 止也从言爭聲側迸切

評 召也从言乎聲荒烏切

謼 評謼也从言虖聲荒故切

訖 止也从言气聲居迄切

諺 傳言也从言彥聲魚變切

訝 相迎也从言牙聲周禮曰諸侯有卿訝發吾駕切

迓 訝或从辵

詣 候至也从言旨聲五計切

講 和解也从言冓聲古項切

謄 迻書也从言朕聲徒登切

訒 頓也从言刃聲論語曰其言也訒而振切

訥

訥　言難也从言从内内骨切
謯　娽也从言虘聲側加切
待也从言伿聲讀若貕胡禮切
譥　痛呼也从言敫聲古弔切
譊　恚呼也从言堯聲女交切
謍　小聲也从言熒省聲詩曰謍謍青蠅余傾切
諎　大聲也从言昔聲讀若笮壯革切
唶　諎或从口
諛　諂也从言臾聲羊朱切
讇　諛也从言閻聲丑琰切
諂　讇或省
諼　詐也从言爰聲況袁切
謷　不肖人也从言敖聲一曰哭不止悲聲謷謷五牢切
訹　誘也从言术聲思律切
訑　沇州謂欺曰訑从言它聲託何切
謾　欺也从言曼聲母官切
譇　譇拏羞窮也从言奢聲陟加切
慙語也从言作聲鉏駕切

此即咒詛字

讋 讋讘也从言執聲之涉切 謰 謰謱也从言連聲力延切 謱 謰謱也从言婁聲洛侯切 詒 相欺詒也一曰遺也从言台聲與之切 謲 相怒使也从言參聲倉南切 誑 欺也从言狂聲居況切 譺 騃也从言疑聲五介切 ⿰言⿱䀠廾 相誤也从言⿱䀠廾聲古罵切 訕 謗也从言山聲所晏切 譏 誹也从言幾聲居衣切

一切經音義十及二十三引加言曰誣十一十五等卷引作加言也六書故引唐本加加也按書多言

誣 加也从言巫聲武扶切 誹 謗也从言非聲敷尾切 謗 毀也从言旁聲補浪切 譸 訓也从言壽聲讀若醻周書曰無或譸張爲幻張流切 詶 譸也从言州聲市流切

一切經音義六及十四二十引作詛也

詛 詶也从言且聲莊助切 䛆 詶也从言由聲直又切 誃 離別

說文三上 九

也从言多聲讀若論語跢予之足周景王作洛陽誃臺尺氏切

誖 亂也从言孛聲蒲沒切

悖 誖或从心

[illegible] 籒文誖从二或

䜌 亂也一曰治也一曰不絕也从言絲呂員切

[illegible] 古文䜌

誤 謬也从言吳聲五故切

詿 誤也从言圭或从言佳省聲古賣切

誒 可惡之辭从言矣聲一曰誒然春秋傳曰誒誒出出許其切

譆 痛也从言喜聲火衣切

詯 膽气滿聲在人上从言自聲讀若反目相睞荒內切

謧 謧詍多言也从言离聲呂之切

詍 多言也从言世聲詩曰無然詍詍余制切

訾 不思稱意也从言此聲詩曰翕翕訿訿將此切

䛬 往來言也一曰小兒未能正言也一曰祝也从言匋聲大牢切

[illegible]

詾或从包

詽 詽詽多語也从言冄聲樂浪有詽邯縣汝閻切

𧬄 語相反𧬄也从言遝聲他合切

誻 𧬄誻也从言沓聲徒合切

詽 諍語詽詽也从言开聲呼堅切

讗 言壯皃一曰數相怒也从言巂聲讀若畫呼麥切

訇 駭言聲从言勻省聲漢中西域有訇鄉又讀若玄虎橫切

訇 籒文不省

諞 便巧言也从言扁聲周書曰截截善諞言論語曰友諞佞部田切

𧮳 匹也从言頻聲符眞切

𧦝 扣也如求婦先𧦝叕之从言从口口亦聲苦后切

䛔 言相說司也从言兒聲女家切

誂 相呼誘也从言兆聲徒了切

譄 加也从言曾聲作滕切

詄 忘也从言失聲徒結切

諅 忌也从言其聲周書曰爾尚

宋本作大廟

不諅于凶德渠記切 譀 誕也从言敢聲下闞切 𧫤 俗譀从忘 誇 譀也从言夸聲苦瓜切 誕 詞誕也从言延聲徒旱切 𧦅 籀文誕省正 ⿰言萬 譀也从言萬聲莫話切 謔 戲也从言虐聲詩曰善戲謔兮虛約切 詪 很戾也从言艮聲乎懇切 訌 ⿰言貴也从言工聲詩曰蝨賊內訌戶工切 ⿰言貴 中止也从言貴聲司馬法曰師多則人⿰言貴⿰言貴止也胡對切 䜹 聲也从言歲聲詩曰有䜹其聲呼會切 諣 疾言也从言咼聲呼卦切 ⿰言魋 譟也从言魋聲杜回切 譟 擾也从言喿聲蘇到切 訆 大呼也从言丩聲春秋傳曰或訆于宋太（大）廟古弔切 諕 號也从言从虎乎刀切 讙 譁也从言

詿 誤

宋本訒下出詿誤二徐并以詿作佳省聲

雚聲呼官切 譁 讙也从言𦻏聲呼瓜切 謣 妄言也从言雩聲羽俱切 䛔 謣或从荂 譌 譌言也从言爲聲詩曰民之譌言五禾切 謬 狂者之妄言也从言翏聲靡幼切 詤 夢言也从言巟聲呼光切 謈 大呼自勉也从言暴省聲蒲角切 訬 訬擾也一曰訬獪从言少聲讀若毚楚交切 諆 欺也从言其聲去其切 譎 權詐也益梁曰謬欺天下曰譎从言矞聲古穴切 詐 欺也从言乍聲側駕切 訏 詭譌也从言于聲一曰訏謩齊楚謂信曰訏况于切 謩 咨也一曰痛惜也从言差聲子邪切 讋 失气言一曰不止也从言龖省聲傅毅讀若慴之涉切 𧮰 籀文讋不省 謵 言謵讋也

爾雅釋訓釋文引作大呼也自冤也

廣韻引作大嘷自冤也

玉篇部首言不止也當本書

篆引作㩫

說文三上 十一

擬字未呈

从言習聲秦入切

䛘 相毀也从言亞聲一曰畏亞宛古切

⿰言隋 相毀也从言隨省聲雖遂切

⿰言闒 嗑也从言闒聲徒盍切

詾 説也从言匈聲許容切

訩 或省

⿰言兇 詾或从兇

訟 爭也从言公聲一曰謌訟似用切

𧮫 古文訟

謓 恚也从言眞聲賈侍中説謓笑一曰讀若振昌眞切

讘 多言也从言聶聲河東有狐讘縣之涉切

訶 大言而怒也从言可聲虎何切

𧦝 訐也从言臣聲讀若指職雉切

訐 面相斥罪相告訐也从言干聲居謁切

訴 告也从言斥省聲論語曰訴子路於季孫臣鉉等曰斥非聲蓋古之字音多與今異如皀亦音香釁亦音門乃亦音仍他皆放此古今失傳不可詳究桑故切

訴 訴或从言朔 愬 訴或从朔心 譖 愬也从言朁聲莊蔭切

讒 譖也从言毚聲士咸切 譴 謫問也从言遣聲去戰切 謫 罰也从言啻聲陟革切

諯 數也一曰相讓也从言耑聲讀若專尺絹切 讓 相責讓从言襄聲人漾切

譙 嬈譊也从言焦聲讀若嚼才肖切 誚 古文譙从肖周書曰亦未敢誚公

誎 數諫也从言朿聲七賜切 誶 讓也从言卒聲國語曰誶申胥雖遂切 詰 問也从言吉聲去吉切

⿰言望 責望也从言望聲巫放切 詭 責也从言危聲過委切

證 告也从言登聲諸應切 詘 詰詘也一曰屈襞从言出聲區勿切 誳 詘或

从屈

⿰言夗 慰也从言夗聲於願切

詗 知處告言之从言冋聲朽正切

讂 流言也从言夐聲火縣切

詆 苛也一曰訶也从言氏聲都禮切

誰 何也从言隹聲示隹切

諽 飾也一曰更也从言革聲讀若戒古覈切

讕 詆讕也从言闌聲洛干切

譋 讕或从閒

診 視也从言㐱聲直刃切又之刃切

⿰言斯 悲聲也从言斯省聲先稽切

訧 罪也从言尤聲周書曰報以庶訧羽求切

誅 討也从言朱聲陟輸切

討 治也从言从寸他皓切

諳 悉也从言音聲烏含切

讄 禱也累功德以求福論語云讄曰禱尔于上下神祇从言纍省聲力軌切

⿰言纍 或不省

諡 行之迹也从言兮皿闕徐鍇曰

号聲也神至切

誄 謚也从言耒聲力軌切

謑 恥也从言奚聲胡禮切

䜁 謑或从奊

詬 謑詬恥也从言后聲呼寇切

訽 詬或从句

諜 軍中反間也从言枼聲徒叶切

該 軍中約也从言亥聲讀若心中滿該古哀切

譯 傳譯四夷之言者从言睪聲羊昔切

訄 迫也从言九聲讀若求巨鳩切

謚 笑皃从言益聲伊昔切又呼狄切

譶 疾言也从三言讀若沓徒合切

文二百四十七 重三十三

詢 謀也从言旬聲相倫切

讜 直言也从言黨聲多朗切

譜 籍録也从言普

聲史記从並博古切

詎 詎猶豈也从言巨聲其呂切

謏 小也誘也从言叜聲禮記曰足以謏聞先鳥切

謎 隱語也从言迷迷亦聲莫計切

誌 記誌也从言志聲職吏切

訣 訣別也一曰法也从言決省聲古穴切

文八 新附

誩 競言也从二言凡誩之屬皆从誩讀若競渠慶切

譱 吉也从誩从羊此義與美同意常衍切

善 篆文譱从言

競 彊語也一曰逐也从誩从二人渠慶切

讟 痛怨也从誩賣聲春秋傳曰民無怨讟徒谷切

文四　重一

音　聲也生於心有節於外謂之音宮商角徵羽聲絲竹金石匏土革木音也从言含一凡音之屬皆从音於今切

響　聲也从音鄉聲許兩切

韽　下徹聲从音酓聲恩甘切

韶　虞舜樂也書曰簫韶九成鳳皇來儀从音召聲市招切

章　樂竟爲一章从音从十十數之終也諸良切

竟 樂曲盡爲竟从音从人居慶切

文六

韻 和也从音員聲裴光遠云古與均同未知其審王問切

文一 新附

䇂 辠也从干二二古文上字凡䇂之屬皆从䇂讀若愆張林說去虔切

童 男有辠曰奴奴曰童女曰妾从䇂重省聲徒紅切

𥫅 籀文童中與竊中同从廿廿以爲古文疾字

妾 有辠女子給事之得接於君者从䇂从女春秋云女爲人妾妾不娉也七接切

文三 重一

丵 叢生艸也象丵嶽相竝出也凡丵之屬皆从丵讀若浞 士角切

業 大版也所以飾縣鐘鼓捷業如鋸齒以白畫之象其鉏鋙相承也从丵从巾巾象版詩曰巨業維樅 魚怯切

𣜲 古文業

叢 聚也从丵取聲 徂紅切

對 譍無方也从丵从口从寸 都隊切

對 對或从士漢文帝以爲責對而爲言多非誠對故去其口以从士也

文四 重二

菐 瀆菐也从丵从廾廾亦聲凡菐之

屬皆从菐臣鉉等曰瀆讀爲煩瀆之瀆一本注云丵衆多也兩手奉之是煩瀆也蒲沃切

僕給事者从人从菐菐亦聲蒲沃切　䑑古文从臣

𠔏賦事也从菐从八八分之也八亦聲讀若頒一曰讀若非布還切

文三　重一

廾竦手也从𠂈从又凡廾之屬皆从廾居竦切今變隸作廾

一切經音義二引作拱手也

玉篇引竦同今本

揚雄說廾从兩手

承也从手从廾丰聲扶隴切

翊也从廾从卪从山山高奉承之義署陵切

取奐也一曰大也从廾敻省臣鉉等曰敻營求也取之義也呼貫切

蓋也从廾从合古南切又一儉切

古文弇

引給也从廾睪聲羊益切

舉也从廾由聲春秋傳曰晉人或以廣墜楚人畀之黃顥說廣車陷楚人爲舉之杜林以爲麒麟字渠記切

舉也从廾吕聲虞書曰岳曰异哉羊吏切

玩也从廾持玉盧貢切

兩手盛也从廾共聲余六切

摶飯也从廾釆聲釆古文辦字讀若書卷居券切

持弩拊从廾肉讀若逵臣鉉等曰从肉未詳渠追切

警也从廾持戈

以戒不虞居拜切

械也从廾持斤并力之皃補明切

古文兵从人廾干

籀文

慤也从廾龍聲紀庸切

圍棊也从廾亦聲論語曰不有博弈者乎羊益切

共置也从廾从貝省古以貝爲貨其遇切

文十七　重四

引也从反廾凡𠬜之屬皆从𠬜

普班切今變隸作大

𠬜或从手从樊

騺不行也从𠬜从棥棥亦聲附袁切

樊也从𠬜

䜌聲呂員切

文三　重一

共　同也从廿廾凡共之屬皆从共渠用切

𢀜　古文共

龔　給也从共龍聲俱容切

文二　重一

異　分也从廾从畀畀予也凡異之屬皆从異徐鍇曰將欲予物先分異之也禮曰賜君子小人不同日羊吏切

戴　分物得增益曰戴从異𢦔聲都代切

𢍰　籀文戴

文二　重一

共舉也从臼从廾凡舁之屬皆从舁讀若余以諸切

升高也从舁囟聲七然切

𦥷或从卩

𦥷古文

黨與也从舁从与余吕切

古文與

起也从舁从同同力也虛陵切

文四　重三

叉手也从E彐凡臼之屬皆从臼居玉切

要 身中也象人要自臼之形从臼交省聲於消切又於笑切 [古文要] 古文要

文二 重一

晨 早昧爽也从臼从辰辰時也辰亦聲丮夕爲𡖋臼辰爲晨皆同意凡晨之屬皆从晨 食鄰切

農 耕也从晨囟聲 徐鍇曰當从凶乃得聲奴冬切 [籀文農] 籀文農从林 [古文農] 古文農 [亦古文農] 亦古文農

文二 重三

爨齊謂之炊爨臼象持甑冂爲竈口廾推林内火凡爨之屬皆从爨七亂切

𤒼籒文爨省

䰞所以枝鬲者从爨省鬲省渠容切

釁血祭也象祭竈也从爨省从酉酉所以祭也从分分亦聲臣鉉等曰分布也虛振切

文三　重一

說文解字弟三上

丁卯歲十二月十七日校畢

說文解字弟三下　漢太尉祭酒許愼記

銀青光祿大夫守右散騎常侍上柱國東海縣開國子食邑五百戶臣徐鉉等奉

敕校定

革　獸皮治去其毛革更之象古文革之形凡革之屬皆从革　古覈切

革　古文革从三十三十年爲一世而道更也臼聲

鞹　去毛皮也論語曰虎豹之鞹从革郭聲苦郭切

靬　靬乾革也武威有麗靬縣从革干聲苦旰切

䩏　生革可以爲縷束也从革

各聲盧各切

鞄 柔革工也从革包聲讀若朴周禮曰柔皮之工鮑氏鞄即鮑也蒲角切

韗 攻皮治鼓工也从革軍聲讀若運王問切

䩵 韗或从韋

鞣 耎也从革从柔柔亦聲耳由切

靼 柔革也从革旦聲旨熱切

𩏶 古文靼从亶

鞼 韋繡也从革貴聲求位切

鞶 大帶也易曰或錫之鞶帶男子帶鞶婦人帶絲从革般聲薄官切

鞏 以韋束也易曰鞏用黃牛之革从革巩聲居竦切

鞔 履空也从革免聲徐鍇曰履空猶言履殼也母官切

靸 小兒履也从革及聲讀若沓穌合切

䩕 䩕角鞮屬从革卬聲五岡切

鞮 革履也从革是聲都兮切

𩋘 鞮𩋘沙也从革从夾夾亦聲古洽切

[illegible]

鞮屬从革徙聲所綺切

鞵 革生鞮也从革奚聲戶佳切

靪 補履下也从革丁聲當經切

鞠 蹋鞠也从革匊聲居六切

⿰革䈞 鞠或从䈞

鞀 鞀遼也从革召聲徒刀切

鞉 鞀或从兆

鼗 鞀或从鼓从兆

⿱殸召 籒文鞀从殸召

⿰革冤 量物之⿰革冤一曰抒井⿰革冤古以革从革冤聲於袁切

⿰革宛 ⿰革冤或从宛

鞞 刀室也从革卑聲并頂切

鞎 車革前曰鞎从革艮聲戶恩切

鞃 車軾也从革弘聲詩曰鞹鞃淺幭讀若穹丘弘切

鞪 車軸束也从革敄聲莫卜切

⿰革必 車束也从革必聲毗必切

⿰革爨 車衡三束也曲轅⿰車贊縛直轅⿱𥫗⿱日⿱龹車縛从革爨聲讀若論語鑽燧之鑽借官切

⿰革贊 ⿰革爨或从革贊

十

䩞 蓋杠絲也从革旨聲徐鍇曰絲其繫系也脂利切

鞁 車駕具也从革皮聲平祕切

鞥 轡鞥从革弇聲讀若譍一曰龍頭繞者烏合切

靶 轡革也从革巴聲必駕切

韅 著掖鞥也从革顯聲呼典切

靳 當膺也从革斤聲居近切

䩭 驂具也从革蚩聲讀若騁蜃丑郢切

靷 引軸也从革引聲余忍切

𩥄 籀文靷

䩪 車鞁具也从革官聲古滿切

䩲 車鞁具也从革豆聲田候切

䩒 輨內環靼也从革于聲羽俱切

䪁 車下索也从革尃聲補各切

䩎 車具也从革奄聲烏合切

䪜 車具也从革叕聲陟劣切

鞌 馬鞁具也从革从安烏寒切

䩸 鞌毳毛也从革茸聲而隴切

切
鞊 鞌飾从革占聲他叶切
鞈 防汗也从革合聲古洽切
勒 馬頭絡銜也从革力聲盧則切
鞙 大車縛軛（乞）靼从革肙聲狂沇切
⿰革面 勒靼也从革面聲彌沇切

華嚴音義六十二引作轡銜一切經音義十四十三同作在

靲 鞮也从革今聲巨今切
鞬 所以戢弓矢从革建聲居言切
韇 弓矢韇也从革賣聲徒谷切
⿰革巂 綏也从革巂聲山垂切
⿰革亟 急也从革亟聲紀力切
鞭 驅也从革㥯聲卑連切

初學記二十二引驅下有遲字是

⿱亼攴 古文鞭
鞅 頸靼也从革央聲於兩切 渾耀 作鞅

左傳僖廿八 文引靼

韄 佩刀絲也从革蒦聲乙白切
⿰革它 馬尾⿰革它也从革它聲今之般緧徒何切
⿰革見 繫牛脛也从革見聲己彳切

文五十九 七字 重十一

說文三下 三

鞘 刀室也从革肖聲私妙切 韉 馬鞁具也从革薦聲則前切 鞾 鞮屬

从革華聲許𦗚切 靮 馬羈也从革勺聲都歷切 文四 新附

鬲 鼎屬實五觳斗二升曰觳象腹交

文三足凡鬲之屬皆从鬲 郎激切

㽁 鬲或从瓦 𤮿 漢令鬲从瓦厤聲 䰛 三足鍑也一曰滫米器也从鬲支聲

魚綺切 鬹 三足釜也有柄喙讀若嬀从鬲規聲居隨切 鬷 釜屬从鬲㚇聲子紅切

䰜 秦名土釜曰䰜从鬲午聲讀若過古禾切 鬵 大釜也一曰鼎大上小下若甑曰鬵从鬲兓

廣圻按韻會二十五徑
云。甑說文鬵屬也。張引韻
知也。本作䰝从鬲曾聲
甑鬵屬也。張引今鬲嚴某
部文也。
盧以為韻會引此作甑
也。蓋沿鉏校之誤，失寔
是鉏某讀韻會耶。
黄只張並不引䰝甑
也。韻會是在而虛據而
知。今訂正刪之。

聲讀若岑才林切　𩰨 籀文鬵　䰝 鬵屬从鬲曾聲子孕切　鬴 鍑屬从鬲甫聲扶雨切　釜 鬴或从父金聲　鬳 鬲屬从鬲虍聲牛建切　融 炊气上出也从鬲蟲省聲以戎切　䰛 籀文融不省　𩱦 炊气皃从鬲嚻聲許嬌切

鬺 煮也从鬲羊聲式羊切　𩱧 涫也从鬲沸聲芳未切

文十三　重五

䰜 歷也古文亦鬲字象孰飪五味气上出也凡䰜之屬皆从䰜郎激切

鬻也从䰜侃聲諸延切
䰞或从食衍聲
或从干聲
或从建聲
健也从䰜米聲武悲切臣鉉等曰今俗鬻作粥音之六切
健也从䰜古聲戶吳切
五味盉羹也从䰜从羔詩曰亦有和鬻古行切
鬻或省
或从美鬻省
小篆从羔从美
鼎實惟葦及蒲陳留謂健爲鬻从䰜速聲桑谷切
𩱠或从食束聲
鬻也从䰜毓聲余六切
鬻或省从米
涼州謂鬻爲𩱻从䰜䊮聲莫結切
𩱻或省从末
粉餅也从䰜耳聲仍吏切
鬻或从食耳聲
熬也从䰜芻聲臣鉉等曰今俗作煼別作

宋本作吹聲沸也

炒非是　尺沼切

鬻　內肉及菜湯中薄出之从𩰲翟聲以勺切

鬻　亯也从𩰲者聲章與切

煑　鬻或从火

鬻　鬻或从水在其中

𩱙　吹釜溢也从𩰲孛聲蒲沒切

文十三　重十二

爪　丮也覆手曰爪象形凡爪之屬皆从爪　側狡切

孚　卵孚也从爪从子一曰信也徐鍇曰鳥之孚卵皆如其期不失信也鳥裛恒以爪反覆其卵也芳無切

𤔒　古文孚从禾禾古文保

爲　母猴也其爲禽好爪爪母猴象也下腹爲母猴形王

李云大篆以參差見當爲大亂此當再詳

宋本作相踦之也

育曰爪象形也遠支切

□古文爲象兩母猴相對形

□亦丮也从反爪闕諸兩切

玉篇引之闕字

文四　重二

丮持也象手有所丮據也凡丮之屬皆从丮讀若戟几劇切

埶種也从坴丮持亟種之詩曰我埶黍稷徐鍇曰坴土也魚祭切

宋本亟作亟詩書作

孰食飪也从丮𦎫聲易曰孰飪殊六切

□設飪也从丮从食才聲讀若載作代切

巩袌也从丮工聲居悚切

𢀜巩或加手

谻相踦□也从丮谷聲其虐切

𢦏擊踝也从丮从戈讀若踝

胡瓦切

亦持也从反丮闕居玉切

文八　重一

兩士相對兵杖在後象鬥之形凡鬥之屬皆从鬥都豆切

遇也从鬥斲聲都豆切

鬭也从鬥共聲孟子曰鄒與魯鬨下降切

經繆殺也从鬥翏聲力求切

鬭取也从鬥龜聲讀若三合繩糾古矦切

智少力劣也从鬥爾聲奴禮切

鬭連結闠紛相牽也从鬥燹聲臣鉉等案燹今先典切从豩聲豩呼還切蓋燹

亦有豩音故得爲聲一本从豩省聲

从豩說文無豩字撫文切

鬭也从鬥賓省聲讀若賓匹賓切

恒訟也詩云兄弟鬩于牆从鬥从兒兒善訟者也許激切

試力士錘也从鬥从戈或从戰省讀若縣胡畎切

文十

不静也从市鬥奴教切

文一　新附

手也象形三指者手之列多略不過三也凡又之屬皆从又于救切

手口相助也从又从口臣鉉等曰今俗別作佑于救切

臂上也从又从古文

公羊昭三十一年黑弓以濫來奔陸氏釋文云二傳作黑肱

叜字一切經音義右三三說

乙古薨切 𠃋 古文厷象形 肱 厷或从肉 叉 手指相錯也从又象叉之形初牙切 叉 手足甲也从又象叉形側狡切 父 矩也家長率敎者从又舉杖扶雨切

叜 老也从又从灾闕穌后切 𡩡 籒文从寸 傁 叜或从人 燮 和也从言从又炎籒文燮从羊羊音飪讀若溼臣鉉等案燮字義大孰也从炎从又即孰物可持也此燮蓋从燮省言語以和之也二字義相出入故也穌叶切

曼 引也从又冒聲無販切 𠬷 引也从又昌聲昌古文申失人切 夬 分洩也从又屮象洩形徐鍇曰ㄋ物也丨所以洩之古賣切 尹 治也从又丿握事者也余準切 尹 古文尹 𠭥 又取也从又虘聲側

加

𠭥　引也从又𠩺聲　里之切

㕞　拭也从又持巾在尸下　所劣切

及　逮也从又从人　徐鍇曰及前人也　巨立切

乁　古文及秦刻石及如此

𠄎　亦古文及

𨑒　亦古文及

秉　禾束也从又持禾　兵永切

反　覆也从又厂反形　府遠切

𠀆　古文

𠬝　治也从又从卩卩事之節也　房六切

𠬛　滑也詩云𠬛兮達兮从又中一曰取也　土刀切

𣪠　楚人謂卜問吉凶曰𣪠从又持祟祟亦聲讀若贅　之芮切

叔　拾也从又尗聲汝南名收芌爲叔　式竹切

𡬶　叔或从寸

𠬧　入水有所取也从又在回下回古文回回淵水也讀若沫　莫勃切

取　捕取也从又从耳周禮獲者取左耳

司馬法曰載獻聝聝者耳也七庚切

彗 埽竹也从又持甡祥歲切

篲 彗或从竹

䔼 古文彗从竹从習

叚 借也闕古雅切

𠬉 古文叚

𠬋 譚長說叚如此

友 同志爲友从二又相交友也云久切

𠬝 古文友

𦫳 亦古文友

度 法制也从又庶省聲徒故切

文二十八　重十六

ナ ナ手也象形凡ナ之屬皆从ナ臧可切

同門曰朋同志曰友

宋本作也無聲字空一格廣韻按此初有而後削去之痕跡也

卑 賤也執事也从𠂇甲徐鍇曰右重而左卑故在甲下補移切 文二

宋本作執事也毛本依繫傳改而不知宋本及繫傳甲下皆有聲字非

史 記事者也从又持中中正也凡史之屬皆从史 疏士切

事 職也从史之省聲 鉏史切 叓 古文事 文二 重一

支 去竹之枝也从手持半竹凡支之屬皆从支 章移切

古文支 敧 持去也从支奇聲 去奇切 文二 重一

聿 手之疌巧也从又持巾凡聿之屬皆从聿 尼輒切

玉篇作㨗捷 說文不引

肄 習也从聿𣞤聲羊至切 𦍦 籀文肄 肄 篆文肄

左傳文四年疏引作𦍦從聿希聲

肅 持事振敬也从聿在𣶒上戰戰兢兢也息逐切 𡩋 古文肅从心从卪

文三 重三

聿 所以書也楚謂之聿吳謂之不律燕謂之弗从聿一聲凡聿之屬皆

李顒賦李注引作之拂

从聿 余律切

筆 秦謂之筆从聿从竹徐鍇曰筆尚便疌故从聿鄙密切

𦘔 聿飾也从聿从彡俗語以書好爲𦘔讀若津將鄰切

書 箸也从聿者聲商魚切

文四

畫 界也象田四界聿所以畫之凡畫之屬皆从畫 胡麥切

𦘦 古文畫省 劃 亦古文畫

晝 日之出入與夜爲界从畫省从日陟救切

𦘠 籀文晝

文二 重三

隶 及也从又从尾省又持尾者从後及之也凡隶之屬皆从隶徒耐切

𨽿 及也从隶枲聲詩曰𨽿天之未陰雨臣鉉等曰枲非聲未詳徒耐切

隸 附箸也从隶柰聲郎計切

隸 篆文隸从古文之體臣鉉等未詳古文所出

文三　重一

臤 堅也从又臣聲凡臤之屬皆从臤讀若鏗鏘之鏗古文以爲賢字苦閑切

切

緊 纏絲急也从臤从絲省糾忍切

堅 剛也从臤从土古賢切

豎 豎立也从臤豆聲臣庾切

豎 籀文豎从殳

文四　重一

臣 牽也事君也象屈服之形凡臣之屬皆从臣　植鄰切

𦣞 乖也从二臣相違讀若誑居況切

臧 善也从臣戕聲則郎切

臧 籀文

文三　重一

殳 以杸殊人也禮殳以積竹八觚長丈二尺建於兵車旅賁以先驅从又几聲凡殳之屬皆从殳 市朱切

祋 殳也从殳示聲或說城郭市里高縣羊皮有不當入而欲入者暫下以驚牛馬曰祋故从示殳詩曰何戈與祋 丁外切

杸 軍中士所持殳也从木从殳司馬法曰執羽从杸 市朱切

毄 相擊中也如車相擊故从殳从軎 古歷切

㱿 从上擊下也一曰素也从殳青聲 苦角切 青苦江切

𣪠 下擊上也从殳冘聲 知朕切

𣪘 縣擊也从殳豆聲古文𣪘如此 度侯切

御覽百七十五引云殿堂之高大者也疑屍聲下有一曰云云

縣物毄擊从殳𠷎聲市流切

椎毄物也从殳豕聲冬毒切

捶毄物也从殳區聲烏后切

擊頭也从殳高聲口卓切

擊聲也从殳屍聲堂練切

擊中聲也从殳医聲於計切

椎物也从殳耑省聲徒玩切

擊空聲也从殳宮聲徒冬切又火宮切

相雜錯也从殳肴聲胡茅切

妄怒也一曰有決也从殳豙聲魚既切

揉屈也从殳从皀皀古文叀字廄字从此臣鉉等曰叀小謹也亦屈服之意居又切

戍邊也从殳从彳臣鉉等曰彳步也彳亦聲營隻切

古文役从人

毅改大剛卯也以逐精鬽从殳亥聲古哀切

文二十　重一

殺　戮也从殳杀聲凡殺之屬皆从殺　臣鉉等曰説文無杀字相傳云音察未知所出所八切

古文殺　古文殺　古文殺　古文殺　籒文殺

弒　臣殺君也易曰臣弒其君从殺省式聲式吏切

文三　重五

几　鳥之短羽飛几几也象形凡几之屬皆从几讀若殊市朱切

鬳展又切

人

毅 毅改大剛卯也以逐精鬼从殳亥聲古哀切

毅改之改書从己

宋本作引曾本不从品从尺引書元度林罕亦云古文作寸从尺按俱誤

紡塼之說已載小徐繫傳今可不必再及矣

〔㐱〕（宋本）新生羽而飛也从几从彡之忍切

〔鳧〕舒鳧鶩也从鳥几聲房無切

文三

〔寸〕十分也人手卻一寸動𧖴謂之寸口从又从一凡寸之屬皆从寸倉困切

〔寺〕廷也有法度者也从寸之聲祥吏切

〔將〕帥也从寸𤖨省聲即諒切

〔尋〕繹理也从工从口从又从寸工口亂也又寸分理之彡聲此與𤕰同意度人之兩臂爲尋八尺也徐林切

〔專〕六寸簿也从寸叀聲一曰專紡專職緣切（諸家本皆云紡塼）

〔尃〕布也从寸甫聲芳無切

〔導〕

導引也从寸道聲徒皓切

文七

皮 剝取獸革者謂之皮从又爲省聲凡皮之屬皆从皮符羈切

𠬸 古文皮

𡰷 籒文皮

皰 面生气也从皮包聲旁教切

皯 面黑气也从皮干聲古旱切

文三　重二

皸 足坼也从皮軍聲矩云切

皴 皮細起也从皮夋聲七倫切

文二　新附

㼱 柔韋也从北从皮省从夐省凡㼱

之屬皆从㼌讀若耎一曰若儁臣鉉等曰北者反覆柔治之也夐營也而兖切

𤿭古文㼌　𡕦籀文㼌从夐省　䩕羽獵韋絝从㼌灷聲而隴切

𧝓或从衣从朕虞書曰鳥獸褻毛

文三　重二

攴小擊也从又卜聲凡攴之屬皆从

攴普木切

啟敎也从攴启聲論語曰不憤不啓康禮切

徹通也从彳从攴从育丑列切

也華嚴音義七十六引考聲國語注徹明也

徹古文徹

肇擊也从攴肈省聲治小切

敏疾也从攴每聲眉殞切

敃彊也从攴民聲眉殞切

敄彊也从攴矛聲亡遇切

聲傳寫作白二字

敀迮也从攴白聲周書曰常敀常任博陌切

整齊也从攴从束从正正亦聲之郢切

效象也从攴交聲胡教切

故使爲之也从攴古聲古慕切

政正也从攴从正正亦聲之盛切

𢻫敷也从攴也聲讀與施同式支切

敷𢻫也从攴尃聲周書曰用敷遺後人芳无切

敟主也从攴典聲多殄切

𢿢數也从攴麗聲力米切

數計也从攴婁聲所矩切

𢿙辟漱鐵也从攴从湅郎電切

𢼂汲汲也从攴及聲周書曰

孜孜無怠子之切

攽　分也从攴分聲周書曰乃惟孺子攽亦讀与彬同布還切

（繫傳作讀与[illegible]同[illegible]字）

⿰旱攴　止也从攴旱聲周書曰⿰旱攴我于艱侯旰切

敳　有所治也从攴豈聲讀若豤五來切

敞　平治高土可以遠望也从攴尚聲昌兩切

敒　理也从攴伸聲直刃切

改　更也从攴己李陽冰曰己有過攴之即改古亥切

（繫傳作从攴己聲）

變　更也从攴䜌聲祕戀切

㪅　改也从攴丙聲古孟切又古行切

敕　誡也臿地曰敕从攴束聲恥力切

⿰耴攴　使也从攴耴省聲而涉切

斂　收也从攴僉聲良冉切

敹　擇也从攴𡩡聲周書曰敹乃甲胄洛蕭切

敿　繫連也从攴喬聲周書曰敿乃干讀若矯居夭切

敆　合會也从攴从合合亦聲古沓

切

敶 列也从攴陳聲直刃切

敵 仇也从攴啻聲徒歷切

救 止也从攴求聲居又切

敓 彊取也周書曰敓攘矯虔从攴兌聲徒活切

斁 解也从攴睪聲詩云服之無斁斁猒也一曰終也羊益切

赦 置也从攴赤聲始夜切

䞣 赦或从亦

古本均引書本作水川彼之也其中作丨丨

攸 行水也从攴从人水省徐鍇曰攴入水所杖也以周切

汥 秦刻石嶧山文攸字如此

□ 撫也从攴亾聲讀與撫同芳武切

敉 撫也从攴米聲周書曰亦未克敉公功讀若弭緜婢切

侎 敉或从人

敡 侮也从攴从易易亦聲以豉切

□ 戾也从攴韋聲羽非切

敦 怒也詆也一曰誰何也从攴𦎫聲都昆切又丁回切

□ 朋侵也从

敽左傳定二年釋文音陸音嶠又十一年音兰 敽今刀作撟撟也 說文音播撟 筆嶽音義五十

攴从羣羣亦聲渠云切

敗 毁也从攴貝敗賊皆从貝會意薄邁切

贁 籒文敗从賏

𢿽 煩也从攴从𤔔𤔔亦聲郎段切 ^(校)傳作𤔔聲

寇 暴也从攴从完徐鍇曰當其完聚而欲寇之苦候切

𢻹 刺也从攴蚩聲豬几切

𢾊 閉也从攴度聲讀若杜徒古切 ^(筆嶽音義七十七引作塞宑也)

剫 𢾊或从刀

敜 塞也从攴念聲周書曰敜乃穽奴叶切

𢿓 戮盡也从攴畢聲卑吉切

收 捕也从攴丩聲式州切

𡔷 擊鼓也从攴从壴壴亦聲公戶切 ^(校傳云聲不省讀若屬)

攷 敂也从攴丂聲苦浩切

敂 擊也从攴句聲讀若扣苦候切

攻 擊也从攴工聲古洪切

敲 横擿也从攴高聲口交切

𣀈 擊也从攴豖聲竹角切

𢼀 放也从攴

說文三下 五

㞷聲迂往切

𢿍 坼也从攴从厂厂之性坼果孰有味亦坼故謂之𢿍从未聲徐鍇曰厂厓也許其切

斀 去陰之刑也从攴蜀聲周書曰刖劓斀黥竹角切

敯 冒也从攴昏聲周書曰敯不畏死眉殞切

敔 禁也一曰樂器椌楬也形如木虎从攴吾聲魚舉切

敤 研治也从攴果聲舜女弟名敤首苦果切

鈙 持也从攴金聲讀若琴巨今切

𢾅 棄也从攴𠷎聲周書以爲討詩云無我𢾅兮市流切

畋 平田也从攴田周書曰畋介田待年切

攺 毅攺大剛卯以逐鬼鬽也从攴巳聲讀若巳余止切

敘 次弟也从攴余聲徐呂切

㪏 毀也从攴卑聲辟米切

牧 養牛人也从攴从牛詩曰牧人乃夢莫卜切

敇 擊馬也从攴朿聲楚革切 ⿰算攴 小舂也从攴算聲初絭切 ⿰堯攴 䵎田也从攴堯聲牽遥切 ⿰褱攴 毀也从攴褱聲古賣切 在前敘字下

文七十七　重六

敎 上所施下所效也从攴从孝凡敎之屬皆从敎古孝切

𡥈 古文敎 𢽈 亦古文敎

斆 覺悟也从敎从冂冂尚矇也臼聲胡覺切

學 篆文斆省

文二　重二

卜 灼剥龜也象灸龜之形一曰象龜

兆之從横也凡卜之屬皆从卜博木切

卜 古文卜

卦 筮也从卜圭聲臣鉉等曰圭字聲不相近當从挂省聲古壞切

卟 卜以問疑也从口卜讀與稽同書云卟疑古兮切

貞 卜問也从卜貝以爲贄一曰鼎省聲京房所說陟盈切

𠧧 易卦之上體也商書曰貞曰𠧧从卜每聲荒內切

占 視兆問也从卜从口職廉切

卲 卜問也从卜召聲市沼切

𠧞 灼龜坼也从卜兆象形治小切

𠁳 古文兆省

文八　重二

用 可施行也从卜从中衞宏說凡用

之屬皆从用臣鉉等曰卜中乃可用也余訟切

用 古文用

甫 男子美稱也从用父父亦聲方矩切

庸 用也从用从庚庚更事也易曰先庚三日余封切

𤰈 具也从用苟省臣鉉等曰苟急敕也會意平祕切

甯 所願也从用寧省聲乃定切

文五　重一

爻 交也象易六爻頭交也凡爻之屬皆从爻胡茅切

棥 藩也从爻从林詩曰營營青蠅止于棥附袁切

文二

㸚 二爻也凡㸚之屬皆从㸚力几切

爾 麗爾猶靡麗也从冂从㸚其孔㸚尒聲此與爽同意兒氏切

爽 明也从㸚从大徐鍇曰大其中隙縫光也疏兩切 𡙁 篆文爽

文三　重一

說文解字弟三下

丁卯年十二月十六日校小字宋本于安德平津館

二月十三日閲

宋本

說文解字弟四上　漢太尉祭酒許愼記

銀青光禄大夫守右散騎常侍上柱國東海縣開國子食邑五百户臣徐鉉等奉

敕挍定

四十五部　文七百四十七八　重百一十六二

凡七千六百三十八字

文二十四新附

𥄎　舉目使人也从攴从目凡𥄎之屬

皆从旻讀若颰 火劣切

敻 營求也从旻从人在穴上商書曰高宗夢得說使百工敻求得之傳巖巖穴也徐鍇曰人與目隔穴經營而見之然後指使以求之攴所指畫也朽正切

閺 低目視也从旻門聲弘農湖縣有閺鄉汝南西平有閺亭無分切

⿱大旻 大視也从大旻讀若齤況晚切

文四

目 人眼象形重童子也凡目之屬皆从目 莫六切

𥃦 古文目

眼 目也从目皀聲五限切

⿰目瞏 兒初生瞥者从目瞏聲邦免切

眩 目無常主也从目玄聲黃絢切

眥 目匡也从目此聲在詣切

䀹 目旁毛也从目夾聲子葉切

𥌰 盧童子也从目縣聲胡畎切

瞦 目童子精也从目喜聲讀若禧許其切

矏 目旁薄緻宀宀也从目臱聲武延切

⿱非目 大目也从目非聲芳微切

⿱臤目 大目也从目臤聲矦簡切

睅 大目也从目旱聲戶版切

睆 睅或从完

⿰目爰 大目也从目爰聲況晚切

瞞 平目也从目㒼聲母官切

睴 大目出也从目軍聲古鈍切

矕 目矕矕也从目䜌聲武版切

睔 目大也从目侖春秋傳有鄭伯睔古本切

盼 詩曰美目盼兮从目分聲匹莧切

盰 目多白也一曰張目也从目干聲古

旱切眅多白眼也从目反聲春秋傳曰鄭游眅字子明普班切睍出目也从目見聲胡典切

矔目多精也从目雚聲益州謂瞋目曰矔古玩切瞵目精也从目粦聲力珍切

窅深目也从穴中目烏皎切眊目少精也从目毛聲虞書耄字从此亡報切

矘目無精直視也从目黨聲他朗切睒暫視皃从目炎聲讀若白蓋謂之苫相似失冉切

眮吳楚謂瞋目顧視曰眮从目同聲徒弄切䀣直視也从目必聲讀若詩云泌彼泉水兵媚切

瞴瞴婁微視也从目無聲莫浮切盰蔽人視也从目幵聲讀若攜手一曰直視也又苦兮切

𥃧盰目或在下睌睌睯目視皃从目免聲武限切眂眂皃

宋本仍作征目视

玉篇引視而止也

䁴

从目氏聲承旨切

睨　衺視也从目兒聲研計切

䁌　低目視也从目冒聲周書曰武王惟䁌亾保切

呂刑

眓　視高皃从目戉聲讀若詩曰施罛濊濊呼哲切

眈　視近而志遠从目冘聲易曰虎視眈眈丁含切

有也宋

𥈅　相顧視而行也从目从延延亦聲于線切

盱　張目也从目于聲一曰朝鮮謂盧童子曰盱況于切

睘　目驚視也从目袁聲詩曰獨行睘睘渠營切

䁴　視而止也从目亶聲旨善切

𥄎　目冥遠視也从目勿聲一曰久也一曰旦明也莫佩切

眕　目有所恨而止也从目㐱聲之忍切

𥌭　睽也从目與聲敷沼切

䁦　察也从目祭聲戚細切

睹　見也从目者聲當古切

覩　古文从見

眔　目相及也

从目从隶省徒合切

睽 目不相聽也从目癸聲苦圭切

眛 目不明也从目末聲莫撥切

⿰目般 轉目視也从目般聲薄官切

⿰目辡 小兒白眼也从目辡聲蒲莧切

䁆 目財視也从目𠂢聲莫獲切

⿰目脩 失意視也从目脩聲他歷切

𥊞 謹鈍目也从目𦎫聲之閏切

瞤 目動也从目閏聲如勻切

矉 恨張目也从目賓聲詩曰國步斯矉符眞切

眢 目無明也从目夗聲一丸切

睢 仰目也从目隹聲許惟切

旬 目搖也从目勻省聲黃絢切

眴 旬或从旬

矆 大視也从目蒦聲許縛切

睦 目順也从目坴聲一曰敬和也莫卜切

𡙁 古文睦

瞻 臨視也从目詹聲職廉切

齊書符瑞志引尚書
大傳云東方易經地上
之木為觀

卷
玉篇引顧也

瞀 低目謹視也从目敄聲莫候切

⿰目買 小視也从目買聲莫佳切

⿰目監 視也从目監聲古銜切

⿸啟目 省視也从目啓省聲苦系切

相 省視也从目从木易曰地可觀者莫可觀於木詩曰相鼠有皮息良切

瞋 張目也从目眞聲昌眞切

⿰目戌 祕書瞋从戌

⿰目鳥 目孰視也从目鳥聲讀若雕都僚切

睗 目疾視也从目易聲施隻切

睊 視皃从目肙聲於絢切

⿰目窅 目深皃从目窅讀若易曰勿卹之卹於悅切

睼 迎視也从目是聲讀若珥瑱之瑱他計切

⿰目晏 目相戲也从目晏聲詩曰⿰目晏婉之求於殄切

⿰目取 短深目皃从目取聲烏括切

眷 顧也从目𢍏聲詩曰乃眷西顧居倦切

督 察也一曰

目痛也从目叔聲冬毒切

睎 望也从目稀省聲海岱之間謂眄曰睎香衣切（繫傳韻會引作希聲）

看 睎也从手下目苦寒切

𥈆 看或从倝

瞫 深視也一曰下視也又竊見也从目覃聲式荏切

睡 坐寐也从目垂聲是僞切（宋本無聲字）

瞑 翕目也从目冥冥亦聲臣鉉等曰今俗別作眠非是武延切

眚 目病生翳也从目生聲所景切

瞥 過目也又目翳也从目敝聲一曰財見也普滅切

眵 目傷眥也从目多聲一曰瞢兜叱支切（一切經音義九及十八等引作瞢兜眵也）

䁾 目眵也从目蔑省聲莫結切

眣 涓目也从目叏聲臣鉉等曰當从決省古穴切

䀶 目病也从目良聲力讓切

眛 目不明也从目未聲莫佩切

瞯 戴目也从目閒聲江淮之間謂眠曰瞯戶閒切

初印本亦作眄五音
韻譜目部皆眄作
眂臣鍇曰眂古視字
今按此与睇下似
之間謂眄曰睇眄
下云一曰衺視也秦語
睇下云眄也睇下云
南楚之謂眄曰睇五
見方言曰䀏睇睇
聯眄也云之最為
經錯謨眂鍇已改
正毛斧季又依鍇
改鉉可謂誤之甚矣
甲戌二月校得
此條係入考異

眯 艸入目中也从目米聲莫禮切
眺 目不正也从目兆聲他弔切
一切經音義七引眺視也言名一曰云云
睞 目童子不正也从目來聲洛代切
睩 目睞謹也从目彔聲讀若鹿盧谷切
䀩 眹也从目攸聲敕鳩切
𥄒 脩或从丩
眣 目不正也从目失聲丑栗切
矇 童矇也一曰不明也从目蒙聲莫中切
眇 一目小也从目从少少亦聲亾沼切
眄 目偏合也一曰衺視也秦語从目丏聲莫甸切
[目各] 眄也从目各聲盧各切
盲 目無牟子从目亾聲武庚切
[目咸] 目陷也从目咸聲苦夾切
瞽 目但有眹也从目鼓聲公戶切
玉篇引作小目也
瞍 無目也从目叜聲穌后切
䁝 惑也从目熒省聲户扃切
[目亞] 目小也从目亞聲臣鉉等曰案尚書

玉篇睇下引說文云目小視也南楚謂眄曰睇

元首叢脞哉叢脞猶細碎也今从肉非是昨禾切

䀢 捾目也从目叉烏括切

繫傳作叉聲

睇 目小視也从目弟聲南楚謂眄曰睇特計切

繫傳及詩小弁疏引目小下有衺字

瞚 開闔目數搖也从目寅聲臣鉉等曰今俗別作瞬非是舒閏切

眙 直視也从目台聲丑吏切

眝 長眙也一曰張目也从目宁聲陟呂切

盻 恨視也从目兮聲胡計切

䀡 目不明也从目弗聲普未切

文百十三　重九（八）

瞼 目上下瞼也从目僉聲居奄切

眨 目動也从目乏聲側洽切（宋本）

眭 深目也亦人姓从目圭聲許規切

眹 目精也从目弁聲案勝字賸皆从朕聲疑古以朕爲眹直引切

眸 目童子也从目牟聲 說文直作牟莫浮切

睚 目際也从目 厓五隘切

文六 新附

䀠 左右視也从二目凡䀠之屬皆从䀠讀若拘又若良士瞿瞿 九遇切

𥄕 目圍也从䀠𠂆讀若書卷之卷古文以爲醜字居倦切

繫傳作古文以爲醜

𡘸 目衺也从䀠从大大人也舉朱切

玉篇引之作醜

文三

眉 目上毛也从目象眉之形上象

領理也凡眉之屬皆从眉武悲切

省 視也从眉省从屮臣鉉等曰屮通識也所景切 𡱆 古文从少从囧

文二　重一

盾 瞂也所以扞身蔽目象形凡盾之屬皆从盾食閏切

瞂 盾也从盾犮聲扶發切

䀘 盾握也从盾圭聲苦圭切

文三

自 鼻也象鼻形凡自之屬皆从自疾二切

自 古文自 𦣹 宀宀不見也闕武延切

文二　重一

白 此亦自字也省自者詞言之气从鼻出與口相助也凡白之屬皆从白 疾二切

皆 俱詞也从比从白古諧切

魯 鈍詞也从白𩵋省聲論語曰參也魯郎古切

者 別事詞也从白𣥠聲𣥠古文旅字之也切

𪞶 詞也从白𠃬聲𠃬與疇同虞書帝曰𪞶咨直由切

𣉻 識詞也从白从亏从知知義切

𥏼 古文𣉻

百 十十也从一白

數十百爲一貫相章也博陌切

百 古文百从自

文七　重二

韵會引作數十十爲一百百白也十百爲一貫貫章也

鼻 引气自畀也从自畀凡鼻之屬皆从鼻父二切

齅 以鼻就臭也从鼻臭臭亦聲讀若畜牲之畜許救切

鼾 臥息也从鼻干聲讀若汗侯幹切

一切經音義十一十四並引作臥息聲也此脫聲字

鼽 病寒鼻窒也从鼻九聲巨鳩切

𪖐 臥息也从鼻隶聲讀若虺許介切

文五

皕 二百也凡皕之屬皆从皕讀若秘

彼利切

奭 盛也从大从皕皕亦聲此燕召公名讀若郝史篇名醜徐鍇曰史篇謂史籀所作倉頡十五篇也詩亦切

𡘋 古文奭

文二　重一

習 數飛也从羽从白凡習之屬皆从習　似入切

翫 習猒也从習元聲春秋傳曰翫歲而愒日　五換切

文二

羽 鳥長毛也象形凡羽之屬皆从羽

王矩切

翨 鳥之彊羽猛者从羽是聲居豉切

翰 天雞赤羽也从羽倝聲逸周書曰文翰若翬雉一名鷐風周成王時蜀人獻之矦幹切

翟 山雉尾長者从羽从隹徒歷切

翡 赤羽雀也出鬱林从羽非聲房味切

翠 青羽雀也出鬱林从羽卒聲七醉切

翦 羽生也一曰矢羽从羽前聲即淺切

翁 頸毛也从羽公聲烏紅切

翄 翼也从羽支聲施智切

𦐊 翄或从氏

[革羽] 翅也从羽革聲古翮切

翹 尾長毛也从羽堯聲渠遙切

翭 羽本也一曰羽初生皃从羽矦聲乎溝切

翮 羽莖也从羽鬲聲下革切

翑

羽曲也从羽句聲其俱切

羿 羽之羿風亦古諸侯也一曰射師从羽开聲五計切

翥 飛舉也从羽者聲章庶切

翕 起也从羽合聲許及切

翾 小飛也从羽睘聲許緣切

翬 大飛也从羽軍聲一曰伊雒而南雉五采皆備曰翬詩曰如翬斯飛臣鉉等曰當从揮省許歸切

翏 高飛也从羽从㐱力救切

翩 疾飛也从羽扁聲芳連切

翜 捷也飛之疾也从羽夾聲讀若濇一曰俠也山洽切

翊 飛皃从羽立聲與職切

⿱冃羽 飛盛皃从羽从冃臣鉉等曰犯冒而飛是盛也土盍切

⿱之羽 飛盛皃从羽之聲侍之切

翱 翱翔也从羽皋聲五牢切

翔 回飛也从羽羊聲似羊切

翽 飛聲也从羽歲聲詩曰鳳皇于飛翽翽其羽呼

會切

翯 鳥白肥澤皃从羽高聲詩云白鳥翯翯胡角切

𦐿 樂舞以羽翿自翳其首以祀星辰也从羽王聲讀若皇胡光切

翇 樂舞執全羽以祀社稷也从羽犮聲讀若紱分勿切

翿 翳也所以舞也从羽𣪘聲詩曰左執翿徒到切

翳 華蓋也从羽殹聲於計切

翣 棺羽飾也天子八諸侯六大夫四士二下垂从羽妾聲山洽切

文三十四　重一

翻 飛也从羽番聲或从飛孚袁切

翎 羽也从羽令聲郎丁切

翃 飛聲从羽工聲戶公切

文三　新附

隹 鳥之短尾總名也象形凡隹之屬皆从隹職追切

雅 楚烏也一名鸒一名卑居秦謂之雅从隹牙聲臣鉉等曰今俗别作鴉非是五下切又烏加切

隻 鳥一枚也从又持隹持一隹曰隻二隹曰雙之石切

雒 鵋鵙也从隹各聲盧各切

閵 今閵似鴝鵒而黄从隹𦉼省聲良刃切

𨾍 籀文不省

巂 周燕也从隹屮象其冠也冏聲一曰蜀王望帝婬其相妻慙亡去爲子巂鳥故蜀人聞子巂鳴皆起云望帝戶圭切

䧑 鳥也从隹方聲讀若方府良切

雀 依人小鳥也从小隹讀與爵同即略切

韻會引作鴇雉

詩小弁疏引作雉雊鳴也雊雉鳴而句其頸

猚 鳥也从隹犬聲睢陽有猚水五隹切

雗 雗鷽也从隹倝聲侯榦切

雉 有十四種盧諸雉喬雉鳪雉鷩雉秩秩海雉翟山雉翰雉卓雉伊洛而南曰翬江淮而南曰搖南方曰𠷎東方曰甾北方曰稀西方曰蹲从隹矢聲直几切

䳢 古文雉从弟

雊 雄雌鳴也雷始動雉鳴而雊其頸从隹从句句亦聲古矦切

雞 知時畜也从隹奚聲古兮切

鷄 籀文雞从鳥

雛 雞子也从隹芻聲士于切

鶵 籀文雛从鳥

雡 鳥大雛也从隹翏聲一曰雉之莫子爲雡力救切

離 黃倉庚也鳴則蠶生从隹离聲呂支切

雕 鷻也从隹周聲都僚切

鵰 籀文雕从鳥

䧹 鳥也从隹瘖省聲或从人人亦聲徐鍇曰鷹隨人所指蹤

故从人於凌切

鷹 籀文𤼵从鳥

𨾴 雐也从隹氏聲處脂切

鴟 籀文𨾴从鳥

𨿽 𨾴也从隹垂聲是僞切

雃 石鳥一名雝渠一曰精列从隹幵聲春秋傳秦有士雃苦堅切

雝 雝渠也从隹邕聲於容切

雂 鳥也从隹今聲春秋傳有公子苦雂巨淹切

雁 鳥也从隹从人厂聲讀若鴈臣鉉等曰雁知時鳥大夫以爲摯昏禮用之故从人五晏切

䳘 䳘黃也从隹黎聲一曰楚雀也其色黎黑而黃郎兮切

雐 鳥也从隹虍聲荒烏切

雓 牟毋也从隹奴聲人諸切

鴽 雓或从鳥

雇 九雇農桑候鳥扈民不婬者也从隹戶聲春雇鳻盾夏雇竊玄秋雇竊藍冬雇竊黃棘雇竊丹行雇唶唶宵雇嘖嘖桑雇竊脂老雇鷃也矦古切

雇或从雩

籀文雇从鳥

雝屬从隹𦎧聲常倫切

雝屬从隹酓聲恩合切

籀文䧣从鳥

鳥也从隹支聲一曰雄度章移切

鳥肥大䧆䧆也从隹工聲戶工切

䧆或从鳥

繳𢻯也从隹椒聲一曰飛𢻯也臣鉉等曰繳之若切罾繳以取鳥也穌旰切

繳射飛鳥也从隹弋聲與職切

鳥父也从隹厷聲羽弓切

鳥母也从隹此聲此移切

覆鳥令不飛走也从网隹讀若到都校切

肥肉也从弓所以射隹長沙有下雋縣徂沇切

飛也从隹隓聲山垂切

文三十九　重十二

奞 鳥張毛羽自奮也从大从隹凡奞之屬皆从奞讀若睢 息遺切

廣韵引作自奮奞也一本引作自奮奞之也玉篇亦作奮奞

奪 手持隹失之也从又从奞 徒活切

奮 翬也从奞在田上詩曰不能奮飛 方問切

文三

萑 鴟屬从隹从𦫳有毛角所鳴其民有旤凡萑之屬皆从萑讀若和 胡官切

蒦 規蒦商也从又持萑一曰視遽皃一曰蒦度也徐鍇曰商度也萑善度人禍福也 乙虢切

彠　蒦或从尋尋亦度也楚詞曰求矩彠之所同

雚　小爵也从萑吅聲詩曰雚鳴于垤工奐切

舊　雖舊舊留也从萑臼聲許流切徐鍇曰今借爲新舊字巨救切

鵂　舊或从鳥休聲

文四　重二

𦍌　羊角也象形凡𦍌之屬皆从𦍌讀若菲　工瓦切

乖　戾也从𦍌而𠁥𠁥古文別臣鉉等曰𠁥兵列切篆文分別字也古懷切

𦍍　相當也闕讀若宀母官切

文三

𥄕 目不正也从𦫳从目凡𥄕之屬皆从𥄕莧从此讀若末 徐鍇曰𦫳角戾也模結切

瞢 目不明也从𥄕从旬旬目數搖也木空切

莫 火不明也从𥄕从火𥄕亦聲周書曰布重莫席織蒻席也讀與蔑同莫結切

蔑 勞目無精也从𥄕人勞則蔑然从戍莫結切

文四

羊 祥也从𦫳象頭角足尾之形孔子曰牛羊之字以形舉也凡羊之屬

皆从羊 與章切

芈 羊鳴也从羊象聲气上出與牟同意緜婢切

羔 羊子也从羊照省聲古牢切

羜 五月生羔也从羊宁聲讀若煑直呂切

䍮 六月生羔也从羊敄聲讀若霧已遇切又亾遇切

羍 小羊也从羊大聲讀若達他末切

𦍒 羍或省

䍪 羊未卒歲也从羊兆聲或曰夷羊百斤左右爲䍪讀若春秋盟于洮治小切

羝 牡羊也从羊氐聲都兮切

羒 牂羊也从羊分聲符分切

牂 牡羊也从羊爿聲則郎切

羭 夏羊牡曰羭从羊俞聲羊朱切

羖 夏羊牝曰羖从羊殳聲公戶切

羯 羊羖犗也从羊

宋本作牧羊人 史記大宛傳正義引作 西方牧羊人也又貉作 貈同

曷聲居謁切 羠 騬羊也从羊夷聲徐姊切 羳 黃腹羊从羊番聲附袁切 羥 羊名从羊巠聲口莖切 䍶 羊名从羊埶聲汝南平輿有䍶亭讀若晉臣鉉曰埶非聲未詳即刃切 羸 瘦也从羊羸聲臣鉉等曰羊主給膳以瘦爲病故从羊力爲切 䍪 羊相積也从羊委聲於僞切 䍤 䍪積也从羊責聲子賜切 羣 輩也从羊君聲臣鉉等曰羊性好羣故从羊渠云切 𦎘 羣羊相積也一曰黑羊从羊垔聲烏閑切 𦍩 羊名蹏皮可以割桼从羊此聲此思切 美 甘也从羊从大羊在六畜主給膳也美與善同意臣鉉等曰羊大則美故从大無鄙切 羌 西戎牧羊人也从人从羊羊亦聲南方蠻閩从虫北方狄从犬東方貉从豸西方羌从羊

此六種也西南僰人僬僥从人蓋在坤地頗有順理之性唯東夷从大大人也夷俗仁仁者壽有君子不死之國孔子曰道不行欲之九夷乘桴浮於海有以也去羊切

羌 古文羌如此

羑 進善也从羊久聲文王拘羑里在湯陰與久切

文二十六　重二

羴 羊臭也从三羊凡羴之屬皆从羴式連切

羼 羴或从亶

羼 羊相厠也从羴在尸下尸屋也一曰相出前也初限切

文二　重一

瞿 鷹隼之視也从隹从䀠䀠亦聲凡瞿之屬皆从瞿讀若章句之句九遇切又音衢

矍 隹欲逸走也从又持之矍矍也讀若詩云穬彼淮夷之穬一曰視遽皃九縛切

文二

文選東都賦注引作驚視貌

雔 雙鳥也从二隹凡雔之屬皆从雔讀若醻市流切

靃 飛聲也雨而雙飛者其聲靃然呼郭切 雙 隹二枚也从雔又持之所江切

文三

雥 羣鳥也从三隹凡雥之屬皆从雥 徂合切

⿱雥𣶒 鳥羣也从雥𣶒聲烏玄切 雧 羣鳥在木上也从雥木秦入切 集 雧或省

文三 重一

鳥 長尾禽總名也象形鳥之足似匕

从匕凡鳥之屬皆从鳥 都了切

鳳 神鳥也天老曰鳳之象也鴻前麐後蛇頸魚尾鸛顙鴛思龍文龜背燕頷雞喙五色備舉出於東方君子之國翺翔四海之外過崐崘飲砥柱濯羽弱水莫宿風穴見則天下大安寧从鳥凡聲馮貢切

朋 古文鳳象形鳳飛羣鳥從以萬數故以爲朋黨字

鵬 亦古文鳳

鸞 亦神靈之精也赤色五采雞形鳴中五音頌聲作則至从鳥䜌聲周成王時氐羌獻鸞鳥洛官切

鸑 鸑鷟鳳屬神鳥也从鳥獄聲春秋國語曰周之興也鸑鷟鳴於岐山江中有鸑鷟似鳧而大赤目五角切

鷟 鸑鷟也从鳥族聲士角切

鷫 鷫鷞也五方神鳥也東方發明南方焦明西方鷫鷞北方幽昌中央鳳皇

从鳥肅聲息逐切

[illegible] 司馬相如說从鳥叜聲

鷞 鷫鷞也从鳥爽聲所莊切

鳩 鶻鳩也从鳥九聲居求切

鶌 鶌鳩也从鳥屈聲九勿切

鵻 祝鳩也从鳥隹聲思允切

隼 鵻或从隹一一曰鶉字

鶻 鶻鵃也从鳥骨聲古忽切

鵃 鶻鵃也从鳥舟聲張流切

鵴 桔鵴尸鳩从鳥𥤜聲臣鉉等曰𥤜居六切與鞠同居六切

鴿 鳩屬从鳥合聲古沓切

鴠 渴鴠也从鳥旦聲得案切

鶪 伯勞也从鳥狊聲古闃切

䴉 鶪或从隹

鷚 天鸙也从鳥翏聲力救切

鸒 卑居也从鳥與聲羊茹切

鷽 雗鷽山鵲知來事鳥也从鳥學省聲胡角切

雤 鷽或从隹

鷲 鳥黒色多

子師曠曰南方有鳥名曰羌鷀黄頭赤目五色皆備从鳥就聲疾僦切

鴞 鴟鴞寧鴂也从鳥号聲子嬌切

鴂 寧鴂也从鳥夬聲古穴切

鷍 鳥也从鳥崇聲辛聿切

鴋 澤虞也从鳥方聲分兩切

⿰截鳥 鳥也从鳥截聲子結切

⿰桼鳥 鳥也从鳥桼聲親吉切

鴩 鋪豉也从鳥失聲臣鉉等曰鋪豉鳥名徒結切

鶤 鶤雞也从鳥軍聲讀若運古渾切

⿰芺鳥 鳥也从鳥芺聲烏浩切

⿱臼鳥 鳥也从鳥臼聲居玉切

鷦 鷦⿰鳥眇桃蟲也从鳥焦聲即消切

⿰鳥眇 鷦⿰鳥眇也从鳥眇聲亡沼切

鶹 鳥少美長醜爲鶹離从鳥畱聲力求切

鷬 鳥也从鳥堇聲那干切

難 鷬或从隹

古文鷬

宋本瞑

古文鷬 [古文] 古文鷬 [古文]

鶨 欺老也从鳥彖聲丑絹切

⿰兌鳥 鳥也从鳥說省聲弋雪切

鴸 鳥也从鳥主聲天口切

鴖 鳥也从鳥昏聲武巾切

鷯 刀鷯剖葦食其中蟲从鳥尞聲洛蕭切

鶠 鳥也其雌皇从鳥匽聲一曰鳳皇也於幰切

鴲 瞑鴲也从鳥旨聲旨夷切

鵅 鳥鸔也从鳥各聲盧各切

鸔 鳥鸔也从鳥暴聲蒲木切

鶴 鳴九皋聲聞于天从鳥隺聲下各切

鷺 白鷺也从鳥路聲洛故切

鵠 鴻鵠也从鳥告聲胡沃切

鴻 鴻鵠也从鳥江聲戶工切

⿰尗鳥 秃⿰尗鳥也从鳥尗聲臣鉉等曰尗非聲未詳七由切

鶖 ⿰尗鳥或从秋

鴛 鴛鴦也从鳥夗聲於袁切

大射注云鄭引淮南子曰鳱鴠知來而許鷽下云雗鷽山鵲知來事鳥也故言說文云即鵲也直引其義而不繫於形乃謂鳱鵲爲說文之雗鷽山鵲非謂說文之鵲許以爲即鵲也錢戴之鈕非石諸家皆載入鴻鵲也下似未得其解

辛丑四月十日燈下書

禮記曰臣深正但四引以爲逸禮記隱與服志上引記曰知天文者冠述吉地者履約通典禮十七引記同

此當各依本書未可輒改

鴦 鴛鴦也从鳥央聲於良切

鵽 鵽鳩也从鳥叕聲丁刮切

鵱 蔞鵝也从鳥坴聲力竹切

鴚 鴚鵝也从鳥可聲古俄切

鵝 鴚鵝也从鳥我聲五何切

鴈 鵝也从鳥人厂聲臣鉉等曰从人从厂義無所取當从雁省聲五晏切

鶩 舒鳧也从鳥敄聲莫卜切

鷖 鳧屬从鳥殹聲詩曰鳧鷖在梁烏雞切

⿱契鳥 ⿱契鳥鸊鳧屬从鳥契聲古節切

⿰辥鳥 ⿱契鳥⿰辥鳥也从鳥辥聲魚列切

鸏 水鳥也从鳥蒙聲莫紅切

鷸 知天將雨鳥也从鳥矞聲禮記曰知天文者冠鷸余律切

⿰遹鳥 鷸或从遹

鸊 鸊鷈也从鳥辟聲普擊切

鷈 鸊鷈也从鳥虒聲土雞切

鸕 鸕鷀也从鳥盧聲洛乎切

鷀 鸕鷀也从鳥茲

聲疾之切

鷧 鷧鴁也从鳥壹聲乙冀切

鴔 鴔鵖也从鳥乏聲平立切

鵖 鵖鴔也从鳥皀聲彼及切

鴇 鳥也肉出尺胾从鳥午聲博好切

⿰鳥包 鴇或从包

⿰鳥渠 雝⿰鳥渠也从鳥渠聲强魚切

鷗 水鴞也从鳥區聲烏侯切

⿰鳥犮 鳥也从鳥犮聲讀若撥蒲達切

鷛 鳥也从鳥庸聲余封切

鶃 鳥也从鳥兒聲春秋傳曰六鶃退飛五歷切

鷊 鶃或从鬲

⿰赤鳥 司馬相如說鶃从赤

鴺 鴺胡污澤也从鳥夷聲杜兮切

鵜 鴺或从弟

鴗 天狗也从鳥立聲力入切

鶬 麋鴰也从鳥倉聲七岡切

⿱隹倉 鶬或从隹

鴰 麋鴰也从鳥𠯑聲古活切

鵁 鵁鶄也从鳥交聲一曰鵁鸕也

僖十六年經

詩釋文引作鴥

古肴切鶄鮫鶄也从鳥青聲子盈切鳽鮫鶄也从鳥幵聲古賢切鸃鸃鴜也从鳥箴聲職深切鴜鸃鴜也从鳥此聲即夷切鷻雕也从鳥敦聲詩曰匪鷻匪鳶度官切𪀚鷙鳥也从鳥屰聲臣鉉等曰屰非聲一本从屰疑从雈省今俗别作鳶非是與專切鷳鴟也从鳥閒聲戶閒切鷂鷙鳥也从鳥䍃聲弋笑切鷢白鷢王鵙也从鳥厥聲居月切鴡王鴡也从鳥且聲七余切䳺䳺專畐蹂如誰短尾射之銜矢射人从鳥雚聲呼官切鸇鸇風也从鳥亶聲諸延切𪈃籀文鸇从廛鷐鷐風也从鳥晨聲植鄰切鷙擊殺鳥也从鳥執聲脂利切鴥鸇飛皃从

詩四月及旱麓釋文引說文云鳶鷙鳥也明本有鳶字今乃正

鳥宂聲詩曰鴥彼晨風余律切

鳥也从鳥榮省聲詩曰有鶯其羽烏莖切

鴝鵒也从鳥句聲其俱切

鴝鵒也从鳥谷聲古者鴝鵒不踰泲余蜀切

鵒或从隹从臾

赤雉也从鳥敝聲周禮曰孤服鷩冕并列切

鵔鸃鷩也从鳥夋聲私閏切

鵔鸃也从鳥義聲秦漢之初侍中冠鵔鸃冠魚羈切

雉屬戇鳥也从鳥適省聲都歷切

似雉出上黨从鳥曷聲胡割切

鳥似鶡而青出羌中从鳥介聲古拜切

鸚䳇能言鳥也从鳥嬰聲烏莖切

鸚䳇也从鳥母聲文甫切

走鳴長尾雉也乘輿以爲防釳箸馬頭上从鳥喬聲巨嬌切

雌雉鳴也从鳥唯聲詩曰有鷕雉鳴

以沼切

鸓 鼠形飛走且乳之鳥也从鳥畾聲力軌切

𪇰 籀文鸓

鶾 雉肥鶾音者也从鳥倝聲魯郊以丹雞祝曰以斯鶾音赤羽去魯侯之咎侯幹切

鴳 雇也从鳥安聲烏諫切

鴆 毒鳥也从鳥冘聲一名運日直禁切

鷇 鳥子生哺者从鳥𣪊聲口豆切

鳴 鳥聲也从鳥从口武兵切

鶱 飛皃从鳥寒省聲虛言切

鳻 鳥聚皃一曰飛皃从鳥分聲府文切

文百十六 重十九

鷓 鷓鴣鳥名从鳥庶聲之夜切

鴣 鷓鴣也从鳥古聲古乎切

鴨 鶩也俗謂之鴨从鳥甲聲烏狎切

鶒 谿鶒水鳥从鳥式聲恥力切

文四 新附

玉篇烏下云孝烏也　廣韻十一模引說文曰孝烏也

[篆]孝烏也象形孔子曰烏盱呼也取其助气故以爲烏呼凡烏之屬皆从烏　哀都切臣鉉等曰今俗作鳴非是

御覽九百二十引作孝烏也

九經字樣說文引作篆文

[篆]古文烏象形　[篆]象古文烏省

初學記三十引作篆古

[篆]䧿也象形　士雀切

[篆]篆文舄从隹𦥑

古鵲

[篆]焉鳥黃色出於江淮象形凡字朋者羽蟲之長烏者日中之禽舄者知太歲之所在燕者請子之候作巢避戊己所賢者故皆象形焉亦是也有乾切

宋本長作屬

文三　重三

說文解字弟四上

嘉慶丁卯正月十八日校小字宋本

說文四上 廿一

說文解字弟四下

漢太尉祭酒許慎記

銀青光祿大夫守右散騎常侍上柱國東海縣開國子食邑五百戶臣徐鉉等奉

敕校定

華 箕屬所以推棄之器也象形凡華之屬皆从華官溥說 北潘切

畢 田罔也从華象畢形微也或曰田聲臣鉉等曰由音弗畢吉切

糞 棄除也从廾推華棄釆也官溥說似米而非米者矢字方問切

棄 捐也从廾推華棄之从𠫓𠫓逆子也臣鉉等曰𠫓他忽切

宋本作古古逆子也

宋本此卷作許氏記

繫傳作推糞

微同區謂中畫下垂

宋本作古

說文四下 一

詰利切　𠅆古文棄　𣪠籒文棄　文四　重二

冓　交積材也象對交之形凡冓之屬皆从冓　古候切

再　一舉而二也从一冓省　作代切

爯　并舉也从爪冓省　處陵切　文三

幺　小也象子初生之形凡幺之屬皆从幺　於堯切

幼　少也从幺从力　伊謬切　文二

麼 細也从幺麻聲亡果切

文一 新附

𢆶 微也从二幺凡𢆶之屬皆从𢆶於虯切

幽 隱也从山中𢆶𢆶亦聲於虯切

幾 微也殆也从𢆶从戍戍兵守也𢆶而兵守者危也居衣切

文三

叀 專小謹也从幺省屮財見也屮亦聲凡叀之屬皆从叀職緣切

古文叀

亦古文叀

惠 仁也从心从叀徐鍇曰爲惠者心專也胡桂切

疐訪案鼻句隱从衍字此与牽同意五字爲一句羨譏下云此与牽同意與句例也疐与牽皆从冂故云同意鼻下云从自从畀不从疐甚明

惠 古文惠从芔

疐 礙不行也从叀引而止之也叀者如叀馬之鼻从此與牽同意陟利切

文三 重三

玄 幽遠也黑而有赤色者爲玄象幽而入覆之也凡玄之屬皆从玄 胡涓切

玄 古文玄

玆 黑也从二玄春秋傳曰何故使吾水玆子之切

文二 重一

韻會六魚所載許慎說文予相推予也仍係引匡謬正俗耳其上聲六語自引說文予推予也蓋孝廉渾而言之誤矣 其寶 ?庚？記

玈 黑色也从玄旅省聲 義當用黸洛乎切 文一 新附

左傳僖二十八年疏引說文彤弓丹弓誤作元非新附者所本 字林㘰 說文字

予 推予也象相予之形凡予之屬皆从予 余呂切

匡謬正俗三韻會引作相推予也

玉篇引推予前人也

舒 伸也从舍从予予亦聲 一曰舒緩也傷魚切

文選七命注引作申也

玉篇引伸也

幻 相詐惑也从反予周書曰無或譸張爲幻 胡辦切

文三

放 逐也从攴方聲凡放之屬皆从放 甫妄切

元應云亦引也說文謂從此義引物也其非說文甚明觀一謂字知為元應解說文語之大誤

敖 出游也从出从放五牢切

敫 光景流也从白从放讀若龠以灼切

文三

𠬪 物落上下相付也从爪从又凡𠬪之屬皆从𠬪讀若詩摽有梅 平小切

爰 引也从𠬪从于籀文以爲車轅字羽元切

𤔔 治也幺子相亂𠬪治之也讀若亂同一曰理也徐鍇曰冂坰也界也郎段切 𤔔 古文𤔔

受 相付也从𠬪舟省聲殖酉切

𤔗 撮也从𠬪从己臣鉉等曰己者物也又爪振取之指事力輟切

爭 引也从𠬪厂臣鉉等曰厂音曳𠬪二手也而曳之爭之道也側莖切

㥯 所依據也从𠬪工讀與隱同於謹切

𢀩

五指持也从受一聲讀若律呂戌切

敢 進取也从受古聲古覽切

𢽏 籀文敢

𣪊 古文敢

文九　重三

𣦼 殘穿也从又从歺凡𣦼之屬皆从𣦼讀若殘昨干切

叡 溝也从𣦼从谷讀若郝呼各切

壑 叡或从土

𣦿 叡深堅意也从𣦼从貝貝堅寶也讀若概古代切

𣦻 坑也从𣦼从井井亦聲疾正切

叡 深明也通也从𣦼从目从谷省以芮切

睿 古文叡

壡 籀文叡从土

文五　重三

歺　劉骨之殘也从半冎凡歺之屬皆从歺讀若櫱岸之櫱　徐鍇曰冎剔肉置骨也歺殘骨也故从半冎臣鉉等曰義不應有中一秦刻石文有之五割切

𣦵　古文歺

𣨙　病也从歺委聲於爲切

殙　瞀也从歺昏聲呼昆切

殰　胎敗也从歺賣聲徒谷切

歾　終也从歺勿聲莫勃切

𣩓　歾或从𠬛

𣨛　大夫死曰𣨛从歺卒聲子聿切

殊　死也从歺朱聲漢令曰蠻夷長有罪當殊之市朱切

左傳昭二十三年釋文引死也下有一曰斷也

殟 胎敗也从歺昷聲烏沒切

殤 不成人也人年十九至十六死爲長殤十五至十二死爲中殤十一至八歲死爲下殤从歺傷省聲式陽切

殂 往死也从歺且聲虞書曰放勛乃殂落昨胡切

𣧠 古文殂从歺从作

殛 殊也从歺亟聲虞書曰殛鯀于羽山己力切

殪 死也从歺壹聲於計切

𣨛 古文殪从死

𣨛 死宗𣨛也从歺莫聲莫各切

殯 死在棺將遷葬柩賓遇之从歺从賓賓亦聲夏后殯於阼階殷人殯於兩楹之間周人殯於賓階必刃切

殔 瘞也从歺隶聲羊至切

殣 道中死人人所覆也从歺堇聲詩曰行有死人尚或墐之渠吝切

殠 腐气也从歺臭聲尺救切

殨 爛也从歺貴聲胡對切

殠 腐也从歺丂聲許久切

朽 殠或从木

殆 危也从歺台聲徒亥切

殃 咎也从歺央聲於良切

殘 賊也从歺戔聲昨干切

殄 盡也从歺㐱聲徒典切

𡿧 古文殄如此

殲 微盡也从歺韱聲春秋傳曰齊人殲于遂子廉切

殫 殛盡也从歺單聲都寒切

殬 敗也从歺睪聲商書曰彝倫攸殬當故切

⿰歹羸 畜産疫病也从歺羸聲郎果切

⿰歹豈 殺羊出其胎也从歺豈聲五來切

⿰歹肉 禽獸所食餘也从歺从肉昨干切

殖 脂膏久殖也从歺直聲常職切

⿰歹古 枯也从歺古聲苦孤切

⿰歹奇 棄也从歺奇聲俗語謂死曰大⿰歹奇去其切

文三十二　重六

死澌也人所離也从歺从人凡死之屬皆从死　息姊切

𣦵古文死如此

薨公侯猝也从死瞢省聲呼肱切

薧死人里也从死蒿省聲呼毛切

𣦸戰見血曰傷亂或爲惛死而復生爲𣦸从死次聲咨四切

文四　重一

冎剮人肉置其骨也象形頭隆骨也

說文無此字儀禮士喪禮四鬄注古文鬄爲剔

凡冎之屬皆从冎 古瓦切

𠛱 分解也从冎从刀憑列切

⿰冎卑 別也从冎卑聲讀若罷府移切

文三

骨 肉之覈也从冎有肉凡骨之屬皆从骨 古忽切

髑 髑髏頂也从骨蜀聲徒谷切

髏 髑髏也从骨婁聲洛侯切

髆 肩甲也从骨尃聲補各切

髃 肩前也从骨禺聲午口切

骿 幷脅也从骨幷聲晉文公骿脅臣鉉等曰骿胝字同今別作胼非部田切

髀 股也从骨卑聲幷弭切

䠋 古文髀

髀骨也从骨果聲苦臥切

臋骨也从骨厥聲居月切

髀上也从骨寬聲苦官切

厀耑也从骨賓聲毗忍切

骨耑也从骨昏聲古活切

厀脛間骨也从骨貴聲丘媿切

脛也从骨交聲口交切

骹也从骨干聲古案切

脛骨也从骨亥聲户皆切

骨中脂也从骨隓聲息委切

骨間黃汁也从骨昜聲讀若易曰夕惕若厲他歷切

總十二屬也从骨豊聲他禮切

瘺病也从骨麻聲莫鄱切

食骨留咽中也从骨更聲古杏切

禽獸之骨曰骼从骨各聲古覈切

鳥獸殘骨曰骴骴可惡也从骨此聲明堂

月令曰掩骼薶骴骴或从肉資四切

骫 骨耑骫奊也从骨丸聲於詭切

𩪘 骨擿之可會髮者从骨會聲詩曰膾弁如星古外切

文二十五　重一

肉 胾肉象形凡肉之屬皆从肉如六切

腜 婦始孕腜兆也从肉某聲莫桮切

胚 婦孕一月也从肉不聲匹桮切

胎 婦孕三月也从肉台聲土來切

肌 肉也从肉几聲居夷切

臚 皮也从肉盧聲力居切

膚 籒文臚

肫 面頯也从肉屯聲章倫切

䐢 頰肉也从

徐階本鄭康成注引說文云肓鬲也心下爲膏

許氏用古尚書說脾木也肺火也心土也肝金也腎水也从今人依鄭說改

宋本作胷

肉幾聲讀若畿居衣切

脣 口耑也从肉辰聲食倫切 䢈 古文脣从頁

脰 項也从肉豆聲徒候切

肓 心上鬲下也从肉亡聲春秋傳曰病在肓之下呼光切

腎 水藏也从肉臤聲時忍切

肺 金藏也从肉巿聲芳吠切

脾 土藏也从肉卑聲符支切

肝 木藏也从肉干聲古寒切

膽 連肝之府从肉詹聲都敢切

胃 穀府也从肉図象形云貴切

脬 膀光也从肉孚聲匹交切

腸 大小腸也从肉昜聲直良切

膏 肥也从肉高聲古勞切

肪 肥也从肉方聲甫良切

膺 胷也从肉雁聲於陵切

肊 胷肉也从肉乙聲於力切

臆 肊或从意

背

胷也从肉北聲補妹切

兩膀也从肉劦聲虛業切

脅也从肉旁聲步光切

膀或从骨

脅肉也从肉寽聲一曰脟腸閒肥也一曰膫也力輟切

脅骨也从肉力聲盧則切

夾脊肉也从肉申聲失人切

背肉也从肉每聲易曰咸其脢莫桮切

髆也从肉象形古賢切

俗肩从户

亦下也从肉各聲古洛切

亦下也从肉去聲去劫切

手上也从肉辟聲卑義切

臂羊矢也从肉需聲讀若襦那到切

臂節也从肉从寸寸手寸口也陟柳切

石經考異二十五康熙引作朏齋

朏齎也从肉齊聲徂兮切

厚也从肉复聲方六切

腹下肥也

从肉臾聲羊朱切

𡲬也从肉隹聲示隹切

孔也从肉決省聲讀若決水之決古穴切

股也从肉夸聲苦故切

髀也从肉殳聲公戶切

脛也从肉卻聲居勺切

胻也从肉巠聲胡定切

脛耑也从肉行聲戶更切

脛腨也从肉非聲符飛切

腓腸也从肉耑聲市沇切

體四胑也从肉只聲章移切

胑或从支

足大指毛也从肉亥聲古哀切

骨肉相似也从肉小聲不似其先故曰不肖也私妙切

子孫相承續也从肉从八象其長也从幺象重累也羊晉切

古文胤

胤也从肉由聲直又切

振肸也从肉八聲許訖切

廣雅膌瘦也
玉篇𦟝瘦也

膻 肉膻也从肉亶聲詩曰膻裼暴虎徒旱切

𦢊 益州鄙言人盛諱其肥謂之𦢊从肉襄聲如兩切

𦚔 臞也从肉皆聲古諧切

臞 少肉也从肉瞿聲其俱切

脫 消肉臞也从肉兌聲徒活切

脙 齊人謂臞脙也从肉求聲讀若休止巨鳩切

臠 臞也从肉䜌聲一曰切肉臠也詩曰棘人臠臠兮力沇切

𦟝 瘦也从肉𠂹聲資昔切

𤺓 古文𦟝从疒从朿朿亦聲

脀 騃也从肉丞聲讀若丞署陵切

胗 脣瘍也从肉㐱聲之忍切

𤵸 籒文胗从疒

腄 瘢胝也从肉垂聲竹垂切

胝 腄也从肉氐聲竹尼切

肬 贅也从肉尤聲羽求切

黕 籒文肬从黑

肒 搔生創也从肉丸聲胡岸

切

腫 癰也从肉重聲之隴切

胅 骨差也从肉失聲讀與跌同徒結切

脪 創肉反出也从肉希聲香近切

⿰月引 瘢也从肉引聲一曰遽也羊晉切

臘 冬至後三戌臘祭百神从肉巤聲盧盍切

膢 楚俗以二月祭飲食也从肉婁聲一曰祈穀食新曰離膢力居切

朓 祭也从肉兆聲土了切

胙 祭福肉也从肉乍聲臣鉉等曰今俗别作祚非是昨誤切

隋 裂肉也从肉从隓省徒果切

膳 具食也从肉善聲常衍切

腬 嘉善肉也从肉柔聲耳由切

肴 啖也从肉爻聲徐鍇曰謂已修庖之可食也胡茅切

腆 設膳腆腆多也从肉典聲他典切

古文腆

腯 牛羊曰肥豕曰腯从肉盾聲他骨切

肥肉也从肉必聲蒲結切

牛顫垂也从肉古聲戶孤切

牛百葉也从肉弦省聲胡田切

牛百葉也从肉𣬈聲一曰鳥膍胵房脂切

膍或从比

鳥胃也从肉至聲一曰胵五藏總名也處脂切

牛脅後髀前合革肉也从肉𤔔聲讀若繇敷紹切

血祭肉也从肉帥聲呂戌切

膟或从率

牛腸脂也从肉尞聲詩曰取其血膫洛蕭切

膫或从勞省聲

乾肉也从肉甫聲方武切

脯也从肉攸聲息流切

脯也从肉奚聲戶皆切

膎肉也从肉兩聲良獎切

薄脯膊之屋上从肉尃聲匹各切

胃府也从肉完聲讀若患舊云脯古卯切

偏旁內齊膴人皆作膴胖注鄭大夫云胖讀為判

朐 脯挺也从肉句聲其俱切 **膴** 無骨腊也楊雄說鳥腊也从肉無聲周禮有膴判讀若謨荒烏切 **胥** 蟹醢也从肉疋聲相居切 **腒** 北方謂鳥腊曰腒从肉居聲傳曰堯如腊舜如腒九魚切 **肍** 孰肉醬也从肉九聲讀若舊巨鳩切 **䐹** 乾魚尾䐹䐹也从肉肅聲周禮有腒䐹所鳩切 **腝** 有骨醢也从肉耎聲人移切 **臡** 腝或从難 **脠** 生肉醬也从肉延聲丑連切 **䏽** 豕肉醬也从肉否聲薄口切 **胹** 爛也从肉而聲如之切 **䐣** 切孰肉內於血中和也从肉員聲讀若遜穌本切

韻會引作犬鮏臭也

胜 犬膏臭也从肉生聲一曰不孰也桑經切 **臊** 豕膏臭也从肉喿聲穌遭切 **膮** 豕肉羹也从肉堯聲許幺切 **腥** 星見

食豕令肉中生小息肉也从肉从星星亦聲穌佞切

脂 戴角者脂無角者膏从肉旨聲旨夷切

䐝 𦞦也从肉貨聲穌果切

膩 上肥也从肉貳聲女利切

膜 肉間胲膜也从肉莫聲慕各切

䐑 肉表革裏也从肉弱聲而勺切

臛 肉羹也从肉隺聲呼各切

膹 臛也从肉賁聲房吻切

臇 臛也从肉雋聲讀若纂子沇切

𤎩 臇或从火巽

胾 大臠也从肉𢦏聲側吏切

䑋 薄切肉也从肉枼聲直葉切

膾 細切肉也从肉會聲古外切

腌 漬肉也从肉奄聲於業切

脃 小耎易斷也从肉从絕省此芮切

膬 耎易破也从肉毳聲七絕切

散 雜肉也从肉㪔聲穌旰切

膞 切肉也从肉專

聲市沇切　挑取骨間肉也从肉叕聲讀若詩曰啜其泣矣陟劣切　食所遺也从肉

仕聲易曰噬乾𠂤阻史切　楊雄說𠂤从𠂔　食肉不猒也从肉臽聲讀若陷戶猪切

犬肉也从肉犬讀若然如延切　古文肰　亦古文肰

起也从肉眞聲昌眞切　肉汁滓也从肉冘聲他感切　昵也作之以皮从肉翏聲

古肴切　或曰嘼名象形闕郎果切　蠅乳肉中也从肉且聲七余切

小蟲也从肉口聲一曰空也烏玄切臣鉉等曰口音韋　爛也从肉府聲扶雨切

骨間肉冐冐箸也从肉从冎省一曰骨無肉也苦等切　古文肎　多肉也从肉从

尸臣鉉等曰肉不可過多故从尸符非切

文一百四十　重二十

䏿 肥腸也从肉啓省聲康禮切

朘 赤子陰也从肉夋聲或从血子回切

腔 內空也从肉从空空亦聲苦江切

朐 朐䏰蟲名漢中有朐䏰縣地下多此蟲因以爲名从肉句聲考其義當作潤蠢如順切

䏰 朐䏰也从肉忍聲尺尹切

文五 新附

筋 肉之力也从力从肉从竹竹物之多筋者凡筋之屬皆从筋居銀切

筋之本也从筋从夗省聲渠建切

筋或从肉建

手足指節鳴也从筋省勺聲北角切

筋或省竹

文三　重二

兵也象形凡刀之屬皆从刀都牢切

刀握也从刀缶聲方九切

刀劒刃也从刀咢聲臣鉉等曰今俗作鍔非是五各切

籀文𠞉从㓞从各

鞞也一曰析也从刀肖聲息約切

鎌也从刀句聲古侯切

大鎌也一曰摩也从刀豈聲五來切

剞剧曲刀也从刀奇聲居綺切

剞剧也从刀屈聲九勿切

銛也从刀和然後利从和省易曰利者義之和也力至切

利 古文利

剡 銳利也从刀炎聲以冉切

初 始也从刀从衣裁衣之始也楚居切

前 齊斷也从刀歬聲子善切

則 等畫物也从刀从貝貝古之物貨也子德切

則 古文則

則 亦古文則

則 籀文則从鼎

剛 彊斷也从刀岡聲古郎切

剛 古文剛如此

剬 斷齊也从刀耑聲旨兗切

劊 斷也从刀會聲古外切

切 刌也从刀七聲千結切

（一切經音義十九引作切也刌也）

刌 切也从刀寸聲倉本切

（華嚴音義一引說文一切普也）

㓺 斷也从刀辥聲私列切

刏 劃傷也从刀气聲一曰斷也又讀若殪一曰刀不利於瓦石上刏之古外切

劌 利傷也从刀歲聲居衛切

刻 鏤也从刀亥聲苦得切

副 判也

从刀畐聲周禮曰副辜祭芳逼切 疈 籀文副 剖 判也从刀咅聲浦后切

辨 判也从刀辡聲蒲莧切 判 分也从刀半聲普半切 剫 判也从刀度聲

徒洛切 刳 判也从刀夸聲苦孤切 列 分解也从刀𡿪聲良辥切 刊

剟也从刀干聲苦寒切 剟 刊也从刀叕聲陟劣切 刪 剟也从刀冊冊書也所姦切

劈 破也从刀辟聲普擊切 剝 裂也从刀从彔彔刻割也彔亦聲北角切 𠞈

剝或从卜 割 剝也从刀害聲古達切 𠠍 剝也劃也从刀𠩺聲里之切 劃

錐刀曰劃从刀从畫畫亦聲呼麥切 剈 挑取也从刀肙聲一曰窐也烏玄切 劀 刮去

惡創肉也从刀矞聲周禮曰劀殺之齊古鎋切

劑 齊也从刀从齊齊亦聲在詣切

刷 刮也从刀㕞省聲禮布刷巾所劣切

刮 掊把也从刀𠯑聲古八切

剽 砭刺也从刀㶾聲一曰剽劫人也匹妙切

刲 刺也从刀圭聲易曰士刲羊苦圭切

剉 折傷也从刀坐聲麤卧切

劋 絶也从刀喿聲周書曰天用劋絶其命子小切

刖 絶也从刀月聲魚厥切

刜 擊也从刀弗聲分勿切

㓼 傷也从刀桼聲親結切

劖 斷也从刀毚聲一曰剽也釗也鉏銜切

刓 剸也从刀元聲一曰齊也五丸切

釗 刓也从刀从金周康王名止遥切

制 裁也从刀从未未物成有滋味可裁斷一曰止也征例切

𠛐 古文制如

此

㓠 缺也从刀占聲詩曰白圭之㓠丁念切

罰 辠之小者从刀从詈未以刀有所賊但持刀罵詈則應罰房越切

刵 斷耳也从刀从耳仍吏切

劓 刑鼻也从刀臬聲易曰天且劓魚器切

劓 臬或从鼻

刑 剄也从刀幵聲戶經切

剄 刑也从刀巠聲古零切

㓷 減也从刀尊聲茲損切

魝 楚人謂治魚也从刀从魚讀若鍥古屑切

券 契也从刀𢍏聲券別之書以刀判契其旁故曰契券去願切

刺 君殺大夫曰刺刺直傷也从刀从朿朿亦聲七賜切

剔 解骨也从刀易聲他歷切

文六十四　重十

刎 剄也从刀勿聲武粉切　剜 削也从刀宛聲一丸切　劇 尤甚也从刀未詳豦聲渠力切　剎 柱也从刀未詳殺省聲初轄切　文四 新附

刃 刀堅也象刀有刃之形凡刃之屬皆从刃 而振切

刅 傷也从刃从一楚良切　創 或从刀倉聲臣鉉等曰今俗別作瘡非是也

劒 人所帶兵也从刃僉聲居欠切　劍 籀文劒从刀

文三　重二

㓞 巧㓞也从刀丯聲凡㓞之屬皆从㓞恪八切

㓞夬 齘㓞夬刮也从㓞夬聲一曰㓞夬畫堅也古黠切

栔 刻也从㓞从木苦計切

文三

丯 艸蔡也象艸生之散亂也凡丯之屬皆从丯讀若介古拜切

挌 枝挌也从丯各聲古百切

文二

耒 手耕曲木也从木推丰古者垂作耒梠以振民也凡耒之屬皆从耒盧對切

耕 犂也从耒井聲一曰古者井田古莖切

耦 耒廣五寸爲伐二伐爲耦从耒禺聲五口切

耤 帝耤千畝也古者使民如借故謂之耤从耒昔聲秦昔切

𦓤 冊叉可以劃麥河內用之从耒圭聲古攜切

䎣 除苗閒穢也从耒員聲羽文切

耘 䎣或从芸

耡 商人七十而耡耡耤稅也从耒助聲周禮曰以興耡利萌牀倨切

形乎里曰郡國志梁國隱故屬陳留。然則許君言梁隱縣。正據當時地理矣。唯許書云隱蒙故鈕非在前地理志以為当作傳耳。嚴孝廉校議竟謂梁國無隱縣豈未檢郡國志乎。

文七　重一

角　獸角也象形角與刀魚相似凡角之屬皆从角　古岳切

䚨　揮角皃从角雚聲梁隱縣有䚨亭又讀若縳　況袁切

觻　角也从角樂聲張掖有觻得縣　盧谷切

䚡　角中骨也从角思聲　穌來切

觠　曲角也从角𢍏聲　巨員切

䚦　角䚦曲也从角兒聲西河有䚦氏縣　研啓切

觢　一角仰也从角㓞聲易曰其牛觢臣鉉等曰當从契省乃得聲　尺制切

𧤗　角傾也从角虒聲　敕豕切

觭　角一俛一仰也从角奇聲　去奇切

邦傳揮作揮　國策隱縣作隱　小徐本兼志梁

易睽釋文引作角一俛一仰　子夏傳云一角仰也

詩角弓釋文觲引說文作弲

觓 角皃从角丩聲詩曰兕觵其觓渠幽切

䚘 角曲中也从角昷聲烏賄切

𧣾 角長皃从角爿聲士角切

𧥁 角有所觸發也从角厥聲居月切

觸 抵也从角蜀聲尺玉切

觲 用角低仰便也从羊牛角詩曰觲觲角弓息營切

䚗 舉角也从角公聲古雙切

觷 治角也从角學省聲胡角切

衡 牛觸橫大木其角从角从大行聲詩曰設其楅衡戶庚切

奧 古文衡如此

䚍 角䚍獸也狀似豕角善爲弓出胡休多國从角耑聲多官切

觰 觰拏獸也从角者聲一曰下大者也陟加切

觤 羊角不齊也从角危聲過委切

觟 牝牂羊生角者也从角圭聲下瓦切

觡 骨角之名也从角各聲古百切

觜 鴟舊頭上角觜也一曰觜觿也从角此聲遵爲切

解 判也从刀判牛角一曰解廌獸也佳買切又戶賣切

觿 佩角鋭耑可以解結从角巂聲詩曰童子佩觿戶圭切

觵 兕牛角可以飲者也从角黃聲其狀觵觵故謂之觵古橫切

觥 俗觵从光

觶 鄉飲酒角也禮曰一人洗舉觶觶受四升从角單聲臣鉉等曰當从戰省乃得聲之義切

𧣾 觶或从辰

觗 禮經觶

觛 小觶也从角旦聲徒旱切

觴 觶實曰觴虛曰觶从角煬省聲式陽切

𧢼 籀文觴从爵省

觚 鄉飲酒之爵也一曰觴受三升者謂之觚从角瓜聲古乎切

𧣒 角匕也从角亘聲讀若讙臣鉉等曰亘音宣俗作古鄧切篆文有異況袁切

觳

杖耑角也从角㱿聲胡狄切

觼 環之有舌者从角夐聲古穴切

鐍 觼或从金矞

𧤽 調弓也从角弱省聲於角切

𧥁 雉射收繁具也从角發聲方肺切

䚃 雉射收繳具从角酋聲讀若鰌字秋切

觳 盛觵卮也一曰射具从角㱿聲讀若斛胡谷切

觱 羌人所吹角屠觱以驚馬也从角𤇾聲𤇾古文誖字卑吉切

文三十九　重六

嘉慶十二年二月十三日大風夕止校于南村軒下

燭下时漏三下　十二年十二月廿九日校第二

說文解字弟四下

彭慶坊覆勘

辛未閏月

批校經籍叢編　經部〇一

說文解字

中國國家圖書館藏　中

〔漢〕許慎　著

〔清〕孫星衍　顧廣圻　批校

浙江古籍出版社

五一三

卷五上

說文解字弟五上　漢太尉祭酒許慎記

銀青光禄大夫守右散騎常侍上柱國東海縣開國子食邑五百戶臣徐鉉等奉

敕校定

六十三部　五百二十七文　重百二十二

凡七千二百七十三字

文十五 新附

𥫗 冬生艸也象形下垂者箁箬也凡

竹之屬皆从竹 陟玉切

箭 矢也从竹前聲子賤切

箘 箘簬也从竹囷聲一曰博棊也渠隕切

簬 箘簬也从竹路聲夏書曰惟箘簬楛洛故切

簵 古文簬从輅

筱 箭屬小竹也从竹攸聲先杳切

簜 大竹也从竹湯聲夏書曰瑶琨筱簜簜可爲幹筱可爲矢徒朗切

䉠 竹也从竹微聲無非切

[籒文] 籒文从微省

筍 竹胎也从竹旬聲思允切

箈 竹萌也从竹怠聲徒哀切

箁 竹箬也从竹音聲薄侯切

箬 楚謂竹皮曰箬从竹若聲而勺切

節 竹約也从竹即聲子結切

筡 折竹笢也从竹余聲讀若絮同都切

宋本作卜

⿱竹䳢 筡也从竹䳢聲武移切

笢 竹膚也从竹民聲武盡切

笨 竹裏也从竹本聲布忖切

䈣 竹皃从竹翁聲烏紅切

篸 差也从竹參聲所今切

篆 引書也从竹彖聲持兖切

籒 讀書也从竹擂聲春秋傳曰卜籒云直又切

篇 書也一曰關西謂榜曰篇从竹扁聲芳連切

籍 簿書也从竹耤聲秦昔切

篁 竹田也从竹皇聲戶光切

䈙 剖竹未去節謂之䈙从竹將聲即兩切

⿱竹枼 籥也从竹枼聲與接切

籥 書僮竹笘也从竹龠聲以灼切

⿱竹劉 竹聲也从竹劉聲力求切

簡 牒也从竹閒聲古限切

笐 竹列也从竹亢聲古郎切

篰 ⿱艹兩爰也从竹部聲薄口切

等 齊簡也从竹从寺寺官曹之等平也多肯切 笵 法也从竹竹簡書也氾聲古法有竹刑防叐切 箋 表識書也从竹戔聲則前切 符 信也漢制以竹長六寸分而相合从竹付聲防無切 筮 易卦用蓍也从竹从𢍰𢍰古文巫字時制切 笄 簪也从竹开聲古兮切 笸 取蟣比也从竹𢀖聲居之切 籆 收絲者也从竹蒦聲王縛切 𧤞 籆或从角从閒 筳 繀絲筦也从竹廷聲特丁切 筦 筟也从竹完聲古滿切 筟 筳也从竹孚聲讀若春秋魯公子彄又芳無切 笮 迫也在瓦之下棼上从竹乍聲阻厄切 簾 堂簾也从竹廉聲力鹽切 簀 牀棧也从竹責聲阻厄切 笫

牀簀也从竹朿聲阻史切　筵　竹席也从竹延聲周禮曰度堂以筵筵一丈以然切　簟

竹席也从竹覃聲徒念切　籧　籧篨粗竹席也从竹遽聲彊魚切　篨　籧篨也从竹除

聲直魚切　籭　竹器也可以取粗去細从竹麗聲所宜切　籓　大箕也从竹潘聲一曰蔽

也甫煩切　籅　漉米籔也从竹奧聲於六切　籔　炊簞也从竹數聲穌后切

箅　蔽也所以蔽甑底从竹畀聲必至切　䈾　飯筥也受五升从竹稍聲秦謂筥曰䈾山

樞切　𥳓　陳留謂飯帚曰𥳓从竹捎聲一曰飯器容五升一曰宋魏謂箸筩爲𥳓所交切

筥　𥳓也从竹呂聲居許切　笥　飯及衣之器也从竹司聲相吏切　簞

笥也从竹單聲漢律令箪小筐也傳曰簞食壺漿都寒切

簁　簁箄竹器也从竹徙聲所綺切

箄　簁箄也从竹卑聲并弭切

篿　圜竹器也从竹專聲度官切

箸　飯敧也从竹者聲陟慮切又遲倨切

簍　竹籠也从竹婁聲洛侯切

筤　籃也从竹良聲盧黨切

籃　大篝也从竹監聲魯甘切

𥫫　古文籃如此

篝　笿也可熏衣从竹冓聲宋楚謂竹篝牆以居也古侯切

笿　桮笿也从竹各聲盧各切

[竹夅]　桮笿也从竹夅聲或曰盛箸籠古送切

籢　鏡籢也从竹斂聲力鹽切

籫　竹器也从竹贊聲讀若纂一曰叢作管切

籯　笭也从竹嬴聲以成切

[竹刪]　竹器也从竹刪聲蘇旰切

簋 黍稷方器也从竹从皿从皀居洧切 匭 古文簋从匚飢 𠥐 古文簋或从軌 朹 亦古文簋 簠 黍稷圜器也从竹从皿甫聲方矩切 医 古文簠从匚从夫 籩 竹豆也从竹邊聲布玄切 𠥾 籀文籩 ⿱竹屯 篅也从竹屯聲徒損切 篅 以判竹圜以盛穀也从竹耑聲市緣切 簏 竹高篋也从竹鹿聲盧谷切 箓 簏或从录 簜 大竹筩也从竹昜聲徒朗切 筩 斷竹也从竹甬聲徒紅切 箯 竹輿也从竹便聲旁連切 笯 鳥籠也从竹奴聲乃故切 竿 竹梃也从竹干聲古寒切 籱 罩魚者也从竹靃聲竹角切 篧 籱或省 箇

竹枚也从竹固聲古賀切

筊 竹索也从竹交聲胡茅切

笮 筊也从竹作聲在各切

⿱竹沾 蔽絮簀也从竹沾聲讀若錢昨鹽切

箑 扇也从竹疌聲山洽切

䈉 箑或从妾

籠 舉土器也一曰笭也从竹龍聲盧紅切

⿱竹襄 裛也从竹㐮聲如兩切

⿱竹互 可以收繩也从竹象形中象人手所推握也胡誤切

互 ⿱竹互或省

簝 宗廟盛肉竹器也从竹尞聲周禮供盆簝以待事洛蕭切

⿱竹豦 飲牛筐也从竹豦聲方曰筐圜曰⿱竹豦居許切

篼 飲馬器也从竹兜聲當侯切

籚 積竹矛戟矜也从竹盧聲春秋國語曰朱儒扶籚洛乎切

箝 籋也从竹拑聲巨淹切

籋 箝也从竹爾聲臣鉉等曰爾非聲未詳尼輒切

簦 笠蓋也从竹登聲都滕切 笠 簦無柄也从竹立聲力入切 箱 大車牝服也从竹相聲息良切 篚 車笭也从竹匪聲敷尾切 笭 車笭也从竹令聲一曰笭籯也郎丁切 箣 搔馬也从竹剌聲丑廉切 策 馬箠也从竹朿聲楚革切 箠 擊馬也从竹垂聲之壘切 ⿱竹朵 箠也从竹朵聲陟瓜切 笍 羊車騶箠也箸箴其耑長半分从竹內聲陟衛切 䉶 所以盛弩矢人所負也从竹闌聲洛干切 箙 弩矢箙也从竹服聲周禮仲秋獻矢箙房六切 ⿱竹朱 棒雙也从竹朱聲陟輸切 笘 折竹箠也从竹占聲潁川人名小兒所書寫為笘失廉切 笪 笞也从竹旦聲當割切 笞 擊也从竹台聲

一本挃「…」第十七十行作箸也

丑之切

籤 驗也一曰銳也貫也从竹韱聲七廉切

⿱竹殿 楊也从竹殿聲臣鉉等曰當从臀省聲徒寃切

箴 綴衣箴也从竹咸聲職深切

箾 以竿擊人也从竹削聲虞舜樂曰箾韶所角切又音簫

竽 管三十六簧也从竹亏聲羽俱切

笙 十三簧象鳳之身也笙正月之音物生故謂之笙大者謂之巢小者謂之和从竹生聲古者隨作笙所庚切

簧 笙中簧也从竹黃聲古者女媧作簧戶光切

⿱竹是 簧屬从竹是聲是支切

簫 參差管樂象鳳之翼从竹肅聲穌彫切

筒 通簫也从竹同聲徒弄切

籟 三孔龠也大者謂之笙其中謂之籟小者謂之箹从竹賴聲洛帶切

箹 小籟也从竹約聲於角切

管 如篪

六孔十二月之音物開地牙故謂之管从竹官聲古滿切

琯 古者玉琯以玉舜之時西王母來獻其白琯前零陵文學姓奚於伶道舜祠下得笙玉琯夫以玉作音故神人以和鳳皇來儀也从玉官聲

篎 小管謂之篎从竹眇聲亾沼切

笛 七孔筩也从竹由聲羌笛三孔徐鍇曰當从胄省乃得聲徒歷切

筑 以竹曲五弦之樂也从竹从巩巩持之也竹亦聲張六切

箏 鼓弦竹身樂也从竹爭聲側莖切

箛 吹鞭也从竹孤聲古乎切

篍 吹筩也从竹秋聲七肖切

籌 壺矢也从竹壽聲直由切

簺 行棊相塞謂之簺从竹从塞塞亦聲先代切

簙 局戲也六箸十二棊也从竹博聲古者烏胄作簙補各切

篳 藩落也从竹畢聲春

秋傳曰篳門圭窬畢吉切 ⿱竹愛 蔽不見也从竹㤅聲烏代切 ⿱竹嚴 惟射所蔽者也从竹嚴聲語杴切 籞 禁苑也从竹御聲春秋傳曰澤之目籞魚舉切 ⿱竹⿰魚又 籞或从又魚聲 筭 長六寸計歷數者从竹从弄言常弄乃不誤也蘇貫切 算 數也从竹从具讀若筭蘇管切 笑 此字本闕臣鉉等案孫愐唐韻引說文云喜也从竹从犬而不述其義今俗皆从犬又案李陽冰刊定說文从竹从夭義云竹得風其體夭屈如人之笑未知其審私妙切

文百四十四　重十五

簃 閣邊小屋也从竹移聲說文通用誃弋支切 筠 竹皮也从竹均聲王春切

笏 公及士所搢也从竹勿聲案籀文作𦣞象形義云佩也古笏佩之此字後人所加呼骨切

篦 導也今俗謂之篦从竹毘聲邊兮切

篙 所以進船也从竹高聲古牢切

文五 新附

箕 簸也从竹𠀠象形下其丌也凡箕之屬皆从箕 居之切

𠀠 古文箕省

𠔾 亦古文箕

𠀠 亦古文箕

𠔱 籀文箕

匪 籀文箕

簸 揚米去糠也从箕皮聲布火切

文二　重五

丌　下基也薦物之丌象形凡丌之屬皆从丌讀若箕同　居之切

辺　古之遒人以木鐸記詩言从辵从丌丌亦聲讀與記同徐鍇曰遒人行而求之故从辵丌薦而進之於上也　居吏切

典　五帝之書也从冊在丌上尊閣之也莊都說典大冊也　多殄切

𥫔　古文典从竹

顨　巽也从丌从頭此易顨卦爲長女爲風者臣鉉等曰頭之義亦選具也　蘇困切

畀　相付與之約在閣上也从丌由聲　必至切

巽　具也从丌𠈼聲臣鉉等曰庶物皆具

丌以薦之 蘇困切 巽 古文巽 巽 篆文巽 奠 置祭也从酋酋酒也下其丌也禮有奠祭者堂練切 謹案几無者字

文七 重三

左 手相左助也从𠂇工凡左之屬皆从左 則箇切臣鉉等曰今俗別作佐

差 貳也差不相值也从左从𠂹徐鍇曰左於事是不當值也初牙切又楚佳切 謹案刻作从左無者聲

𢀩 籀文差从二

文二 重一

工 巧飾也象人有規榘也與巫同意

凡工之屬皆从工 徐鍇曰爲巧必遵規矩法度然後爲工否則目巧也巫事無形失在於詭亦當遵規矩故曰與巫同意古紅切

𢒄 古文工从彡

式 法也从工弋聲賞職切

巧 技也从工丂聲苦絞切

巨 規巨也从工象手持之其呂切

鍇傳韻會引作象手持之形

榘 巨或从木矢矢者其中正也

𢀜 古文巨

文四 重三

㠭 極巧視之也从四工凡㠭之屬皆从㠭 知衍切

𡨄 窒也从㠭从廾窒宀中㠭猶齊也穌則切

文二

部傳一切經音義十六卷引九十有三
十四韵會乃無者字

巫 祝也女能事無形以舞降神者也象人兩褎舞形與工同意古者巫咸初作巫凡巫之屬皆从巫武扶切

𢍺 古文巫

覡 能齋肅事神明也在男曰覡在女曰巫从巫从見徐鍇曰能見神也胡狄切

文二　重一

甘 美也从口含一一道也凡甘之屬

皆从甘 古三切

甛 美也从甘从舌舌知甘者徒兼切

𤮺 和也从甘从麻麻調也甘亦聲讀若㢋古三切

猒 飽也从甘从肰肰於鹽切 猒 猒或从𠮛

甚 尤安樂也从甘甘匹耦也常枕切

𠤔 古文甚

文五　重二

曰 詞也从口乙聲亦象口气出也凡曰之屬皆从曰王伐切

𦘔 告也从曰从冊冊亦聲楚革切

曷 何也从曰匃聲胡葛切

曶 出气

詞也从曰象气出形春秋傳曰鄭太子曶呼骨切

曶 籀文曶一曰佩也象形

朁 曾也从曰兓聲詩曰朁不畏明臣鉉等曰今俗有簮字蓋朁之譌七感切

沓 語多沓沓也从水从曰遼東有沓縣臣鉉等曰語多沓沓若水之流故从水會意徒合切

地里志潞氏杂居遼東沓氏之字

曹 獄之兩曹也在廷東从棘治事者从曰徐鍇曰以言詞治獄也故从曰昨牢切

華嚴音義十一引作乃難詞也

文七　重一

乃 曳詞之難也象气之出難凡乃之屬皆从乃 奴亥切臣鉉等曰今隸書作乃

㐅 古文乃

𠄎 籀文乃

𠧟 驚聲也从乃省卤聲籀文𠧟不省或曰𠧟

往也讀若仍臣鉉等曰卤非聲未詳如乘切 𠄎古文卤

𠧪 气行皃从乃卤聲讀若攸 以周切

文三 重三

丂 气欲舒出ㄅ上礙於一也丂古文以爲亏字又以爲巧字凡丂之屬皆从丂 苦浩切

甹 亟詞也从丂从由或曰甹俠也三輔謂輕財者爲甹臣鉉等曰由用也任俠用气也普丁切

寧 願詞也从丂寍聲奴丁切

𠀀 反丂也讀若呵 虎何切

文四

可 肎也从口丂丂亦聲凡可之屬皆从可 肯我切

奇 異也一曰不耦从大从可渠羈切

哿 可也从可加聲詩曰哿矣富人古我切

哥 聲也从二可古文以爲謌字古俄切

文四

叵 不可也从反可普火切

文一 新附

兮 語所稽也从丂八象气越亏也凡兮之屬皆从兮 胡雞切

韻會引作語有所稽也案稽留止也言歇句之詞

㝵 驚辭也从兮旬聲思允切 㥧 㝵或从心

羲 气也从兮義聲許羈切

乎 語之餘也从兮象聲上越揚之形也戶吳切

文四 重一

号 痛聲也从口在丂上凡号之屬皆从号 胡到切

號 呼也从号从虎乎刀切

文二

亏 於也象气之舒亏从丂从一一者其气平之也凡亏之屬皆从亏 羽俱切 今

變隸作于

虧 气損也从亏雐聲去爲切 虧 虧或从兮 粵 亏也審慎之詞者从亏从宷周書曰粵三日丁亥王伐切

吁 驚語也从口从亏亏亦聲臣鉉等按口部已有此重出況于切

平 語平舒也从亏从八八分也爰禮說符兵切 𠀤 古文平如此

文五　重二

旨 美也从甘匕聲凡旨之屬皆从旨職雉切

旨 古文旨

嘗 口味之也从旨尚聲市羊切

文二　重一

喜 樂也从壴从口凡喜之屬皆从喜虛里切

爾雅釋詁疏引作不言而說也御覽四百六十七引作不言而說曰喜疑有一曰云云

歖 古文喜从欠與歡同

憙 說也从心从喜喜亦聲許記切

嚭 大也从喜否聲春秋傳吳有太宰嚭匹鄙切

文三　重一

壴 陳樂立而上見也从屮从豆凡壴

依宋本改
汲古本亦不誤

之屬皆从壴中句切

尌立也从壴从寸持之也讀若駐常句切

立也从壴从寸

鼜夜戒守鼓也从壴蚤聲禮昏鼓四通爲大鼓夜半三通爲戒晨旦明五通爲發明讀若戚倉歷切

彭鼓聲也从壴彡聲臣鉉等曰當从形省乃得聲薄庚切

嘉美也从壴加聲古牙切

文五

鼓郭也春分之音萬物郭皮甲而出故謂之鼓从壴支象其手擊之也周禮六鼓靁鼓八面靈鼓六面路

以元藝事類賦注之不得然則恐誤矣賦識伊耆之蕢桴注引礼記不引說文應春以而著蕢注引說文無此語

鼓四面鼖鼓皐鼓晉鼓皆兩面凡鼓之屬皆从鼓　徐鍇曰郭者覆冒之意　工戶切

事類賦聲注引伊耆氏造鼓當是古說文

鼓 籒文鼓从古聲　鼛 大鼓也从鼓咎聲詩曰鼛鼓弗勝古勞切　鼖 大鼓謂之鼖鼖八尺而兩面以鼓軍事从鼓賁省聲符分切　鞼 鼖或从革賁不省　鼙 騎鼓也从鼓卑聲部迷切　鼕 鼓聲也从鼓隆聲徒冬切　鼘 鼓聲也从鼓𣶒聲詩曰鼘鼓鼘鼘烏玄切　鼞 鼓聲也从鼓堂聲詩曰擊鼓其鼞土郎切　⿰壴合 鼓聲也从鼓合聲徒合切　鞈 古文⿰壴合从革　⿰壴咠 鼓無聲也从鼓咠聲他叶切　⿰壴缶 鼓鼙聲从

宋本鼛詩作不勝

繫傳作卉聲

繫傳作卉聲

鼓缶聲土盍切

文十　重三

豈 還師振旅樂也一曰欲也登也从豆微省聲凡豈之屬皆从豈墟喜切

愷 康也从心豈豈亦聲苦亥切

䖒 㡬也訖事之樂也从豈幾聲臣鉉等曰說文無㡬字从幾从气義無所取當是訖字之誤尔渠稀切

文三

豆 古食肉器也从口象形凡豆之屬皆从豆徒候切

㕧 古文豆

梪 木豆謂之梪从木豆徒候切

䔰 蠡也从豆蒸省聲居隱切

𧯷 豆屬从豆𡙁聲居倦切

𧯛 豆飴也从豆夗聲一丸切

登 禮器也从廾持肉在豆上讀若鐙同都滕切

文六　重一

豊 行禮之器也从豆象形凡豊之屬皆从豊讀與禮同盧啓切

豑 爵之次弟也从豊从弟虞書曰平豑東作直質切

文二

豐 豆之豐滿者也从豆象形一曰鄉

飲酒有豐侯者凡豐之屬皆从

豐 敷戎切

豐 古文豐

豔 好而長也从豐豐大也盇聲春秋傳曰美而豔以贍切

文二 重一

䖒 古陶器也从豆虍聲凡䖒之屬皆

从䖒 許羈切

𧯠 土鍪也从䖒号聲讀若鎬胡到切

𧯣 器也从䖒宔宔亦聲闕直呂切

文三

虍 虎文也象形凡虍之屬皆从虍 徐鍇曰象其文章屈曲也荒烏切

虞 騶虞也白虎黑文尾長於身仁獸食自死之肉从虍吳聲詩曰于嗟乎騶虞五俱切

虙 虎皃从虍必聲房六切

虔 虎行皃从虍文聲讀若矜臣鉉等曰文非聲未詳渠焉切

虘 虎不柔不信也从虍且聲讀若䣜縣昨何切

虖 哮虖也从虍乎聲荒烏切

虐 殘也从虍虎足反爪人也魚約切

𧆨 古文虐如此

虨 虎文彪也

从虍彬聲 布還切

虡 鐘鼓之柎也飾爲猛獸从虍異象其下足 其呂切

鐻 虡或从金豦聲

虡 篆文虡省

文九　重三

虎 山獸之君从虍虎足象人足象形

韻會引作從虍從人虎足象人足也……二字

凡虎之屬皆从虎 呼古切

䖐 古文虎

𧆞 亦古文虎

[illegible] 虎聲也从虎毄聲讀若隔 古覈切

䖘 白虎也从虎昔省聲讀若冪 莫狄切

䖒 虒屬从虎去聲 臣鉉等曰去非聲未詳 呼濫切

虪 黑虎也从虎儵聲 式竹切

虦 虎竊毛謂之虦苗从虎戔聲竊淺也 昨閑切

彪 虎文也从虎彡象其文也甫州切

⿸虍乂 虎皃从虎乂聲魚廢切

⿸虍气 虎皃从虎气聲魚迄切

虓 虎鳴也一曰師子从虎九聲許交切

⿸虍斤 虎聲也从虎斤聲語斤切

虩 易履虎尾虩虩恐懼一曰蠅虎也从虎𡭴聲許隙切

虢 虎所攫畫明文也从虎寽聲古伯切

虒 委虒虎之有角者也从虎厂聲息移切

⿸虍騰 黑虎也从虎騰聲徒登切

文十五 重二

虣 虐也急也从虎从武見周禮薄報切

䖘 楚人謂虎爲烏䖘从虎兔聲同都切

文二 新附

虤 虎怒也从二虎凡虤之屬皆从虤 五閑切

𧇭 兩虎爭聲从虤从曰讀若憖臣鉉等曰曰口气出也語巾切

贙 分別也从虤對爭貝讀若迴胡畎切

文三

皿 飯食之用器也象形與豆同意凡皿之屬皆从皿讀若猛 武永切

盂 飯器也从皿亏聲 羽俱切

盌 小盂也从皿夗聲 烏管切

盛 黍稷在器

中以祀者也从皿成聲氏征切

齍 黍稷在器以祀者从皿齊聲即夷切

䀁 小甌也从皿有聲讀若灰一曰若賄于救切

盍 盍或从右

盧 飯器也从皿虘聲洛乎切

𥁳 籒文盧

䀇 器也从皿从缶古聲公戶切

盄 器也从皿弔聲止遙切

盎 盆也从皿央聲烏浪切

㼜 盎或从瓦

盆 盎也从皿分聲步奔切

𥁒 器也从皿宁聲直呂切

盨 櫝盨負戴器也从皿須聲相庾切

〔漻皿〕 器也从皿漻聲古巧切

𥁑 械器也从皿必聲彌畢切

醯 酸也作醯以鬻以酒从鬻酒並省从皿皿器也呼雞切

盉 調味也从皿禾聲戶戈切

益 饒也

从水皿皿益之意也伊昔切

盈 滿器也从皿夃臣鉉等曰夃古乎切益多之義也古者以買物多得爲夃故从夃以成切

盡 器中空也从皿𤍽聲慈忍切

盅 器虛也从皿中聲老子曰道盅而用之直弓切

盦 覆蓋也从皿酓聲臣鉉等曰今俗別作罯非是烏合切

𥁕 仁也从皿以食囚也官溥說烏渾切

盥 澡手也从臼水臨皿春秋傳曰奉匜沃盥古玩切

盪 滌器也从皿湯聲徒朗切

文二十五 重三

盋 盋器盂屬从皿犮聲或从金从本北末切

文一 新附

凵 凵盧飯器以柳爲之象形凡凵之

屬皆从凵（去魚切）

𥫱（凵或从竹去聲）　文一　重一

去　人相違也从大凵聲凡去之屬皆从去（丘據切）

朅　去也从去曷聲（丘竭切）

棱　去也从去麦聲讀若陵（力膺切）　文三

血　祭所薦牲血也从皿一象血形凡血之屬皆从血（呼決切）

衁 血也从血亡聲春秋傳曰士刲羊亦無衁也呼光切

衃 凝血也从血不聲芳桮切

𧖱 气液也从血𦘒聲將鄰切

䘒 定息也从血甹省聲讀若亭特丁切

衄 鼻出血也从血丑聲女六切

盥 腫血也从血農省聲奴冬切

膿 俗盥从肉農聲

䘓 血醢也从血肬聲禮記有䘓醢以牛乾脯粱𥻨鹽酒也臣鉉等曰肬肉汁滓也故从肬肬亦聲他感切

𧗿 醢也从血菹聲側余切

𧘂 𧗿或从缶

𧗆 以血有所刏涂祭也从血幾聲渠稀切

卹 憂也从血卩聲一曰鮮少也徐鍇曰血者言憂之切至也辛聿切

衋 傷痛也从血聿皕聲周書曰民罔不衋傷心許力切

衉 羊凝血也从血臽聲苦紺切

䘓 衉或从贛 盇 覆也从血大臣鉉等曰大象蓋覆之形胡臘切 衊 污血也从血蔑聲莫結切

文十五　重三

丶 有所絶止丶而識之也凡丶之屬皆从丶 知庾切

主 鐙中火主也从𦍌象形从丶丶亦聲 臣鉉等曰今俗別作炷非是之庾切 咅 相與語唾而不受也从丶从否否亦聲天口切 𣢑 咅或从豆从欠

文三　重一

說文解字第五上

丁卯年十二月廿一日校小字宋本

宋本一

說文解字弟五下　漢太尉祭酒許慎記

銀青光祿大夫守右散騎常侍上柱國東海縣開國子食邑五百戶徐鉉等奉

敕校定

丹　巴越之赤石也象采丹井丶象丹形凡丹之屬皆从丹　都寒切

古文丹　亦古文丹

臒　善丹也从丹蒦聲周書曰惟其斁丹臒讀若隺烏郭切（玉篇引作美丹也）

彤　丹飾也从丹从彡彡其畫也徒冬切（繫傳韻會彡下有亦聲二字）

文三　重二

青 東方色也木生火从生丹丹青之信言必然凡青之屬皆从青倉經切

𡴾 古文青

靜 審也从青爭聲徐鍇曰丹青明審也疾郢切

文二　重一

初學記引七一作爲

丼 八家一井象構韓形・罋之象也古者伯益初作井凡井之屬皆从

丼 子郢切

而吾記引丵刀字井也
從人刀井循於川刀字
了割其情也

[illegible] 深池也从井瑩省聲烏迥切 阱 陷也从𨸏从井井亦聲疾正切 汬 阱或从穴 古文阱从水 㓝 罰辠也从井从刀易曰井法也井亦聲户經切 刱 造法刱業也从井刅聲讀若創初亮切

文五 重二

皀 穀之馨香也象嘉穀在裹中之形匕所以扱之或說皀一粒也凡皀之屬皆从皀又讀若香皮及切

即 即食也从皀卩聲徐鍇曰即就也子力切 既 小食也从皀旡聲論語曰不使勝食

旣居未切

冟 飯剛柔不調相箸从皀冂聲讀若適施隻切

文四

鬯 以秬釀鬱艸芬芳攸服以降神也从凵凵器也中象米匕所以扱之易曰不喪匕鬯凡鬯之屬皆从鬯丑諒切

鬱 芳艸也十葉爲貫百廾貫築以煑之爲鬱从臼冂缶鬯彡其飾也一曰鬱鬯百艸之華遠方鬱人所貢芳艸合釀之以降神鬱今鬱林郡也迂勿切

藝文類聚八十一御覽九百八十一引無百廿貫三字是促節文

爵 禮器也象爵之形中有鬯酒又持之也所以飲

器象爵者取其鳴節節足足也即略切

𥁕 古文爵象形

䰞 黑黍也一稃二米以釀也从鬯矩聲其吕切

秬 䰞或从禾

𩰪 列也从鬯吏聲讀若迅疏吏切

文五　重二

食 一米也从皀亼聲或説亼皀也凡食之屬皆从食乘力切

𩚁 滫飯也从食奉聲臣鉉等曰奉音忽非聲疑奉字之誤府文切

饙 𩚁或从賁

餴 𩚁或从奔

餾 飯气蒸也从食留聲力救切

飪 大孰也从食壬聲如甚切

韻會引集韻或作　不引說文

玉篇引作粻

飪　古文飪　恁　亦古文飪

饔　孰食也从食雝聲於容切

飴　米糱煎也从食台聲与之切

𩛲　籀文飴从異省

餳　飴和饊者也从食易聲徐盈切

饊　熬稻粻程也从食散聲穌旱切

餅　麪餈也从食并聲必郢切

餈　稻餅也从食次聲疾資切

𩜨　餈或从齊

粢　餈或从米

饘　糜也从食亶聲周謂之饘宋謂之餬諸延切

餱　乾食也从食侯聲周書曰峙乃餱粻乎溝切

餥　餱也从食非聲陳楚之間相謁食麥飯曰餥非尾切

饎　酒食也从食喜聲詩曰可以饋饎昌志切

𩟄　饎或从配

糦　饎或从米

籑　具食也从食算聲士戀切

饌

籑或从巺

養 供養也从食羊聲余兩切

羧 古文養

飯 食也从食反聲符萬切

𩚵 雜飯也从食丑聲女久切

飤 糧也从人食祥吏切

饡 以羹澆飯也从食贊聲則榦切

𩟄 晝食也从食象聲書兩切

餳 𩟄或从傷省聲

飧 餔也从夕食思魂切

餔 日加申時食也从食甫聲博狐切

⿱逋皿 籀文餔从血浦聲

餐 吞也从食𣦼聲七安切

湌 餐或从水

⿰食兼 嗛也从食兼聲讀若風溓溓一曰廉潔也力鹽切

饁 餉田也从食盍聲詩曰饁彼南畝筠輒切

饟 周人謂餉曰饟从食襄聲人漾切

餉 饟也从食向聲式亮切

饋 餉也从食貴聲

求位切

饗　鄉人飲酒也从食从鄉鄉亦聲許兩切

饛　盛器滿皃从食蒙聲詩曰有饛簋飧莫紅切

飵　楚人相謁食麥曰飵从食乍聲在各切

䬯　相謁食麥也从食占聲奴兼切

䭓　秦人謂相謁而食麥曰䭓𩜰从食㥯聲烏困切

𩜰　䭓𩜰也从食豈聲五困切

餬　寄食也从食胡聲戶吳切

飶　食之香也从食必聲詩曰有飶其香毗必切

𩛩　燕食也从食芺聲詩曰飲酒之𩛩依據切

飽　猒也从食包聲博巧切

𩛂　古文飽从孚（繫傳孚下有聲字）

䭆　亦古文飽从卯聲

䭋　猒也从食肙聲烏玄切

饒　飽也从食堯聲如昭切

餘　饒也从食余聲以諸切

餀　食臭也从

宋本作謂之喙

食艾聲爾雅曰餀謂之喙呼艾切餞送去也从食戔聲詩曰顯父餞之才線切餫

野饋曰餫从食軍聲王問切館客舍也从食官聲周禮五十里有市市有館館有積以待朝聘

之客古玩切饕貪也从食號聲土刀切叨饕或从口刀聲𩟪籀文

饕从號省飻貪也从食殄省聲春秋傳曰謂之饕飻他結切饖飯傷熱也从食歲聲

於廢切饐飯傷溼也从食壹聲乙冀切餲飯餲也从食曷聲論語曰食饐而餲

乙例切又烏介切饑穀不孰爲饑从食幾聲居衣切饉蔬不孰爲饉从食堇聲渠

吝切餩飢也从食戹聲讀若楚人言恚人於革切餧飢也从食委聲一曰魚敗曰餧

奴罪切

飢 餓也从食几聲居夷切

餓 飢也从食我聲五箇切

餽 吳人謂祭曰餽从食从鬼鬼亦聲俱位切又音饋

餟 祭酹也从食叕聲陟衛切

䬼 小餟也从食兌聲輸芮切

䬴 馬食穀多气流四下也从食夌聲里甑切

𩜵 食馬穀也从食末聲莫撥切

文六十二　重十八

餕 食之餘也从食夋聲子峻切

餻 餌屬从食羔聲古牢切

文二　新附

亼 三合也从入一象三合之形凡亼

之屬皆从亼讀若集秦入切臣鉉等曰此疑只象形非从入一也

合 合口也从亼从口侯閤切

僉 皆也从亼从吅从从虞書曰僉曰伯夷七廉切

侖 思也从亼从冊力屯切 侖 籒文侖

今 是時也从亼从ㄱㄱ古文及居音切

舍 市居曰舍从亼屮象屋也口象築也始夜切

文六 重一

會 合也从亼从曾省曾益也凡會之屬皆从會黄外切

㣛 古文會如此

朇 益也从會卑聲符支切

曟 日月合宿爲辰从會从辰辰亦聲植鄰切

文三　重一

倉 穀藏也倉黃取而藏之故謂之倉从食省口象倉形凡倉之屬皆从倉七岡切

仺 奇字倉

牄 鳥獸來食聲也从倉爿聲虞書曰鳥獸牄牄七羊切

文二　重一

入 内也象从上俱下也凡入之屬皆从入 人汁切

内 入也从冂自外而入也 奴對切

㐁 入山之深也从山从入闕 鉏箴切

糴 市穀也从入从糶 徒歷切

仝 完也从入从工 疾緣切

全 篆文仝从玉 純玉曰全

㒰 古文全

㒳 二入也兩从此闕 良奬切

文六 重三

缶 瓦器所以盛酒漿秦人鼓之以節謌象形凡缶之屬皆从缶 方九切

𦉪 未燒瓦器也从缶㱿聲讀若筩莩同 苦候切

匋 瓦器也从缶包省聲古者昆吾作匋案史篇讀與缶同 徒刀切

罌 缶也从缶賏聲 烏莖切

𦈢 小口罌也从缶𠂹聲 池僞切

𦈣 小缶也从缶咅聲 蒲候切

缾 罋也从缶并聲 薄經切

瓶 缾或从瓦

罋 汲缾也从缶雝聲 烏貢切

𦈻 下平缶也从缶乏聲讀若弱 土盍切

罃 備火長頸缾也从缶熒省聲 烏莖切

缸 瓨也从缶工聲 下江切

𦈲 瓦器也从缶或聲 于逼切

𦉅 瓦器也从缶薦聲 作甸切

䍃 瓦器也从缶肉聲 臣鉉等曰當从䍃省乃得聲 以周切

𦉥 瓦器也从缶霝聲 郎丁切

𦈰 缺也从缶占聲 都念切

切

缺 器破也从缶決省聲傾雪切

罅 裂也从缶虖聲缶燒善裂也呼迓切

罄 器中空也从缶殸聲殸古文磬字詩云缾之罄矣苦定切

罊 器中盡也从缶毄聲苦計切

缿 受錢器也从缶后聲古以瓦今以竹大口切又胡講切

罐 器也从缶雚聲古玩切

文二十一　重一

文一　新附

矢 弓弩矢也从入象鏑栝羽之形古者夷牟初作矢凡矢之屬皆从矢

宋本作箝　汲古之刻同

式視切

䠶 弓弩發於身而中於遠也从矢从身食夜切　射 篆文䠶从寸寸法度也亦手也

矯 揉箭箝也从矢喬聲居夭切　矰 隿䠶矢也从矢曾聲作滕切

侯 春饗所䠶矦也从人从厂象張布矢在其下天子䠶熊虎豹服猛也諸矦䠶熊豕虎大夫䠶麋麋惑也士䠶鹿豕爲田除害也其祝曰毋若不寧矦不朝于王所故伉而䠶汝也乎溝切　矦 古文矦

𥏋 傷也从矢昜聲式陽切　短 有所長短以矢爲正从矢豆聲都管切

矤 况也詞也从矢引省聲从矢取詞之所之如矢也式忍切　知 詞也从口从矢陟离切

矣 語已詞也从矢㠯聲 于已切

文十　重二

矮 短人也从矢委聲 烏蟹切

文一 新附

高 崇也象臺觀高之形从冂口與倉舍同意凡高之屬皆从高 古牢切

𩫏 小堂也从高省冋聲 去潁切 廎 高或从广頃聲

亭 民所安也亭有樓从高省丁聲 特丁切

亳 京兆杜陵亭也从高省乇聲 旁各切

文四　重一

冂　邑外謂之郊郊外謂之野野外謂之林林外謂之冂象遠界也凡冂之屬皆从冂　古熒切

冋　古文冂从口象國邑

坰　冋或从土

市　買賣所之也市有垣从冂从乁乁古文及象物相及也之省聲　時止切

冘　淫淫行皃从人出冂　余箴切

央　中央也从大在冂之内大人也央旁同意一曰久也　於良切

隺　高至也从隹上欲出冂易曰夫乾隺然　胡沃切

文五　重二

廣於樓凡六書故所謂唐本已不足處信至其所謂蜀本全是虛構前後既不采此條亦無庸載也

𩫏 度也民所度居也从回象城𩫏之重兩亭相對也或但从口音韋凡𩫏之屬皆从𩫏古博切

𩫱 𩫱也古者城闕其南方謂之𩫱从𩫏缺省讀若拔物爲決引也傾雪切

（六書故引唐本作缺聲）

文二

京 人所爲絕高丘也从高省丨象高形凡京之屬皆从京舉卿切

（六書故引蜀本作中聲　誤）

就 就高也从京从尤尤異於凡也疾僦切

𡮴 籀文就

文二　重一

亯　獻也从高省曰象進孰物形孝經曰祭則鬼亯之凡亯之屬皆从亯　許兩切又普庚切又許庚切

亯　篆文亯

𦎫　孰也从亯从羊讀若純一曰鬻也常倫切

𦏧　篆文𦎫

䈞　厚也从亯竹聲讀若篤冬毒切

𩫏　用也从亯从自自知臭香所食也讀若庸余封切

文四　重二

㫗 厚也从反亯凡㫗之屬皆从㫗 徐鍇曰亯者進上也以進上之具反之於下則厚也胡口切

覃 長味也从㫗鹹省聲詩曰實覃實吁徒含切 𠪚 古文覃 𡉣 篆文覃省

厚 山陵之厚也从㫗从厂胡口切 垕 古文厚从后土

文三　重三

畗 滿也从高省象高厚之形凡畗之屬皆从畗讀若伏 房六切又芳逼切

此注在來回下

良 善也从畗省亡聲徐鍇曰良甚也故从畗呂張切

㫗 古文良　汗簡引作𥆧

𥆧 亦古文良

𡆷 亦古文良

文二　重三

亩 穀所振入宗廟粢盛倉黃亩而取之故謂之亩从入回象屋形中有戶牖凡亩之屬皆从亩力甚切

廩 亩或从广从禾

廣韻引作麥也从來亩來

稟 賜穀也从亩从禾筆錦切

亶 多穀也从亩旦聲多旱切

啚 嗇也从口亩亩受也方美切

𡆷 古文啚如此

文四　重二

嗇　愛濇也从來从㐭來者㐭而藏之故田夫謂之嗇夫凡嗇之屬皆从嗇　所力切

𠾂　古文嗇从田

牆　垣蔽也从嗇爿聲才良切

𤖏　籀文从二禾

𤗽　籀文亦从二來

文二　重三

來　周所受瑞麥來麰一來二縫象芒

朿之形天所來也故爲行來之來詩曰詒我來麰凡來之屬皆从來 洛哀切

䅲 詩曰不䅲不來从來矣聲 牀史切

出爾雅釋訓文

小徐韻會

䅲 䅲或从彳

文二　重一

麥 芒穀秋種厚薶故謂之麥麥金也金王而生火王而死从來有穗者

从夊凡麥之屬皆从麥 臣鉉等曰夊足也周受瑞麥來麰如行來故从夊莫獲切

麰 來麰麥也从麥牟聲莫浮切 䴹 麰或从艸 麧 堅麥也从麥气聲乎沒切

䵃 小麥屑之覈从麥貨聲穌果切 𪌭 礦麥也从麥差聲一曰擣也昨何切

麩 小麥屑皮也从麥夫聲甫無切 麱 麩或从甫 麪 麥末也从麥丏聲彌箭切

𪍓 麥覈屑也十斤爲三斗从麥啻聲直隻切 麷 煮麥也从麥豐聲讀若馮敷戎切

麮 麥甘鬻也从麥去聲丘據切 𪍿 餅籟也从麥𣪊聲讀若庫空谷切

䴯 餅籟也从麥穴聲戶八切 麰 餅籟也从麥才聲昨哉切

文十三　重二

夊 行遲曳夊夊象人兩脛有所躧也

凡夊之屬皆从夊　楚危切

夋 行夋夋也一曰倨也从夊允聲七倫切 复 行故道也从夊畐省聲房六切

夌 越也从夊从兴兴高也一曰夌偓也力膺切 致 送詣也从夊从至陟利切 憂 和之行也从夊㥑聲詩曰布政憂憂於求切 愛 行皃从夊㤅聲烏代切 㚇 行夊

夒也从夊闕讀若僕皮卜切

竷 繇也舞也樂有章从章从夅从夊詩曰竷竷舞我苦感切

𡕨 䍌蓋也象皮包覆䍌下有兩臂而夊在下讀若范亡范切

夏 中國之人也从夊从頁从臼臼兩手夊兩足也胡雅切

𡕾 古文夏

畟 治稼畟畟進也从田人从夊詩曰畟畟良耜初力切

㚇 斂足也䧿鵙醜其飛也㚇从夊兇聲子紅切

夒 貪獸也一曰母猴似人从頁巳止夊其手足臣鉉等曰巳止皆象形也奴刀切

夔 神䰠也如龍一足从夊象有角手人面之形渠追切

文十五　重一

夎 拜失容也从夊坐聲則卧切

文一　新附

舛 對臥也从夊㐄相背凡舛之屬皆从舛　昌兗切

舞 樂也用足相背从舛無聲　文撫切　𦏶 古文舞从羽亾

舝 車軸耑鍵也兩穿相背从舛𥁕省聲𥁕古文偰字　胡戛切

文三　重二

舜 艸也楚謂之葍秦謂之藑蔓地連華象形从舛舛亦聲凡舜之屬皆

从舜 舒閏切今隸變作舜

䕫 華榮也从舜生聲讀若皇爾雅曰䕫華也戶光切

古文䕫 䕫或从艸皇

文二　重二

韋 相背也从舛口聲獸皮之韋可以束枉戾相韋背故借以爲皮韋凡韋之屬皆从韋 宇非切

古文韋

韠 韍也所以蔽前以韋下廣二尺上廣一尺其頸五寸一命緼韠再命

韝 衛英三百五十引作射臂揩也 文選李少卿書注引作臂衣也

赤韠从韋畢聲卑吉切

韎 茅蒐染韋也一入曰韎从韋末聲莫佩切

許書引作入毛刻改又

韢 橐紐也从韋惠聲一曰盛虜頭橐也徐鍇曰謂戰伐以盛首級胡計切

韜 劒衣也从韋舀聲土刀切

韝 射臂決也从韋冓聲古侯切

韘 射決也所以拘弦以象骨韋系著右巨指从韋枼聲詩曰童子佩韘失涉切

韘今指弦鈎

弽 韘或从弓

韣 弓衣也从韋蜀聲之欲切

韔 弓衣也从韋長聲詩曰交韔二弓丑亮切

⿰韋叚 履也从韋段聲乎加切

⿰韋段 履後帖也从韋段聲徒玩切

緞 ⿰韋段或从糸

韤 足衣也从韋蔑聲臣鉉等曰今俗作襪非是望發切

⿰韋尃 軶裹也从韋尃聲匹各切

韏 革中辨謂之韏从韋𢍏聲九萬切

𩏩 收束也从韋糕聲讀若酋臣鉉等曰糕側角切聲不相近未詳即由切 𩏩 或从要 𩏩 或从秋手

韓 井垣也从韋取其帀也倝聲胡安切

文十六 重五

韌 柔而固也从韋刃聲而進切

文一 新附

弟 韋束之次弟也从古字之象凡弟之屬皆从弟 特計切

𢎨 古文弟从古文韋省丿聲

罤 周人謂兄曰罤从弟从眔 臣鉉等曰眔目相及也兄

弟親比之義古竇切

夂 从後至也象人兩脛後有致之者

文二　重一

凡夂之屬皆从夂讀若黹 陟侈切

𡕝 相遮要害也从夂丰聲南陽新野有𡕝亭乎蓋切

夆 啎也从夂丰聲讀若縫 敷容切

夅 服也从夂午相承不敢竝也下江切

夃 秦以市買多得爲夃从乃从夂益至也从乃詩曰我夃酌彼金罍臣鉉等曰乃難意也古乎切

㐄 跨步也从反夂䟢从此苦瓦切

文六

久 从後灸之象人兩脛後有距也周禮曰久諸牆以觀其橈凡久之屬皆从久 舉友切

文一

桀 磔也从舛在木上也凡桀之屬皆从桀 渠列切

磔 辜也从桀石聲 陟格切

乘 覆也从入桀桀黠也軍法曰乘 食陵切 乘

韻會引作軍法入桀曰乘

古文桀从几

文三　重一

丁卯年十二月廿二日校小字宋本

說文解字弟五下

二月十四日讀于安徽南枝書屋

廿六日又校　玉搢

張慶增雨窗校

說文解字弟六上　漢太尉祭酒許愼記

銀青光祿大夫守右散騎常侍上柱國東海縣開國子食邑五百戶臣徐鉉等奉

敕校定

二十五部　文七百五十四　重六十一

凡九千四百四十三字

文二十一新附

木　冒也冒地而生東方之行从屮下

象其根凡木之屬皆从木徐鍇曰屮者木始甲坼萬物皆始於微故木从屮莫卜切

橘 果出江南从木矞聲居聿切

橙 橘屬从木登聲丈庚切

柚 條也似橙而酢从木由聲夏書曰厥包橘柚余救切

樝 果似棃而酢从木虘聲側加切

棃 果名从木𥝢聲𥝢古文利力脂切

梬 棗也似柹从木甹聲以整切

柹 赤實果从木𠂔聲鉏里切

枏 梅也从木冄聲汝閻切

梅 枏也可食从木每聲莫桮切

槑 或从某

杏 果也从木可省聲何梗切

柰 果也从木示聲奴帶切

李

樓宋本及韵譜作
欓聲傳作樓毛依
刻改說文多欓

果也从木子聲良止切 杍 古文 桃 果也从木兆聲徒刀切 楙 冬桃从木敄聲讀若髦莫候切 亲 果實如小栗从木辛聲春秋傳曰女摯不過亲栗側詵切 楷 木也孔子冢蓋樹之者从木皆聲苦駭切 梫 桂也从木侵省聲七荏切 桂 江南木百藥之長从木圭聲古惠切 棠 牡曰棠牝曰杜从木尚聲徒郎切 杜 甘棠也从木土聲徒古切 槢 木也从木習聲似入切 樿 木也可以爲櫛从木單聲旨善切 椲 木也可屈爲杅者从木韋聲于鬼切 楢 柔木也工官以爲耎輪从木酋聲讀若糗以周切 桏 樓椐木也从木邛聲渠容切 棆 毋杶也从木侖聲讀若易卦屯陟倫切

楈 木也从木胥聲讀若芟刈之芟私閭切

楧 梅也从木央聲一曰江南橦材其實謂之楧於京切

楑 木也从木癸聲又度也求癸切

〔木咎〕 木也从木咎聲讀若皓古老切

椆 木也从木周聲讀若丩職留切

樕 樸樕木从木欶聲桑屋切

〔木彝〕 木也从木彝聲羊支切

梣 青皮木从木岑聲子林切

𣓌 或从𡨄省𡨄籒文寑

棳 木也从木叕聲益州有棳縣職說切

椃 木也从木號省聲乎刀切

棪 遬其也从木炎聲讀若三年導服之導以冉切

〔木遄〕 木也从木遄聲市緣切

椋 即來也从木京聲呂張切

檍 杶也从木意聲於力切

櫠 木也从木費聲房未切

槐

木也从木虖聲丑居切

楀 木也从木禹聲王矩切

櫐 木也从木畾聲力軌切

𣡕 籀文

桋 赤桋也从木夷聲詩曰隰有杞桋以脂切

栟 栟櫚也从木并聲府盈切

椶 栟櫚也可作萆从木㚇聲子紅切

檟 楸也从木賈聲春秋傳曰樹六檟於蒲圃古雅切

椅 梓也从木奇聲於离切

梓 楸也从木宰省聲即里切

榟 或不省

楸 梓也从木秋聲七由切

樀 梓屬大者可爲棺椁小者可爲弓材从木啻聲於力切

柀 檆也从木皮聲一曰折也甫委切

檆 木也从木煔聲臣鉉等曰今俗作杉非是所銜切

榛 木也从木秦聲一曰菆也側詵切

栲 山樗也从木尻聲苦浩切

宋本宋字本作艹皁

詩大東疏引說文杼持緯者也釋文乃作機持緯器

杼字別在後

杶 木也从木屯聲夏書曰杶榦栝柏敕倫切 櫄 或从熏 杻 古文杶

橁 杶也从木筍聲相倫切 桵 白桵棫从木妥聲臣鉉等曰當从綏省儒隹切

棫 白桵也从木或聲于逼切 ⿰木息 木也从木息聲相即切 椐 樻也从木居聲九魚切

樻 椐也从木貴聲求位切 栩 柔也从木羽聲其實皁一曰樣況羽切

柔 栩也从木予聲讀若杼直呂切 樣 栩實从木羕聲徐兩切 杙 劉劉杙从木弋聲與職切

枇 枇杷木也从木比聲房脂切 桔 桔梗藥名从木吉聲一曰直木古屑切

柞 木也从木乍聲在各切 ⿰木乎 木出橐山从木乎聲他乎切 榙 木也

史記夏本紀竹箭及帝王世紀竹箭儀禮大射儀注古文箭爲晉周禮職方氏注故書箭爲晉吳越春秋晉竹十廋即箭竹故箭讀如晉

□俗作楢詩終南傳云條槄疏引陸機疏云槄今山楸也皮葉白色亦白材理好宜爲車板能濕又可爲棺木宜陽共北山多有之

从木晉聲書曰竹箭如榗子戴切

檖 羅也从木㒸聲詩曰隰有樹檖徐醉切

椵 木可作牀几从木叚聲讀若賈古雅切

橞 木也从木惠聲胡計切

楛 木也从木苦聲詩曰榛楛濟濟侯古切

櫅 木也可以爲大車軸从木齊聲祖雞切

杒 木也从木刃聲讀若仍如乘切

櫇 木也从木頻聲符眞切

樲 酸棗也从木貳聲而至切

樸 棗也从木僕聲博木切

橪 酸小棗从木然聲一曰染也人善切

柅 木也實如梨从木尼聲女履切

梢 木也从木肖聲所交切

棣 木也从木隸聲郎計切

[木寽] 木也从木寽聲力輟切

梭 木也从木夋聲臣鉉等曰今人別音穌禾切以爲機

杍之屬私閏切

椑　木也从木卑聲卑吉切

楋　木也从木刺聲盧達切

枸　木也可爲醬出蜀从木句聲俱羽切

樜　木出發鳩山从木庶聲之夜切

枋　木也木可作車从木方聲府良切

橿　枋也从木畺聲一曰鉏柄名居良切

樗　木也以其皮裹松脂从木雩聲讀若華乎化切

檴　或从蒦

檗　黃木也从木辟聲博戹切

梤　香木也从木岁聲撫文切

榝　似茱萸出淮南从木殺聲所八切

槭　木可作大車輮从木戚聲子六切

楊　木也从木昜聲与章切

檉　河柳也从木聖聲敕貞切

桺　小楊也从木丣聲丣古文酉力九切

[木粤]　大木可爲鉏柄从木粤聲詳遵切

說文數原刊八十九百字記二十八

張注九百五十七列作

蒲柳也

玉篇字

亦引

廣韻作有

欒 木似欄从木䜌聲禮天子樹松諸侯柏大夫欒士楊洛官切 移 棠棣也从木多聲弋支切 棣 白棣也从木隶聲特計切 枳 木似橘从木只聲諸氏切 楓 木也厚葉弱枝善摇一名欇从木風聲方戎切 權 黃華木从木雚聲一曰反常巨員切 柜 木也从木巨聲其呂切 槐 木也从木鬼聲戶恢切 穀 楮也从木殸聲古祿切 楮 穀也从木者聲丑呂切 柠 楮或从宁 檵 枸杞也从木繼省聲一曰監木也古詣切 杞 枸杞也从木己聲墟里切 枒 木也从木牙聲一曰車輞會也五加切 檀 木也从木亶聲徒乾切 櫟 木也从木樂聲郎擊切 梂

櫟實一曰鑿首从木求聲巨鳩切　楝　木也从木柬聲郎電切　檿　山桑也从木厭聲詩曰其檿其柘於琰切　柘　桑也从木石聲之夜切　⿰木厀　木可爲杖从木厀聲親吉切

檈　檈味稔棗从木還聲似沿切　梧　梧桐木从木吾聲一名櫬五胡切　榮　桐木也从木熒省聲一曰屋梠之兩頭起者爲榮永兵切　桐　榮也从木同聲徒紅切

橎　木也从木番聲讀若樊附轅切　榆　榆白枌从木俞聲羊朱切　枌　榆也从木分聲扶分切　梗　山枌榆有束莢可爲蕪荑者从木更聲古杏切　樵　散木也从木焦聲昨焦切

松　木也从木公聲祥容切　榕　松或从容　樠　松心木从木㒼聲莫奔切

檜　柏葉松身从木會聲古外切

樅　松葉柏身从木從聲七恭切

柏　鞠也从木白聲博陌切

机　木也从木几聲居履切

枮　木也从木占聲息廉切

梇　木也从木弄聲益州有梇棟縣盧貢切

楰　鼠梓木从木臾聲詩曰北山有楰羊朱切

桅　黃木可染者从木危聲過委切

杒　桎杒也从木刃聲而震切

㯚　榙㯚木也从木遝聲徒合切

榙　榙㯚果似李从木荅聲讀若嚃土合切

某　酸果也从木甘闕莫厚切

槑　古文某从口

櫾　崐崘河隅之長木也从木䌛聲以周切

樹　生植之總名从木尌聲常句切

尌　籒文

本　木下曰本从木一在其下

鍇傳韻會作一在其上也

徐鍇曰一記其處也本末朱皆同義布忖切 𡴀古文 柢木根也从木氐聲都禮切

朱赤心木松栢屬从木一在其中章俱切 根木株也从木艮聲古痕切 株木根也从木朱聲陟輸切

六書故引唐本作末从木从上

末木上曰末从木一在其上莫撥切 𣐊細理木也从木畟聲子力切

果木實也从木象果形在木之上古火切 橤木實也从木絫聲力追切

鍇傳韻會引枝也上有杈字

杈枝也从木叉聲初牙切 枝木別生條也从木支聲章移切 朴木皮也从木卜聲匹角切

條小枝也从木攸聲徒遼切 枚榦也可爲杖从木从攴詩曰施于條枚莫桮切

鍇傳栞篆作栞聲

栞槎識也从木𣏟闕夏書曰隨山栞木讀若刊苦寒切 𣓏篆文从幵

欇 木葉搖白也从木聶聲之涉切 栠 弱皃从木任聲如甚切 枖 木少盛皃从木夭聲詩曰桃之枖枖於喬切 槙 木頂也从木眞聲一曰仆木也都季切 梃 一枚也从木廷聲徒頂切 𣡌 衆盛也从木驫聲逸周書曰疑沮事闕所臻切 標 木杪末也从木㶾聲敷沼切 杪 木標末也从木少聲亡沼切 朵 樹木垂朶朶也从木象形此與采同意丁果切 桹 高木也从木良聲魯當切 橌 大木皃从木閒聲古限切 枵 木根也从木号聲春秋傳曰歲在玄枵玄枵虛也許嬌切 柖 樹搖皃从木召聲止搖切 榣 樹動也从木䍃聲余昭切 樛 下句曰樛从木翏聲吉虯切 杓 高木

也从木丩聲吉虯切

枉 衺曲也从木㞷聲迂往切

橈 曲木从木堯聲女敎切

枎 扶疏四布也从木夫聲防無切

檹 木檹施从木旖聲賈侍中說檹即椅木可作琴於离切

⿰木小 相高也从木小聲私兆切

⿰木曶 高皃从木曶聲呼骨切

槮 木長皃从木參聲詩曰槮差荇菜所今切

梴 長木也从木延聲詩曰松桷有梴丑連切

橚 長木皃从木肅聲山巧切

杕 樹皃从木大聲詩曰有杕之杜特計切

⿱㲋木 木葉陊也从木㲋聲讀若薄他各切

格 木長皃从木各聲古百切

槸 木相摩也从木埶聲魚祭切

⿱艸槸 槸或从艸

枯 槀也从木古聲夏書曰唯箘輅枯木名也苦孤切

槀

木枯也从木高聲苦浩切

樸 木素也从木菐聲匹角切

楨 剛木也从木貞聲上郡有楨林縣陟盈切

柔 木曲直也从木矛聲耳由切

柝 判也从木㡿聲易曰重門擊柝他各切

朸 木之理也从木力聲平原有朸縣盧則切

材 木梃也从木才聲昨哉切

柴 小木散材从木此聲臣鉉等曰師行野次豎散木爲區落名曰柴籬後人語譌轉入去聲又别作寨字非是士佳切

榑 榑桑神木日所出也从木尃聲防無切

杲 明也从日在木上古老切

杳 冥也从日在木下烏皎切

㭼 角械也从木卻聲一曰木下白也其逆切

栽 築牆長版也从木𢦏聲春秋傳曰楚圍蔡里而栽昨代切

築 擣也从木筑聲陟玉

切 □ 古文 榦 築牆耑木也从木倝聲臣鉉等曰今別作幹非是矢榦亦同古案切

檥 幹也从木義聲魚羈切 構 蓋也从木冓聲杜林以爲椽桷字古后切

模 法也从木莫聲讀若嫫母之嫫莫胡切 桴 棟名从木孚聲附柔切 棟

極也从木東聲多貢切 極 棟也从木亟聲渠力切 柱 楹也从木主聲直主切

楹 柱也从木盈聲春秋傳曰丹桓宮楹以成切 樘 衺柱也从木堂聲臣鉉等曰今俗別

作撐非是丑庚切 榰 柱砥古用木今以石从木耆聲易曰榰恒凶章移切 楶 欂櫨也从

木咨聲子結切 欂 壁柱从木薄省聲弼戟切 櫨 柱上柎也从木盧聲伊尹曰果之美

者箕山之東青臯之所有櫨橘焉夏孰也一曰宅櫨木出弘農山也落胡切

枅 屋櫨也从木幵聲古兮切

栵 栭也从木㓹聲詩曰其灌其栵良辥切

栭 屋枅上標也从木而聲爾雅曰栭謂之梠如之切

㯿 棼也从木㥯聲於靳切

橑 椽也从木尞聲盧浩切

桷 榱也椽方曰桷从木角聲春秋傳曰刻桓宮之桷古岳切

椽 榱也从木彖聲直專切

榱 秦名爲屋椽周謂之榱齊魯謂之桷从木衰聲所追切

楣 秦名屋櫋聯也齊謂之檐楚謂之梠从木眉聲武悲切

梠 楣也从木呂聲力舉切

㮰 梠也从木𣬈聲讀若枇杷之枇房脂切

櫋 屋櫋聯也从木邊省聲武延切

檐 㮰也从木詹聲臣鉉

等曰今俗作簷非是余廉切

橝　屋梠前也从木覃聲一曰蠶槌徒含切

樀　戶樀也从木啻聲爾雅曰檐謂之樀讀若滴都歷切

植　戶植也从木直聲常職切

𣖒　或从置

樞　戶樞也从木區聲昌朱切

槏　戶也从木兼聲苦減切

樓　重屋也从木婁聲洛矦切

櫳　房室之䟽也从木龍聲盧紅切

楯　闌檻也从木盾聲食允切

櫺　楯閒子也从木霝聲郎丁切

杗　棟也从木亾聲爾雅曰杗廇謂之梁武方切

梀　短椽也从木束聲丑錄切

杇　所以涂也秦謂之杇關東謂之槾从木亏聲哀都切

槾　杇也从木曼聲母官切

椳　門樞謂之椳从木畏聲烏恢切

㮰　門樞

之橫梁从木冃聲莫報切

梱 門橛也从木困聲苦本切

榍 限也从木屑聲先結切

柤 木閑从木且聲側加切

槍 歫也从木倉聲一曰槍欀也七羊切

楗 限門也从木建聲其獻切

櫼 楔也从木韱聲子廉切

楔 櫼也从木契聲先結切

柵 編樹木也从木从冊冊亦聲楚革切

杝 落也从木也聲讀若他池尔切

欜 夜行所擊者从木橐聲易曰重門擊欜他各切

桓 亭郵表也从木亘聲胡官切

楃 木帳也从木屋聲於角切

橦 帳極也从木童聲宅江切

杠 牀前橫木也从木工聲古雙切

桯 牀前几从木呈聲他丁切

桱 桱桯也東方謂之蕩从木巠聲古零切

廣韻引此非說文也嚴孝廉亦云或之應連篆書引之之文

初學記二十五御覽七百六引作牀身之安也韵會引作安身之几坐[illegible]作几坐

牀 安身之坐者从木爿聲徐鍇曰左傳薳子馮詐病掘地下冰而牀焉至於恭坐則席也故从木爿則爿之省象人衺身有所倚箸至於牆壯戕狀之屬並當从牀省聲李陽冰言木右爲片左爲爿音牆且說文無爿字其書亦異故知其妄仕莊切

枕 臥所薦首者从木冘聲章荏切

㮃 㮃窬褻器也从木威聲於非切

櫝 匵也从木賣聲一曰木名又曰大梡也徒谷切

韵會作木梡也

櫛 梳比之總名也从木節聲阻瑟切

梳 理髮也从木疏省聲所葅切

枱 劒柙也从木合聲胡甲切

槈 薅器也从木辱聲奴豆切

一切經音義八、二十三引作除田器也

鎒 或从金

[illegible] 苿臿也从木入象形𦥑聲舉朱切

一切經音義十六引苿鍤古文[illegible]字作[illegible]鍬兩刃臿也

苿 兩刃臿也从木丫象形宋魏曰苿也互瓜切

釫 或从

㮛（篆）臿也从木㠯聲一曰徙土輂齊人語也臣鉉等曰今俗作耜詳里切

梩（篆）或从里

枱（篆）耒耑也从木台聲弋之切

鈶（篆）或从金台聲

辝（篆）籀文从辝

楎（篆）六叉犂一曰犂上曲木犂轅从木軍聲讀若渾天之渾戶昆切

櫌（篆）摩田器从木憂聲論語曰櫌而不輟於求切

欘（篆）斫也齊謂之鎡錤一曰斤柄性自曲者从木屬聲陟玉切

櫡（篆）斫謂之櫡从木箸聲張略切

杷（篆）收麥器从木巴聲蒲巴切

椴（篆）種樓也一曰燒麥柃椴从木役聲與辟切

柃（篆）木也从木令聲郎丁切

柫（篆）擊禾連枷也从木弗聲敷勿切

枷（篆）柫也从木加聲淮南謂之柍古牙切

杵（篆）舂杵也从木午聲昌與切

槩 杚斗斛从木既聲工代切

杚 平也从木气聲古沒切

楷 木參交以枝炊簞者也从木省聲讀若驪駕臣鉉等曰驪駕未詳所綆切

柶 禮有柶柶匕也从木四聲息利切

桮 𠥻也从木否聲布回切

𠥻 籀文桮

槃 承槃也从木般聲薄官切

鎜 古文从金

盤 籀文从皿

榹 槃也从木虒聲息移切

案 几屬从木安聲烏旰切

檈 圜案也从木睘聲似沿切

椷 篋也从木咸聲古咸切

枓 勺也从木从斗之庾切

杓 枓柄也从木从勺臣鉉等曰今俗作市若切以爲桮杓之杓甫搖切

櫑 龜目酒尊刻木作雲雷象象施不窮也从木畾聲魯回切

罍 櫑或从缶

𥁰櫑或从皿𠑹籒文櫑椑圜榼也从木卑聲部迷切榼酒器也从木盍聲枯蹋切橢車笭中橢橢器也从木隋聲徒果切槌關東謂之槌關西謂之持从木追聲直類切㭼槌也从木特省聲陟革切栚槌之横者也關西謂之㯢从木灷聲臣鉉等曰當从朕省直衽切槤瑚槤也从木連聲臣鉉等曰今俗作璉非是里典切櫎所以几器从木廣聲一曰帷屏風之屬臣鉉等曰今別作幌非是胡廣切𣐋舉食者从木具聲俱燭切檕繘為木也从木毄聲古詣切檷絡絲檷从木爾聲讀若柅奴禮切機主發謂之機从木幾聲居衣切榺機持經者从木朕聲詩證切

杼　機之持緯者从木予聲直呂切

椱　機持繒者从木复聲扶富切

楥　履法也从木爰聲讀若指撝吁券切

核　蠻夷以木皮爲篋狀如斂尊从木亥聲古哀切

棚　棧也从木朋聲薄衡切

棧　棚也竹木之車曰棧从木戔聲士限切

栫　以柴木壅也从木存聲徂悶切

槶　筐當也从木國聲古悔切

梯　木階也从木弟聲土雞切

棖　杖也从木長聲一曰法也宅耕切

桊　牛鼻中環也从木𢍏聲居倦切

椯　箠也从木耑聲一曰揣度也一曰剟也兜果切

橜　弋也从木厥聲一曰門梱也瞿月切

樴　弋也从木戠聲之弋切

杖　持也从木丈聲臣鉉等曰今俗別作仗非是直兩切

柭　棓也

御覽七百六十三引葵作揆又小字注云葵音葵

从木犮聲北末切

棓 梲也从木咅聲步項切

椎 擊也齊謂之終葵从木隹聲直追切

柯 斧柄也从木可聲古俄切

梲 木杖也从木兑聲他活切又之說切

柄 柯也从木丙聲陂病切

棅 或从秉

柲 欑也从木必聲兵媚切

欑 積竹杖也从木贊聲一曰穿也一曰叢木在九切

杘 篗柄也从木尸聲女履切

柅 杘或从木尼聲臣鉉等曰柅女氏切木若棃此重出

榜 所以輔弓弩从木旁聲補盲切臣鉉等案李舟切韻一音北孟切進船也又音北朗切木片也今俗作牓非

檠 榜也从木敬聲巨京切

檃 栝也从木隱省聲於謹切

桰 檃也从木昏聲一曰矢桰築弦處古活切

棊 博棊从木其聲渠之切 椄 續木也从木妾聲子葉切 栙 栙雙也从

木夅聲讀若鴻下江切 栝 炊竈木从木舌聲臣鉉等曰當从甛省乃得聲他念切

槽 畜獸之食器从木曹聲昨牢切 臬 射準的也从木从自李陽冰曰自非聲从劓省

五結切 桶 木方受六升从木甬聲他奉切 櫓 大盾也从木魯聲郎古切 樐

或从鹵 樂 五聲八音總名象鼓鞞木虡也玉角切 柎 闌足也从木付聲甫無切

枹 擊鼓杖也从木包聲甫無切 椌 柷樂也从木空聲苦江切 柷 樂木

空也所以止音爲節从木祝省聲昌六切 槧 牘樸也从木斬聲自琰切 札 牒也从木

乙聲側八切　檢書署也从木僉聲居奄切　檄二尺書从木敫聲胡狄切　棨傳信也从木啓省聲康禮切　楘車歷録束交也从木敄聲詩曰五楘梁輈莫卜切　枑行馬也从木互聲周禮曰設梐枑再重胡誤切　梐梐枑也从木陛省聲邊兮切　极驢上負也从木及聲或讀若急其輒切　㭕极也从木去聲去魚切　槅大車枙从木鬲聲古覈切　橾車轂中空也从木喿聲讀若藪山樞切　楇盛膏器从木咼聲讀若過乎臥切　枊馬柱从木卬聲一曰堅也吾浪切　棝棝斗可射鼠从木固聲古慕切　欙山行所乘者从木纍聲虞書曰予乘四載水行乘舟陸行乘車山行乘欙澤行乘𣝔

詩小戎陰靷鋈續毛傳續續靷也因以為文章歷錄然歷錄蓋文章之皃也若為束文

力追切

榷 水上横木所以渡者也从木隺聲江岳切

橋 水梁也从木喬聲巨驕切

梁 水橋也从木从水刅聲呂張切

𣲡 古文

⿰木叜 船總名从木叜聲臣鉉等曰今俗別作艘非是穌遭切

橃 海中大船从木發聲臣鉉等曰今俗別作筏非是房越切

楫 舟櫂也从木咠聲子葉切

欚 江中大船名从木蠡聲盧啓切

校 木囚也从木交聲古孝切

樔 澤中守艸樓从木巢聲鉏交切

采 捋取也从木从爪倉宰切

柿 削木札樸也从木𠂔聲陳楚謂櫝爲柿芳吠切

横 闌木也从木黄聲戶盲切

梜 檢柙也从木夾聲古洽切

桄 充也从木光聲古曠切

檇 以木有所

擣也从木雋聲春秋傳曰越敗吳於檇李遵爲切

椓 擊也从木豖聲竹角切

朾 橦也从木丁聲宅耕切

柧 棱也从木瓜聲又柧棱殿堂上最高之處也古胡切

棱 柧也从木夌聲魯登切

㯻 伐木餘也从木獻聲商書曰若顛木之有甹㯻五葛切

櫱 㯻或从木辥聲

𣎴 古文㯻从木無頭

枿 亦古文㯻

枰 平也从木从平平亦聲蒲兵切

柆 折木也从木立聲盧合切

槎 衺斫也从木差聲春秋傳曰山不槎側下切

柮 斷也从木出聲讀若爾雅貀無前足之貀女滑切

檮 斷木也从木𠷎聲春秋傳曰檮柮徒刀切

析 破木也一曰折也从木从斤先激切

棷

木薪也从木取聲側鳩切

梡 棞木薪也从木完聲胡本切

棞 梡木未析也从木圂聲胡昆切

楄 楄部方木也从木扁聲春秋傳曰楄部薦榦部田切

楅 以木有所逼束也从木畐聲詩曰夏而楅衡彼即切

枼 楄也枼薄也从木丗聲臣鉉等曰當从冊乃得聲冊穌合切与涉切

槱 積火燎之也从木从火酉聲詩曰薪之槱之周禮以槱燎祠司中司命余救切

𥙊 柴祭天神或从示

休 息止也从人依木許尤切

庥 休或从广

𣜩 竟也从木恒聲古鄧切

亙 古文桓

械 桎梏也从木戒聲一曰器之總名一曰持也一曰有盛爲械無盛爲器胡戒切

杽 械也从木从手手亦聲敕九切

桎

足械也从木至聲之日切

梏 手械也从木告聲古沃切

櫪 櫪撕柙指也从木歷聲郎擊切

撕 櫪撕也从木斯聲先稽切

檻 櫳也从木監聲一曰圈胡黯切

櫳 檻也从木龍聲盧紅切

柙 檻也以藏虎兕从木甲聲烏匣切

古文柙

棺 關也所以掩尸从木官聲古丸切

櫬 棺也从木親聲春秋傳曰士輿櫬初僅切

槥 棺櫝也从木彗聲祥歲切

椁 葬有木𩫏也从木𩫏聲古博切

楬 楬櫫也从木曷聲春秋傳曰楬而書之其謁切

梟 不孝鳥也日至捕梟磔之从鳥頭在木上古堯切

棐 輔也从木非聲敷尾切

閑 止也从木从門侯艱切

文四百二十一　重三十九

梔　木實可染从木巵聲章移切

榭　臺有屋也从木䠶聲詞夜切

槊　矛也从木朔聲所角切

椸　衣架也从木施聲以支切

榻　牀也从木𦐇聲土盍切

櫍　柎也从木質聲之日切

櫂　所以進船也从木翟聲或从卓史記通用濯直教切

槔　桔槔汲水器也从木臯聲古牢切

椿　橛杙也从木舂聲啄江切

櫻　果也从木嬰聲烏莖切

栜　梜也从木策省聲所厄切

文十一　新附

擬所引並𣞤重姫讀卌居下耳

韵會引卌數之積也
廣韵引卌數名
印此文

東 動也从木官溥說从日在木中凡東之屬皆从東得紅切

𣗥 二東曹从此闕

文二

林 平土有叢木曰林从二木凡林之屬皆从林力尋切

無 豐也从林𡘲或說規模字从大卌數之積也林者木之多也卌與庶同意商書曰庶草繁無徐鍇曰或說大卌爲規模之模諸部無者不審信也文甫切

鬱 木叢生者从林鬱省聲迂弗切

楚 叢木一名荊也从林疋聲創舉切 棽 木枝條棽儷皃从林今聲丑林切

楙 木盛也从林矛聲莫候切 麓 守山林吏也从林鹿聲一曰林屬於山爲麓春秋傳曰沙麓崩盧谷切 𣘦 古文从彔 棼 複屋棟也从林分聲符分切 森 木多皃从林从木讀若曾參之參所今切

文九　重一

梵 出自西域釋書未詳意義扶泛切

文一　新附

才 艸木之初也从丨上貫一將生枝葉一地也凡才之屬皆从才 徐鍇曰上

一初生岐枝也下一地也昨哉切

文一

說文解字弟六上

丁卯年十二月廿二日

校完本

說文解字弟六下　漢太尉祭酒許慎記

銀青光祿大夫守右散騎常侍上柱國東海縣開國子食邑五百戶臣徐鉉等奉

敕校定

叒　日初出東方暘谷所登榑桑叒木也象形凡叒之屬皆从叒　而灼切

叒　籀文

桑　蠶所食葉木从叒木　息郎切

文二　重一

㞢出也象艸過屮枝莖益大有所之一者地也凡㞢之屬皆从㞢止而切

㞷艸木妄生也从㞢在土上讀若皇徐鍇曰妄生謂非所宜生傳曰門上生莠从㞢在土上土上益高非所宜也戶光切

文二　重一

帀周也从反㞢而帀也凡帀之屬皆从帀周盛說子荅切

師二千五百人爲師从帀从𠂤𠂤四帀衆意也疎夷切　𠂻古文師

易困釋文䠳𨇾
說文作劓䠳引
說文作𡴘䠳不安也
臬刖

𡳿 進也象艸木益滋上出達也凡出之屬皆从出 尺律切

敖 游也从出从放 五牢切 （放部首書敖）

𧷸 出物貨也从出从買 莫邂切 （部首作𧷸）

糶 出穀也从出从糶糶亦聲 他弔切

𡴘 槷𡴘不安也从出臬聲易曰槷𡴘 徐鍇曰物不安則出不在也 五結切 （部首作𡴘 易曰劓𡴘困于赤芾）

文五

𣎵 艸木盛𣎵𣎵然象形八聲凡𣎵之

屬皆从𣎵讀若輩 普活切

𤰇 艸木𤰇孛之皃从𣎵畀聲于貴切

索 艸有莖葉可作繩索从𣎵糸杜林說𣎵亦朱木字蘇各切

孛 𤰇也从𣎵人色也从子論語曰色孛如也蒲妹切

𣎵 止也从𣎵盛而一橫止之也即里切

南 艸木至南方有枝任也从𣎵羊聲那含切

𡴀 古文

文六 重一

生 進也象艸木生出土上凡生之屬皆从生 所庚切

豐今半引篆體作丰以丰為今文
要郭信以豐為从
豐聲即此丰字
引說文脫重文丰

丰 艸盛丰丰也从生上下達也敷容切

產 生也从生彥省聲所簡切

隆 豐大也从生降聲徐鍇曰生而不已益高大也力中切

甤 艸木實甤甤也从生豨省聲讀若綏儒隹切

甤傳乃作豕聲

甡 衆生並立之皃从二生詩曰甡甡其鹿所臻切

文六

乇 艸葉也从垂穗上貫一下有根象形凡乇之屬皆从乇陟格切

文一

𠂹 艸木華葉𠂹象形凡𠂹之屬皆从𠂹是爲切

古文

文一　重一

𠌶　艸木華也从𠂹亏聲凡𠌶之屬皆从𠌶　况于切

文選西都賦注引也作蘤

䔢　𠌶或从艸从夸

韡　盛也从𠌶韋聲詩曰蕚不韡韡　于鬼切

說文引作鄂

文二　重一

華　榮也从艸从𠌶凡華之屬皆从華　户瓜切

韡之引在下部

皣 艸木白華也从華从白 筠輒切

文二

禾 木之曲頭止不能上也凡禾之屬皆从禾 古兮切

𥡴 多小意而止也从禾从支只聲一曰木也 職雉切

𥠻 積𥠻也从禾从又句聲又者从丑省一曰木名徐鍇曰丑者束縛也積𥠻不伸之意 俱羽切

文三

稽 留止也从禾从尤旨聲凡稽之屬皆从稽 古兮切

𥢔 特止也从稽省卓聲徐鍇曰特止卓立也竹角切

𥡴 䅲𥠻而止也从稽省咎聲讀若皓賈侍中說稽𥢔𥡴三字皆木名古老切

文三

巢 鳥在木上曰巢在穴曰窠从木象形凡巢之屬皆从巢鉏交切

㯻 傾覆也从寸臼覆之寸人手也从巢省杜林說以爲貶損之貶方斂切

文二

桼 木汁可以髤物象形桼如水滴而下凡桼之屬皆从桼親吉切

䰍 桼也从桼髟聲許尤切 [illegible] 桼垸已復桼之从桼包聲匹皃切 文三

束 縛也从口木凡束之屬皆从束書玉切

柬 分别簡之也从束从八八分别也古限切 [illegible] 小束也从束幵聲讀若繭古典切

剌 戾也从束从刀刀者刺之也徐鍇曰刺乖違也束而乖違者莫若刀也盧達切

文四

㯻 櫜也从束圂聲凡櫜之屬皆从

㯻 胡本切

囊也从㯻省石聲他各切

橐也从㯻省襄省聲奴當切

車上

大橐也从㯻省咎聲詩曰載櫜弓矢古勞切

囊張大皃从㯻省缶聲符宵切

文五

回也象回帀之形凡囗之屬皆从囗羽非切

天體也从囗睘聲王權切

圜也从囗專聲度官切

規也从囗肙聲

似沿切

回也从口云聲羽巾切

圜全也从口員聲讀若員王問切

轉也从口中象回轉形戶恢切

古文

畫計難也从口从啚啚難意也徐鍇曰規畫之也故从口同都切

回行也从口睪聲尚書曰圛圛升雲半有半無讀若驛羊益切

邦也从口从或古惑切

宮中道从口象宮垣道上之形詩曰室家之壼苦本切

廩之圜者从禾在口中圜謂之囷方謂之京去倫切

養畜之閑也从口卷聲渠篆切

苑有垣也从口有聲一曰禽獸曰囿于救切

籀文囿

所以樹果也从口袁聲羽元切

種菜曰圃从口甫聲博古切

就也从口大徐鍇曰左傳

曰植有禮因重固能大者衆圍就之於眞切

㘝 下取物縮藏之从口从又讀若聶女洽切

> 玉篇作手取物也 不引 繫傳作[illegible]

囹 獄也从口令聲郎丁切

圄 守之也从口吾聲魚舉切

囚 繫也从人在口中似由切

固 四塞也从口古聲古慕切

圍 守也从口韋聲羽非切

困 故廬也从木在口中苦悶切

𣠮 古文困

> 繫傳作[illegible]

圂 廁也从口象豕在口中也會意胡困切

囮 譯也从口化率鳥者繫生鳥以來之名曰囮讀若譌五禾切

𡇈 囮或从繇 又音由

文二十六　重四

員 物數也从貝口聲凡員之屬皆从

徐鍇曰古以貝爲貨故數之王權切

(seal script) 籒文从鼎

䉠 物數紛䉠亂也从員云聲讀若春秋傳曰宋皇鄖羽文切

文二　重一

貝 海介蟲也居陸名猋在水名蜬象形古者貨貝而寶龜周而有泉至秦廢貝行錢凡貝之屬皆从貝 博蓋切

說文至此卩下[illegible]

藝文類聚八十四引作至周而有泉錢御覽八百七十引作至周而有泉至秦廢貝行錢

藝文類聚，御覽，引作行泉

𧴪 貝聲也从小貝穌果切

賄 財也从貝有聲呼罪切

財 人所寶也从貝才聲昨哉切

貨 財也从貝化聲呼臥切

䝨 資也从貝爲聲或曰此古貨字讀若貴詭僞切

資 貨也从貝次聲即夷切

贎 貨也从貝萬聲無販切

賑 富也从貝辰聲之忍切

賢 多才也从貝臤聲胡田切

賁 飾也从貝卉聲彼義切

賀 以禮相奉慶也从貝加聲胡箇切

貢 獻功也从貝工聲古送切

贊 見也从貝从兟臣鉉等曰兟音詵進也執贄而進有司贊相之則旰切

賮 會禮也从貝𦘔聲徐刃切

齎 持遺也从貝齊聲祖雞切

貸 施也从貝代聲他代切

貸 从人求物也从貝弋聲他得切

賂 遺也从貝各聲臣鉉等曰當从路省乃得聲洛故切

賸 物相增加也从貝朕聲一曰送也副也以證切

贈 玩好相送也从貝曾聲昨鄧切

貱 迻予也从貝皮聲彼義切

贛 賜也从貝竷省聲臣鉉等曰竷非聲未詳古送切

贛 籀文贛

賚 賜也从貝來聲周書曰賚尒秬鬯洛帶切

賞 賜有功也从貝尚聲書兩切

賜 予也从貝易聲斯義切

貤 重次弟物也从貝也聲以豉切

贏 有餘賈利也从貝㐮聲臣鉉等曰當从嬴省乃得聲以成切

賴 嬴也从貝剌聲洛帶切

負 恃也从人守貝有所恃也一曰受貸不償房九切

貯 積也从貝宁聲

直吕切 貳 副益也从貝弍聲弍古文二而至切 賓 所敬也从貝宀聲必鄰切

賓 古文 賒 貰買也从貝余聲式車切 貰 貸也从貝世聲神夜切

贅 以物質錢从敖貝敖者猶放貝當復取之也之芮切 質 以物相贅从貝从所闕之

日切 貿 易財也从貝卯聲莫候切 贖 貿也从貝賣聲殊六切 費

散財用也从貝弗聲房未切 責 求也从貝朿聲側革切 賈 賈市也从貝襾聲一

曰坐賣售也公戶切 賣 行賈也从貝商省聲式陽切 販 買賤賣貴者从貝反聲方願切

買 市也从网貝孟子曰登壟斷而网市利莫蟹切 賤 賈少也从貝戔聲才線切

賦 斂也从貝武聲方遇切

貪 欲物也从貝今聲他含切

貶 損也从貝从乏方斂切

貧 財分少也从貝从分分亦聲符巾切

𡬳 古文从宀分

賃 庸也从貝任聲尼禁切

賕 以財物枉法相謝也从貝求聲一曰戴質也巨留切

購 以財有所求也从貝冓聲古候切

䝮 齎財卜問爲䝮从貝疋聲讀若所疏舉切

貲 小罰以財自贖也从貝此聲漢律民不繇貲錢二十二即夷切

賨 南蠻賦也从貝宗聲徂紅切

𧶠 衒也从貝𡍲聲𡍲古文睦讀若育余六切

貴 物不賤也从貝臾聲臾古文蕢居胃切

賏 頸飾也从二貝烏莖切

文五十九　重三

貺　賜也从貝兄聲許訪切　賵　贈死者从貝从冒冒者衣衾覆冒之意撫鳳切

賭　博簺也从貝者聲當古切　貼　以物爲質也从貝占聲他叶切　貽　贈遺

也从貝台聲經典通用詒与之切　賺　重買也錯也从貝廉聲佇陷切　賽　報也从貝

塞省聲先代切　賻　助也从貝尃聲符遇切　贍　給也从貝詹聲時豔切

文九　新附

邑　國也从口先王之制尊卑有大小

从卪凡邑之屬皆从邑於汲切

邦 國也从邑丰聲博江切

㞷 古文

郡 周制天子地方千里分爲百縣縣有四郡故春秋傳曰上大夫受郡是也至秦初置三十六郡以監其縣从邑君聲渠運切

都 有先君之舊宗廟曰都从邑者聲周禮距國五百里爲都當孤切

鄰 五家爲鄰从邑粦聲力珍切

酇 百家爲酇酇聚也从邑贊聲南陽有酇縣作管切又作旦切

鄙 五酇爲鄙从邑啚聲兵美切

郊 距國百里爲郊从邑交聲古肴切

邸 屬國舍从邑氐聲都禮切

郛 郭也从邑孚聲甫無切

郵 境上行書舍从邑垂垂邊也羽求切

䣙

國甸大夫稍稍所食邑从邑肖聲周禮曰任郇地在天子三百里之內所教切
鄯 鄯善西胡國也从邑从善善亦聲時戰切
⿰窮阝 夏后時諸侯夷羿國也从邑窮省聲渠弓切
䣜 周封黃帝之後於䣜也从邑契聲讀若薊上谷有䣜縣古詣切
邰 炎帝之後姜姓所封周棄外家國从邑台聲右扶風斄縣是也詩曰即有邰家室土來切
郊 周文王所封在右扶風美陽中水鄉从邑支聲巨支切
岐 郊或从山支聲因岐山以名之也
⿰山枝 古文郊从枝从山
邠 周太王國在右扶風美陽从邑分聲補巾切
豳 美陽亭即豳也民俗以夜市有豳山从山从豩闕
郿 右扶風縣从邑眉聲武悲切
郁 右扶風郁夷也从邑有聲

於六切 鄠 右扶風縣名从邑雩聲胡古切 扈 夏后同姓所封戰於甘者在鄠有扈谷甘亭从邑戶聲胡古切 𡵨 古文扈从山弓 ⿰崩阝 右扶風鄠鄉从邑崩聲沛城父有⿰崩阝鄉讀若陪薄回切 ⿰且阝 右扶風鄠鄉从邑且聲子余切 郝 右扶風鄠盩厔鄉从邑赤聲呼各切 酆 周文王所都在京兆杜陵西南从邑豐聲敷戎切 鄭 京兆縣周厲王子友所封从邑奠聲宗周之滅鄭徙潧洧之上今新鄭是也直正切 郃 左馮翊郃陽縣从邑合聲詩曰在郃之陽侯閤切 ⿰口阝 京兆藍田鄉从邑口聲苦后切 ⿰樊阝 京兆杜陵鄉从邑樊聲附袁切 鄜 左馮翊縣从邑麃聲甫無切 ⿰屠阝 左馮翊郃陽亭从邑屠聲同都切

䣃 左馮翊高陵从邑由聲徒歷切
䢵 左馮翊谷口鄉从邑季聲讀若寧奴顛切
邽 隴西上邽也从邑圭聲古畦切
部 天水狄部从邑音聲蒲口切
郖 弘農縣庾地从邑豆聲當侯切
鄏 河南縣直城門官陌地也从邑辱聲春秋傳曰成王定鼎于郟鄏而蜀切
鄻 周邑也从邑輦聲力展切
䢺 周邑也从邑祭聲側介切
邙 河南洛陽北亡山上邑从邑亡聲莫郎切
鄩 周邑也从邑尋聲徐林切
郗 周邑也在河内从邑希聲丑脂切
鄆 河内沁水鄉从邑軍聲魯有鄆地王問切
邶 故商邑自河内朝歌以北是也从邑北聲補妹切
邘 周武王子所封在河内野王是也从邑于聲又讀若區況于切

擊作鼓金皆在
春秋傳曰晉楚
戰于邲今考此
鉉以錯誤入

𨛫 殷諸侯國在上黨東北从邑𥝩聲𥝩古文利商書西伯戡𨛫郎奚切

邵 晉邑也从邑召聲寔照切

鄍 晉邑也从邑冥聲春秋傳曰伐鄍三門莫經切

鄐 晉邢侯邑从邑畜聲丑六切

鄇 晉之温地从邑侯聲春秋傳曰爭鄇田胡遘切

邲 晉邑也从邑必聲春秋傳曰晉楚戰于邲毗必切

郤 晉大夫叔虎邑也从邑谷聲綺戟切

⿰非阝 河東聞喜縣从邑非聲薄回切

⿰虔阝 河東聞喜聚从邑虔聲渠焉切

邼 河東聞喜鄉从邑匡聲去王切

鄈 河東臨汾地即漢之所祭后土處从邑癸聲揆唯切

邢 周公子所封地近河內懷从邑开聲戶經切

鄔 太原縣从邑烏聲安古切

祁 太原縣从邑示

聲巨支切

鄴 魏郡縣从邑業聲魚怯切

郱 鄭地郱亭从邑井聲戶經切

邯 趙邯鄲縣从邑甘聲胡安切

鄲 邯鄲縣从邑單聲都寒切

郇 周武王子所封國在晉地从邑旬聲讀若泓相倫切

鄃 清河縣从邑俞聲式朱切

鄗 常山縣世祖所即位今爲高邑从邑高聲呼各切

鄡 鉅鹿縣从邑梟聲牽遙切

鄚 涿郡縣从邑莫聲慕各切

郅 北地郁郅縣从邑至聲之日切

鄋 北方長狄國也在夏爲防風氏在殷爲汪茫氏从邑叜聲春秋傳曰鄋瞞侵齊所鳩切

鄦 炎帝太嶽之胤甫侯所封在潁川从邑無聲讀若許虛呂切

邟 潁川縣从邑亢聲苦浪切

郾 潁川縣从邑匽聲於

建切

郟 潁川縣从邑夾聲工洽切

郪 新郪汝南縣从邑妻聲七稽切

鄎 姬姓之國在淮北从邑息聲今汝南新鄎相即切

郋 汝南邵陵里从邑自聲讀若奚胡雞切

⿰旁阝 汝南鮦陽亭从邑旁聲步光切

郹 蔡邑也从邑狊聲春秋傳曰郹陽封人之女奔之古闃切

鄧 曼姓之國今屬南陽从邑登聲徒亘切

鄾 鄧國地也从邑憂聲春秋傳曰鄧南鄙鄾人攻之於求切

⿰号阝 南陽淯陽鄉从邑号聲乎刀切

鄛 南陽棗陽鄉从邑巢聲鉏交切

⿰襄阝 今南陽穰縣是从邑襄聲汝羊切

⿰婁阝 南陽穰鄉从邑婁聲力朱切

⿰里阝 南陽西鄂亭从邑里聲良止切

⿰羽阝 南陽舞陰亭从邑羽聲王榘切

郢

故楚都在南郡江陵北十里从邑呈聲以整切

郢 郢或省

鄢 南郡縣孝惠三年改名宜城从邑焉聲於乾切

鄳 江夏縣从邑黽聲莫杏切

⿰葛阝 南陽陰鄉从邑葛聲古達切

鄂 江夏縣从邑咢聲五各切

邔 南陽縣从邑己聲居擬切

邾 江夏縣从邑朱聲陟輸切

鄖 漢南之國从邑員聲漢中有鄖關羽文切

鄘 南夷國从邑庸聲余封切

郫 蜀縣也从邑卑聲符支切

⿰壽阝 蜀江原地从邑壽聲市流切

⿰耤阝 蜀地也从邑耤聲秦昔切

鄤 蜀廣漢鄉也从邑蔓聲讀若蔓無販切

邡 什邡廣漢縣从邑方聲府良切

⿰馬阝 存⿰馬阝犍爲縣从邑馬聲莫駕切

鄨

在千里曰長沙有攸縣又有酃縣地理志次攸酃二縣相連耳並非有所謂攸酃縣也郡國志次攸縣之下以茶陵安成耳接酃縣可以曉然矣嚴孝廉乃云地理志有攸縣郡國志收縣讀兩漢書有異本耶

六月初八 擇仟記

牂牁縣从邑敝聲讀若鷩雉之鷩必袂切

[包邑] 地名从邑包聲布交切

那 西夷國从邑冄聲安定有朝那縣諾何切

鄱 鄱陽豫章縣从邑番聲薄波切

酃 長沙縣从邑靁聲郎丁切

郴 桂陽縣从邑林聲丑林切

[耒邑] 今桂陽[耒邑]陽縣从邑耒聲盧對切

鄮 會稽縣从邑貿聲莫候切

鄞 會稽縣从邑堇聲語斤切

[巿邑] 沛郡从邑巿聲博蓋切

邴 宋下邑从邑丙聲兵永切

[虘邑] 沛國縣从邑虘聲昨何切

[少邑] 地名从邑少聲書沼切

[臣邑] 地名从邑臣聲植鄰切

酁 宋地也从邑毚聲讀若讒士咸切

鄑 宋魯閒地从邑晉聲即移切

郜 周文王子所封國从

酃易 郡國志長沙酃 酃易云 收字 沛國地理志作 郡之國 志作國 易之字

郡國志琅邪國有莒縣去重所言未嘗畫用班志繩之 虞書紀
玉篇引鄭說文曰琅邪莒邑

邑告聲古到切

鄄 衛地今濟陰鄄城从邑垔聲吉掾切

邛 邛地在濟陰縣从邑工聲渠容切

鄶 祝融之後妘姓所封潧洧之閒鄭滅之从邑會聲古外切

邧 鄭邑也从邑元聲虞遠切

郔 鄭地从邑延聲以然切

郠 琅邪莒邑从邑更聲春秋傳曰取郠古杏切

鄅 妘姓之國从邑禹聲春秋傳曰鄅人籍稻讀若規榘之榘王榘切

鄒 魯縣古邾國帝顓頊之後所封从邑芻聲側鳩切

⿰余阝 邾下邑地从邑余聲魯東有⿰余阝城讀若塗同都切

邿 附庸國在東平亢父邿亭从邑寺聲春秋傳曰取邿書之切

郰 魯下邑孔子之鄉从邑取聲側鳩切

郕 魯孟氏邑从邑成聲氏征切

⿰奄阝 周公所誅⿰奄阝國在魯从邑奄聲

依檢切

鄻 魯下邑从邑雚聲春秋傳曰齊人來歸鄻呼官切

郎 魯亭也从邑良聲魯當切

邳 奚仲之後湯左相仲虺所封國在魯薛縣从邑丕聲敷悲切

鄣 紀邑也从邑章聲諸良切

邗 國也今屬臨淮从邑干聲一曰邗本屬吳胡安切

𨟚 臨淮徐地从邑義聲春秋傳曰徐𨟚楚魚羈切

郈 東平無鹽鄉从邑后聲胡口切

郯 東海縣帝少昊之後所封从邑炎聲徒甘切

郚 東海縣故紀侯之邑也从邑吾聲五乎切

酅 東海之邑从邑巂聲戶圭切

鄫 姒姓國在東海从邑曾聲疾陵切

邪 琅邪郡从邑牙聲以遮切

郝 琅邪縣一名純德从邑夫聲甫無切

郙

齊地也从邑桼聲親吉切

郭 齊之郭氏虛善善不能進惡惡不能退是以亡國也从邑𩫖聲古博切

郳 齊地从邑兒聲春秋傳曰齊高厚定郳田五雞切

郣 郭海地从邑孛聲一曰地之起者曰郣臣鉉等曰今俗作渤非是蒲没切

⿰覃阝 國也齊桓公之所滅从邑覃聲臣鉉等曰今作譚非是說文注義有譚長疑後人傳寫之誤徒含切

⿰句阝 地名从邑句聲其俱切

郂 陳留鄉从邑亥聲古哀切

⿰𢦏阝 故國在陳留从邑𢦏聲作代切

酀 地名从邑燕聲烏前切

邱 地名从邑丘聲去鳩切

⿰如阝 地名从邑如聲人諸切

⿰丑阝 地名从邑丑聲女九切

⿰几阝 地名从邑几聲居履切

⿰翕阝 地名从邑翕聲希立切

[illegible] 地名

在外黄章懷此注甚分明。兩漢志皆謂戴在菑。即考城。非外黄。杜征南之在外黄也。蔽孝廉誤認隱十年疏於晉屬陳留之證。遂云若然戴在陳留必非許所稱知其大誤。今考同此條說矣兩通。疏言於晉屬陳留自指杜義。其許5兩漢志所言考城之屬陳留。固非一事。之屬下校得也。六月初三 擇汗書

蔽省聲 宋本誤作敬

从邑求聲 巨鳩切

⿰嬰阝 地名从邑嬰聲 於郢切

⿰尚阝 地名从邑尚聲 多朗切

郱 地名从邑幷聲 薄經切

⿰虖阝 地名从邑虖聲 呼古切（玉篇作[illegible]地名）

邩 地名从邑火聲 呼果切

鄝 地名从邑翏聲 盧鳥切

鄬 地名从邑爲聲 居爲切（宋 按襄七年經傳作鄬 杜云鄭地 陽邵為一字 壽說）

邨 地名从邑屯聲 臣鉉等曰今俗作村非是 此尊切

⿰舍阝 地名从邑舍聲 式車切

⿰盇阝 地名从邑盇聲 胡蠟切

⿰乾阝 地名从邑乾聲 古寒切

⿰⿱夊亩阝 地名从邑⿱夊亩聲 讀若淫 力荏切

⿰山阝 地名从邑山聲 所間切

⿰臺阝 地名从邑臺聲 臺古堂字 徒郎切

⿰馮阝 姬姓之國从邑馮聲 房戎切

⿰㓞阝 汝南安陽鄉从邑蔽省聲 苦怪切（類篇作敵省聲）

⿰甫阝

汝南上蔡亭从邑甫聲方矩切

酈 南陽縣从邑麗聲郎擊切

𨞛 地名从邑嬰聲七然切

𨙨 从反邑郒字从此闕

文一百八十一　重六

𨛜 鄰道也从邑从𨙨凡𨛜之屬皆从𨛜闕 胡絳切今變隸作郒

鄉 國離邑民所封鄉也嗇夫別治封圻之內六鄉六鄉治之从𨛜皀聲許良切

𨞰 里中道从𨛜从共皆在邑中所共也胡絳切

巷 篆文从𨛜省

文三　重一

二月十六日校

說文解字弟六下下

嘉慶十三年十二月廿二日校小字宋本于平津館

說文解字弟七上　漢太尉祭酒許慎記

銀青光禄大夫守右散騎常侍上柱國東海縣開國子食邑五百户臣徐鉉等奉

敕挍定

五十六部　文七百一十四　重百一十五

凡八千六百四十七字

文四十二　新附

日　實也太陽之精不虧从口一象形

凡日之屬皆从日　人質切

𡆠　古文象形

旻　秋天也从日文聲虞書曰仁閔覆下則稱旻天武巾切

時　四時也从日寺聲市之切

𣅡　古文時从之日

早　晨也从日在甲上子浩切

昒　尚冥也从日勿聲呼骨切

昧　爽旦明也从日未聲一曰闇也莫佩切

睹　旦明也从日者聲當古切

晢　昭晣明也从日折聲禮曰晣明行事旨熱切

昭　日明也从日召聲止遙切

晤　明也从日吾聲詩曰晤辟有摽五故切

的　明也从日勺聲易曰為的顙都歷切

晄　明也从日光聲胡廣切

曠　明也从日廣聲苦謗切

旭　日旦出皃从日

九聲讀若勖一曰明也臣鉉等曰九非聲未詳許玉切

晉 進也日出萬物進从日从臸易曰明出地上晉臣鉉等案臸到也會意卽刃切

暘 日出也从日昜聲虞書曰暘谷與章切

晵 雨而晝姓也从日啓省聲康禮切

晹 日覆雲暫見也从日易聲羊益切

昫 日出溫也从日句聲北地有昫衍縣火于切又火句切

晛 日見也从日从見見亦聲詩曰見晛曰消胡甸切

晏 天清也从日安聲烏諫切

曣 星無雲也从日燕聲於甸切

景 光也从日京聲居影切

晧 日出皃从日告聲胡老切

暤 晧旰也从日皋聲胡老切

曄 光也从日从𠌶筠輒切

暉 光也从日軍聲許歸切

旰 晚也从日干聲

宋本作比

春秋傳曰日旰君勞古案切

暆 日行暆暆也从日施聲樂浪有東暆縣讀若酏弋支切

晷 日景也从日咎聲居洧切

昃 日在西方時側也从日仄聲易曰日佰之離臣鉉等曰今俗別作昃非是阻力切

晚 莫也从日免聲無遠切

昏 日冥也从日氏省氏者下也一曰民聲呼昆切

曫 日且昏時从日䜌聲讀若新城䜌中洛官切

晻 不明也从日奄聲烏敢切

暗 日無光也从日音聲烏紺切

晦 月盡也从日每聲荒內切

䐶 埃䐶日無光也从日能聲奴代切

曀 陰而風也从日壹聲詩曰終風且曀於計切

旱 不雨也从日干聲乎旰切

𣅠 望遠合也从日匕匕合也讀若窈窕之窈徐鍇曰匕相近也故曰合

也烏皎切　昴 白虎宿星从日卯聲莫飽切　曏 不久也从日鄉聲春秋傳曰曏役之

三月許兩切　曩 曏也从日襄聲奴朗切　昨 壘日也从日乍聲在各切

暇 閑也从日叚聲胡嫁切　暫 不久也从日斬聲藏濫切　昪 喜樂皃从

日弁聲皮變切　昌 美言也从日从曰一曰日光也詩曰東方昌矣臣鉉等曰曰亦言也尺良切

㫘 籀文昌　暀 光美也从日往聲于放切　昄 大也从日反聲補綰切

昱 明日也从日立聲余六切　㬈 温溼也从日赧省聲讀與赧同女版切

暍 傷暑也从日曷聲於歇切　暑 熱也从日者聲舒呂切　㬮 安㬮温也

从日難聲奴案切

㬎 衆微杪也从日中視絲古文以爲顯字或曰衆口皃讀若唫唫或以爲繭繭者繭也五合切

曓 晞也从日从出从廾从米薄報切

𣋡 古文暴从日麃聲

曬 暴也从日麗聲所智切

暵 乾也耕暴田曰暵从日堇聲易曰燥萬物者莫暵于離臣鉉等曰當从漢省乃得聲呼旰切

晞 乾也从日希聲香衣切

昔 乾肉也从殘肉日以晞之與俎同意思積切

𦠆 籀文从肉

暱 日近也从日匿聲春秋傳曰私降暱燕尼質切

昵 暱或从尼

暬 日狎習相慢也从日執聲私列切

否 不見也从日否省聲美畢切

昆 同也从日从比徐鍇曰日日比之是同也古渾切

晐

秉晐也从日亥聲古哀切

普 日無色也从日从竝徐鍇曰日無光則遠近皆同故从竝滂古切

曉 明也从日堯聲呼鳥切

昕 旦明日將出也从日斤聲讀若希許斤切

文七十　重六

曈 曈曨日欲明也从日童聲徒紅切

曨 曈曨也从日龍聲盧紅切

昈 明也从日戶聲侯古切

昉 明也从日方聲分兩切

晙 明也从日夋聲子峻切

晟 明也从日成聲承正切

昶 日長也从日永會意丑兩切

暈 日月气也从日軍聲王問切

晬 周年也从日卒卒亦聲子內切

暎 明也隱也从日央聲

於敬切

曙 曉也从日署聲常恕切

昳 日昃也从日失聲徒結切

曇 雲布也从日雲會意徒含切

曆 曆象也从日厤聲史記通用歷郎擊切

昂 舉也从日卬聲五岡切

昇 日上也从日升聲古只用升識蒸切

文十六 新附

旦 明也从日見一上一地也凡旦之屬皆从旦 得案切

爾雅釋詁疏引作在一上

暨 日頗見也从旦既聲其冀切

異

文二

宋本无

倝 日始出光倝倝也从旦㫃聲凡倝之屬皆从倝 古案切

𠦝 闕 朝 旦也从倝舟聲 陟遙切

文三

㫃 旌旗之游㫃蹇之皃从屮曲而下垂㫃相出入也讀若偃古人名㫃字子游凡㫃之屬皆从㫃 於幰切

𠂝 古文㫃字象形及象旌旗之游 旐 龜蛇四游以象營室游游而長从㫃兆聲周禮曰縣

辛未六月再校

鄙建旐治小切

旗 熊旗五游以象罰星士卒以爲期从㫃其聲周禮曰率都建旗渠之切

旆 繼旐之旗也沛然而垂从㫃𣎵聲蒲蓋切

旌 游車載旌析羽注旄首所以精進士卒从㫃生聲子盈切

旟 錯革畫鳥其上所以進士衆旟衆也从㫃與聲周禮曰州里建旟以諸切

旂 旗有衆鈴以令衆也从㫃斤聲渠希切

旞 導車所以載全羽以爲允允進也从㫃遂聲徐醉切

⿸㫃遺 旞或从遺

旝 建大木置石其上發以機以追敵也从㫃會聲春秋傳曰旝動而鼓詩曰其旝如林古外切

旃 旗曲柄也所以旃表士衆从㫃丹聲周禮曰通帛爲旃諸延切

旜 旃或从亶

⿸㫃攸 旌旗之流也从㫃攸聲以周切

⿸㫃要 旗屬从㫃要聲烏皎切

[illegible]

宋本作流也

切

施 旗皃从㫃也聲亝欒施字子旗知施者旗也式支切

旖 旗旖施也从㫃奇聲於离切

旟 旌旗旟繇也从㫃與聲匹招切

旚 旌旗飛揚皃从㫃猋聲甫遥切

游 旌旗之流也从㫃汓聲以周切

𨒪 古文游

旇 旌旗披靡也从㫃皮聲敷羈切

旋 周旋旌旗之指麾也从㫃从疋疋足也徐鍇曰人足隨旌旗以周旋也似沿切

旄 幢也从㫃从毛毛亦聲莫袍切

旛 幅胡也从㫃番聲臣鉉等曰胡幅之下垂者也孚袁切

旅 軍之五百人爲旅从㫃从从从俱也力舉切

𣃬 古文旅古文以爲魯衛之魯

族 矢鋒也束之族族也从㫃从矢昨木切

文二十三　重五

冥　幽也从日从六冖聲日數十十六日而月始虧幽也凡冥之屬皆从冥　莫經切

鼆　冥也从冥黽聲讀若黽蛙之黽　武庚切

文二

晶　精光也从三日凡晶之屬皆从晶　子盈切

曐 萬物之精，上爲列星。从晶生聲。一曰象形。从口，古口復注中，故與日同。桑經切

𠻞 古文星

星 曐或省

曑 商星也。从晶㐱聲。臣鉉等曰：㐱非聲，未詳。所今切

曑 曑或省

曟 房星，爲民田時者。从晶辰聲。植鄰切

晨 曟或省

曡 楊雄說以爲古理官決罪，三日得其宜乃行之。从晶从宜。亾新以爲曡从三日太盛，改爲三田。徒叶切

文五 重四

月 闕也。太陰之精。象形。凡月之屬皆从月。魚厥切

朔 月一日始蘇也从月屰聲所角切

朏 月未盛之明从月出周書曰丙午朏普乃切又芳尾切

霸 月始生霸然也承大月二日承小月三日从月䨣聲周書曰哉生霸普伯切臣鉉等曰今俗作必駕切以爲霸王字

䨣 古文霸

朗 明也从月良聲盧黨切

朓 晦而月見西方謂之朓从月兆聲土了切

肭 朔而月見東方謂之縮肭从月內聲女六切

期 會也从月其聲渠之切

𣍝 古文期从日丌

文八　重二

朦 月朦朧也从月蒙聲莫工切

朧 朦朧也从月龍聲盧紅切

文二 新附

有 不宜有也春秋傳曰日月有食之从月又聲凡有之屬皆从有云九切

戫 有文章也从有𢦏聲於六切

龓 兼有也从有龍聲讀若聾盧紅切

文三

朙 照也从月从囧凡朙之屬皆从朙武兵切

（朙）古文朙从日

（朚）翌也从朙亾聲呼光切

文二　重一

（囧）窻牖麗廔闓明象形凡囧之屬皆从囧讀若獷賈侍中說讀與明同　俱永切

（盟）周禮曰國有疑則盟諸侯再相與會十二歲一盟北面詔天之司愼司命盟殺牲歃血朱盤玉敦以立牛耳从囧从血武兵切

（盟）篆文从朙

（盟）古文从明

文二　重二

夕 莫也从月半見凡夕之屬皆从夕祥易切

夜 舍也天下休舍也从夕亦省聲羊謝切

夢 不明也从夕瞢省聲莫忠切又亡貢切

夗 轉臥也从夕从卪臥有卪也於阮切

夤 敬惕也从夕寅聲易曰夕惕若夤翼眞切

𡖟 籀文夤

夝 雨而夜除星見也从夕生聲臣鉉等曰今俗别作晴非是疾盈切

外 遠也卜尚平旦今夕卜於事外矣五會切

𡖋 古文外

夙 早敬也从丮持事雖夕不休早敬者也臣鉉等曰今俗書作夙譌息逐切

𠈇 古文夙从人㐁

㑥 亦古文夙

从人㐁宿从此

𡖋 宋也从夕莫聲莫白切　文九　重四

多 重也从重夕夕者相繹也故爲多重夕爲多重日爲曡凡多之屬皆从多　得何切

㚇 古文多

夥 齊謂多爲夥从多果聲呼果切

玉篇作楚人稱多也　不列

𡖼 大也从多圭聲苦回切

[尚多] 厚脣皃从多从尚徐鍇曰多即厚也陟加切

鍇本作尚聲

文四　重一

毌 穿物持之也从一橫貫象寶貨之

形凡毌之屬皆从毌讀若冠古丸切

貫 錢貝之貫从毌貝古玩切 虜 獲也从毌从力虍聲郎古切 文三

𢎘 嘾也艸木之華未發圅然象形凡𢎘之屬皆从𢎘讀若含乎感切

圅 舌也象形舌體𢎘𢎘从𢎘𢎘亦聲胡男切 肣 俗圅从肉今 𤰔 木生條也从𢎘由聲商書曰若顛木之有𤰔枿古文言由枿徐鍇曰說文無由字今尚書只作由枿蓋古文省𢎘而後人因省之通用爲因由等字从𢎘上象枝條華圅之形臣鉉等按孔安國注尚書直訓由作用也用枿之語不通以州切

甬 艸木華甬甬然也从马用聲余隴切

𢎘 艸木马盛也从二马胡先切

東 木垂華實从木马马亦聲凡東之屬皆从東胡感切

玉篇作𠦒木垂華實今考有𠦒字

○文五　重一

𣝝 束也从東韋聲徐鍇曰言束之象木華實之相累也于非切

文二

卤 艸木實垂卤卤然象形凡卤之屬皆从卤讀若調徒遼切

𠧪 籀文三卣爲卣

㮚 木也从木其實下垂故从卣力質切 𣡌 古文㮚从西从二卣徐巡說木至西方戰㮚

粟 嘉穀實也从卣从米孔子曰㮚之爲言續也相玉切 𥻆 籀文㮚

文三　重三

亝 禾麥吐穗上平也象形凡亝之屬皆从亝 徐鍇曰生而齊者莫若禾麥二地也兩傍在低處也徂兮切

𪗉 等也从亝妻聲徂兮切

文二

朿 木芒也象形凡朿之屬皆从朿讀

若刺七賜切

𣒎 羊棗也从重朿子皓切　棘 小棗叢生者从並朿己力切

文三

片 判木也从半木凡片之屬皆从片匹見切

版 判也从片反聲布綰切　𤗚 判也从片畐聲芳逼切　牘 書版也从片賣聲徒谷切

牒 札也从片枼聲徒叶切　牑 牀版也从片扁聲讀若邊方田切

牖 穿壁以木爲交窻也从片戶甫譚長以爲甫上日也非戶也牖所以見日與久切

牖 築牆短版也从片俞聲讀若俞一曰若紐度矦切

文八

鼎 三足兩耳和五味之寶器也昔禹收九牧之金鑄鼎荆山之下入山林川澤螭魅蝄蜽莫能逢之以協承天休易卦巽木於下者爲鼎象析木以炊也籀文以鼎爲貞字凡鼎之屬皆从鼎都挺切

鼒 鼎之圜掩上者从鼎才聲詩曰鼐鼎及鼒子之切 鎡 俗鼒从金从茲 鼐 鼎之絶大者从鼎乃聲魯詩説鼐小鼎奴代切 鼏 以木横貫鼎耳而舉之从鼎冂聲周禮廟門容大鼏七箇即易玉鉉大吉也莫狄切

文四　重一

克 肩也象屋下刻木之形凡克之屬皆从克 徐鍇曰肩任也負何之名也與人肩膊之義通能勝此物謂之克苦得切 𠅏 古文克 𡴎 亦古文克

文一　重二

彔 刻木彔彔也象形凡彔之屬皆从

录盧谷切　文一

禾 嘉穀也二月始生八月而孰得時之中故謂之禾禾木也木王而生金王而死从木从𠂹省𠂹象其穗凡禾之屬皆从禾户戈切

秀 上諱漢光武帝名也徐鍇曰禾實也有實之象下垂也息救切

稼 禾之秀實爲稼莖節爲禾从禾家聲一曰稼家事也一曰在野曰稼古訝切

穡 穀可收曰穡从禾嗇

聲所力切

穜 埶也从禾童聲之用切

稙 早穜也从禾直聲詩曰稙稚尗麥常職切

種 先穜後孰也从禾重聲直容切

稑 疾孰也从禾坴聲詩曰黍稷種稑力竹切

穋 稑或从翏

稺 幼禾也从禾屖聲直利切

稹 穜穊也从禾眞聲周禮曰稹理而堅之忍切

稠 多也从禾周聲直由切

穊 稠也从禾既聲几利切

稀 疏也从禾希聲徐鍇曰當言从爻从巾無聲字爻者稀疏之義與爽同意巾象禾之根莖至於蒂晞皆當从稀省何以知之說文無希字故也香衣切

⿰禾蔑 禾也从禾蔑聲莫結切

穆 禾也从禾㣎聲莫卜切

私 禾也从禾厶聲北道名禾主人曰私主人息夷切

[illegible]

〔𪎊〕稻紫莖不黏也从禾糞聲讀若靡扶沸切

〔稷〕齋也五穀之長从禾畟聲子力切

〔𥝙〕古文稷省

〔齋〕稷也从禾齊聲即夷切

〔秶〕齋或从次

〔秫〕稷之黏者从禾术象形食聿切

〔术〕秫或省禾

〔穄〕穄也从禾祭聲子例切

〔稻〕稌也从禾舀聲徒皓切

〔稌〕稻也从禾余聲周禮曰牛宜稌徒古切

〔稬〕沛國謂稻曰稬从禾耎聲奴亂切

〔稴〕稻不黏者从禾兼聲讀若風廉之廉力兼切

〔秔〕稻屬从禾亢聲古行切

〔稉〕秔或从更聲

〔秏〕稻屬从禾毛聲伊尹曰飯之美者玄山之禾南海之秏呼到切

〔穬〕芒粟也从禾廣聲古猛切

〔秜〕稻今季落來季自生謂之秜从禾尼聲里之切

稗 禾別也从禾卑聲琅邪有稗縣旁卦切

移 禾相倚移也从禾多聲一曰禾名臣鉉等曰多與移聲不相近蓋古有此音弋支切

穎 禾末也从禾頃聲詩曰禾穎穟穟余頃切

䅘 齊謂麥䅘也从禾來聲洛哀切

采 禾成秀也人所以收从爪禾徐醉切

穗 采或从禾惠聲

⿰禾勺 禾危穗也从禾勺聲都了切

穟 禾采之皃从禾遂聲詩曰禾穎穟穟徐醉切

蓫 穟或从艸

⿰禾耑 禾垂皃从禾耑聲讀若端丁果切

⿰禾曷 禾舉出苗也从禾曷聲居謁切

秒 禾芒也从禾少聲亡沼切

穖 禾穖也从禾幾聲居豨切

秠 一稃二米从禾丕聲詩曰誕降嘉穀惟秬惟秠天賜后稷之嘉穀也敷悲切

秜

詩載芟釋文麃引說文作穮云穮鉏田也別引字林云耕禾間也疑互誤

禾搖皃从禾乍聲讀若昨在各切

穮 耕禾閒也从禾麃聲春秋傳曰是穮是衮甫嬌切

案 轢禾也从禾安聲烏旰切

秄 壅禾本从禾子聲即里切

穧 穫刈也一曰撮也从禾齊聲在詣切

穫 刈穀也从禾蒦聲胡郭切（一切經音義三五九引作刈禾也）

[禾資] 積禾也从禾資聲詩曰積之秩秩即夷切

積 聚也从禾責聲則歷切

秩 積也从禾失聲詩曰積之秩秩直質切

稛 絭束也从禾囷聲苦本切

稞 穀之善者从禾果聲一曰無皮穀胡瓦切

秳 舂粟不潰也从禾昏聲戶括切（玉篇潰作積）

[禾气] 穭也从禾气聲居气切

稃 穭也从禾孚聲芳無切

[米付] 稃或从米付聲

[禾會] 穅也从禾會聲苦會切（繫傳宋本下有讀若裏）

穅

穀皮也从禾从米康聲苦岡切 康 穅或省 䅘 禾皮也从禾羔聲臣鉉等曰羔聲不相近未詳之若切 稭 禾槀去其皮祭天以爲席从禾皆聲古黠切 稈 禾莖也从禾旱聲春秋傳曰或投一秉稈古旱切 秆 稈或从干 稾 稈也从禾高聲古老切 秕 不成粟也从禾比聲卑履切 䅌 麥莖也从禾肙聲古玄切 𥢶 黍穰也从禾㓹聲良薛切 穰 黍𥢶已治者从禾襄聲汝羊切 秧 禾若秧穰也从禾央聲於良切 䅩 䅩程穀名从禾旁聲蒲庚切 程 䅩程也从禾皇聲戶光切 秊 穀孰也从禾千聲春秋傳曰大有秊奴顛切 穀 續也百穀之總名从禾㱿聲古祿切 稔

穀孰也从禾念聲春秋傳曰鮮不五稔而甚切

租 田賦也从禾且聲則吾切

稅 租也从禾兑聲輸芮切

䆃 禾也从禾道聲司馬相如曰䆃一莖六穗徒到切

⿰禾荒 虛無食也从禾荒聲呼光切

穌 把取禾若也从禾魚聲素孤切

稍 出物有漸也从禾肖聲所敎切

秋 禾穀孰也从禾𪓿省聲七由切

龝 籀文不省

秦 伯益之後所封國地宜禾从禾舂省一曰秦禾名匠鄰切

𥣫 籀文秦从秝

稱 銓也从禾爯聲春分而禾生日夏至晷景可度禾有秒秋分而秒定律數十二秒而當一分十分而寸其以爲重十二粟爲一分十二分爲一銖故諸程品皆从禾處陵切

科 程也从禾从斗斗者量也苦禾切

程 品也十髮

為程十程為分十分為寸从禾呈聲直貞切

稯 布之八十縷為稯从禾㚇聲子紅切

籀文稯省

秭 五稯為秭从禾𠂔聲一曰數億至萬曰秭將几切

秅 二秭為秅从禾乇聲周禮曰二百四十斤為秉四秉曰筥十筥曰稯十稯曰秅四百秉為一秅宅加切

柘 百二十斤也稻一柘為粟二十斗禾黍一柘為粟十六升太半升从禾石聲常隻切

稘 復其時也从禾其聲虞書曰稘三百有六旬居之切

文八十七　重十三

穩 蹂穀聚也一曰安也从禾隱省古通用安隱烏本切

稕 束稈也从禾臺聲之閏切

文二　新附

秝　稀疏適也从二禾凡秝之屬皆从秝讀若歷郎擊切

兼　并也从又持秝兼持二禾秉持一禾古甜切

文二

黍　禾屬而黏者也以大暑而種故謂之黍从禾雨省聲孔子曰黍可爲酒禾入水也凡黍之屬皆从黍舒呂切

䵏 穄也从黍麻聲靡爲切 䵗 黍屬从黍卑聲并弭切 黏 相箸也从黍占聲女廉切 䵑 黏也从黍古聲戶吳切 粘 䵑或从米 䵒 黏也从黍日聲春秋傳曰不義不䵒尼質切 [黍刃] 䵒或从刃 黎 履黏也从黍𥝖省聲𥝖古文利作履黏以黍米郎奚切 [黍畐] 治黍禾豆下潰葉从黍畐聲蒲北切 [黍尼] 从黍尼聲勅其切

文八　重二

香 芳也从黍从甘春秋傳曰黍稷馨香凡香之屬皆从香 許良切

文選上林賦注引説文云馦䭲香氣奄藹也

馨 香之遠聞者从香殸聲殸籒文磬呼形切

文二

馥 香气芬馥也从香复聲房六切

文一 新附

米 粟實也象禾實之形凡米之屬皆从米 莫禮切

都賦注引作穬實也象禾黍之形

粱 米名也从米梁省聲呂張切

[illegible] 早取穀也从米焦聲一曰小側角切

玉篇引作收

粲 稻重一秳爲粟二十斗爲米十斗曰毇爲米六斗太半斗曰粲从米奴聲倉案切

糲 粟重一秳爲十六斗太半斗舂爲米一斛曰糲从米萬聲洛帶切

精 擇也从米青聲

子盈切

粺　毇也从米卑聲旁卦切

粗　疏也从米且聲徂古切

粊　惡米也从米比聲周書有粊誓兵媚切

糱　牙米也从米辥聲魚㓶切

粒　糂也从米立聲力入切

⿰食立　古文粒

釋　漬米也从米睪聲施隻切

糂　以米和羹也一曰粒也从米甚聲桑感切

䊉　籀文糂从朁

糝　古文糂从參

糪　炊米者謂之糪从米辟聲博戹切

糜　糝也从米麻聲靡爲切

䊤　糜和也从米覃聲讀若鄲徒感切

⿱尼米　潰米也从米尼聲交阯有⿱尼米泠縣武移切

䊯　酒母也从米⿱𥫗匊省聲駈六切

⿰麥匊　䊯或从麥鞠省聲

糟　酒滓也从米⿰車曹聲作曹切

䊝 籀文从酉

糒 乾也从米葡聲平祕切

糗 熬米麥也从米臭聲去九切

𦥞 舂糗也从臼米其九切

糈 糧也从米胥聲私呂切

糧 穀也从米量聲呂張切

粈 雜飯也从米丑聲女久切

糴 穀也从米翟聲他弔切

⿰米蔑 麩也从米蔑聲莫撥切

粹 不雜也从米卒聲雖遂切

氣 饋客芻米也从米气聲春秋傳曰齊人來氣諸侯許既切

⿰既米 氣或从既

餼 氣或从食

⿰米工 陳臭米从米工聲戶工切

粉 傅面者也从米分聲方吻切

⿰米卷 粉也从米卷聲去阮切

⿰米悉 𥻃粲也从米悉聲私列切

⿱殺米 ⿰米悉粲散之也从米殺聲桑割切

䊳　碎也从米靡聲模臥切

竊　盜自中出曰竊从穴从米禼廿皆聲廿古文疾禼古文偰千結切

文三十六　重七

粻　食米也从米長聲陟良切

粕　糟粕酒滓也从米白聲匹各切

粔　粔籹膏環也从米巨聲其呂切

籹　粔籹也从米女聲人渚切

糉　蘆葉裹米也从米㚇聲作弄切

糖　飴也从米唐聲徒郎切

文六　新附

毇　米一斛舂爲八斗也从臼从米从殳凡毇之屬皆从毇許委切

糳 糲米一斛舂爲九斗曰糳从毇丵聲則各切

文二

臼 舂也古者掘地爲臼其後穿木石象形中米也凡臼之屬皆从臼其九切

舂 擣粟也从廾持杵臨臼上午杵省也古者雝父初作舂書容切

𦥔 齊謂舂曰𦥔从臼屰聲讀若膊匹各切

臿 舂去麥皮也从臼干所以臿之楚洽切

舀 抒臼也从爪臼詩曰或簸或舀以沼切

抭 舀或从手从穴

䑒 舀或从臼穴

臽

小阱也从人在臼上 戶猶切

文六　重二

凶 惡也象地穿交陷其中也凡凶之屬皆从凶 許容切

兇 擾恐也从人在凶下春秋傳曰曹人兇懼 許拱切

臣校鍇傳之誤

文二

說文解字弟七上

丁卯年十二月廿三日校字畢

說文解字弟七下　漢太尉祭酒許慎記

銀青光祿大夫守右散騎常侍上柱國東海縣開國子食邑五百戶臣徐鉉等奉

敕校定

朩　分枲莖皮也从屮八象枲之皮莖也凡朩之屬皆从朩讀若髕　匹刃切

枲　麻也从朩台聲　胥里切

𣏟　籀文枲从林从辝

文二　重一

𣏟 葩之總名也𣏟之爲言微也微纖爲功象形凡𣏟之屬皆从𣏟 匹卦切

檾 枲屬从𣏟熒省詩曰衣錦檾衣 去潁切

㪔 分離也从攴从𣏟𣏟分㪔之意也 穌旰切

文三

麻 與𣏟同人所治在屋下从广从𣏟凡麻之屬皆从麻 莫遐切

𪎭 未練治纑也从麻後聲臣鉉等曰後非聲疑復字譌當从復省乃得聲 空谷切

黀

廢說文無藍字 藝會引作麻蒸之草部 菆麻蒸也 則廢即菆

麻藍也从麻取聲側鳩切 縻 𦁐屬从麻俞聲度侯切

文四

尗 豆也象尗豆生之形也凡尗之屬皆从尗 式竹切

枝 配鹽幽尗也从尗支聲是義切 豉 俗枝从豆

文二 重一

耑 物初生之題也上象生形下象其根也凡耑之屬皆从耑 臣鉉等曰中一地也

多官切

文二

韭 菜名一種而久者故謂之韭象形在一之上一地也此與耑同意凡韭之屬皆从韭 舉友切

䪢 齏也从韭隊聲徒對切

韲 墜也从韭次朿皆聲祖雞切 齏 或从齊

韰 菜也葉似韭从韭㪅聲胡戒切

韱 山韭也从韭𢦏聲息廉切

䪤 小蒜也从韭番聲附袁切

文六　重一

瓜　㼌也象形凡瓜之屬皆从瓜古華切

繫傳廣韻類篇全引作蓏也　玉篇引作蓏

瓝　小瓜也从瓜交聲臣鉉等曰交非聲未詳蒲角切

瓞　㼋也从瓜失聲詩曰緜緜瓜瓞徒結切

𤬫　瓞或从弗

𤬸　小瓜也从瓜熒省聲戶扃切

𤬲　瓜也从瓜繇省聲余昭切

瓣　瓜中實从瓜辡聲蒲莧切

㼌　本不勝末微弱也从二瓜讀若庾以主切

文七　重一

瓠　匏也从瓜夸聲凡瓠之屬皆从瓠

胡誤切

瓢　蠡也从瓠省㶣聲符宵切

文二

宀　交覆深屋也象形凡宀之屬皆从宀　武延切

家　居也从宀豭省聲古牙切　家　古文家

宅　所託也从宀乇聲場伯切　宅　古文宅　宅　亦古文宅

室　實也从宀从至至所止也式質切

宣　天子宣室也从宀亘聲須緣切

向　北出牖也从宀从口詩曰塞向墐戶徐鍇曰牖所以

五音韻譜

通人气故从口許諒切

宧 養也室之東北隅食所居从宀匝聲與之切

窔 戶樞聲也室之東南隅从宀皀聲烏皎切

奧 宛也室之西南隅从宀𢍏聲臣鉉等曰𢍏非聲未詳烏到切

宛 屈草自覆也从宀夗聲於阮切

惌 宛或从心

宸 屋宇也从宀辰聲植鄰切

宇 屋邊也从宀于聲易曰上棟下宇王榘切

寓 籒文宇从禹

寷 大屋也从宀豐聲易曰豐其屋敷戎切

寏 周垣也从宀奐聲胡官切

院 寏或从𨸏又爰眷切

宏 屋深響也从宀厷聲戶萌切

宖 屋響也从宀弘聲戶萌切

寪 屋皃从宀爲聲韋委切

㝩 屋㝩㝗也从宀康聲苦岡切

㝗 㝩也

从宀良聲音良久力康切

宬 屋所容受也从宀成聲氏征切

寍 安也从宀心在皿上人之飲食器所以安人奴丁切

定 安也从宀从正徒徑切

寔 止也从宀是聲常隻切

安 靜也从女在宀下烏寒切

宓 安也从宀必聲美畢切

㝞 靜也从宀契聲於計切

宴 安也从宀旻聲於甸切

𡧘 無人聲从宀尗聲前歷切

𧧘 𡧘或从言

察 覆也从宀祭臣鉉等曰祭祀必天質明明察也故从祭初八切

寴 至也从宀親聲初僅切

完 全也从宀元聲古文以爲寬字胡官切

富 備也一曰厚也从宀畐聲方副切

實 富也从宀从貫貫貨貝也神質切

宲 藏也从宀

𥥍聲𥥍古文保周書曰陳宗赤刀博裒切

容 盛也从宀谷臣鉉等曰屋與谷皆所以盛受也余封切

㝐 古文容从公

宂 㪔也从宀人在屋下無田事周書曰宮中之宂食而隴切

𡨄 𡨄𡨄不見也一曰𡨄𡨄不見省人从宀𡨄聲武延切

寶 珍也从宀从王从貝缶聲博皓切

𤥨 古文寶省貝

宭 羣居也从宀君聲渠云切

宦 仕也从宀从臣胡慣切

宰 辠人在屋下執事者从宀从辛辛辠也作亥切

守 守官也从宀从寸寺府之事者从寸寸法度也書九切

寵 尊居也从宀龍聲丑壟切

宥 寬也从宀有聲于救切

宜 所安也从宀之下一之上多省聲魚羈切

㝖 古文宜

宜

段作寫蒹葭書曰若藥不瞑眩一句注音義卷三瞑眩引說文作瞑

亦古文宜

寫 置物也从宀舄聲悉也切

宵 夜也从宀宀下冥也肖聲相邀切

宿 止也从宀㑆聲㑆古文夙息逐切

寑 臥也从宀𠬰聲七荏切

（段作寑 說合引作寑）

𡩠 籀文寑省

𡧯 冥合也从宀丏聲讀若周書若藥不眄眩莫甸切

寬 屋寬大也从宀莧聲苦官切

寤 寤也从宀吾聲五故切

寁 居之速也从宀疌聲子感切

寡 少也从宀从頒頒分賦也故爲少古瓦切

客 寄也从宀各聲苦格切

寄 託也从宀奇聲居義切

寓 寄也从宀禺聲牛具切

㝢 寓或从广

（段作下不名收）

窶 無禮居也从宀婁聲其榘切

㝌 貧病也从宀久聲詩曰煢煢在宄居又切

寒 凍也从人在宀下以茻薦覆之下有仌胡安切
害 傷也从宀从口宀口言从家起也丰聲胡蓋切
索 入家搜也从宀索聲所責切
𡨄 窮也从宀簐聲簐與𥷚同居六切
𥨪 簐或从穴
宄 姦也外爲盜内爲宄从宀九聲讀若軌居洧切
㝐 古文宄
𡧱 亦古文宄
𡫼 塞也从宀㲋聲讀若虞書曰𡫼三苗之𡫼麤最切
宕 過也一曰洞屋从宀碭省聲汝南有項宕鄉徒浪切
宋 居也从宀从木讀若送臣鉉等曰木者所以成室以居人也蘇綜切
𡪙 屋傾下也从宀執聲都念切
宗 尊祖廟也从宀从示作冬切
宝 宗廟宝祏从宀主聲之庾切
宙 舟輿所極覆也从宀由聲

直又切

文七十一　重十六

寘　置也从宀真聲支義切

寰　王者封畿内縣也从宀睘聲戶關切

寀　同地爲寀从宀釆聲倉宰切

文三　新附

宮　室也从宀躳省聲凡宮之屬皆从宮　居戎切

營　市居也从宮熒省聲余傾切

文二

呂 脊骨也象形昔太嶽爲禹心呂之臣故封呂矦凡呂之屬皆从呂力舉切

膂 篆文呂从肉从旅

躳 身也从身从呂居戎切

躬 躳或从弓

文二 重二

穴 土室也从宀八聲凡穴之屬皆从穴胡決切

北方謂地空因以爲土穴爲盜戶从穴皿聲讀若猛武永切
地室也从穴音聲於禁切
燒瓦竈也从穴羔聲余招切
地室也从穴復聲詩曰陶覆陶穴芳福切
炊竈也从穴鼀省聲則到切
竈或不省
甑空也从穴圭聲烏瓜切
深也一曰竈突从穴从火从求省式鍼切
通也从牙在穴中昌緣切
穿也从穴尞聲論語有公伯寮洛蕭切
穿也从穴泧省聲於泧切
深抉也从穴从抉於泧切
空也从穴瀆省聲徒奏切
空皃从穴矞聲呼泧切
空也穴中曰窠樹上曰巢从穴果聲苦禾切
通孔也从穴忽

聲楚江切

窊 汚衺下也从穴瓜聲烏瓜切

竅 空也从穴敫聲牽料切

空 竅也从穴工聲苦紅切

窒 空也从穴巠聲詩曰瓶之窒矣去徑切

穵 空大也从穴乙聲烏黠切

窳 汚窬也从穴㼌聲朔方有窳渾縣以主切

窞 坎中小坎也从穴从臽臽亦聲易曰入于坎窞一曰旁入也徒感切

窌 窖也从穴卯聲匹皃切

窖 地藏也从穴告聲古孝切

窬 穿木戶也从穴俞聲一曰空中也羊朱切

窵 窵窅深也从穴鳥聲多嘯切

窺 小視也从穴規聲去隓切

竀 正視也从穴中正見也正亦聲敕貞切

窡 穴中見也从穴叕聲丁滑切

窋 物在穴中皃从穴出聲丁滑切

窴

塞也从穴眞聲待季切

窒 塞也从穴至聲陟栗切

突 犬从穴中暫出也从犬在穴中一曰滑也徒骨切

竄 匿也从鼠在穴中七亂切

窣 从穴中卒出从穴卒聲穌骨切

窘 迫也从穴君聲渠隕切

窕 深肆極也从穴兆聲讀若挑徒了切

穹 窮也从穴弓聲去弓切

究 窮也从穴九聲居又切

窮 極也从穴躳聲渠弓切

窅 冥也从穴皀聲烏皎切

窔 窅窔深也从穴交聲烏叫切

邃 深遠也从穴遂聲雖遂切

窈 深遠也从穴幼聲烏皎切

窱 杳窱也从穴條聲徒弔切

竁 穿地也从穴毳聲一曰小鼠聲周禮曰大喪甫竁充芮切

窆 葬下棺也

从穴乏聲周禮曰及窆執斧方驗切

葬之厚夕从穴屯聲春秋傳曰窀穸从先君於地下陟輪切

窀穸也从穴夕聲詞亦切

入脈刺穴謂之窌从穴甲聲烏狎切

文五十一　重一

寐而有覺也从宀从疒夢聲周禮以日月星辰占六寢之吉凶一曰正寢二曰咢寢三曰思寢四曰悟寢五曰喜寢六曰懼寢凡寢之屬

皆从㝱 莫鳳切

寢 病臥也从㝱省㝱省聲七荏切

寐 臥也从㝱省未聲蜜二切

寤 寐覺而有信曰寤从㝱省吾聲一曰晝見而夜㝱也五故切

𡬁 籀文寤

𥧌 楚人謂寐曰𥧌从㝱省女聲依倨切

𥨊 寐而未厭从㝱省米聲莫禮切

𥧈 孰寐也从㝱省水聲讀若悸求癸切

寎 臥驚病也从㝱省丙聲皮命切

寱 瞑言也从㝱省臬聲牛例切

寣 臥驚也一曰小兒號寣寣一曰河內相評也从㝱省从言火滑切

文十　重一

疒 倚也人有疾病象倚箸之形凡疒之屬皆从疒 女戹切

疾 病也从疒矢聲秦悉切 𤼷 古文疾 𤶭 籒文疾

痛 病也从疒甬聲他貢切

病 疾加也从疒丙聲皮命切

瘣 病也从疒鬼聲詩曰譬彼瘣木一曰腫旁出也胡罪切

疴 病也从疒可聲五行傳曰時即有口痾烏何切

痡 病也从疒甫聲詩曰我僕痡矣普胡切

瘽 病也从疒堇聲巨斤切

瘵 病也从疒祭聲側介切

瘨 病也从疒真聲一曰腹張都季切

瘼 病也从疒莫聲慕各切

㽱 腹中急也从疒丩聲古巧切

㾔 病也从疒員聲王問切

癇 病也从疒閒聲戶閒切

疵 病也从疒此聲疾咨切

⿸疒出 病也从疒出聲五忽切

癈 固病也从疒發聲方肺切

瘏 病也从疒者聲詩曰我馬瘏矣同都切

瘲 病也从疒從聲即容切

⿸疒辛 寒病也从疒辛聲所臻切

⿸疒或 頭痛也从疒或聲讀若溝洫之洫吁逼切

痟 酸痟頭痛从疒肖聲周禮曰春時有痟首疾相邀切

疕 頭瘍也从疒匕聲卑履切

瘍 頭創也从疒昜聲與章切

痒 瘍也从疒羊聲似陽切

⿸疒馬 目病一曰惡气著身也一曰蝕創从疒馬聲莫駕切

⿸疒斯 散聲从疒斯聲先稽切

⿸疒[illegible]

口咼也从疒爲聲韋委切 疦 瘍也从疒決省聲古穴切 瘖 不能言也从疒音聲於今切

癭 頸瘤也从疒嬰聲於郢切 瘻 頸腫也从疒婁聲力豆切 㾓 顫也从疒又聲于救切

瘀 積血也从疒於聲依倨切 疝 腹痛也从疒山聲所晏切

疛 小腹病从疒肘省聲陟柳切 ⿸疒奰 滿也从疒奰聲平祕切 ⿸疒付 俛病也从疒付聲方榘切

痀 曲脊也从疒句聲其俱切 瘚 屰气也从疒从屰从欠居月切

欮 瘚或省疒 痵 气不定也从疒季聲其季切 痱 風病也从疒非聲蒲罪切

瘤 腫也从疒畱聲力求切 痤 小腫也从疒坐聲一曰族絫臣鉉等曰今別作瘯蠡

十一

非是昨禾切

疽 癰也从疒且聲七余切

⿸疒麗 癰也从疒麗聲一曰瘦黑讀若隸郎計切

癰 腫也从疒雝聲於容切

瘜 寄肉也从疒息聲相即切

癬 乾瘍也从疒鮮聲息淺切

疥 搔也从疒介聲古拜切

痂 疥也从疒加聲古牙切

⿸疒叚 女病也从疒叚聲乎加切

癘 惡疾也从疒蠆省聲洛帶切

瘧 熱寒休作从疒从虐虐亦聲魚約切

店 有熱瘧从疒占聲春秋傳曰齊侯疥遂店失廉切

痎 二日一發瘧从疒亥聲古諧切

痳 疝病从疒林聲力尋切

痔 後病也从疒寺聲直里切

痿 痹也从疒委聲儒佳切

痹 溼病也从疒畀聲必至切

⿸疒畢 足气不至

也从疒畀聲毗至切
中寒腫覈从疒豕聲陟玉切
半枯也从疒扁聲匹連切
脛气足腫从疒童聲詩曰既微且瘇時重切
籀文从尣
跛病也从疒盇聲讀若脅又讀若掩烏盍切
毆傷也从疒只聲諸氏切
疻痏也从疒有聲榮美切
創裂也一曰疾㾐从疒雋聲以水切
皮剝也从疒冄聲赤占切
籀文从皮
痛也从疒農聲奴動切
傷也从疒夷聲以脂切
痍也从疒般聲薄官切
胝瘢也从疒艮聲戶恩切
彊急也从疒巠聲其頸切
動病也从疒蟲省聲徒冬切
臞也从疒叜聲所又切

疢熱病也从疒从火臣鉉等曰今俗别作疹非是丑刃切癉勞病也从疒單聲丁榦丁賀二切

疸黃病也从疒旦聲丁榦切㾜病息也从疒夾聲苦叶切

痞痛也从疒否聲符鄙切瘍脈瘍也从疒易聲羊益切⿸疒术狂走也从疒术聲讀若欻食聿切

疲勞也从疒皮聲符羈切⿸疒朿瑕也从疒朿聲側史切

疧病也从疒氏聲渠支切⿸疒及病劣也从疒及聲呼合切⿸疒殹劇聲也从疒殹聲於賣切

癃罷病也从疒隆聲力中切⿸疒夅籀文癃省疫民皆疾也从疒役省聲營隻切

瘛小兒瘛瘲病也从疒恝聲臣鉉等曰說文無恝字疑从疒从心契省聲尺

制切

痑　馬病也从疒多聲詩曰痑痑駱馬丁可切

𤸇　馬脛瘍也从疒兌聲一曰將傷徒活切

𤻲　治也从疒樂聲力照切

療　或从尞

㽽　久病也从疒古聲古慕切

瘌　楚人謂藥毒曰痛瘌从疒剌聲盧達切

癆　朝鮮謂藥毒曰癆从疒勞聲郎到切

瘥　瘉也从疒差聲楚懈切又才他切

㾵　減也从疒衰聲一曰耗也楚追切

瘉　病瘳也从疒俞聲臣鉉等曰今別作愈非是以主切

瘳　疾瘉也从疒翏聲敕鳩切

癡　不慧也从疒疑聲丑之切

文一百二　重七

[冖]覆也从一下垂也凡冖之屬皆从冖 臣鉉等曰今俗作冪同莫狄切

[冠]絭也所以絭髮弁冕之總名也从冖从元元亦聲冠有法制从寸 徐鍇曰取其在首故从元古丸切

[冣]積也从冖从取取亦聲 才句切

[託]奠爵酒也从冖託聲周書曰王三宿三祭三託 當故切

文四

[冃]重覆也从冂一凡冃之屬皆从冃 莫保切 讀若艸苺之苺

同 合會也从冃从口臣鉉等曰同爵名也周書曰太保受同嚌故从口史籀亦从口李陽冰云从口非是徒紅切

青 幬帳之象从冃㞢其飾也苦江切

冡 覆也从冃豕莫紅切

文四

冃 小兒蠻夷頭衣也从冂二其飾也凡冃之屬皆从冃莫報切

冕 大夫以上冠也邃延垂瑬紞纊从冃免聲古者黃帝初作冕亡辡切

絻 冕或从糸

冑 兜鍪也从冃由聲直又切

䩜 司馬法冑从革

冒 冡而前也从冃从目

莫報切

𠕿 古文冒

𡯁 犯而取也从冃从取 祖外切

文五 重三

㒳 再也从冂闕易曰參天㒳地凡㒳之屬皆从㒳 良奬切

兩 二十四銖爲一兩从一㒳平分㒳亦聲 良奬切

㒼 平也从廿五行之數二十分爲一辰㒳㒼平也 讀若蠻 母官切

文三

网 庖犧所結繩以漁从冂下象网交

文凡网之屬皆从网 今經典變隸作冈 文紡切

罔 网或从亡 網 网或从糸 冈 古文网 □ 籀文网

罨 罕也从网奄聲於業切 罕 网也从网干聲呼旱切 䍐 网也从网繯繯亦聲一曰綰也古眩切

䍙 网也从网每聲莫桮切 □ 网也从网巽聲思沇切 □ 逸周書曰不卵不蹼以成鳥獸□者䍐獸足也故或从足

罙 周行也从网米聲詩曰罙入其阻武移切 罩 捕魚器也从网卓聲都教切

罾 魚网也从网曾聲作騰切 罪 捕魚竹网从网非秦以罪爲辠字徂賄切

罽 魚网也从网㓕聲㓕籀文銳居例切

罛 魚罟也从网瓜聲詩曰施罛濊濊古胡切

罟 网也从网古聲公戶切

罶 曲梁寡婦之笱魚所留也从网留留亦聲力九切

䍡 罶或从婁春秋國語曰溝罛䍡

罜 罜麗魚罟也从网主聲之庾切

䍡 罜麗也从网鹿聲盧谷切

罧 積柴水中以聚魚也从网林聲所今切

罠 釣也从网民聲武巾切

羅 以絲罟鳥也从网从維古者芒氏初作羅魯何切

罬 捕鳥覆車也从网叕聲陟劣切

輟 罬或从車

罿 罬也从网童聲尺容切

⿱罒包 覆車也从网包聲詩曰雉離于⿱罒包縛牟切

罦 ⿱罒包或从孚

罻 捕鳥网也从网尉聲於位切

罘 兔罟也从网否聲臣鉉等曰隸書作罘縛牟切

𦊾 罟也从网互聲胡誤切

罝 兔网也从网且聲子邪切

䍤 罝或从糸

𦋺 籀文从虘

𦌾 牖中网也从网舞聲文甫切

署 部署有所网屬从网者聲徐鍇曰署置之言羅絡之若罘网也常恕切

罷 遣有辠也从网能言有賢能而入网而貫遣之周禮曰議能之辟薄蟹切

置 赦也从网直徐鍇曰从直與罷同意陟吏切

罯 覆也从网音聲烏感切

詈 罵也从网从言网辠人力智切

罵 詈也从网馬聲莫駕切

𦌴 馬絡頭也从网从馽馽馬絆也居宜切

羈 𦌴或从革

文三十四　重十二

罭　魚網也从网或或亦聲于逼切

罳　罘罳屏也从网思聲息兹切

罹　心憂也从网未詳古多通用離呂支切

文三　新附

襾　覆也从冂上下覆之凡襾之屬皆从襾　呼訝切　讀若晋

覂　反覆也从襾乏聲方勇切

覈　實也考事襾笮邀遮其辭得實曰覈从襾敫聲下革切

覈　覈或从雨

覆　覂也一曰蓋也从襾復聲敷救切

文四　重一

巾　佩巾也从冂丨象系也凡巾之屬皆从巾　居銀切

帉　楚謂大巾曰帉从巾分聲　撫文切

帥　佩巾也从巾𠂤　所律切

帨　帥或从兌　又音稅

𢄼　禮巾也从巾从執　輸芮切

帗　一幅巾也从巾犮聲讀若撥　北末切

帎　枕巾也从巾刃聲　而振切

幋　覆衣大巾从巾般聲或以爲首鞶　薄官切

帤　巾帤也从巾如聲一曰幣巾　女余切

幣　帛也从巾敝聲　毗祭切

幅

布帛廣也从巾畐聲方六切

㡃 設色之工治絲練者从巾巟聲一曰㡃隔讀若荒呼光切

帶 紳也男子鞶革婦人鞶絲象繫佩之形佩必有巾从巾當蓋切

幘 髮有巾曰幘从巾責聲側革切

⿰巾旬 領耑也从巾旬聲相倫切

帔 弘農謂帬帔也从巾皮聲披義切

常 下帬也从巾尚聲市羊切

裳 常或从衣

帬 下裳也从巾君聲渠云切

裠 帬或从衣

帴 帬也一曰帗也一曰婦人脅衣从巾戔聲讀若末殺之殺所八切

⿰巾軍 幒也从巾軍聲古渾切

褌 ⿰巾軍或从衣

幒 ⿰巾軍也从巾悤聲一曰帙職茸切

⿰巾松 幒或从松

⿰巾監 楚謂無緣衣也从巾監聲魯甘切

幎 幔也从巾冥聲周禮

左傳昭二十一年釋文徽引說文作幟亦識也

宋本幓裂也

有幀人莫狄切

幔 幕也从巾曼聲莫半切

幬 禪帳也从巾𠷎聲直由切

㡘 帷也从巾兼聲力鹽切

帷 在旁曰帷从巾佳聲洧悲切

匱 古文帷

帳 張也从巾長聲知諒切

幕 帷在上曰幕覆食案亦曰幕从巾莫聲慕各切

𢁒 祭裂也从巾匕聲卑履切

幓 殘帛也从巾祭聲先列切又所例切

⿰巾俞 正耑裂也从巾俞聲山樞切

帖 帛書署也从巾占聲他叶切

帙 書衣也从巾失聲直質切

袠 帙或从衣

⿰巾前 幡幟也从巾前聲則前切

幑 幟也以絳徽帛箸於背从巾微省聲春秋傳曰揚徽者公徒許歸切

幖 幟也从巾㶾聲方招切

⿱卯巾 幡也

从巾夗聲於袁切 幡 書兒拭觚布也从巾番聲甫煩切 㡥 剌也从巾剌聲盧達切

𢅰 拭也从巾韱聲精廉切 幝 車弊皃从巾單聲詩曰檀車幝幝昌善切

幏 蓋衣也从巾冡聲莫紅切 幭 蓋幭也从巾蔑聲一曰禪被莫結切 幠 覆也从巾無聲荒烏切

飾 㕞也从巾从人食聲讀若式一曰襐飾賞隻切 幃 囊也从巾韋聲許歸切

帣 囊也今鹽官三斛爲一𢍏从巾𢍏聲居倦切 帚 糞也从又持巾埽冂內古者少康初作箕帚秫酒少康杜康也葬長垣支手切

席 籍也禮天子諸侯席有黼繡純飾从巾庶省臣鉉等曰席以待賓客之禮賓客非一人故从庶祥易切 𡧍 古文席从石省

幐 囊也从巾朕聲徒登切 㡐 以囊盛穀大滿而裂也从巾奮聲方吻切

⿰巾盾 載米齡也从巾盾聲讀若易屯卦之屯陟倫切 ⿰巾及 蒲席齡也从巾及聲讀若蛤古沓切

幩 馬纏鑣扇汗也从巾賁聲詩曰朱幩鑣鑣符分切 ⿰巾夒 墀地以巾撋之从巾夒聲讀若水溫𪏆也一曰箸也乃昆切

帑 金幣所藏也从巾奴聲乃都切

布 枲織也从巾父聲博故切

幏 南郡蠻夷賨布从巾家聲古訝切

⿰巾弦 布出東萊从巾弦聲胡田切

⿰敄巾 鬆布也一曰車上衡衣从巾敄聲讀若頊莫卜切

幦 鬆布也从巾辟聲周禮曰駹車大幦莫狄切

⿰巾取 領耑也从巾取聲陟葉切

文六十二　重八

幢　旌旗之屬从巾童聲宅江切　幟　旌旗之屬从巾戠聲昌志切　帟　在上曰帟从巾亦聲羊益切　幗　婦人首飾从巾國聲古對切　幧　斂髮也从巾喿聲七搖切　帒　囊也从巾代聲或从衣徒耐切　帊　帛二幅曰帊从巾巴聲普駕切　幞　帊也从巾菐聲房玉切　幰　車幔也从巾憲聲虛偃切

文九　新附

巿　韠也上古衣蔽前而已巿以象之天子朱巿諸侯赤巿大夫葱衡从

彥云賤不書是衍字之誤

巾象連帶之形凡市之屬皆从市分勿切

韍（宋）篆文市从韋从犮臣鉉等曰今俗作紱非是

帢士無市有帢制如榼缺四角爵弁服其色韎賤不得與裳同司農曰裳纁色从市合聲古洽切

韐帢或从韋

文二　重二

帛繒也从巾白聲凡帛之屬皆从帛旁陌切

宋本亦作色
五音韻譜色

錦 襄色織文从帛金聲 居飲切

宋本作色

文二

白 西方色也陰用事物色白从入合二二陰數凡白之屬皆从白 旁陌切

𠂤 古文白

皎 月之白也从白交聲詩曰月出皎兮 古了切

皢 日之白也从白堯聲 呼鳥切

皙 人色白也从白析聲 先擊切

皤 老人白也从白番聲易曰賁如皤 薄波切

顥 皤或从頁

皬 鳥之白也从白隺聲 胡沃切

皚 霜雪之白也从白豈聲 五來切

皅 艸華之白也从白巴聲 普巴切

皦

玉石之白也从白敫聲古了切

𡭴 際見之白也从白上下小見起戟切

皛 顯也从三白讀若皎烏皎切

文十一　重二

㡀 敗衣也从巾象衣敗之形凡㡀之屬皆从㡀毗祭切

敝 帗也一曰敗衣从攴从㡀㡀亦聲毗祭切

文二

黹 箴縷所紩衣从㡀丵省凡黹之屬皆从黹臣鉉等曰丵衆多也言箴縷之工不一也陟几切

詩釋文引作会五采鮮色也

𪓐 合五采鮮色从黹虘聲詩曰衣裳𪓐𪓐創舉切

黼 白與黑相次文从黹甫聲方榘切

黻 黑與青相次文从黹犮聲分勿切

䵷 會五采繒色从黹綷省聲子對切

黺 衮衣山龍蕐蟲黺畫粉也从黹从粉省衛宏說方吻切

詩釋文𪓐引作會

集韵引作會五綵繒也

文六

丁卯年二月廿九日校于安徒攻署 時雨方大

鳳岐寓白日照烟 譚甲不遑五杉居士記

說文解字弟七下

昔丹徒東之境中又校

是年十二月廿三日校小字宋本

辛未六月頤廬於霞飛

說文解字弟八上　漢太尉祭酒許慎記

銀青光祿大夫守右散騎常侍上柱國東海縣開國子食邑五百戶臣徐鉉等奉

勑校定

三十七部　六百一十一文　重六十三

凡八千五百三十九字

文三十五新附

𠤎

天地之性最貴者也此籒文象

臂脛之形凡人之屬皆从人如鄰切

僮 未冠也从人童聲徒紅切

保 養也从人从孚省孚古文孚博裒切

保 古文保

保 古文保不省

仁 親也从人从二臣鉉等曰仁者兼愛故从二如鄰切

忎 古文仁从千心

𡰥 古文仁或从尸

企 舉踵也从人止聲去智切

企 古文企从足

仞 伸臂一尋八尺从人刃聲而震切

仕 學也从人从士鉏里切

佼 交也从人从交下巧切

僎 具也从人𢁉聲士勉切

俅 冠飾皃从人求聲詩曰弁服俅俅巨鳩切

佩 大帶佩也从人从凡从巾佩必有巾巾謂之飾臣鉉

等曰今俗別作珮非是蒲妹切

儒　柔也術士之稱从人需聲人朱切

俊　才過千人也从人夋聲子峻切

傑　傲也从人桀聲渠列切

{亻軍}　人姓从人軍聲吾昆切

伋　人名从人及聲居立切

伉　人名从人亢聲論語有陳伉苦浪切

伯　長也从人白聲博陌切

仲　中也从人从中中亦聲直衆切

伊　殷聖人阿衡尹治天下者从人从尹於脂切

𠇒　古文伊从古文死

偰　高辛氏之子堯司徒殷之先从人契聲私列切

倩　人字从人青聲東齊壻謂之倩倉見切

伃　婦官也从人予聲以諸切

伀　志及衆也从人公聲職茸切

儇　慧也从人睘聲許緣切

倓

安也从人炎聲讀若談徒甘切

㷊 倓或从剡

侚 疾也从人旬聲辭閏切

傛 不安也从人容聲一曰華余龍切

僷 宋衛之間謂華僷僷从人葉聲与涉切

佳 善也从人圭聲古膎切

侅 奇侅非常也从人亥聲古哀切

傀 偉也从人鬼聲周禮曰大傀異公回切

瓌 傀或从玉裹聲

偉 奇也从人韋聲于鬼切

份 文質僃也从人分聲論語曰文質份份府巾切

彬 古文份从彡林林者从焚省聲臣鉉等曰今俗作斌非是

僚 好皃从人尞聲力小切

佖 威儀也从人必聲詩曰威儀佖佖毗必切

僝 具也从人孨聲讀若汝南潺水虞書曰方鳩僝功士戀切

【儠】長壯儠儠也从人巤聲春秋傳曰長儠者相之良涉切

【儦】行皃从人麃聲詩曰行人儦儦甫嬌切

【儺】行有節也从人難聲詩曰佩玉之儺諾何切

【倭】順皃从人委聲詩曰周道倭遲於爲切

【僓】嫺也从人貴聲一曰長皃吐猥切又魚罪切

【僑】高也从人喬聲巨嬌切

【俟】大也从人矣聲詩曰伾伾俟俟牀史切

【侗】大皃从人同聲詩曰神罔時侗他紅切

【佶】正也从人吉聲詩曰既佶且閑巨乙切

【俣】大也从人吳聲詩曰碩人俣俣魚禹切

【仜】大腹也从人工聲讀若紅戶工切

【僤】疾也从人單聲周禮曰句兵欲無僤徒案切

【健】伉也从人建聲渠建切

【倞】彊也从人

京聲渠竟切

傲 倨也从人敖聲五到切

仡 勇壯也从人气聲周書曰仡仡勇夫魚訖切

倨 不遜也从人居聲居御切

儼 昂頭也从人嚴聲一曰好皃魚儉切

傪 好皃从人參聲倉含切

俚 聊也从人里聲良止切

伴 大皃从人半聲薄滿切

俺 大也从人奄聲於業切

僩 武皃从人閒聲詩曰瑟兮僩兮下簡切

伾 有力也从人丕聲詩曰以車伾伾敷悲切

偲 彊力也从人思聲詩曰其人美且偲倉才切

倬 箸大也从人卓聲詩曰倬彼雲漢竹角切

侹 長皃一曰箸地一曰代也从人廷聲他鼎切

倗 輔也从人朋聲讀若陪位步崩切

傓 熾盛也从人扇

聲詩曰豔妻傓方處式戰切

儆 戒也从人敬聲春秋傳曰儆宮居影切

俶 善也从人叔聲詩曰令終有俶一曰始也昌六切

傭 均直也从人庸聲余封切

僾 仿佛也从人愛聲詩曰僾而不見烏代切

仿 相似也从人方聲妃罔切

俩 籀文仿从丙

佛 見不審也从人弗聲敷勿切

僁 聲也从人悉聲讀若屑私列切

僟 精謹也从人幾聲明堂月令數將僟終巨衣切

佗 負何也从人它聲臣鉉等案史記匈奴奇畜有橐佗今俗譌誤謂之駱駝非是徒何切

何 儋也从人可聲臣鉉等曰儋何即負何也借爲誰何之何今俗別作擔荷非是胡歌切

儋 何也从人詹聲都甘切

供 設也从人共聲一曰

供給俱容切

偫 待也从人从待直里切

儲 偫也从人諸聲直魚切

備 慎也从人𤰈聲平祕切

𠈍 古文備

位 列中庭之左右謂之位从人立于備切

儐 導也从人賓聲必刃切

擯 儐或从手

偓 偓佺也从人屋聲於角切

佺 偓佺仙人也从人全聲此緣切

㒤 心服也从人聶聲齒涉切

仢 約也从人勺聲徒歷切

儕 等輩也从人齊聲春秋傳曰吾儕小人仕皆切

倫 輩也从人侖聲一曰道也力屯切

侔 齊等也从人牟聲莫浮切

偕 彊也从人皆聲詩曰偕偕士子一曰俱也古諧切

俱 偕也从人具聲舉朱切

儹

最也从人贊聲作管切

併　並也从人并聲卑正切

傅　相也从人尃聲方遇切

侙　惕也从人式聲春秋國語曰於其心侙然恥力切

俌　輔也从人甫聲讀若撫芳武切

倚　依也从人奇聲於綺切

依　倚也从人衣聲於稀切

仍　因也从人乃聲如乘切

佽　便利也从人次聲詩曰決拾既佽一曰遞也七四切

佴　佽也从人耳聲仍吏切

倢　佽也从人疌聲子葉切

侍　承也从人寺聲時吏切

傾　仄也从人从頃頃亦聲去營切

側　旁也从人則聲阻力切

侒　宴也从人安聲烏寒切

侐　靜也从人血聲詩曰閟宮有侐況逼切

付　与也从寸持物對人

臣鉉等曰寸手也方遇切

俜 使也从人甹聲普丁切

俠 俜也从人夾聲胡頰切

儃 儃何也从人亶聲徒干切

侁 行皃从人先聲所臻切

仰 舉也从人从卬魚兩切

侸 立也从人豆聲讀若樹常句切

儡 垂皃从人畾聲一曰嬾解落猥切

侳 安也从人坐聲則臥切

偁 揚也从人爯聲處陵切

伍 相參伍也从人从五疑古切

什 相什保也从人十是執切

佰 相什伯也从人百博陌切

佸 會也从人昏聲詩曰曷其有佸一曰佸佸力皃古活切

佮 合也从人合聲古沓切

𢼸 妙也从人从攴豈省聲臣鉉等案豈字从敳省敳不應从豈省蓋傳寫之誤疑从耑省耑

物初生之題尚敚也無非切

傆 黠也从人原聲魚怨切

作 起也从人从乍則洛切

假 非真也从人叚聲古疋切一曰至也虞書曰假于上下古頟切

借 假也从人昔聲資昔切

侵 漸進也从人又持帚若埽之進又手也七林切

儥 賣也从人賣聲余六切

候 伺望也从人矦聲胡遘切

償 還也从人賞聲食章切

僅 材能也从人堇聲渠吝切

代 更也从人弋聲臣鉉等曰弋非聲說文忒字與此義訓同疑兼有忒音徒耐切

儀 度也从人義聲魚羈切

傍 近也从人旁聲步光切

佀 象也从人㠯聲詳里切

便 安也人有不便更之从人更房連切

任 保也从人壬聲

如林切

俔 譬諭也一曰聞見从人从見詩曰俔天之妹苦甸切

優 饒也从人憂聲一曰倡也於求切

僖 樂也从人喜聲許其切

偆 富也从人春聲尺允切

俒 完也逸周書曰朕實不明以俒伯父从人从完胡困切

儉 約也从人僉聲巨險切

偭 鄉也从人面聲少儀曰尊壺者偭其鼻彌箭切

俗 習也从人谷聲似足切

俾 益也从人卑聲一曰俾門侍人并弭切

倪 俾也从人兒聲五雞切

億 安也从人意聲於力切

使 伶也从人吏聲疏士切

㑧 㑧左右兩視从人癸聲其季切

伶 弄也从人令聲益州有建伶縣郎丁切

儷 棽儷也从人麗

聲呂支切

傳 遽也从人專聲直戀切

倌 小臣也从人从官詩曰命彼倌人古患切

价 善也从人介聲詩曰价人惟藩古拜切

仔 克也从人子聲子之切

㑞 送也从人灷聲呂不韋曰有侁氏以伊尹㑞女古文以爲訓字臣鉉等曰灷不成字當从䑞省案勝字从朕聲疑古者朕或音㑞以證切

徐 緩也从人余聲似魚切

偋 僻宴也从人屏聲毗正切

伸 屈伸从人申聲失人切

伹 拙也从人且聲似魚切

[亻然] 意膬也从人然聲臣鉉等曰膬耎易破也人善切

偄 弱也从人从耎奴亂切

倍 反也从人咅聲薄亥切

傿 引爲賈也从人焉聲於建切

僭 假也

从人朁聲子念切

儗　僭也一曰相疑从人从疑魚己切

偏　頗也从人扁聲芳連切

倀　狂也从人長聲一曰仆也褚羊切

儚　惛也从人夢聲呼肱切

儔　翳也从人壽聲直由切

侜　有廱蔽也从人舟聲詩曰誰侜予美張流切

俴　淺也从人戔聲慈衍切

佃　中也从人田聲春秋傳曰乘中佃一轅車堂練切

佌　小皃从人囟聲詩曰佌佌彼有屋斯氏切

侊　小皃从人光聲春秋國語曰侊飯不及一食古橫切

佻　愉也从人兆聲詩曰視民不佻土彫切

僻　避也从人辟聲詩曰宛如左僻一曰从旁牽也普擊切

伭　很也从人弦省聲胡田切

伎　與也从人支聲

詩曰籥人伎忒渠綺切

侈 掩脅也从人多聲一曰奢也尺氏切

佁 癡皃从人台聲讀若騃夷在切

⿰亻蚤 ⿰亻蚤騷也从人蚤聲穌遭切

偽 詐也从人爲聲危睡切

伿 惰也从人只聲以豉切

佝 務也从人句聲苦候切

僄 輕也从人票聲匹妙切

倡 樂也从人昌聲尺亮切

俳 戲也从人非聲步皆切

僐 作姿也从人善聲常演切

儳 儳互不齊也从人毚聲士咸切

佚 佚民也从人失聲一曰佚忽也夷質切

俄 行頃也从人我聲詩曰仄弁之俄五何切

傜 喜也从人䍃聲自關以西物大小不同謂之傜余招切

㑴 徼㑴受屈也从人卻聲其虐切

傞 醉舞皃从人差聲詩曰屢舞傞傞素何切

僛 醉舞皃从人欺聲詩曰屢舞僛僛去其切

侮 傷也从人每聲文甫切

㑄 古文从母

⿰亻疾 妎也从人疾聲一曰毒也秦悉切

嫉 ⿰亻疾或从女

偒 輕也从人昜聲一曰交傷以豉切

俙 訟面相是从人希聲喜皆切

僨 僵也从人賁聲匹問切

僵 僨也从人畺聲居良切

仆 頓也从人卜聲芳遇切

偃 僵也从人匽聲於幰切

傷 創也从人煬省聲式羊切

侾 刺也从人肴聲一曰痛聲胡茅切

侉 備詞从人夸聲苦瓜切

催 相擣也从人崔聲詩曰室人交徧催我倉回切

俑 痛也从人

甬聲他紅切又余隴切

伏 司也从人从犬　臣鉉等曰司今人作伺　房六切

促 迫也从人足聲　七玉切

例 比也从人𠛬聲　力制切

係 絜束也从人从系系亦聲　胡計切

伐 擊也从人持戈一曰敗也　房越切

俘 軍所獲也从人孚聲春秋傳曰以爲俘聝　芳無切

但 裼也从人旦聲　徒旱切

傴 僂也从人區聲　於武切

僂 尫也从人婁聲周公韤僂或言背僂　力主切

僇 癡行僇僇也从人翏聲讀若雡一曰且也　力救切

仇 讎也从人九聲　巨鳩切

儡 相敗也从人畾聲讀若雷　魯回切

咎 災也从人从各各者相違也　其久切

仳 別也从人比聲詩曰有女仳離　芳比切

倃 毀也从人咎聲其久切

倠 仳倠醜面从人隹聲許惟切

值 措也从人直聲直吏切

侂 寄也从人庑聲庑古文宅他各切

僔 聚也从人尊聲詩曰僔沓背憎慈損切

像 象也从人从象象亦聲讀若養徐兩切

倦 罷也从人卷聲渠眷切

傮 終也从人曹聲作曹切

偶 桐人也从人禺聲五口切

弔 問終也古之葬者厚衣之以薪从人持弓會敺禽多嘯切

佋 廟佋穆父爲佋南面子爲穆北面从人召聲市招切

㑗 神也从人身聲失人切

僊 長生僊去从人从䙴䙴亦聲相然切

僰 犍爲蠻夷从人棘聲蒲北切

仚 人在山上从人从山呼堅切

僥 南方有焦僥人長三

尺短之極从人堯聲五聊切

⿰亻對 市也从人對聲都隊切

俇 遠行也从人狂聲居況切

件 分也从人从牛牛大物故可分其輦切

文二百四十五　重十四

侶 徒侶也从人呂聲力舉切

侲 僮子也从人辰聲章刃切

倅 副也从人卒聲七內切

傔 從也从人兼聲苦念切

倜 倜儻不羈也从人从周未詳他歷切

儻 倜儻也从人黨聲他朖切

佾 舞行列也从人肖聲夷質切

倒 仆也从人到聲當老切

儈 合市也从人會會亦聲古外切

低 下也从人氐氐亦聲都兮切

債 債負也从人責責亦聲側賣切 價 物直也从人賈賈亦聲古訝切 停 止也从人亭聲特丁切 僦 賃也从人就就亦聲即就切 伺 候望也从人司聲相吏切自低巳下六字从人皆後人所加 僧 浮屠道人也从人曾聲穌曾切 佇 久立也从人从宁直呂切 偵 問也从人貞聲丑鄭切

文十八 新附

匕 變也从到人凡匕之屬皆从匕 呼跨切

𠤕 未定也从匕吴聲吴古文矢字語期切

真 僊人變形而登天也从匕从目从乚乚音

五經文字卷上

引作音隱

隱八所乘載也側鄰切

𠤕 古文真

化 敎行也从匕从人匕亦聲呼跨切

文四　重一

匕 相與比敘也从反人匕亦所以用比取飯一名柶凡匕之屬皆从匕　卑履切

匙 匕也从匕是聲是支切

𠦝 相次也从匕从十鴇从此博抱切

〔篆〕 頃也从匕支聲匕頭頃也詩曰跂彼織女去智切

頃 頭不正也从匕从頁臣鉉等曰匕者有所

比附不正也去營切

匘 頭髗也从匕匕相匕著也巛象髮囟象匘形奴皓切

卬 望欲有所庶及也从匕从卪詩曰高山卬止伍岡切

卓 高也早匕爲阜匕卪爲卬皆同義竹角切

𠧟 古文阜

艮 很也从匕目匕目猶目相匕不相下也易曰艮其限匕目爲艮匕目爲眞也古恨切

文九　重一

从 相聽也从二人凡从之屬皆从从疾容切

從 隨行也从辵从从亦聲慈用切

幷 相從也从从开聲一曰从持二爲幷府盈切

文三

密也二人爲从反从爲比凡比之屬皆从比毗二切

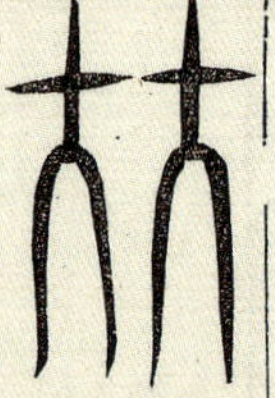古文比

慎也从比必聲周書曰無毖于卹兵媚切

文二　重一

乖也从二人相背凡北之屬皆从北博墨切

冀 北方州也从北異聲几利切

文二

丠 土之高也非人所爲也从北从一一地也人居在丘南故从北中邦之居在崐崘東南一曰四方高中央下爲丘象形凡丘之屬皆从丘 去鳩切今隸變作丘

說文無崐崘字依日本御本作昆侖

𡊭 古文从土

虛 大丘也崐崘丘謂之崐崘虛古者九夫爲井四井爲邑四邑爲丘丘謂之虛从丘虍聲臣鉉等

曰今俗別作墟非是丘如切又朽居切

屔 反頂受水丘从丘泥省聲奴低切

聲符作尼者誤合作泥聲

文三　重一

乑 衆立也从三人凡乑之屬皆从乑讀若欽崟魚音切

聲符韵合乃不聲有一日

眾 多也从乑目衆意之仲切

聚 會也从乑取聲邑落曰聚才句切

臮 衆詞與也从乑自聲虞書曰臮咎繇其冀切

臮 古文臮

文四　重一

𡈼善也从人士士事也一曰象物出地挺生也凡𡈼之屬皆从𡈼臣鉉等曰人在土上𡈼然而立也他鼎切

徵召也从微省𡈼爲徵行於微而文達者卽徵之陟陵切 古文徵

朢月滿與日相朢以朝君也从月从臣从𡈼𡈼朝廷也無放切 古文朢省

㸒近求也从爪𡈼𡈼徼幸也余箴切

文四　重二

重厚也从𡈼東聲凡重之屬皆从重

徐鍇曰王者人在土上故爲厚也柱用切

量 稱輕重也从重省曏省聲呂張切 量 古文量

文二　重一

臥 休也从人臣取其伏也凡臥之屬皆从臥 吾貨切

監 臨下也从臥䘓省聲古銜切 𧧻 古文監从言 臨 監臨也从臥品聲力尋切

𦦢 楚謂小兒嬾𪇸从臥食 尼厄切

文四　重一

身 躳也象人之身从人厂聲凡身之屬皆从身失人切

軀 體也从身區聲豈俱切

文二

㐆 歸也从反身凡㐆之屬皆从㐆徐鍇曰古人所謂反身修道故曰歸也於機切

殷 作樂之盛稱殷从㐆从殳易曰殷薦之上帝於身切

文二

衣 依也上曰衣下曰裳象覆二人之

形凡衣之屬皆从衣 於稀切

裁 制衣也从衣𢦏聲昨哉切

衮 天子享先王卷龍繡於下幅一龍蟠阿上鄉从衣公聲古本切

襢 丹縠衣从衣亶聲知扇切

褕 翟羽飾衣从衣俞聲一曰直裾謂之襜褕羊朱切

袗 玄服从衣㐱聲之忍切

裖 袗或从辰

表 上衣也从衣从毛古者衣裘以毛爲表陂矯切

䙮 古文表从麃

裏 衣内也从衣里聲良止切

襁 負兒衣从衣強聲居兩切

襋 衣領也从衣棘聲詩曰要之襋之己力切

襮 黼領也从衣暴聲詩曰素衣朱襮蒲沃切

衽 衣裣也从衣壬聲如甚切

褸 衽也从衣婁聲力主切 褽 衽也从衣尉聲於胃切 ⿰衤叀 裣緣也从衣叀聲七文切 裣 交衽也从衣金聲居音切 褘 蔽厀也从衣韋聲周禮曰王后之服褘衣謂畫袍許歸切 䘻 襲袂也从衣夫聲甫無切 襲 左衽袍从衣龖省聲似入切 䙭 籀文襲不省 袍 襺也从衣包聲論語曰衣弊緼袍薄褒切 襺 袍衣也从衣繭聲以絮曰襺以緼曰袍春秋傳曰盛夏重襺古典切 褋 南楚謂禪衣曰褋从衣枼聲徒叶切 袤 衣帶以上从衣矛聲一曰南北曰袤東西曰廣莫候切 𧜧 籀文袤从楙 襘 帶所結也从衣會聲春秋傳曰衣有襘古外切 褧 緐也詩曰衣錦褧衣示反古从

衣耿聲去頛切 衹 衹裯短衣从衣氐聲都兮切 裯 衣袂衹裯从衣周聲都牢切

襤 裯謂之襤褸襤無緣也从衣監聲魯甘切 𧝝 無袂衣謂之𧝝从衣惰省聲徒臥切

⿰衤毒 衣躬縫从衣毒聲讀若督冬毒切 袪 衣袂也从衣去聲一曰袪褱也褱者裛也 [illegible]本作一曰袪褱也

袪尺二寸春秋傳曰披斬其袪去魚切 褎 袂也从衣采聲似又切 袖 俗褎从由

袂 袖也从衣夬聲彌獘切 褢 袖也一曰藏也从衣鬼聲戶乖切 褱

俠也从衣眔聲一曰橐臣鉉等曰眔非聲未詳戶乖切 袌 褱也从衣包聲臣鉉等曰今俗作抱

非是抱與捊同薄保切 襜 衣蔽前从衣詹聲處占切 袥 衣衸从衣石聲他各切

[illegible]短衣蔽[illegible]一字

說文[illegible]衣蔽前謂之襜許用彼成文

刻去[illegible]字

衸 袥也从衣介聲胡介切

襗 絝也从衣睪聲徒各切

袉 裾也从衣它聲論語曰朝服袉紳唐左切

裾 衣袍也从衣居聲讀與居同九魚切

衧 諸衧也从衣于聲羽俱切

褰 絝也从衣寒省聲春秋傳曰徵褰與襦去虔切

襱 絝踦也从衣龍聲丈冢切 襩 襱或从賣

袑 絝上也从衣召聲市沼切

襑 衣博大从衣尋聲他感切

褒 衣博裾从衣保省聲保古文保博毛切

⿰衤啻 緥也从衣啻聲詩曰載衣之⿰衤啻臣鉉等曰緥即褓緥也今俗別作褓非是他計切

褍 衣正幅从衣耑聲多官切

⿰衤圍 重衣皃从衣圍聲爾雅曰⿰衤圍⿰衤圍⿰衤賁⿰衤賁臣鉉等曰說文無⿰衤賁字爾雅亦無此語疑後人所加羽非切

複 重衣皃从衣复聲一曰褚衣方六切

褆 衣厚褆褆从衣是聲杜兮切

襛 衣厚皃从衣農聲詩曰何彼襛矣汝容切

裻 新衣聲一曰背縫从衣叔聲冬毒切

袳 衣張也从衣多聲春秋傳曰公會齊侯于袳尺氏切

裔 衣裾也从衣㕯聲臣鉉等曰㕯非聲疑象衣裾之形余制切

[古文裔] 古文裔

衯 長衣皃从衣分聲撫文切

袁 長衣皃从衣叀省聲羽元切

䙰 短衣也从衣鳥聲春秋傳曰有空䙰都僚切

褺 重衣也从衣執聲巴郡有褺江縣徒叶切

裵 長衣皃从衣非聲臣鉉等按漢書裵回用此今俗作徘徊非是薄回切

襡 短衣也从衣蜀聲讀若蜀市玉切

[篆] 衣至

地也从衣斲聲竹角切

襦 短衣也从衣需聲一曰𩈚衣人朱切

褊 衣小也从衣扁聲方沔切

袷 衣無絮从衣合聲古洽切

襌 衣不重从衣單聲都寒切

襄 漢令解衣耕謂之襄从衣𤕦聲息良切

𡀔 古文襄

被 寑衣也長一身有半从衣皮聲平義切

衾 大被从衣今聲去音切

襐 飾也从衣象聲徐兩切

衵 日日所常衣从衣从日日亦聲人質切

褻 私服从衣埶聲詩曰是褻袢也臣鉉等曰从埶省乃得聲私列切

衷 裏褻衣从衣中聲春秋傳曰皆衷其衵服陟弓切

袾 好佳也从衣朱聲詩曰靜女其袾昌朱切

袓 事好也从衣且聲才与切

裨 接益也从

衣卑聲府移切 **袢** 無色也从衣半聲一曰詩曰是紲袢也讀若普博幔切 **襍**

五彩相合从衣集聲徂合切 **裕** 衣物饒也从衣谷聲易曰有孚裕無咎羊孺切 **襞**

韏衣也从衣辟聲臣鉉等曰韏革中辨也衣襞積如辨也必益切 **衦** 摩展衣从衣干聲古案切

裂 繒餘也从衣列聲良嶭切 **袽** 弊衣从衣奴聲女加切 **袒** 衣縫解也

从衣旦聲丈莧切 **補** 完衣也从衣甫聲博古切 **𧝹** 紩衣也从衣黹黹亦聲豬几切

褫 奪衣也从衣虒聲讀若池直离切 **羸** 袒也从衣羸聲郎果切 **裸**

羸或从果 **裎** 袒也从衣呈聲丑郢切 **裼** 袒也从衣易聲先擊切 **衺**

衺 也从衣牙聲似嗟切 襭 以衣衽扱物謂之襭从衣頡聲胡結切 擷 襭或从手

袺 執衽謂之袺从衣吉聲格八切 褿 帴也从衣曹聲昨牢切又七刀切 書囊

裝 裹也从衣壯聲側羊切 裹 纏也从衣果聲古火切 裛 也从衣邑聲於業切

齌 緶也从衣齊聲郎夷切 裋 豎使布長襦从衣豆聲常句切

䙔 編枲衣从衣區聲一曰頭䙔一曰次裹衣於武切又於侯切 褐 編枲韤一曰粗衣

从衣曷聲胡葛切 褗 䙔領也从衣匽聲於幰切 裺 褗謂之裺从衣奄聲依檢切

衰 艸雨衣秦謂之萆从衣象形穌禾切 衰 十文衰 卒 隸人給事者衣

爲卒卒衣有題識者臧没切 褚 卒也从衣者聲一曰製衣丑呂切 製 裁也从衣从制征例切 袚 蠻夷衣从衣犮聲一曰蔽厀北末切 襚 衣死人也从衣遂聲春秋傳曰楚使公親襚徐醉切 ⿰衤弔 棺中縑裏从衣弔讀若雕都僚切 裞 贈終者衣被曰裞从衣兑聲輸芮切 褮 鬼衣从衣熒省聲讀若詩曰葛藟縈之一曰若靜女其袾之袾於營切 ⿰衤延 車温也从衣延聲式連切 褭 以組帶馬也从衣从馬奴鳥切

文一百一十六　重十一

袨 盛服也从衣玄聲黃絢切 衫 衣也从衣彡聲所銜切 襹 衰屬从衣

奥聲烏皓切

文三 新附

裘 皮衣也从衣求聲一曰象形與衰同意凡裘之屬皆从裘巨鳩切

求 古文省衣

𧝫 裘裏也从裘鬲聲讀若擊楷革切

文二 重一

老 考也七十曰老从人毛匕言須髮變白也凡老之屬皆从老盧皓切

耋 年八十曰耋从老省从至徒結切

耄 年九十曰薹从老从蒿省莫報切

耆 老也从老省旨聲渠脂切

耇 老人面凍黎若垢从老省句聲古厚切

𦒷 老人面如點也从老省占聲讀若耿介之耿丁念切

𦒺 老人行才相逮从老省易省行象讀若樹常句切

壽 久也从老省𠷎聲殖酉切

考 老也从老省丂聲苦浩切

孝 善事父母者从老省从子子承老也呼教切

文十

毛 眉髮之屬及獸毛也象形凡毛之屬皆从毛莫袍切

毴 毛盛也从毛隼聲虞書曰鳥獸毴髦而尹切又人勇切 𣬛 獸豪也从毛倝聲侯幹切 毨 仲秋鳥獸毛盛可選取以爲器用从毛先聲讀若選穌典切 𣯌 以毳爲罽色如虋故謂之𣯌虋禾之赤苗也从毛㒼聲詩曰毳衣如𣯌莫奔切 氈 撚毛也从毛亶聲諸延切

文六

毦 羽毛飾也从毛耳聲仍吏切 氍 氍毹毾㲪皆氈緂之屬蓋方言也从毛瞿聲其俱切 毹 氍毹也从毛俞聲羊朱切 毾 毾㲪也从毛𦐓聲土盍切 㲪 毾㲪也从毛登聲都滕切 毬 鞠丸也从毛求聲巨鳩切 氅 析鳥羽爲旗纛之屬从毛敞聲

昌兩切

文七 新附

毳 獸細毛也从三毛凡毳之屬皆从

毳 此芮切

𣰏 毛紛紛也从毳非聲甫微切

文二

尸 陳也象臥之形凡尸之屬皆从尸 式脂切

𡲕 偫也从尸奠聲堂練切

居 蹲也从尸古者居从古臣鉉等曰居从古者言法古

从古者而从立玉篇有古文居字

也九魚切　踞　俗居从足　屓　臥息也从尸自臣鉉等曰自古者以爲鼻字故从自許介切

屑　動作切切也从尸㐬聲私列切　展　轉也从尸襄省聲知衍切（一切經音義十四引作脽）

屆　行不便也一曰極也从尸由聲古拜切　尻　腓也从尸九聲苦刀切　屍　髀也从尸下丌居几臣鉉等曰丌几皆所以尻止也徒魂切

脽　屍或从肉隼　𦝡　屍或从骨殿聲

⿸尸旨　尻也从尸旨聲詰利切　尼　從後近之从尸匕聲女夷切　⿸尸臿　從後相臿也从尸从臿楚洽切（玉篇作……相蹈也不引）（廣韻作臿聲）

⿸尸乏　𡲵屖也从尸乏聲直立切　㞋　柔皮也从申尸之後尸或从又臣鉉等曰注似闕脫未詳入善切

屒　伏皃从尸辰聲一曰屋宇珍忍切　屖

屖遟也从尸辛聲先稽切

屝 履也从尸非聲扶沸切

屍 終主从尸从死式脂切

屠 刳也从尸者聲同都切

屟 履中薦也从尸枼聲穌叶切

屋 居也从尸尸所主也一曰尸象屋形从至至所至止室屋皆从至烏谷切

𡸗 籀文屋从厂

𡱂 古文屋

屏 屏蔽也从尸并聲必郢切

層 重屋也从尸曾聲昨稜切

文二十三　重五

屢 數也按今之婁字本是屢空字此字後人所加从尸未詳立羽切

文一　新附

說文解字弟八上

嘉慶十二年嘉平月廿四日校小字宋本

說文解字弟八　下　漢太尉祭酒許慎（氏）記

銀青光禄大夫守右散騎常侍上柱國東海縣開國子食邑五百户臣徐鉉等奉

敕校定

尺　十寸也人手卻十分動脈爲寸口十寸爲尺尺所以指尺（韻會引指下無尺）規榘事也从尸从乙乙所識也周制寸尺咫尋常仞諸度量皆以人之體爲法

凡尺之屬皆从尺 昌石切

咫 中婦人手長八寸謂之咫周尺也从尺只聲 諸氏切

文二

尾 微也从到毛在尸後古人或飾系尾西南夷亦然凡尾之屬皆从尾 無斐切今隸變作尾

屬 連也从尾蜀聲 之欲切

屈 無尾也从尾出聲 九勿切

尿 人小便也从尾从水 奴弔切

文四

履 足所依也从尸从彳从夊舟象履形一曰尸聲凡履之屬皆从履 良止切

𩏑 古文履从頁从足

屨 履也从履省婁聲一曰鞮也九遇切

𡳐 履下也从履省歷聲郎擊切

𡱽 履屬从履省予聲徐呂切

屩 屐也从履省喬聲居勺切

屐 屩也从履省支聲奇逆切

文六　重一

舟 船也古者共鼓貨狄刳木爲舟剡木爲楫以濟不通象形凡舟之屬

韻會引世本云二人並黃帝臣

皆从舟 職流切

俞 空中木爲舟也从亼从舟从巜巜水也羊朱切

船 舟也从舟鉛省聲食川切

彤 船行也从舟彡聲丑林切

舳 艫也从舟由聲漢律名船方長爲舳艫一曰舟尾臣鉉等曰當从胄省乃得聲直六切

艫 舳艫也一曰船頭从舟盧聲洛乎切

𦨕 船行不安也从舟从刖省讀若兀五忽切

艐 船著不行也从舟㚇聲讀若䓘子紅切

朕 我也闕直禁切

舫 船師也明堂月令曰舫人習水者从舟方聲甫妄切

般 辟也象舟之旋从舟从殳殳所以旋也比潘切

般 古文般从支

服 用也一曰車右騑所以舟旋从舟𠬝聲房六切

宋本作車右騑○是

詩日疏釋文乃引說文作舫 疏引作䑠小船也

𦨖 古文服从人

文十二　重三

舸 舟也从舟可聲古我切

艇 小舟也从舟廷聲徒鼎切

艅 艅艎舟名从舟余聲經典通用餘皇以諸切

艎 艅艎也从舟皇聲胡光切

文四 新附

方 併船也象兩舟省總頭形凡方之屬皆从方 府良切

筆教本義引作斻方舟也印忠言

汸 方或从水

斻 方舟也从方亢聲禮天子造舟諸矦維舟大夫方舟士特舟臣鉉等曰今俗别作航非是胡郎切

文二　重一

儿 仁人也古文奇字人也象形孔子曰在人下故詰屈凡儿之屬皆从儿 如鄰切

兀 高而上平也从一在人上讀若敻茂陵有兀桑里五忽切

兒 孺子也从儿象小兒頭囟未合汝移切

允 信也从儿㠯聲余準切

兌 說也从儿㕣聲臣鉉等曰㕣古文兗字非聲當从口从八象气之分散易曰兌爲巫爲口大外切

充 長也高也从儿育省聲昌終切

文六

兄 長也从儿从口凡兄之屬皆从兄 許榮切

兢 競也从二兄二兄競意从丯聲讀若矜一曰兢敬也居陵切

文二

先 首笄也从人匕象簪形凡先之屬皆从先 側岑切

簪 俗先从竹从朁

兓 朁朁鋭意也从二先子林切

文二 重一

宋本作吁

皃 頌儀也从人白象人面形凡皃之屬皆从皃 莫教切

五音韻譜作从白下儿也

貌 皃或从頁豹省聲 貎 籀文皃从豹省 覍 冕也周曰覍殷曰吁夏曰收从皃象形 皮變切 㝐 籀文覍从廾上象形 弁 或覍字

宋本及集韻類篇引作曰吁 毛本刻作曰哻 鍇傳作哻

文二 重四

𠑹 廱蔽也从人象左右皆蔽形凡𠑹之屬皆从𠑹讀若瞽 公戶切

兜 兜鍪首鎧也从𠰻从皃省皃象人頭也當侯切

文二

先 前進也从儿从之凡先之屬皆从先 臣鉉等曰之在人上是先也穌前切

兟 進也从二先贊从此闕所臻切

文二

禿 無髮也从人上象禾粟之形取其聲凡禿之屬皆从禿王育說蒼頡出見禿人伏禾中因以制字未知

其審他谷切

穨 禿皃从禿貴聲杜回切

文二

見 視也从儿从目凡見之屬皆从見古甸切

視 瞻也从見示神至切 眎 古文視 眡 亦古文視 覼 求也从見麗聲讀若池郎計切 覣 好視也从見委聲於爲切 ⿰兒見 旁視也从見兒聲五計切

覶 好視也从見𤔔聲洛戈切 ⿰彔見 笑視也从見彔聲力玉切 ⿰爰見 大視也从

見爰聲況晚切　覝察視也从見炗聲讀若鐮力鹽切　⿱員見外博眾多視也从見員聲

讀若運王問切　觀諦視也从見雚聲古玩切　⿱雚囧古文觀从囧　㝵取也

从見从寸寸度之亦手也臣鉉等案彳部作古文得字此重出多則切　覽觀也从見監監亦聲

盧敢切　⿰來見內視也从見來聲洛代切　⿰是見顯也从見是聲杜兮切　⿰票見

目有察省見也从見㶾聲方小切　⿰朿見⿰朿見覷闚觀也从見朿聲七四切　覻拘覻未致

密也从見虘聲七句切　覭小見也从見冥聲爾雅曰覭髳弗離莫經切　⿰甚見內視也从

見甚聲丁含切　覯遇見也从見冓聲古后切　⿱歸見注目視也从見歸聲渠追切

冒見小徐在冃部云犯而見也从冃見玉篇冃部有冒見云突前也見部又有覓亦云突前也

覘 窺也从見占聲春秋傳曰公使覘之信敕豔切 覹 司也从見微聲無非切

覢 暫見也从見炎聲春秋公羊傳曰覢然公子陽生失冉切 ⿰賓見 暫見也从見賓聲必刃切

⿰樊見 觀⿰樊見也从見樊聲讀若幡附袁切 ⿰氏見 病人視也从見氏聲讀若迷莫兮切

⿰鹵見 下視深也从見鹵聲讀若攸以周切 ⿰彡見 私出頭視也从見彡聲讀若郴丑林切

冒見 突前也从見冃臣鉉等曰冃重覆也犯冃而見是突前也莫紅亡洪二切 覬 欽幸也从見豈聲几利切 覦 欲也从見俞聲羊朱切 ⿱舂見 視不明也一曰直視从見舂聲丑尨切

⿰龠見 視誤也从見龠聲弋笑切 覺 寤也从見學省聲一曰發也古岳切 ⿰𣏟見

目赤也从見智省聲臣鉉等曰智非聲未詳才的切

靚 召也从見青聲疾正切

親 至也从見亲聲七人切

覲 諸侯秋朝曰覲勞王事从見堇聲渠吝切

覜 諸侯三年大相聘曰覜覜視也从見兆聲他弔切

覒 擇也从見毛聲讀若苗莫袍切

覕 蔽不相見也从見必聲莫結切

覗 司人也从見它聲讀若馳式支切

䚀 目蔽垢也从見豈聲讀若兜當矦切

文四十五　重三

覿 見也从見賣聲徒歷切

文一　新附

覞 並視也从二見凡覞之屬皆从覞

弋笑切

䦸 很視也从䚏肎聲齊景公之勇臣有成䦸者苦閑切

䨲 見雨而止息从䚏从雨讀若欷虛器切

意宋本作比息 誤

文三

欠 張口气悟也象气从人上出之形凡欠之屬皆从欠 去劒切

案性循說三古以十力作写气

欽 欠皃从欠金聲去音切

山海經西山經剛山是多神䰠其音如欽 是也系

𣤶 欠皃从欠䜌聲洛官切

欯 喜也从欠吉聲許吉切

吹 出气也从欠从口臣鉉等案口部已有吹嘘此重出昌垂切

欨 吹也一曰

笑意从欠句聲況于切

歟 安气也从欠與聲以諸切

歑 溫吹也从欠虖聲虎烏切

㰥 吹气也从欠或聲於六切

歙 翕气也从欠脅聲虛業切

歕 吹气也从欠賁聲普魂切

歇 息也一曰气越泄从欠曷聲許謁切

歡 喜樂也从欠雚聲呼官切

欣 笑喜也从欠斤聲許斤切

弞 笑不壞顏曰弞从欠引省聲式忍切

款 意有所欲也从欠㲻省臣鉉等曰㲻塞也意有所欲而猶塞款款然也苦管切

歀 款或从柰

[illegible] 奄也从欠气聲一曰口不便言居气切

欲 貪欲也从欠谷聲余蜀切

歌 詠也从欠哥聲古俄切

謌 歌或从言

歂 口气引也从欠耑聲讀若車輇市緣切

歍　心有所惡若吐也从欠烏聲一曰口相就哀都切

𣤽　歍𣤽也从欠鼀聲才六切

噈　俗𣤽从口从就

𣢴　怒然也从欠赤聲孟子曰曾西𣢴然才六切

欦　含笑也从欠今聲丘嚴切

歋　人相笑相歋瘉从欠虒聲以支切

歊　歊歊气出皃从欠高高亦聲許嬌切

欻　有所吹起从欠炎聲讀若忽許物切

欪　欪欪戲笑皃从欠之聲許其切

𣢾　𣢾𣢾气出皃从欠䍃聲余招切

歗　吟也从欠肅聲詩曰其歗也謌臣鉉等案口部有此籒文嘯字此重出穌弔切

歎　吟也从欠鷬省聲他案切

𣣋　籒文歎不省

歖　卒喜也从欠从喜許其切

欸　訾也从欠矣聲凶戒切又烏開切

[illegible]

歐也从欠此聲前智切

歐 吐也从欠區聲烏后切

歔 欷也从欠虛聲一曰出气也朽居切

欷 歔也从欠稀省聲香衣切

歜 盛气怒也从欠蜀聲尺玉切

⿰鹵欠 言意也从欠从鹵鹵亦聲讀若酉与久切

⿰渴欠 欲歠也从欠渴聲苦葛切

⿰噭欠 所謌也从欠噭省聲讀若叫呼之叫古弔切

⿰嗇欠 悲意从欠嗇聲火力切

⿰⿰米焦欠 盡酒也从欠⿰米焦聲子肖切

⿰緘欠 監持意口閉也从欠緘聲古咸切

⿰辰欠 指而笑也从欠辰聲讀若蜃時忍切

⿰鰥欠 昆干不可知也从欠鰥聲古渾切

歃 歠也从欠臿聲春秋傳曰歃而忘山洽切

欶 吮也从欠束聲所角切

歁 食不滿也从欠甚聲讀若

宋本讀若卉
五音韻譜同

坎苦感切

欿 欲得也从欠臽聲讀若貪他含切

欱 歠也从欠合聲呼合切

歉 歉食不滿从欠兼聲苦簟切

[篆] 咽中息不利也从欠骨聲烏八切

欭 嚘也从欠因聲乙冀切

欬 屰气也从欠亥聲苦蓋切

[篆] 且唾聲一曰小笑从欠毄聲許壁切

歙 縮鼻也从欠翕聲丹陽有歙縣許及切

[篆] 蹴鼻也从欠咎聲讀若爾雅曰麔豭短脰於糾切

𣢸 愁皃从欠幼聲臣鉉等案口部呦字或作𣢸此重出於虯切

欪 咄欪無慙一曰無腸意从欠出聲讀若卉丑律切

欥 詮詞也从欠从曰曰亦聲詩曰欥求厥寧余律切

次 不前不精也从欠二聲七四切

[篆] 古文次

㳄

文二十

飢虛也从欠康聲苦岡切

欺 詐欺也从欠其聲去其切

歆 神食气也从欠音聲許今切

文六十五　重五

歈 歌也从欠俞聲切韻云巴歈歌也案史記渝水之人善歌舞漢高祖采其聲後人因加此字羊朱切

文一　新附

㱃 歠也从欠酓聲凡㱃之屬皆从㱃　於錦切

古文㱃从今水

古文㱃从今食

歠 㱃也从㱃省叕聲昌說切

吷 歠或从口从夬

文二 重三

㳄 慕欲口液也从欠从水凡㳄之屬皆从㳄 敘連切

𠖥 㳄或从侃 㵽 籀文㳄

羨 貪欲也从㳄从羑省羑呼之羑文王所拘羑里似面切

𣢑 歠也从㳄厂聲讀若移以支切

盜 私利物也从㳄次欲皿者徒到切

文四 重二

旡 㱃食气屰不得息曰旡从反欠凡

旡之屬皆从旡 居未切今變隸作旡

（古文）古文旡

⿰咼旡 屰惡驚詞也从旡咼聲讀若楚人名多夥乎果切

𣄼 事有不善言𣄼也爾雅𣄼薄也从旡京聲臣鉉等曰今俗隸書作亮力讓切

六書故引唐本亮明也从儿从高省

文三 重一

說文解字弟八下

丁卯年十二月廿四日校完

說文解字弟九上　漢太尉祭酒許慎記

銀青光禄大夫守右散騎常侍上柱國東海縣開國子食邑五百户臣徐鉉等奉

敕校定

四十六部　四百九十六文　重六十四

三　宋本

凡七千二百四十七字

文三十八　新附

𦣻　頭也从百从儿古文䭫首如此凡

頁之屬皆从頁百者䭫首字也 胡結切

頭 首也从頁豆聲度矦切

顏 眉目之閒也从頁彥聲五姦切

顏 籀文

頌 皃也从頁公聲余封切又似用切

頌 籀文

䪼 顱也从頁乇聲徒谷切

顱 項顱首骨也从頁盧聲洛乎切

𩕢 顛頂也从頁巺聲魚怨切

顛 項也从頁眞聲都季切

頂 顛也从頁丁聲都挺切

頂 或从

頂 籀文从鼎

顙 額也从頁桑聲穌朗切

題 額也从頁是聲杜兮切

頟 顙也从頁各聲臣鉉等曰今俗作額五陌切

頞 鼻莖也从頁安聲烏割切

齃 或从鼻曷

權也从頁𡕝聲渠追切

頰 面旁也从頁夾聲古叶切

𩓿 籀文頰从𩠐

⿰皀頁 頰後也从頁皀聲古恨切

頜 頤也从頁合聲胡感切

顄 頤也从頁圅聲胡男切

頸 頭莖也从頁巠聲居郢切

領 項也从頁令聲良郢切

項 頭後也从頁工聲胡講切

⿰冘頁 項枕也从頁冘聲章衽切

顀 出額也从頁隹聲直追切

⿰不頁 曲頤也从頁不聲薄回切

顩 䫡皃从頁僉聲魚檢切

⿰尹頁 面目不正皃从頁尹聲余準切

頵 頭頵頵大也从頁君聲於倫切

⿰員頁 面色顚顚皃从頁員聲讀若隕于閔切

⿰兼頁 頭頰長也从頁兼聲五咸切

碩 頭大也从頁石聲常隻切

頒 大頭也从

說文九上 二

頁分聲一曰鬢也詩曰有頒其首布還切
顒 大頭也从頁禺聲詩曰其大有顒魚容切
⿰羔頁 大頭也从頁羔聲口幺切
顝 大頭也从頁骨聲讀若魁苦骨切
願 大頭也从頁原聲魚怨切
顤 高長頭从頁堯聲五吊切
⿰敖頁 贅顤高也从頁敖聲五到切
⿰岳頁 面前岳岳也从頁岳聲五角切
⿰㬎頁 昧前也从頁㬎聲讀若昧莫佩切
⿰霝頁 面瘦淺顳顳也从頁霝聲郎丁切
顡 頭蔽顡也从頁豙聲五怪切
頑 梱頭也从頁元聲五還切
⿰枝頁 小頭䫉䫉也从頁枝聲讀若規又已恚切
顆 小頭也从頁果聲苦惰切
頢 短面也从頁昏聲五活切又下括切
頲 狹頭頲也从頁廷聲他挺切
⿰㔾頁 頭閑習也从頁

危聲語委切

頷 面黃也从頁含聲胡感切

⿰爰頁 面不正也从頁爰聲于反切

頍 舉頭也从頁支聲詩曰有頍者弁丘弭切

⿰叟頁 內頭水中也从頁叟叟亦聲烏沒切

顧 還視也从頁雇聲古慕切

順 理也从頁从巛食閏切

⿰㐱頁 顏色㐱鱗慎事也从頁㐱聲之忍切

⿰粦頁 㐱鱗也从頁粦聲一曰頭少髮良刃切

顓 頭顓顓謹皃从頁耑聲職緣切

頊 頭頊頊謹皃从頁玉聲許玉切

顉 低頭也从頁金聲春秋傳曰迎于門顉之而已五感切

頓 下首也从頁屯聲都困切

頫 低頭也从頁逃省太史卜書頫仰字如此揚雄曰人面頫臣鉉等曰頫首者逃亾之皃故从逃省今俗作俯非是方矩切

俛 頫或从人免

頣 舉目視人皃从頁臣聲式忍切

𩓯 倨視人也从頁善聲旨善切

頡 直項也从頁吉聲胡結切

頔 頭頡頔也从頁出聲讀又若骨之出切

顥 白皃从頁从景楚詞曰天白顥顥南山四顥白首人也臣鉉等曰景日月之光明白也胡老切

䫜 大醜皃从頁樊聲附袁切

頨 頭妍也从頁翩省聲讀若翩臣鉉等曰从翩聲又讀若翩則是古今異音也王矩切

䫆 好皃从頁爭聲詩所謂䫆首疾正切

顗 謹莊皃从頁豈聲魚豈切

顅 頭鬢少髮也从頁肩聲周禮數目顅脰苦閑切

䫥 無髮也一曰耳門也从頁囷聲苦昆切

𩑛 禿也从頁气聲苦骨切

頛 頭不正也从頁从耒耒頭傾也讀又若春秋陳夏齧之齧盧對切

䫌 傾首也

宋本作禊

也从頁卑聲匹米切　䫔 伺人也一曰恐也从頁契聲讀若禊胡計切　䫥 頭不正也从頁鬼聲口猥切　頗 頭偏也从頁皮聲滂禾切　⿰尤頁 顫也从頁尤聲于救切　疣 ⿰尤頁或从疒　顫 頭不正也从頁亶聲之繕切　顑 飯不飽面黃起行也从頁咸聲讀若戇下感下坎二切　顲 面顑顲皃从頁㐭聲盧感切　煩 熱頭痛也从頁从火一曰焚省聲附袁切　顡 癡不聰明也从頁豪聲五怪切　頪 難曉也从頁米一曰鮮白皃从粉省臣鉉等曰難曉亦不聰之義盧對切　顦 顦顇也从頁焦聲昨焦切　顇 顦顇也从頁卒聲秦醉切　䫒 繫頭殟也从頁昏聲莫奔切　頦 醜也从頁亥聲戶來切　䫏 醜也从頁

其聲今逐疫有䫏頭去其切

籲　呼也从頁籥聲讀與籥同商書曰率籲衆戚羊戍切

顯　頭明飾也从頁㬎聲臣鉉等曰㬎古以爲顯字故从㬎聲呼典切

顨　選具也从二頁士戀切

文九十二　重八

預　安也案經典通用豫从頁未詳羊洳切

文一　新附

百　頭也象形凡百之屬皆从百書九切

脜　面和也从百从肉讀若柔耳由切

文二

面　顔前也从百象人面形凡面之屬

皆从面　彌箭切

靦　面見也从面見見亦聲詩曰有靦面目他典切　（朱批：見人）（朱批：詩何人斯疏亦經釋文引作䩄面）

䩄　或从旦

䩉　頰也从面甫聲符遇切

䩌　面焦枯小也从面焦聲即消切

文四　重一

靨　姿也从面厭聲於叶切

文一　新附

丏　不見也象壅（朱批：說文無壅字當作廱）蔽之形凡丏之屬皆从丏　彌兖切

文一

𦣻　百同古文百也巛象髮謂之鬊鬊

案玉篇說與賈侍中不同蓋隸寫此下成本形故云尔

即巛也凡𦣻之屬皆从𦣻　書九切

䭫　下首也从𦣻旨聲康禮切

𩠠　截也从𦣻从斷　大丸旨沇二切

剸　或从刀專聲

文三　重一

県　到𦣻也賈侍中說此斷𦣻到縣県字凡県之屬皆从県　古堯切

玉篇野王謂[illegible]秦刑也

縣　繫也从系持県臣鉉等曰此本是縣挂之縣借爲州縣之縣今俗加心別作懸義無所取胡涓切

文二

須　面毛也从頁从彡凡須之屬皆从須　臣鉉等曰此本須鬢之須頁首也彡毛飾也借爲所須之須俗書从水非是相俞切

宋毅面作而

頿　口上須也从須此聲臣鉉等曰今俗別作髭非是即移切

䫇　頰須也从須从冄冄亦聲臣鉉等曰今俗別作髥非是汝鹽切

顊　須髮半白也从須卑聲府移切

䪼　短須髮皃从須否聲敷悲切

文五

彡　毛飾畫文也象形凡彡之屬皆从彡　所銜切

此字傳寫之誤王作彡畫文者之字

形 象形也从彡幵聲 戶經切
㐱 稠髮也从彡从人詩曰㐱髮如雲 之忍切
鬒 㐱或从髟眞聲
修 飾也从彡攸聲 息流切
彰 文彰也从彡从章章亦聲 諸良切
彫 琢文也从彡周聲 都僚切
𢒝 清飾也从彡青聲 疾郢切
㣎 細文也从彡㐬省聲 莫卜切
弱 橈也上象橈曲彡象毛氂橈弱也弱物幷故从二𢑚 而勺切

文九 重一

彩 文章也从彡采聲 倉宰切

文一 新附

彣 戫也从彡从文凡彣之屬皆从彣 無分切

彥 美士有文人所言也从彣厂聲魚變切

文二

文 錯畫也象交文凡文之屬皆从文 無分切

斐 分別文也从文非聲易曰君子豹變其文斐也敷尾切

辬 駁文也从文辡聲布還切

嫠 微畫也从文𠩺聲里之切

文四

髟 長髮猋猋也从長从彡凡髟之屬皆从髟 必凋切又所銜切

文選秋興賦注引說文白黑髮雜而髟云字林亦同則从髟下當有一曰云云

根也从髟犮聲方伐切

髮或从首

古文

頰髮也从髟賓聲必刃切

髮長也从髟㒼聲讀若蔓母官切

髮長也从髟監聲讀若春秋黑肱以濫來奔魯甘切

髮好也从髟差聲千可切

髮好也从髟卷聲詩曰其人美且鬈衢員切

髮也从髟从毛莫袍切

髮皃从髟臱聲讀若宀莫賢切

髮多也从髟周聲直由切

髮皃从髟爾聲讀若江南謂酢母爲𩯭奴禮切

髮皃从髟音聲步矛切

髮至眉也从髟敄聲詩曰紞彼兩髳亾牢切

髳或省漢令有髳長

女鬢垂皃从髟前聲作踐切

鬋也一曰

玉篇引上毛也此蓋毛根之脫

一切經音義四引作髮中高起者也

古本髮中有脫文

宋本此聲

玉篇作髮多也

不引

長皃。从髟兼聲。讀若慊。力鹽切。

[illegible] 束髮少也。从髟截聲。子結切。

鬄 髮也。从髟易聲。先彳切。又大計切。

髢 鬄或从也聲。

髲 鬄也。从髟皮聲。平義切。

[illegible] 用梳比也。从髟次聲。七四切。

髺 潔髮也。从髟昏聲。古活切。

[illegible] 臥結也。从髟般聲。讀若槃。薄官切。

[illegible] 結也。从髟付聲。方遇切。

[illegible] 帶結飾也。从髟莫聲。莫駕切。

[illegible] 屈髮也。从髟貴聲。丘媿切。

[illegible] 簪結也。从髟介聲。古拜切。

鬣 髮鬣鬣也。从髟巤聲。良涉切。

[illegible] 鬣或从毛。

獵 或从豕。

髗 鬣也。从髟盧聲。洛乎切。

髴 髴若似也。从髟弗聲。敷勿切。

髶 亂髮也。从髟茸省聲。而容切。

鬌 髮隋也。从髟隋省。直追切。

說文之剔宋本及五音韻譜皆作易聲槃侍作剔聲毛本刻段易為剔非而卬本未改

鬄 宋

鬊 鬊髮也从髟舂聲舒閏切

鬝 鬢禿也从髟閒聲苦閑切

鬄 鬀髮也从髟从刀易聲他歷切

髡 鬄髮也从髟兀聲苦昆切

髨 或从元

鬀 鬄髮也从髟弟聲大人曰髡小兒曰鬀盡及身毛曰鬄臣鉉等曰今俗別作剃非是他計切

䰉 𩰋也从髟竝聲蒲浪切

𩰋 䰉也忽見也从髟彔聲彔籒文魅亦忽見意芳未切

髽 喪結禮女子髽衰弔則不髽魯臧武仲與齊戰于狐鮐魯人迎喪者始髽从髟坐聲莊華切

鬐 馬鬣也从髟耆聲渠脂切

髫 小兒垂結也从髟召聲徒聊切

鬠 緫髮也从

文三十八　重七

髟吉聲古通用結古詣切

鬟 總髮也从髟睘聲案古婦人首飾琢王爲兩環此二字皆後人所加户關切

文四 新附

后 繼體君也象人之形施令以告四方故厂之从一口發號者君后也凡后之屬皆从后胡口切

呴 厚怒聲从口后后亦聲呼后切

文二

司 臣司事於外者从反后凡司之屬

皆从司 息茲切

詞 意內而言外也从司从言 似茲切

文二

卮 圜器也一名觛所以節飲食象人卪在其下也易曰君子節飲食凡卮之屬皆从卮 章移切

⿰卮專 小卮有耳蓋者从卮專聲 市沇切

⿰卮耑 小卮也从卮耑聲讀若捶擊之捶 旨沇切

文三

卪　瑞信也守國者用玉卪守都鄙者用角卪使山邦者用虎卪土邦者用人卪澤邦者用龍卪門關者用符卪貨賄用璽卪道路用旌卪象相合之形凡卪之屬皆从卪　子結切

令　發號也从亼卪徐鍇曰號令者集而爲之卪制也　力正切

㔰　輔信也从卪比聲虞書曰㔰成五服　毗必切

卶　有大度也从卪多聲讀若侈　充豉切

𠨘　宰之也从卪必聲　兵媚切

卲 高也从卪召聲寔照切

厄 科厄木節也从卪厂聲賈侍中說以爲厄裹也一曰厄蓋也臣鉉等曰厂非聲未詳五果切

厀 脛頭卪也从卪桼聲臣鉉等曰今俗作膝非是息七切

卷 厀曲也从卪𢍏聲居轉切

卻 節欲也从卪谷聲去約切

卸 舍車解馬也从卪午止午讀若汝南人寫書之寫臣鉉等曰午馬也故从午司夜切

𠨐 卪也闕則候切

𠨍 二卪也巽从此闕士戀切

文十三

印 執政所持信也从爪从卪凡印之屬皆从印於刃切

𠨘 按也从反印於棘切

抑 俗从手

文二　重一

色 顔气也从人从卩凡色之屬皆从色所力切

𢒈 古文

艴 色艴如也从色弗聲論語曰色艴如也蒲没切

艵 縹色也从色并聲普丁切

文三　重一

卯 事之制也从卩𠬝凡卯之屬皆从卯去京切

卿　章也六卿天官冢宰地官司徒春官宗伯夏官司馬秋官司寇冬官司空从卯皀聲去京切

文二

辟　法也从卩从辛節制其辠也从口用法者也凡辟之屬皆从辟必益切

𨐨　治也从辟从井周書曰我之不𨐨必益切

嬖　治也从辟乂聲虞書曰有能俾嬖魚廢切

文三

勹　裹也象人曲形有所包裹凡勹之

屬皆从勹　布交切

[篆] 曲脊也从勹𥳑省聲巨六切

匍 手行也从勹甫聲薄乎切

匐 伏地也从勹畐聲蒲北切

匊 在手曰匊从勹米臣鉉等曰今俗作掬非是居六切

匀 少也从勹二羊倫切

勼 聚也从勹九聲讀若鳩居求切

旬 徧也十日爲旬从勹日詳遵切

[篆] 古文

勽 覆也从勹覆人薄皓切

匈 膺也从勹凶聲許容切

[篆] 匈或从肉

[篆] 帀徧也从勹舟聲職流切

匌 帀也从勹从合合亦聲侯閤切

匓 飽也从勹𣪘聲民祭祀曰厭匓己又切又乙庶切

[篆] 重也从勹復聲扶富切

宋本作祭祀

勹作調　匀雖从　勹二下有　一曰調匀

祀字宋作祭　祀毛依刻改

宋本及五音韻譜作祭

或省彳

高墳也从勹豕聲知隴切

文十五　重三

象人裹妊巳在中象子未成形也元气起於子子人所生也男左行三十女右行二十俱立於巳爲夫婦裹妊於巳巳爲子十月而生男起巳至寅女起巳至申故男秊始

寅女季始申也凡包之屬皆从包布交切

胞 兒生裹也从肉从包匹交切 [說文引作包聲]

匏 瓠也从包从夸聲包取其可包藏物也薄交切 [說文引作从夸包聲]

文三

茍 自急敕也从羊省从包省从口口猶慎言也从羊羊與義善美同意凡茍之屬皆从茍己力切

茍 古文羊不省

敬 肅也从攴茍 居慶切

文二　重一

鬼 人所歸爲鬼从人象鬼頭鬼陰气賊害从厶凡鬼之屬皆从鬼 居偉切

𩲡 古文从示

䰠 神也从鬼申聲 食鄰切

魂 陽气也从鬼云聲 戶昆切

魄 陰神也从鬼白聲 普百切

䰡 厲鬼也从鬼失聲 丑利切

魖 耗鬼也从鬼虛聲 朽居切

魃 旱鬼也从鬼犮聲周禮有赤魃氏除牆屋之物也詩曰旱魃爲虐 蒲撥切

鬽 老精物也从鬼彡彡鬼毛 密秘切

魅 或从未聲

𩲌 古文

𩲍 籀文

从彖首从尾省聲

鬾 鬼服也一曰小兒鬼从鬼支聲韓詩傳曰鄭交甫逢二女鬾服奇寄切

䰧 鬼皃从鬼虎聲虎烏切

𩲡 鬼俗也从鬼幾聲淮南傳曰吳人鬼越人𩲡渠希切

䰭 鬼魀聲䰭䰭不止也从鬼需聲奴豆切

𩲸 鬼變也从鬼化聲呼駕切

𩴾 見鬼驚詞从鬼難省聲讀若詩受福不儺諾何切

䰩 鬼皃从鬼賓聲符眞切

醜 可惡也从鬼酉聲昌九切

魋 神獸也从鬼隹聲杜回切

文十七 重四

魑 鬼屬从鬼从离离亦聲丑知切

魔 鬼也从鬼麻聲莫波切

魘 寱驚

案九經字様作甶鬼上从甶下从爪从人从厶全畏字廣元廣而謂人爪指从人也非許意

也从鬼厭聲於琰切

文三 新附

甶 鬼頭也象形凡甶之屬皆从甶 敷勿切

畏 惡也从甶虎省鬼頭而虎爪可畏也於胃切 𤰞 古文省

禺 母猴屬頭似鬼从甶从内牛具切

文三 重一

厶 姦衺也韓非曰蒼頡作字自營爲厶凡厶之屬皆从厶 息夷切

篡 屰而奪取曰篡从厶算聲初宦切

𠫤 相訹呼也从厶从羑與久切

誘

或从言秀誘 或如此羑 古文臣鉉等按羊部有羑羑進善也此古文重出

文三　重三

嵬 高不平也从山鬼聲凡嵬之屬皆从嵬 五灰切

文選南都賦注引一切經音義十九引作高而不平也

巍 高也从嵬委聲牛威切臣鉉等曰今人省山以爲魏國之魏語韋切

文二

說文解字弟九上

說文解字弟九　下　漢太尉祭酒許慎記

銀青光禄大夫守右散騎常侍上柱國東海縣開國子食邑五百户臣徐鉉等奉

敕校定

（朱批：本雅釋山釋文引有凡天下名山已下三十字應補）

山　宣也宣气散生萬物有石而高象形凡山之屬皆从山　所閒切

（朱批：凡天下名山五千三百七十出銅之山四百六十七出鐵之山三千六百九）

嶽　東岱南靃西華北恒中泰室王者之所以巡狩所至从山獄聲　五角切

𡴳　古文象高形

岱　太山也从山代聲　徒耐切

島　海中往往有山可依止曰島从山鳥聲讀若詩曰蔦

與女蘿都皓切

峱 山在齊地从山狃聲詩曰遭我于峱之閒兮奴刀切

嶧 葛嶧山在東海下邳从山睪聲夏書曰嶧陽孤桐羊益切

嵎 封嵎之山在吳楚之閒汪芒之國从山禺聲噳俱切

嶷 九嶷山舜所葬在零陵營道从山疑聲語其切

崏 山在蜀湔氐西徼外从山敃聲武巾切

𡵂 山也或曰弱水之所出从山几聲居履切

巀 巀嶭山在馮翊池陽从山截聲才葛切

嶭 巀嶭山也从山辥聲五葛切

崋 山在弘農華陰从山華省聲胡化切

崞 山在鴈門从山𩫏聲古博切

崵 崵山在遼西从山昜聲一曰嵎鐵崵谷也與章切

岵 山有草木也从山古聲詩曰陟彼岵兮侯古切

屺 山無草木也从山己聲詩曰陟彼屺

亏墟里切

嶨 山多大石也从山學省聲胡角切

嶅 山多小石也从山敖聲五交切

岨 石戴土也从山且聲詩曰陟彼岨矣七余切

岡 山脊也从山网聲古郎切

岑 山小而高从山今聲鉏箴切

崟 山之岑崟也从山金聲魚音切

崒 崒危高也从山卒聲醉綏切

巒 山小而銳从山䜌聲洛官切

密 山如堂者从山宓聲美畢切

岫 山穴也从山由聲似又切

𥦖 籀文从穴

⿱山陖 高也从山陖聲私閏切

峻 ⿱山陖或省

隓 山之隓隓者从山从憜省聲讀若相推落之隓徒果切

韻會引作隋省聲

嶘 尤高也从山棧聲士限切

崛 山短高也从山屈聲衢勿切

[illegible] 巍高也从

説文九下　二

山蠆聲讀若厲力制切

⿱山夆 山耑也从山夆聲敷容切

巖 岸也从山嚴聲五緘切

嵒 山巖也从山品讀若吟臣鉉等曰从品象巖厓連屬之形五咸切

⿱山絫 辠也从山絫聲落猥切

⿱山辠 山皃从山辠聲祖賄切

⿱山告 山皃一曰山名从山告聲古到切

⿰阝隓 山皃从山隓聲徒果切臣鉉等案隓與墮同墮今亦音徒果切則是隓兼有此音

嵯 山皃从山差聲昨何切

峨 嵯峨也从山我聲五何切

崝 嶸也从山青聲臣鉉等曰今俗別作崢非是七耕切

嶸 崝嶸也从山熒聲戶萌切

㟋 谷也从山巠聲戶經切

⿰山朋 山壞也从山朋聲北滕切

⿰阝朋 古文从𨸏

⿱山弗 山脅道也从山弗聲符勿切

嵍 山名从山敄聲亡遇切 嶢 焦嶢山高皃从山堯聲古僚切 嶈 山陖也从山戕聲慈良切 嵏 九嵏山在馮翊谷口从山嵏聲子紅切 岊 陬隅高山之節从山从卪子結切 崇 嵬高也从山宗聲鉏弓切 崔 大高也从山隹胙回切

文五十三 重四

嶙 嶙峋深崖皃从山粦聲力珍切 峋 嶙峋也从山旬聲相倫切 岌 山高皃从山及聲魚汲切 嶠 山鋭而高也从山喬聲古通用喬渠廟切 嵌 山深皃从山歁省聲口銜切 嶼 島也从山與聲徐呂切 嶺 山道也从山領聲良郢切 嵐

文選南都賦注引作高大也

山名从山葴省聲盧含切

嵩 中岳嵩高山也从山从高亦从松韋昭國語注云古通用崇字息弓切

崑 崑崙山名从山昆聲漢書揚雄文通用昆侖古渾切

崙 崑崙也从山侖聲盧昆切

嵇 山名从山稽省聲奚氏避難特造此字非古胡雞切

文十二　新附

屾 二山也凡屾之屬皆从屾所臻切

錢侍作屾下有闕字

嵞 會稽山一曰九江當嵞也民以辛壬癸甲之日嫁娶从屾余聲虞書曰予娶嵞山同都切

文二

屵 岸高也从山厂厂亦聲凡屵之

屬皆从屵　五葛切

岸　水厓而高者从屵干聲五旰切

崖　高邊也从屵圭聲五佳切

⿱屵隹　高也从屵隹聲都回切

嶏　崩也从屵肥聲符鄙切

⿱屵配　崩聲从屵配聲讀若費蒲沒切

文六

广　因广爲屋象對刺高屋之形凡广之屬皆从广讀若儼然之儼魚儉切

府　文書藏也从广付聲臣鉉等曰今藏腑字俗書从肉非是方矩切

廱　天子饗飲

辟廱从广雝聲於容切

庠 禮官養老夏曰校殷曰庠周曰序从广羊聲似陽切

廬 寄也秋冬去春夏居从广盧聲力居切

庭 宮中也从广廷聲特丁切

廇 中庭也从广畱聲力救切

庉 樓牆也从广屯聲徒損切

庌 廡也从广牙聲周禮曰夏庌馬五下切

廡 堂下周屋从广無聲文甫切

𢋹 籀文从舞

𢋈 廡也从广虜聲讀若鹵郎古切

庖 廚也从广包聲薄交切

廚 庖屋也从广尌聲直株切

庫 兵車藏也从广在广下苦故切

廏 馬舍也从广殷聲周禮曰馬有二百十四匹爲廏廏有僕夫居又切

𠩑 古文从九

序 東西牆也从广予聲徐吕切

廦 牆也从广辟聲比激切

切

廣 殿之大屋也从广黃聲古晃切

廥 芻稾之藏从广會聲古外切

庾 水槽倉也从广臾聲一曰倉無屋者以主切

屏 蔽也从广并聲必郢切

廁 清也从广則聲初吏切

廛 一畝半一家之居从广里八土直連切

⿸广兌 屋牝瓦下一曰維綱也从广閱省聲讀若環戶關切

⿸广怱 屋階中會也从广怱聲倉紅切

⿸广侈 廣也从广侈聲春秋國語曰俠溝而⿸广侈我尺氏切

廉 仄也从广兼聲力兼切

⿸广秅 開張屋也从广秅聲濟陰有秅縣宅加切

龐 高屋也从广龍聲薄江切

底 山居也一曰下也从广氏聲都禮切

庢 礙止也从广至聲陟栗切

廮 安止也从广嬰

聲鉅鹿有廮陶縣於郢切

废 舍也从广犮聲詩曰召伯所废蒲撥切

庳 中伏舍从广卑聲一曰屋庳或讀若逋便俾切

庇 蔭也从广比聲必至切

庶 屋下衆也从广炗炗古文光字臣鉉等曰光亦衆盛也商署切

庤 儲置屋下也从广寺聲直里切

廙 行屋也从广異聲與職切

廔 屋麗廔也从广婁聲一曰穜也洛侯切

⿸广隹 屋从上傾下也从广隹聲都回切

廢 屋頓也从广發聲方肺切

庮 久屋朽木从广酉聲周禮曰牛夜鳴則庮臭如朽木與久切

廑 少劣之居从广堇聲巨斤切

廟 尊先祖皃也从广朝聲眉召切

庿 古文

㡯 人相依㡯也从广且聲子余切

⿸广曷 屋迫也从广曷聲於

歆切

庍 卻屋也从广屰聲昌石切

（朱批：一曰[illegible]音義[illegible]作卻屋也卻亦通漢東方朔傳[illegible]師古皆云[illegible]也）

廞 陳輿服於庭也从广欽聲讀若歆許今切

廫 空虛也从广膠聲臣鉉等曰今別作寥非是洛蕭切

文四十九　重三

廈 屋也从广夓聲胡雅切

廊 東西序也从广郎聲漢書通用郎魯當切

廂 廊也从广相聲息良切

庪 祭山曰庪縣从广技聲過委切

庱 地名从广未詳丑拯切

廖 人姓从广未詳當是省廫字爾力救切

文六　新附

厂 山石之厓巖人可居象形凡厂之

屬皆从厂 呼旱切

厈 籒文从干

厓 山邊也从厂圭聲五佳切

厜 厜㕒山顚也从厂垂聲姊宜切

㕒 厜㕒也从厂義聲魚爲切

⿸厂敢 崟也一曰地名从厂敢聲魚音切

厬 仄出泉也从厂晷聲讀若軌居洧切

厎 柔石也从厂氐聲職雉切

砥 厎或从石

厥 發石也从厂欮聲俱月切

厲 旱石也从厂蠆省聲力制切

⿸厂蠆 或不省

厱 厱諸治玉石也从厂僉聲讀若藍魯甘切

厤 治也从厂秝聲郎擊切

⿸厂異 石利也从厂異聲讀若枲胥里切

⿸厂古 美石也从厂古聲侯古切

厗 唐厗石也从厂屖省聲杜兮切

㕒 石聲也从厂立聲盧荅切

⿸厂兒 石地惡也从厂兒聲五歷切

厱 石地也从厂金聲讀若紷巨今切

⿸厂甫 石間見从厂甫聲讀若敷芳無切

厝 厲石也从厂昔聲詩曰他山之石可以爲厝倉各切又七互切

厖 石大也从厂尨聲莫江切

⿸厂㞢 岸上見也从厂从之省讀若躍以灼切

> 繫傳作之省聲

㕉 辟也从厂夾聲胡甲切

仄 側傾也从人在厂下阻力切

⿸厂矢 籀文从矢矢亦聲

⿸厂辟 仄也从厂辟聲普擊切

> 玉篇廣韻皆作仄也假本作反誤

厞 隱也从厂非聲扶沸切

厭 笮也从厂猒聲一曰合也於輒切又一琰切

厃 仰也从人在厂上一曰屋梠也秦謂之桷齊謂之厃魚毁切

文二十七　重四

丸 圜傾側而轉者从反仄凡丸之屬皆从丸胡官切

𡰥 鷙鳥食已吐其皮毛如丸从丸咼聲讀若骫於跪切

𡱒 丸之孰也从丸而聲奴禾切

奿 闕芳萬切

文四

危 在高而懼也从厃自卪止之凡危之屬皆从危魚爲切

𢻹 㩻䧧也从危支聲去其切

一切經音義十一十六十八引作攲䧧傾側不安也

文二

石 山石也在厂之下口象形凡石之屬皆从石 常隻切

礦 銅鐵樸石也从石黃聲讀若穬古猛切 卝 古文礦周禮有卝人

碭 文石也从石昜聲徒浪切

碝 石次玉者从石耎聲而沇切

砮 石可以爲矢鏃从石奴聲夏書曰梁州貢砮丹春秋國語曰肅慎氏貢楛矢石砮乃都切

礜 毒石也出漢中从石與聲羊茹切

碣 特立之石東海有碣石山从石曷聲渠列切 𥕢 古文

磏 厲石也一曰赤色从石兼聲讀若鎌力鹽切

碬 厲石也从石叚聲春秋傳曰鄭公孫碬字子石乎加切

礫 小石也从石樂聲郎擊切

䂬 水邊石从石巩聲春秋傳曰闕碧之甲居竦切

磧 水陼有石者从石責聲七迹切

碑 豎石也从石卑聲府眉切

𥕢 陊也从石彖聲徒對切

磒 落也从石員聲春秋傳曰磒石于宋五于敏切

僖十六年經

䃗 碎石隕聲从石炙聲所責切

硞 石聲从石告聲苦角切

韻會引作硠硠石聲

礐 石聲从石學省聲胡角切

硈 石堅也从石吉聲一曰突也格八切

磕 石聲从石盍聲口太切又苦盍切

玉篇作石小聲也

硻 餘堅者从石堅省口莖切

類篇作堅石聲

磿 石聲也从石厤聲郎擊切

磛 礹石也从石斬聲鉏銜切

礹 石山也从石嚴聲五銜切

礊 堅也从石毄聲

楷革切 确 磬石也从石角聲臣鉉等曰今俗作確非是胡角切 殻 确或从殻

磽 磬石也从石堯聲口交切 硪 石巖也从石我聲五何切 碞 磛碞也从石品周書曰畏于民碞讀與巖同臣鉉等曰从品與碞同意五銜切 磬 樂石也从石殸象縣虡之形殳擊之也古者毋句氏作磬苦定切 殸 籀文省 硜 古文从巠 礙 止也从石疑聲五溉切

硩 上摘山巖空青珊瑚墮之从石折聲周禮曰有硩蔟氏丑列切 硟 以石扞繒也从石延聲尺戰切 碎 䃺也从石卒聲蘇對切 破 石碎也从石皮聲普過切

礱 䃺也从石龍聲天子之桷椽而礱之盧紅切 研 䃺也从石幵聲五堅切

宋本作磐石誤 磐 宋本作 磛宋本作品聲 宋本無山字 宋本从竹

說文九下 九

依宋本改

䃺 石磑也从石靡聲模臥切

磑 䃺也从石豈聲古者公輸班作磑五對切

䃣 舂也从石隹聲都隊切

䃃 舂已復擣之曰䃃从石沓聲徒合切

磻 以石箸隿繁也从石番聲博禾切

⿰石箸 斫也从石箸聲張略切

硯 石滑也从石見聲五甸切

文選注引作滑石也

砭 以石刺病也从石乏聲方廉切

⿰石鬲 石地惡也从石鬲聲下革切

砢 磊砢也从石可聲來可切

磊 衆石也从三石落猥切

文四十九　重五

礪 䃺也从石厲聲經典通用厲力制切

䃿 左氏傳衛大夫石䃿唐韻云敬也从石耒詳昔

聲七削切

磯 大石激水也从石幾聲居衣切

碌 石皃从石彔聲盧谷切

砧 石柎也从石占聲知林切

砌 階甃也从石切聲千計切

礩 柱下石也从石質聲之日切

礎 礩也从石楚聲創舉切

硾 擣也从石垂聲直類切

文九 新附

長 久遠也从兀从匕兀者高遠意也久則變化亾聲𠆢者倒亾也凡長之屬皆从長 臣鉉等曰倒亾不亾也長久之義也直良切

六書故引作久則變匕

說文繫倒字作到

𨱗 古文長 𨱘 亦古文長

肆 極陳也从長隶聲息利切 𨽸 或从髟

镾 久長也从長爾聲武移切

𨲠 蛇惡毒長也从長失聲徒結切

文四 重三

勿 州里所建旗象其柄有三游雜帛幅半異所以趣民故遽稱勿勿凡勿之屬皆从勿文弗切

㫚 勿或从㫃

昜 開也从日一勿一曰飛揚一曰長也一曰彊者衆皃與章切

文二　重一

冄　毛冄冄也象形凡冄之屬皆从冄　而琰切

文一

而　頰毛也象毛之形周禮曰作其鱗之而凡而之屬皆从而　臣鉉等曰今俗別作髵非是　如之切

耏　罪不至髡也从而从彡　奴代切

耐　或从寸諸法度字从寸

文二　重一

豕 彘也竭其尾故謂之豕象毛足而後有尾讀與豨同按今世字誤以豕爲彘以彘爲豕何以明之爲啄琢从豕蠡从彘皆取其聲以是明之 臣鉉等曰此語未詳或後人所加 凡豕之屬皆从豕 式視切

書云為啄琢从豕

豕 古文

豬 豕而三毛叢居者从豕者聲陟魚切

縠 小豚也从豕𣪊聲步角切

豯 生三月豚腹豯豯皃也从豕奚聲胡雞切

（朱批：御覽九百三引豚字在生上）

豵 生六月豚从豕從聲一曰一歲豵尚叢聚也子紅切

豝 牝豕也从豕巴聲一曰二歲能相把拏也詩曰一發五豝伯加切

豜 三歲豕肩相及者从豕幵聲詩曰並驅从兩豜兮古賢切

豶 羠豕也从豕賁聲符分切

豭 牡豕也从豕叚聲古牙切

𧰲 上谷名豬豰从豕役省聲營隻切

（朱批：宋本作名豬𧰲 誤）

䝐 豶也从豕隋聲臣鉉等曰當从隨省以水切

貇 齧也从豕皀聲康很切

豷 豕息也从豕壹聲春秋傳曰生敖及豷許利切

豧 豕息也从豕甫聲芳無切

豢 以穀圈養豕也从豕𢍏聲胡慣切

豠 豕屬从豕且聲疾余切

豲 逸也从豕原聲周書曰豲有爪而不敢以撅讀若桓胡官切

豨 豕走豨豨从豕希聲古有封豨脩蛇之害虛豈切

豖 豕絆足行豖豖从豕繫二足丑六切

豦 鬭相丮不解也从豕虍豕虍之鬭不解也讀若蘮蒘草之蘮司馬相如說豦封豕之屬一曰虎兩足舉强魚切

豙 豕怒毛豎一曰殘艾也从豕辛臣鉉等曰从辛未詳魚既切

豩 二豕也豳从此闕伯貧切又呼關切

文二十二　重一

㣇 脩豪獸一曰河内名豕也从彑下

象毛足凡𢑚之屬皆从𢑚讀若弟羊至切

𢑚籀文 𢑚古文

𧰨豕屬从𢑚𦥑聲呼骨切

豪豕鬣如筆管者出南郡从𢑚高聲乎刀切

豪籀文从豕臣鉉等曰今俗別作毫非是

𧰪蟲似豪豬者从𢑚胃省聲于貴切

蝟或从虫

𢑡𢑚屬从二𢑚息利切

𢑡古文𢑡虞書曰𢑡類于上帝

文五　重五

彑豕之頭象其銳而上見也凡彑之

山海經西山經
多名曰豪彘
豲也

段注 案說文無希字此
即希字也淮南本經訓高
誘注楚人謂豕為豨

說文多[illegible]
為菌茹

[illegible] 脩豪獸一曰河内名豕也从彑下

重一

象毛足凡㣇之屬皆从㣇讀若弟
羊至切
㣇籒文　㣇古文　㣊豕屬从㣇㘝聲呼骨切　𧰱豕鬣如筆管者出南郡从㣇高聲乎刀切　豪籒文从豕臣鉉等曰今俗別作毫非是　彙蟲似豪豬者从㣇胃省聲于貴切　蝟或从虫　𧰽㣇屬从二㣇息利切　𧰽古文𧰽虞書曰𧰽類于上帝
文五　重五
彑豕之頭象其銳而上見也凡彑之

屬皆从彑讀若罽 居例切

彘 豕也後蹏廢謂之彘从彑矢聲从二匕彘足與鹿足同 直例切

𢑚 豕也从彑从豕讀若弛 式視切

𧰲 豕也从彑下象其足讀若瑕 乎加切

彖 豕走也从彑从豕省 通貫切

文五

𧰨 小豕也从彖省象形从又持肉以給祠祀凡𧰨之屬皆从𧰨 徒魂切

豚 篆文从肉豕

䝨 𧰨屬从𧰨衛聲讀若罽 于歲切

文二　重一

豸　獸長脊行豸豸然欲有所司殺形凡豸之屬皆从豸池爾切司殺讀若伺候之伺

豹　似虎圜文从豸勺聲北教切

貙　貙貗似貍者从豸區聲敕俱切

貚　貙屬也从豸單聲徒干切

貔　豹屬出貉國从豸㮜聲詩曰獻其貔皮周書曰如虎如貔貔猛獸房脂切

豼　或从比

豺　狼屬狗聲从豸才聲士皆切

貐　猰貐似貙虎爪食人迅走从豸俞聲以主切

貘　似熊而黃黑色出蜀中从豸莫聲莫白切

𧳜　猛獸也从豸庸

（朱批：史記司馬相如傳正義引作狼爪犲字；誤又引杜林云豺似狗白；色亦書我此下有杜林說；說文繫傳淮南作窫）

聲余封切

貜 𤜱貜也从豸矍聲王縛切

貀 獸無前足从豸出聲漢律能捕豺貀購百錢女滑切

貈 似狐善睡獸从豸舟聲論語曰狐貈之厚以居臣鉉等曰舟非聲未詳下各切

豻 胡地野狗从豸干聲五旰切

犴 豻或从犬詩曰宜犴宜獄

貂 鼠屬大而黃黑出胡丁零國从豸召聲都僚切

貉 北方豸種从豸各聲孔子曰貉之爲言惡也莫白切

貆 貉之類从豸亘聲胡官切

貍 伏獸似貙从豸里聲里之切

貒 獸也从豸耑聲讀若湍他耑切

貛 野豕也从豸雚聲呼官切

貁 鼠屬善旋从豸穴聲余救切

文二十 重二

貓 貍屬从豸苗聲莫交切

文一 新附

𤉡 如野牛而青象形與禽离頭同凡𤉡之屬皆从𤉡徐姊切

詩何草不黃疏引作兕野牛其皮堅厚可為鎧

左傳宣二年疏爾雅釋獸疏引作如野牛青色其皮堅厚可制鎧 藝文類聚九十五引作如野牛青色其皮堅厚可以為鎧 [illegible] 多兕今本書古脫文

兕 古文从几

文一 重一

易 蜥易蝘蜓守宮也象形祕書說日月為易象陰陽也一曰从勿凡易之屬皆从易羊益切

文一

象 長鼻牙南越大獸三秊一乳象耳牙四足之形凡象之屬皆从象 徐兩切

豫 象之大者賈侍中說不害於物从象予聲羊茹切

𢐅 古文

文二　重一

說文解字弟九下

丁卯年十二月廿四日校畢

說文解字弟十上　漢太尉祭酒許慎記

銀青光祿大夫守右散騎常侍上柱國東海縣開國子食邑五百戶臣徐鉉等奉

敕校定

四十部　八百一十文　重八十八 七字

凡萬四字

文三十一 新附

馬 怒也武也象馬頭髦尾四足之形 已蕭作武獸也

凡馬之屬皆从馬 莫下切

古文 籀文馬與影同有髦

騭 牡馬也从馬陟聲讀若郅之日切

⿱馬一 馬一歲也从馬一絆其足讀若弦一曰若環戶關切

駒 馬二歲曰駒三歲曰駣从馬句聲舉朱切

⿰馬八 馬八歲也从馬从八博拔切

騆 馬一目白曰騆二目白曰魚从馬閒聲戶閒切

騏 馬青驪文如博棊也从馬其聲渠之切

驪 馬深黑色从馬麗聲呂支切

駽 青驪馬从馬肙聲詩曰駜彼乘駽火玄切

騩 馬淺黑色从馬鬼聲俱位切

騮 赤馬黑毛尾也从馬留聲力求切

騢 馬赤白雜毛从馬叚聲謂色似鰕魚

也乎加切騅馬蒼黑雜毛从馬隹聲職追切駱馬白色黑鬣尾也从馬各聲盧各切
駰馬陰白雜毛也从馬因聲詩曰有駰有騢於眞切驄馬青白雜毛也从馬悤聲倉紅切
驈驪馬白胯也从馬矞聲詩曰有驈有騜食聿切駹馬面顙皆白也从馬尨聲莫江切
騧黃馬黑喙从馬咼聲古華切𩥮籀文騧驃黃馬發白色一曰白髦尾也从馬㶾聲毗召切
駓黃馬白毛也从馬丕聲敷悲切驖馬赤黑色从馬戴聲詩曰四驖孔阜他結切
馯馬頭有發赤色者从馬岸聲五旰切馰馬白頟也从馬的省聲一曰駿也易曰爲馰顙都歷切
駁馬色不純从馬爻聲臣鉉等曰爻非

聲疑象駁文北角切 馵 馬後左足白也从馬二其足讀若注之戍切 驔 驪馬黃脊从馬覃聲讀若簟徒玷切 驠 馬白州也从馬燕聲於甸切 騽 馬豪骭也从馬習聲似入切 䮂 馬毛長也从馬倝聲侯旰切 騛 馬逸足也从馬从飛司馬法曰飛衛斯輿微切 驁 駿馬以壬申日死乘馬忌之从馬敖聲五到切 驥 千里馬也孫陽所相者从馬冀聲天水有驥縣几利切 駿 馬之良材者从馬夋聲子峻切 驍 良馬也从馬堯聲古堯切 䮔 馬小皃从馬垂聲讀若箠之壘切 𩣡 籒文从乑 驕 馬高六尺爲驕从馬喬聲詩曰我馬維驕一曰野馬舉喬切 騋 馬七尺爲騋八

尺爲龍从馬來聲詩曰騋牝驪牡洛哀切

言詩之騋牝驪牝亦經文

驩 馬名从馬雚聲呼官切

驗 馬名从馬僉聲魚窆切

⿰馬此 馬名从馬此聲雌氏切

⿰馬休 馬名从馬休聲許尤切

馼 馬赤鬣縞身目若黃金名曰媽吉皇之乘周文王時犬戎獻之从馬从文文亦聲春秋傳曰媽馬百駟畫馬也西伯獻紂以全其身無分切

漢書王莽傳晉灼引作縞身金精 文王晉灼引作成王

⿰馬支 馬彊也从馬支聲章移切

駜 馬飽也从馬必聲詩云有駜有駜毗必切

詩駉釋文引說文作駁了作䮐

駫 馬盛肥也从馬光聲詩曰四牡駫駫古熒切

騯 馬盛也从馬旁聲詩曰四牡騯騯薄庚切

⿰馬卬 ⿰馬卬⿰馬卬馬怒皃从馬卬聲吾浪切

驤 馬之低仰也从馬襄聲息良切

繫傳引作低昂

驀 上馬也从馬莫聲莫白切

騎

玉篇𩦺弋鱼弋康二切義同此又有𩦺字於角切馬腹下

跨馬也从馬奇聲渠羈切

駕 馬在軶中从馬加聲古訝切

𩣨 籀文駕

騑 驂旁馬从馬非聲甫微切

駢 駕二馬也从馬幷聲部田切

驂 駕三馬也从馬參聲倉含切

駟 一乘也从馬四聲息利切

駙 副馬也从馬付聲一曰近也一曰疾也符遇切

䮭 馬和也从馬皆聲戶皆切

騀 馬搖頭也从馬我聲五可切

駊 駊騀也从馬皮聲普火切

𩢍 馬行皃从馬舀聲土刀切

篤 馬行頓遲从馬竹聲冬毒切

騤 馬行威儀也从馬癸聲詩曰四牡騤騤渠追切

𩦺 馬行徐而疾也从馬學省聲於角切

集韻類篇引作𩦺馬行徐而疾也　詩四牡𩦺𩦺今詩作奕奕

駸 馬行疾也从馬侵省聲詩曰載驟駸駸子林切

馺 馬行相及也从馬从及讀若爾雅小山馺大山峘蘇荅切

馮 馬行疾也从馬仌聲臣鉉等曰本音皮冰切經典通用爲依馮之馮今別作憑非是房戎切

䮰 馬步疾也从馬耳聲尼輒切

騃 馬行仡仡也从馬矣聲五駭切

驟 馬疾步也从馬聚聲鉏又切

⿰馬匃 馬疾走也从馬匃聲古達切

颿 馬疾步也从馬風聲臣鉉等曰舟船之颿本用此字今別作帆非是符嚴切

驅 馬馳也从馬區聲豈俱切

敺 古文驅从攴

馳 大驅也从馬也聲直离切

騖 亂馳也从馬敄聲亡遇切

⿰馬劉 次馳也从馬劉聲力制切

騁 直馳也从馬甹聲丑郢切

駾 馬行疾來皃从馬兊聲詩

曰昆夷駾矣他外切

䮂 馬有疾足从馬失聲大結切

馯 馬突也从馬旱聲矦旰切

駧 馳馬洞去也从馬同聲徒弄切

驚 馬駭也从馬敬聲舉卿切

駭 驚也从馬亥聲矦楷切

䮸 馬奔也从馬巟聲呼光切

騫 馬腹縶也从馬寒省聲去虔切

駐 馬立也从馬主聲中句切

馴 馬順也从馬川聲詳遵切

駗 馬載重難也从馬㐱聲張人切

驙 駗驙也从馬亶聲易曰乘馬驙如張連切

騺 馬重皃从馬執聲陟利切

䮛 馬曲脊也从馬鞠聲巨六切

騬 犗馬也从馬乘聲食陵切

馻 系馬尾也从馬介聲古拜切

騷 擾也一曰摩馬从馬蚤聲穌遭切

宋本作快

馽 絆馬也从馬口其足春秋傳曰韓厥執馽前讀若輒陟立切

縶 馽或从糸執聲

駘 馬銜脫也从馬台聲徒哀切

駔 牡馬也从馬且聲一曰馬蹲駔也子朗切

騶 廄御也从馬芻聲側鳩切

驛 置騎也从馬睪聲羊益切

馹 驛傳也从馬日聲人質切

騰 傳也从馬朕聲一曰騰犗馬也徒登切

[篆] 苑名一曰馬白頟从馬隺聲下各切

駉 牧馬苑也从馬冋聲詩曰在駉之野古熒切

駪 馬衆多皃从馬先聲所臻切

駮 獸如馬倨牙食虎豹从馬交聲北角切

駃 駃騠馬父驘子也从馬夬聲臣鉉等曰今俗與快同用古穴切

騠 駃騠也从馬是聲杜兮切

[篆] 駃騠

爾雅釋畜釋文引說文作鴇云黑驪白雜文詩大叔于田釋文驪白雜毛曰鴇見鳥部鴇从馬

驘 驢父馬母从馬嬴聲洛戈切 騾 或从嬴 驢 似馬長耳从馬盧聲力居切 䮾 驢子也从馬冢聲莫紅切 驒 驒騱野馬也从馬單聲一曰青驪白鱗文如鼉魚代何切 騱 驒騱馬也从馬奚聲胡雞切 騊 騊駼北野之良馬从馬匋聲徒刀切 駼 騊駼也从馬余聲同都切 驫 衆馬也从三馬甫虬切

文一百一十五 重八

駛 疾也从馬吏聲疏吏切 駥 馬高八尺从馬戎聲如融切 騣 馬鬣也从馬叜聲子紅切 馱 負物也从馬大聲此俗語也唐佐切 騂 馬赤色也从馬觲省

聲息營切

文五 新附

廌 解廌獸也似山牛一角古者決訟令觸不直象形从豸省凡廌之屬皆从廌 宅買切

解廌屬从廌孝聲闕古孝切

薦 獸之所食艸从廌从艸古者神人以廌遺黃帝帝曰何食何處曰食薦夏處水澤冬處松柏作甸切

灋 刑也平之如水从水廌所以觸不直者去之从去方乏切

法 今文省 金 古文

文四 重二

鹿　獸也象頭角四足之形鳥鹿足相似从匕凡鹿之屬皆从鹿　盧谷切

麚　牡鹿从鹿叚聲以夏至解角古牙切

麟　大牝鹿也从鹿粦聲力珍切

䴠　鹿麛也从鹿耎聲讀若偄弱之偄奴亂切

䴟　鹿迹也从鹿速聲桑谷切

麛　鹿子也从鹿弭聲莫兮切

麉　鹿之絶有力者从鹿幵聲古賢切

麒　仁獸也麋身牛尾一角从鹿其聲渠之切

麐　牝麒也从鹿吝聲力珍切

麋　鹿屬从鹿米聲麋冬至解其角武悲切

麎　牝麋也从鹿辰聲植鄰切

麔　大麋也狗足从鹿

聲居僨切 麂 或从几 麇 麞也从鹿囷省聲居筠切 䴍 籀文不省

麞 麋屬从鹿章聲諸良切 麔 麋牝者从鹿咎聲其久切 麠 大鹿也牛尾一角从鹿畺聲舉卿切 麖 或从京 麃 麠屬从鹿𤋱省聲薄交切 麈 麋屬从鹿主聲之庾切 麑 狻麑獸也从鹿兒聲五雞切 麙 山羊而大者細角从鹿咸聲胡毚切 麢 大羊而細角从鹿霝聲郎丁切 ⿸鹿圭 鹿屬从鹿圭聲古攜切

麝 如小麋臍有香从鹿䠶聲神夜切 ⿸鹿與 似鹿而大也从鹿與聲羊茹切

麗 旅行也鹿之性見食急則必旅行从鹿丽聲禮麗皮納聘蓋鹿皮也郎計切 丽 古文

宋本作篆文

丽 籒文麗字 篆

麀 牝鹿也从鹿从牝省於虯切 𪋡 或从幽聲

文二十六　重六

麤 行超遠也从三鹿凡麤之屬皆从麤 倉胡切

今本陸元朗釋文引作大也則行超遠也下當有一曰大也

䴨 鹿行揚土也从麤从土 直珍切 塵 籒文

文二　重一

㲋 獸也似兔青色而大象形頭與兔同足與鹿同凡㲋之屬皆从㲋 丑略切

嚴云左傳學書有奠字當是㲋之重文　宋本

㲋　籀文　毚　狡兔也兔之駿者从㲋兔士咸切　⿱㲋吾　獸名从㲋吾聲讀若寫司夜切　⿱㲋夬　獸也似狌狌从㲋夬聲古穴切

（說文集韻類篇作狌狌）

文四　重一

兔　獸名象踞後其尾形兔頭與㲋頭同凡兔之屬皆从兔　湯故切

逸　失也从辵兔兔謾訑善逃也夷質切　冤　屈也从兔从冂兔在冂下不得走益屈折也於袁切

（九經字樣益作若）

娩　兔子也娩疾也从女兔芳萬切　㲜　疾也从三兔闕芳遇切

文五

䨲 狻兔也从兔夋聲七旬切

文一 新附

萈 山羊細角者从兔足苜聲凡萈之屬皆从萈讀若丸寬字从此

臣鉉等曰苜徒結切非聲疑象形胡官切

文一

犬 狗之有縣蹏者也象形孔子曰視犬之字如畫狗也凡犬之屬皆从

犬 苦泫切

狗 孔子曰狗叩也叩气吠以守从犬句聲古厚切

獀 南越名犬獿獀从犬叜聲所鳩切

尨 犬之多毛者从犬从彡詩曰無使尨也吠莫江切

狡 少狗也从犬交聲匈奴地有狡犬巨口而黑身古巧切

獪 狡獪也从犬會聲古外切

獳 犬惡毛也从犬農聲奴刀切

猲 短喙犬也从犬曷聲詩曰載獫猲獢爾雅曰短喙犬謂之猲獢許謁切

獢 猲獢也从犬喬聲許驕切

獫 長喙犬一曰黑犬黄頭从犬僉聲虚檢切

㹥 黄犬黑頭从犬主聲讀若注之戍切

猈 短脛狗从犬卑聲薄蟹切

猗 犗犬也从犬奇

地里志南陽有新野新都二縣

聲於离切

狊 犬視皃从犬目古闃切

⿰犭音 賨中犬聲从犬从音音亦聲乙咸切

默 犬暫逐人也从犬黑聲讀若墨莫北切

猝 犬从艸暴出逐人也从犬卒聲麤沒切

猩 猩猩犬吠聲从犬星聲桑經切

⿰犭兼 犬吠不止也从犬兼聲讀若檻一曰兩犬爭也胡黯切

⿰犭敢 小犬吠从犬敢聲南陽新亭有⿰犭敢鄉荒檻切

猥 犬吠聲从犬畏聲烏賄切

獿 獿獿也从犬夒聲女交切

⿰犭翏 犬獿獿咳吠也从犬翏聲火包切

⿰犭參 犬容頭進也从犬參聲一曰賊疾也山檻切

獎 嗾犬厲之也从犬將省聲即兩切

⿰犭戔 齧也从犬戔聲初版切

⿰犭刪 惡健犬也从犬刪省聲所晏切

狠 吠鬭聲从犬艮聲五還切

繫傳作目聲 去聲字 六書故引唐本暫作潛 六書故引艸下有中字

說文𩸞鰈古作鰨 尔雅釋地釋文鰈本或作鰨

⿰犭番 犬鬭聲从犬番聲附袁切

狋 犬怒皃从犬示聲一曰犬難得代郡有狋氏縣讀又若銀語其切

⿰犭斤 犬吠聲从犬斤聲語斤切

獨 犬獨獨不附人也从犬蜀聲南楚謂相驚曰獨讀若愬式略切

獷 犬獷獷不可附也从犬廣聲漁陽有獷平縣古猛切

狀 犬形也从犬爿聲鉏亮切

⿰犭壯 妄彊犬也从犬从壯壯亦聲徂朗切

獒 犬如人心可使者从犬敖聲春秋傳曰公嗾夫獒五牢切

獳 怒犬皃从犬需聲讀若槈奴豆切又乃矦切

狧 犬食也从犬从舌讀若比目魚鰈之鰈他合切

狎 犬可習也从犬甲聲胡甲切

狃 犬性驕也从犬丑聲女久切

犯 侵也从犬巳聲防險切

猜 恨賊

宋本作狱

宋本、史作也誤

也从犬青聲倉才切

[猛]健犬也从犬孟聲莫杏切

[犺]健犬也从犬亢聲苦浪切

[㹤]多畏也从犬去聲去劫切

[怯]杜林說㹤从心

[獜]健也从犬粦聲詩曰盧獜獜力珍切

[獧]疾跳也一曰急也从犬瞏聲古縣切

[倏]走也从犬攸聲讀若叔式竹切

剝合引作犬走疾也

[狟]犬行也从犬亘聲周書曰尚狟狟胡官切

[㹫]過弗取也从犬市聲讀若孛蒲沒切

[⿰犬易]犬張耳皃从犬易聲陟革切

[猌]犬張齗怒也从犬來聲讀又若銀魚僅切

一切經音義十五引作犮犮蹋也

[犮]走犬皃从犬而丿之曳其足則剌犮也蒲撥切

[戾]曲也从犬出戶下戾者身曲戾也郎計切

[獨]犬相得而鬬也从犬蜀聲羊爲羣犬爲獨也一曰北嚻山有獨狢獸如虎白身豕鬣尾如

馬徒谷切

𤞞 獨𤞞獸也从犬谷聲余蜀切

獮 秋田也从犬璽聲息淺切

𧹛 獮或从豕宗廟之田也故从豕示

獵 放獵逐禽也从犬巤聲良涉切

獠 獵也从犬尞聲力照切

狩 犬田也从犬守聲易曰明夷于南狩書究切

臭 禽走臭而知其迹者犬也从犬从自臣鉉等曰自古鼻字犬走以鼻知臭故从自尺救切

獲 獵所獲也从犬蒦聲胡伯切

獘 頓仆也从犬敝聲春秋傳曰與犬犬獘毗祭切

斃 獘或从死

獻 宗廟犬名羹獻犬肥者以獻之从犬鬳聲許建切

猏 狾犬也从犬幵聲一曰逐虎犬也五甸切

獟 狾犬也从犬堯聲五弔切

狾 狂犬也从犬折

玉篇釋文引作谷 從蔵盖字誤左傳音義釋文引作獮

宋本亦作放

韵會廿八引作犬田也釋文火田為狩書以為犬 郭應以犬田為是

聲春秋傳曰猘犬入華臣氏之門征例切

狂 狾犬也从犬㞷聲巨王切 𢗰 古文从心

類 種類相似唯犬爲甚从犬頪聲力遂切

狄 赤狄本犬種狄之爲言淫辟也从犬亦省聲徒歷切

狻 狻麑如虦貓食虎豹者从犬夋聲見爾雅素官切

玃 母猴也从犬矍聲爾雅云玃父善顧攫持人也俱縛切

猶 玃屬从犬酋聲一曰隴西謂犬子爲猷以周切

狙 玃屬从犬且聲一曰狙犬也暫齧人者一曰犬不齧人也親去切

猴 夒也从犬侯聲乎溝切

⿰犬殸 犬屬腰已上黃腰已下黑食母猴从犬殸聲讀若構或曰穀似牂羊出蜀北囂山中犬首而馬尾火屋切

狼 似犬銳頭白頰高前廣後从犬良聲魯當切

狛 如狼善驅

羊从犬白聲讀若蘗甯嚴讀之若淺泊匹各切

獌　狼屬从犬曼聲爾雅曰貙獌似貍舞販切

狐　䄏獸也鬼所乘之有三德其色中和小前大後死則丘首从犬瓜聲戶吳切

獺　如小狗也水居食魚从犬賴聲他達切

猵　獺屬从犬扁聲布玄切

獱　或从賓

猋　犬走皃从三犬甫遙切

文八十三　重五

狘　獸走皃从犬戉聲許月切

[犭軍]　獸名从犬軍聲許韋切

狷　褊急也从犬肙聲古縣切

猰　猰貐獸名从犬契聲烏黠切

文四　新附

犾　兩犬相齧也从二犬凡犾之屬皆

从㹜語斤切

⿲犭𦣞犬 司空也从㹜𦣞聲復說獄司空息兹切

獄 确也从㹜从言二犬所以守也魚欲切

文三

鼠 穴蟲之總名也象形凡鼠之屬皆从鼠書呂切

⿰鼠番 鼠也从鼠番聲讀若樊或曰鼠婦附袁切

⿰鼠各 鼠出胡地皮可作裘从鼠各聲下各切

鼢 地行鼠伯勞所作也一曰偃鼠从鼠分聲芳吻切

蚡 或从虫分

⿰鼠平 ⿰鼠平令

鼠从鼠乎聲　薄經切

鼶　鼠也从鼠虒聲　息移切

鼫　五技鼠也能飛不能過屋能緣不能窮木能游不能渡谷能穴不能掩身能走不能先人从鼠石聲常隻切

鼨　豹文鼠也从鼠冬聲　職戎切

䶁　籀文省

䶕　鼠屬从鼠益聲於革切

貖　或从豸

鼷　小鼠也从鼠奚聲胡雞切

鼩　精鼩鼠也从鼠句聲其俱切

鼸　𪕮也从鼠兼聲丘檢切

𪕕　鼠屬从鼠今聲讀若含胡男切

鼬　如鼠赤黃而大食鼠者从鼠由聲余救切

𪕶　胡地風鼠从鼠勺聲之若切

𪕹　鼠屬从鼠宂聲而隴切

𪖆　鼠似雞鼠尾从鼠此聲即移切

鼲　鼠出丁零胡皮可作裘从鼠軍聲乎

𪖈　竹鼠也如犬从鼠畱省聲力求切

昆切

䶂 斬䶂鼠黑身白腰若帶手有長白毛似握版之狀類蝯蜼之屬从鼠胡聲戶吳切

文二十 重三

能 熊屬足似鹿从肉㠯聲能獸堅中故稱賢能而彊壯稱能傑也凡能之屬皆从能 臣鉉等曰㠯非聲疑皆象形奴登切 文一

熊 獸似豕山居冬蟄从能炎省聲

凡熊之屬皆从熊 羽弓切

羆 如熊黃白文从熊罷省聲彼爲切 䍶 古文从皮

文二　重一

火 燬也南方之行炎而上象形凡火之屬皆从火呼果切

烜 上諱臣鉉等曰漢章帝名也唐韻曰火起也从火旦聲當割切 ⿰火尾 火也从火尾聲詩曰王室如⿰火尾許偉切

燬 火也从火毀聲春秋傳曰衛侯燬許偉切 燹 火也从火豩聲穌典切

焌 然火也从火夋聲周禮曰遂籥其焌焌火在前以焞焯龜子寸切

玉篇爆也

僖廿五年

又倉聿切

尞 柴祭天也从火从眘眘古文慎字祭天所以慎也力照切

然 燒也从火肰聲臣鉉等曰今俗別作燃蓋後人增加如延切

𦳝 或从艸難臣鉉等案艸部有蘸注云艸也此重出

爇 燒也从火蓺聲春秋傳曰爇僖負羈臣鉉等按說文無蓺字當从火从艸熱省聲如劣切

燔 爇也从火番聲附袁切

燒 爇也从火堯聲式昭切

烈 火猛也从火列聲良辥切

炪 火炪也从火出聲商書曰予亦炪謀讀若巧拙之拙職悅切

熚 熚㷸火皃从火畢聲卑吉切

㷸 熚㷸也从火㦾聲㦾籒文悖字敷勿切

烝 火气上行也从火丞聲煑仍切

烰 烝也从火孚聲詩曰烝之烰烰縛牟切

煦 烝也一曰赤皃一曰温潤也从火昫聲香句切

熯 乾皃从火漢省聲詩曰我孔熯矣人善切

炥 火皃从火弗聲普活切

熮 火皃从火翏聲逸周書曰味辛而不熮洛蕭切

⿵門火 火皃从火㒳省聲讀若粦良刃切

⿰火雁 火色也从火雁聲讀若鴈五晏切

熲 穴光也从火頃聲古迥切

爚 火飛也从火龠聲一曰爇也以灼切

熛 火飛也从火票聲讀若摽甫遙切

熇 火熱也从火高聲詩曰多將熇熇臣鉉等曰高非聲當从嗃省火屋切

說文無嗃

烄 交木然也从火交聲古巧切

玉篇作交木然之以燎柴天也

𤆍 小爇也从火干聲詩曰憂心𤆍𤆍臣鉉等曰干非聲未詳直廉切

燋 所以然持火也从火焦聲周禮曰以明火爇燋也即消切

[炭] 燒木餘也从火岸省聲他案切 [䃸] 束炭也从火差省聲讀若齹楚宜切

[㸑] 交灼木也从火教省聲讀若狡古巧切 [炦] 火气也从火犮聲蒲撥切

[灰] 死火餘㶳也从火从又又手也火既滅可以執持呼恢切 [炱] 灰炱煤也从火台聲徒哀切

[煨] 盆中火从火畏聲烏灰切 [熄] 畜火也从火息聲亦曰滅火相即切 [烓] 行竈也从火圭聲讀若冋口迥切

[煁] 烓也从火甚聲氏任切 [燀] 炊也从火單聲春秋傳曰燀之以薪充善切

[炊] 爨也从火吹省聲昌垂切 [烘] 尞也从火共聲詩曰卬烘于煁呼東切

[齌] 炊餔疾也从火齊聲在詣切 [熹] 炙也从火喜聲許其切

煎　熬也从火前聲子仙切　熬　乾煎也从火敖聲五牢切　䵻　熬或从麥

炮　毛炙肉也从火包聲薄交切　㶣　炮肉以微火溫肉也从火衣聲烏痕切

𤍠　置魚筩中炙也从火曾聲作滕切　煏　以火乾肉从火福聲臣鉉等案說文無福字當从𩞁省疑傳寫之誤符逼切　𩞁　籒文不省

爆　灼也从火暴聲蒲木切臣鉉等曰今俗音豹火裂也　煬　炙燥也从火昜聲余亮切　𤎩　灼也从火隺聲胡沃切

爛　孰也从火蘭聲郎旰切　燗　或从閒　爢　爛也从火靡聲靡爲切

𡰪　从上案下也从𡰥又持火以尉申繒也臣鉉等曰今俗別作熨非是於胃切　𤎌

灼龜不兆也从火从龜春秋傳曰龜𤓰不兆讀若焦 即消切

灸 灼也从火久聲 舉友切

灼 炙也从火勺聲 之若切

煉 鑠冶金也从火柬聲 郎電切

燭 庭燎火燭也从火蜀聲 之欲切

熜 然麻蒸也从火悤聲 作孔切

灺 燭𤇭也从火也聲 徐野切

𤇭 火餘也从火聿聲一曰薪也臣鉉等曰聿非聲疑从𦘔省今俗別作燼非是 徐刃切

焠 堅刀刃也从火卒聲 七内切

煣 屈申木也从火柔柔亦聲 人久切

𤎅 燒田也从火棥棥亦聲 附袁切

熑 火煣車網絕也从火兼聲周禮曰煣牙外不熑 力鹽切

燎 放火也从火尞聲 力小切

𤐫 火飛也从火𡖋與䙴同意 方昭切

焦也从火曹聲作曹切 火所傷也从火雥聲即消切 或省

天火曰烖从火𢦏聲祖才切 或从宀火 古文从才

籀文从巛 火气也从火垔聲烏前切 或从因 古文

籀文从宀 焆焆煙皃从火肙聲因悅切 鬱煙也从火昷聲於云切

望火皃从火皀聲讀若馰顙之馰都歷切 火爇也从火覃聲大甘切又徐鹽切

明也从火𦎫聲春秋傳曰焞燿天地他昆切 明也从火丙聲兵永切

明也从火卓聲周書曰焯見三有俊心之若切 明也从火昭聲之少切

盛赤也从火韋聲詩曰彤管有煒于鬼切

㶴 盛火也从火从多昌氏切

熠 盛光也从火習聲詩曰熠燿宵行羊入切

煜 燿也从火昱聲余六切

燿 照也从火翟聲弋笑切

煇 光也从火軍聲況韋切

煌 煌煇也从火皇聲胡光切

焜 煌也从火昆聲胡本切

炯 光也从火同聲古迥切

爗 盛也从火曅聲詩曰爗爗震電筠輒切

爓 火門也从火閻聲余廉切

炫 爓燿也从火玄聲胡畎切

光 明也从火在人上光明意也古皇切

炗 古文

芡 古文

熱 温也从火埶聲如列切

熾 盛也从火戠聲昌志切

㦸 古文熾

燠 熱在中也从火奧聲

烏到切

煖 溫也从火爰聲況袁切

煗 溫也从火耎聲乃管切

炅 見也从火日古迥切 繫傳作日聲

炕 乾也从火亢聲苦浪切 詩正月釋文乃作从火戌聲

燥 乾也从火喿聲穌到切

焅 旱气也从火告聲苦沃切

烕 滅也从火戌火死於戌陽氣至戌而盡詩曰赫赫宗周褒姒烕之許劣切

燾 溥覆照也从火壽聲徒到切

爟 取火於日官名舉火曰爟周禮曰司爟掌行火之政令从火雚聲古玩切

烜 或从亘

𤎩 㷭候表也邊有警則舉火从火逢聲敷容切

爝 苣火祓也从火爵聲呂不韋曰湯得伊尹爝以爟火釁以犧豭子肖切

熭 暴乾火也从火彗聲于歲切

熙 燥也从火𦣞聲許其切

文一百一十二　重十五

爞　旱气也从火蟲聲直弓切　煽　熾盛也从火扇聲式戰切　烙　灼也从火各聲盧各切

爍　灼爍光也从火樂聲書藥切　燦　燦爛明瀞皃从火粲聲倉案切

煥　火光也从火奐聲呼貫切

文六　新附

炎　火光上也从重火凡炎之屬皆从炎　于廉切

燄　火行微燄燄也从炎臽聲以冄切　[炎舌]　火光也从炎舌聲臣鉉等曰舌非聲當从

聒省以冉切

𤋵 侵火也从炎亩聲讀若桑葚之葚力荏切

煔 火行也从炎占聲舒贍切

燅 於湯中爚肉从炎从熱省徐鹽切

𤎌 或从炙

燮 大熟也从又持炎辛辛者物熟味也蘇俠切

粦 兵死及牛馬之血爲粦粦鬼火也从炎舛良刃切徐鍇曰案博物志戰鬬死亾之處有人馬血積年爲粦著地入艸木如霜露不可見有觸者著人體便有光拂拭即散無數又有吒聲如鬻豆舛者人足也言光行著人

文八　重一

黑 火所熏之色也从炎上出𡆧𡆧古窻字凡黑之屬皆从黑 呼北切

黸齊謂黑爲黸从黑盧聲洛乎切䵳沃黑色从黑會聲惡外切黯深黑也从黑音聲乙減切黶中黑也从黑厭聲於琰切黳小黑子从黑殹聲烏雞切黖白而有黑也从黑旦聲五原有莫黖縣當割切黬雖皙而黑也从黑箴聲古人名黬字皙古咸切䵘赤黑也从黑昜聲讀若煬餘亮切黲淺青黑也从黑參聲七感切黤青黑也从黑奄聲於檻切黝微青黑色从黑幼聲爾雅曰地謂之黝於糾切黗黃濁黑从黑屯聲他衮切點小黑也从黑占聲多忝切黚淺黃黑也从黑甘聲讀若染繒中束緅黚巨淹切黅黃黑也从黑金聲古咸切黦黑有文也

宋本作壹

宋本作羔文

从黑冤聲讀若飴盌字於月切 ⿱算黑 黃黑而白也从黑算聲一曰短黑讀若以芥爲齏名曰芥荃也初刮切 ⿱幵黑 黑皺也从黑幵聲古典切 黠 堅黑也从黑吉聲胡八切 黔 黎也从黑今聲秦謂民爲黔首謂黑色也周謂之黎民易曰爲黔喙巨淹切 黕 滓垢也从黑冘聲都感切 黨 不鮮也从黑尚聲多朗切 黷 握持垢也从黑賣聲易曰再三黷徒谷切 黵 大污也从黑詹聲當敢切 黴 中久雨青黑从黑微省聲武悲切 黜 貶下也从黑出聲丑律切 ⿰般黑 盤姍下色从黑般聲薄官切 黱 畫眉也从黑朕聲徒耐切 儵 青黑繒發白色也从黑攸聲式竹切 ⿰黑或 羔裘之縫从黑或聲于逼切

說文十上　廿

膳

𪒠 𪒠謂之垽垽滓也从黑殿省聲堂練切

黮 桑葚之黑也从黑甚聲他感切

黭 果實黭黯黑也从黑弇聲烏感切

黥 墨刑在面也从黑京聲渠京切

剠 黥或从刀

⿰黑敢 ⿰黑敢者忘而息也从黑敢聲於檻切

黟 黑木也从黑多聲丹陽有黟縣烏雞切

文三十七　重一

說文解字弟十上

丁卯年十二月廿六日曉起校宋本

批校經籍叢編 經部 〇一

說文解字

中國國家圖書館藏 下

〔漢〕許慎 著
〔清〕孫星衍 顧廣圻 批校

浙江古籍出版社

說文解字弟十下　漢太尉祭酒許慎記

銀青光祿大夫守右散騎常侍上柱國東海縣開國子食邑五百户臣徐鉉等奉
敕校定

囪　在牆曰牖在屋曰囪象形凡囪之屬皆从囪楚江切

窗　或从穴

古文

悤　多遽悤悤也从心从囪囪亦聲倉紅切

文二　重二

炎　火華也从三火凡焱之屬皆从焱以冉切

熒　屋下鐙燭之光从焱冂戶扃切

燊　盛皃从焱在木上讀若詩曰莘莘征夫一曰役也所臻切

文三

炙　炮肉也从肉在火上凡炙之屬皆从炙之石切

⿰炙朿　籀文

䊩　宗廟火孰肉从炙番聲春秋傳曰天子有事䊩焉以饋同姓諸侯附袁切

炙也从炙尞聲讀若䲡燎力照切

（一切經音義十三引作火炙之也）

文三　重一

南方色也从大从火凡赤之屬皆从赤昌石切

古文从炎土

赤色也从赤蟲省聲徒冬切

日出之赤从赤㱿省聲火沃切

面慙赤也从赤𠬝聲周失天下於赧王女版切

赤色也从赤巠聲詩曰魴魚䞓尾敕貞切

䞓或从貞

或从丁

䞓棠棗之汁或从水

浾或从正

赤土也从赤者聲之也切

赤色也从赤倝聲讀若浣胡玩切

切

赫 火赤皃从二赤呼格切

文八　重五

赩 大赤也从赤色色亦聲許力切

赮 赤色也从赤叚聲乎加切

文二 新附

大 天大地大人亦大故大象人形古文大他達切也凡大之屬皆从大徒蓋切

鄭詩作古文人也書作鄭傳

奎 兩髀之間从大圭聲苦圭切

夾 持也从大俠二人古狎切

奄 覆也大有餘也又欠也从大从申申展也依檢切

夸 奢也从大于聲苦瓜切

𡘋 奢𡘋也从

大亘聲胡官切

㚊 㚊大也从大瓜聲烏瓜切

奯 空大也从大歲聲讀若詩施罟濊濊呼括切

𡚁 大也从大𢧢聲讀若詩𢧢𢧢大猷直質切

奅 大也从大卯聲匹貌切

夽 大也从大云聲魚吻切

奃 大也从大氐聲讀若氐都兮切

乔 大也从大介聲讀若蓋古拜切

𡙡 瞋大也从大此聲火戒切

㚕 大也从大弗聲讀若予違汝弼房密切

𡗣 大也从大屯聲讀若鶉常倫切

契 大約也从大从㓞易曰後代聖人易之以書契苦計切

夷 平也从大从弓東方之人也以脂切

文十八

亦 人之臂亦也从大象兩亦之形凡

亦之屬皆从亦臣鉉等曰今別作腋非是羊益切

盜竊褱物也从亦有所持俗謂蔽人俾夾是也弘農陝字从此失冉切

文二

傾頭也从大象形凡夨之屬皆从夨阻力切

頭傾也从夨吉聲讀若子古屑切

頭衺骫奊態也从夨圭聲胡結切

姓也亦郡也一曰吳大言也从夨口五乎切徐鍇曰大言故夨口以出聲詩曰不吳不揚今寫詩者改吳作吴又音乎化切其謬甚矣

古文如此

文四　重一

小字宋本亦如此
奔字

夭 屈也从大象形凡夭之屬皆从夭於兆切

喬 高而曲也从夭从高省詩曰南有喬木巨嬌切

宋本作高省聲

幸 吉而免凶也从屰从夭夭死之事故死謂之不幸胡耿切

繫傳作屰聲

奔 走也从夭賁省聲與走同意俱从夭博昆切

文四

交 交脛也从大象交形凡交之屬皆从交古爻切

⿰交韋 衺也从交韋聲羽非切

絞 縊也从交从糸古巧切

繫傳作糸聲

文三

尢 𡯁曲脛也从大象偏曲之形凡尢之屬皆从尢 烏光切

尪 古文从㞷

尳 厀病也从尢从骨骨亦聲戶骨切

𡯁 蹇也从尢皮聲布火切

𡯂 𡯁𡯂行不正从尢左聲則箇切

𡰝 行不正也从尢皀聲讀若燿弋笑切

尲 不正也从尢兼聲古咸切

尬 尲尬也从尢介聲公八切又古拜切

尥 行脛相交也从尢勺聲牛行脚相交爲尥力弔切

𡰖 𡯎𡰖也从尢从爪是聲都兮切

𡰒 𡰖𡰒也从尢从爪巂聲戶圭切

𡯍 股尪也从尢于聲乙于切

厀中

病也从尣从羸郎果切

文十二　重一

壺　昆吾圜器也象形从大象其蓋也凡壺之屬皆从壺戶姑切

壺　壹壺也从凶从壺不得泄凶也易曰天地壹壺於云切

文二

壹　專壹也从壺吉聲凡壹之屬皆从壹於悉切

懿　專久而美也从壹从恣省聲乙兾切

文二

㚔 所以驚人也从大从羊一曰大聲也凡㚔之屬皆从㚔一曰讀若瓠一曰俗語以盜不止爲㚔㚔讀若籋 尼輒切

睪 司視也从橫目从㚔令吏將目捕罪人也羊益切

執 捕罪人也从丮从㚔㚔亦聲之入切

圉 囹圄所以拘罪人从㚔从口一曰圉垂也一曰圉人掌馬者魚舉切

盩 引擊也从㚔攴見血也扶風有盩厔縣張流切

報 當罪人也从㚔从𠬝𠬝服罪也博号切

𥷚 窮理

罪人也从㚔从人从言竹聲居六切 𥫔 或省言

文七　重一

奢 張也从大者聲凡奢之屬皆从奢式車切

奓 籒文臣鉉等曰今俗作陟加切以爲奓厚之奓非是

奲 富奲奲皃从奢單聲丁可切

文二　重一

亢 人頸也从大省象頸脈形凡亢之屬皆从亢古郎切

亢或从頁 直項莽䟫皃从亢从夋夋倨也亢亦聲岡朗切又胡朗切

文二　重一

進趣也从大从十大十猶兼十人也凡夲之屬皆从夲讀若滔 土刀切

疾也从夲卉聲拜从此呼骨切

疾有所趣也从日出夲廾之薄報切

進也从夲从屮允聲易曰𣎵升大吉余準切

奏進也从夲从廾从屮屮上進之義則候切

古文

亦古文

气皋白之進也从夲从白禮祝

曰臯登謌曰奏故臯奏皆从夲周禮曰詔來鼓臯舞臯告之也古勞切

文六　重二

夰　放也从大而八分也凡夰之屬皆从夰古老切

𡚁　舉目驚𡚁然也从夰从䀠䀠亦聲九遇切

奡　嫚也从百从夰夰亦聲虞書曰若丹朱奡讀若傲論語奡盪舟五到切

昦　春爲昦天元气昦昦从曰夰夰亦聲胡老切

臩　驚走也一曰往來也从夰臦周書曰伯臩古文臦古文冏字臣鉉等曰臦居況切臦猶乖也臦亦聲言古冏字未詳

具往切

文五

大　籒文大改古文亦象人形凡大之屬皆从大　他達切

奕　大也从大亦聲詩曰奕奕梁山　羊益切

奘　駔大也从大从壯壯亦聲　徂朗切

臭　大白澤也从大从白古文以爲澤字　古老切

奚　大腹也从大𦃃省聲𦃃籒文系字　胡雞切

耎　稍前大也从大而聲讀若畏偄　而沇切

玉篇作壯也疑此當爲奘也後人誤爲二字

⿱䀠大　大皃从大䀠聲或曰拳勇字一曰讀若傿　乙獻切

奰　壯大也从三大三目二目爲䀠三目爲奰益大也一曰迫也讀若易虙羲氏詩曰不

醉而怒謂之奰平祕切（訪渴蒻侍文）

文八

夫 丈夫也从大一以象簪也周制以八寸爲尺十尺爲丈人長八尺故曰丈夫凡夫之屬皆从夫 甫無切

（御覽三百八十二引作一象簪形冠而即簪人二十而冠）

（成人也故成人曰丈夫疑此有脫文）

規 有法度也从夫从見居隨切

扶 竝行也从二夫輦字从此讀若伴侶之伴薄旱切

文三

立 住也从大立一之上 臣鉉等曰大人也一地也會意 凡

立之屬皆从立　力入切

𥩟　臨也从立从隶　力至切

𥪚　磊𥪚重聚也从立𦎫聲　丁罪切

端　直也从立耑聲　多官切

竱　等也从立專聲春秋國語曰竱本肇末　旨兖切

竦　敬也从立从束束自申束也　息拱切

竫　亭安也从立爭聲　疾郢切

靖　立竫也从立青聲一曰細皃　疾郢切

竢　待也从立矣聲　牀史切

⿰立巳　或从巳

竘　健也一曰匠也从立句聲讀若齲逸周書有竘匠　丘羽切

竵　不正也从立咼聲　火鼃切

竭　負舉也从立曷聲　渠列切

𥩸　待也从立須聲　相俞切

⿰立芻　或从芻聲

⿱嬴立　㜏也从立嬴聲

力臥切

竣　偓竣也从立夋聲國語曰有司已事而竣七倫切

⿰立录　見鬼鬽皃从立从录录籒文鬽字讀若虙羲氏之虙房六切

〔朱批：韻會作……录聲〕

⿰立昔　驚皃从立昔聲七雀切

竨　短人立竨竨皃从立卑聲傍下切

竲　北地高樓無屋者从立曾聲七耕切

文十九　重二

竝　併也从二立凡竝之屬皆从竝蒲迥切

〔朱批：六書故引唐本作廢也一偏下三字疑衍　書言廢也一曰偏下也〕

暜　廢一偏下也从竝白聲他計切

㬱　或从曰

⿱兟曰　或从兟从曰臣鉉等曰今俗作替非是

文二　重二

囟　頭會匘蓋也象形凡囟之屬皆从

〔朱批：禮記內則疏引作象小兒匘不合也〕

囟 息進切

或从肉宰　古文囟字　毛巤也象髮在囟上及毛髮巤巤之形此與籒文子字同良涉切

人臍也从囟囟取气通也从比聲房脂切

文三　重二

容也从心囟聲凡思之屬皆从思 息茲切

許用今文尚書也　古文作思曰睿

鄭讀作睿也

謀思也从思虍聲良據切

文二

宋本作喘也

心 人心土藏在身之中象形博士說以爲火藏凡心之屬皆从心 息林切

息 喘也从心从自自亦聲相即切

情 人之陰气有欲者从心青聲疾盈切

性 人之陽气性善者也从心生聲息正切

志 意也从心之聲職吏切

意 志也从心察言而知意也从心从音於記切

恉 意也从心旨聲職雉切

惪 外得於人内得於己也从直从心多則切

悳 古文

應 當也从心雁聲於陵切

慎 謹也从心眞聲時刃切

昚 古文

忠 敬也从心中聲陟弓

周禮保章氏以志星辰鄭云志古文識識記也

切

愨 謹也从心㱿聲苦角切

𢡱 美也从心貇聲莫角切

快 喜也从心夬聲苦夬切

愷 樂也从心豈聲臣鉉等曰豈部巳有此重出苦亥切

㥦 快也从心匧聲苦叶切

念 常思也从心今聲奴店切

怤 思也从心付聲甫無切

憲 敏也从心从目害省聲許建切

憕 平也从心登聲直陵切

戁 敬也从心難聲女版切

忻 闓也从心斤聲司馬法曰善者忻民之善閉民之惡許斤切

{忄重} 遲也从心重聲直隴切

一切經音義廿引作遲懂

惲 重厚也从心軍聲於粉切

享字

惇 厚也从心享聲都昆切

忼 慨也从心亢聲一曰易忼龍有悔臣鉉等曰今俗別作慷非是苦浪切又口朗切

切

慨　忼慨壯士不得志也从心既聲古溉切

悃　愊也从心困聲苦本切

愊　誠志也从心畐聲芳逼切

愿　謹也从心原聲魚怨切

慧　儇也从心彗聲胡桂切

憭　慧也从心尞聲力小切

恔　憭也从心交聲下交切又古了切

瘱　靜也从心㾜聲臣鉉等曰㾜非聲未詳於計切

悊　敬也从心折聲陟列切

悰　樂也从心宗聲藏宗切

恬　安也从心甛省聲徒兼切

恢　大也从心灰聲苦回切

恭　肅也从心共聲俱容切

憼　敬也从心从敬敬亦聲居影切

恕　仁也从心如聲商署切

㣽　古文省

怡　和也从心台聲与之切

詩律成釋文據引說文作㦓音獷闊也一曰廣大也

慈 愛也从心茲聲疾之切 忯 愛也从心氏聲巨支切 㥦 忯㥦不憂事也从心虒聲讀若移移爾切 恮 謹也从心全聲此緣切 恩 惠也从心因聲烏痕切 慸 高也一曰極也一曰困劣也从心帶聲特計切 憖 問也謹敬也从心猌聲一曰說也一曰甘也春秋傳曰昊天不憖又曰兩君之士皆未憖魚覲切 㦓 闊也一曰廣也大也一曰寬也从心从廣廣亦聲苦謗切 悈 飾也从心戒聲司馬法曰有虞氏悈於中國古拜切 㥯 謹也从心𢀩聲於靳切 慶 行賀人也从心从夊吉禮以鹿皮爲贄故从鹿省丘竟切 愃 寬嫺心腹皃从心宣聲詩曰赫兮愃兮況晚切 愻 順也从心孫聲唐書曰五

玉篇憖間也此字書作肎

玉篇引作且也甘書作且 詩十月之交疏引說文憖肯從心也

詩十月之交疏引且字作肎

列子力命釋文引作寬閑也此作嫺通

詩傳釋文引作慶說文作慶

品不遜鯀困切

𡫳 實也从心塞省聲虞書曰剛而𡫳先則切

恂 信心也从心旬聲相倫切

忱 誠也从心冘聲詩曰天命匪忱氏任切

惟 凡思也从心隹聲以追切

懷 念思也从心褱聲戶乖切

惀 欲知之皃从心侖聲盧昆切

想 覬思也从心相聲息兩切

𢡊 深也从心㒸聲徐醉切

慉 起也从心畜聲詩曰能不我慉許六切

𢡱 滿也从心啻聲一曰十萬曰𢡱於力切

𢡱 籀文省

悹 憂也从心官聲古玩切

憀 憀然也从心翏聲洛蕭切

愙 敬也从心客聲春秋傳曰以陳備三愙臣鉉等曰今俗作恪苦各切

愯 懼也从心雙省聲春秋傳曰駟氏愯

息拱切

懼 恐也从心瞿聲其遇切

𢖍 古文

怙 恃也从心古聲侯古切

恃 賴也从心寺聲時止切

慒 慮也从心曹聲藏宗切

悟 覺也从心吾聲五故切

𢘑 古文悟

憮 愛也韓鄭曰憮一曰不動从心無聲文甫切

㤅 惠也从心旡聲烏代切

𢟪 古文

㥠 知也从心胥聲私呂切

慰 安也从心尉聲一曰恚怒也於胃切

[illegible] 謹也从心𣪊聲讀若毳此芮切

[illegible] [illegible]箸也从心[illegible]聲直由切

怞 朗也从心由聲詩曰憂心且怞直又切

煤 煤撫也从心某聲讀若侮亡甫切

忞 彊也从心文聲周書曰在受德忞讀若旻

武巾切

慔　勉也从心莫聲莫故切

愐　勉也从心面聲彌殄切

⿰忄曳　習也从心曳聲余制切

懋　勉也从心楙聲虞書曰時惟懋哉莫候切

⿱矛心　或省

慕　習也从心莫聲莫故切

悛　止也从心夋聲此緣切

㥛　肆也从心隶聲他骨切

惥　趣步惥惥也从心與聲余呂切

慆　說也从心舀聲土刀切

懕　安也从心厭聲詩曰懕懕夜飲於鹽切

[朱批：爾雅釋訓釋文引作[illegible]靜也]

憺　安也从心詹聲徒敢切

怕　無爲也从心白聲匹白切又葩亞切

恤　憂也收也从心血聲辛聿切

忓　極也从心干聲古寒切

懽　喜歀也从心雚聲爾雅曰懽懽愮愮憂無告也古玩切

[朱批：說文無愮字爾雅釋訓釋文愮愮本或作搖搖]

切

㥥 懽也琅邪朱虛有偶亭从心禺聲噳俱切

惄 飢餓也一曰憂也从心叔聲詩曰惄如朝飢奴歷切

𢡃 勞也从心卻聲其虐切

憸 憸詖也憸利於上佞人也从心僉聲息廉切

愒 息也从心曷聲臣鉉等曰今別作憩非是去例切

𢤰 精戇也从心毳聲千短切

𢜔 疾利口也从心从冊詩曰相時思民徐鍇曰冊言衆也息廉切

急 褊也从心及聲居立切

㦓 憂也从心辡聲一曰急也方沔切

㥛 疾也从心亟聲一曰謹重皃已力切

懁 急也从心瞏聲讀若絹古縣切

𢙾 恨也从心巠聲胡頂切

㤢 急也从心从弦弦亦聲河南密縣有㤢亭胡田切

慓 疾也从心𤐫聲敷沼切

懦 駑弱者也从心需聲人朱切 恁 下齎也从心任聲如甚切 ⿱代心 失常也从心代聲他得切 怚 驕也从心且聲子去切 悒 不安也从心邑聲於汲切 悆 忘也嘾也从心余聲周書曰有疾不悆悆喜也羊茹切 忒 更也从心弋聲他得切 憪 愉也从心閒聲戶閒切 愉 薄也从心俞聲論語曰私覿愉愉如也羊朱切 懱 輕易也从心蔑聲商書曰以相陵懱莫結切 愚 戇也从心从禺禺猴屬獸之愚者麌俱切 戇 愚也从心贛聲陟絳切 㤲 姦也从心采聲倉宰切 惷 愚也从心舂聲丑江切 懝 騃也从心从疑疑亦聲一曰惶也五溉切 忮 很也从心

支聲之義切

悍 勇也从心旱聲矦旰切

態 意也从心从能徐鍇曰心能其事然後有態度也他代切

㑪 或从人

怪 異也从心圣聲古壞切

𢡈 放也从心象聲徒朗切

慢 惰也从心曼聲一曰慢不畏也謀晏切

怠 慢也从心台聲徒亥切

懈 息也从心解聲古隘切

憜 不敬也从心𡐦省春秋傳曰執玉憜徒果切

惰 憜或省自

媠 古文

慫 驚也从心從聲讀若悚息拱切

怫 鬱也从心弗聲符弗切

㤜 忽也从心介聲孟子曰孝子之心不若是㤜呼介切

忽 忘也从心勿聲呼骨切

忘 不識也从心从亡亡亦聲武方切

⿰忄㒼

忘也慲兜也从心㒼聲母官切

恣 縱也从心次聲資四切

愓 放也从心昜聲一曰平也徒朗切

憧 意不定也从心童聲尺容切

悝 啁也从心里聲春秋傳有孔悝一曰病也苦回切

憰 權詐也从心矞聲古穴切

㤮 誤也从心狂聲居況切

怳 狂之皃从心況省聲許往切

恑 變也从心危聲過委切

㦝 有二心也从心巂聲戶圭切

悸 心動也从心季聲其季切

憿 幸也从心敫聲古堯切

懖 善自用之意也从心銛聲商書曰今女懖懖古活切

𦗦 古文从耳

忨 貪也从心元聲春秋傳曰忨歲而漱日五換切

惏 河內之北謂貪曰惏从心林聲盧含切

不明也从心夢聲武亘切

過也从心衍聲去虔切

或从寒省

籀文

疑也从心兼聲戶兼切

亂也从心或聲胡國切

怓也从心民聲呼昆切

亂也从心奴聲詩曰以謹惽怓女交切

亂也从心春聲春秋傳曰王室曰惷惷焉一曰厚也尺允切

不憭也从心昏聲呼昆切

癡皃从心气聲許旣切

𢡅言不慧也从心衞聲于歲切

西陲[illegible][illegible][illegible]引憒亂煩也

亂也从心貴聲胡對切

憎惡也从心己聲渠記切

悁也从心分聲敷粉切

忿也从心肙聲一曰憂也於緣切

籀文

恨也

廣韻引恨作很

从心勦聲一曰急也郎戶切

恚 恨也从心圭聲於避切

詩緜釋文引作怒也

怨 恚也从心夗聲於願切

古文

怒 恚也从心奴聲乃故切

憝 怨也从心敦聲周書曰凡民罔不憝徒對切

慍 怒也从心昷聲於問切

惡 過也从心亞聲烏各切

憎 惡也从心曾聲作滕切

怖 恨怒也从心市聲詩曰視我怖怖蒲昧切

詩白華釋文引作很怒也

[illegible] 怒也从心刀聲讀若顡李陽冰曰刀非聲當从刈省魚既切

怒字俗作讀若顡

[illegible] 怨恨也从心彖聲讀若膎臣鉉等曰彖非聲未詳戶佳切

五音韻譜宋本仍作

恨 怨也从心艮聲胡艮切

懟 怨也从心對聲丈淚切

悔 悔恨也从心每聲荒內切

[illegible] 小怒也从心壴聲充世切

怏 不服懟也从心央聲於亮切

懣 煩也从心从滿莫困切

憤 懣也从心賁聲房吻切

悶 懣也从心門聲莫困切

惆 失意也从心周聲敕鳩切

悵 望恨也从心長聲丑亮切

愾 太息也从心从氣氣亦聲詩曰愾我寤歎許既切

懆 愁不安也从心喿聲詩曰念子懆懆七早切

愴 傷也从心倉聲初亮切

怛 憯也从心旦聲得案切又當割切

𢘱 或从心在旦下詩曰信誓𢘱𢘱

憯 痛也从心朁聲七感切

慘 毒也从心參聲七感切

悽 痛也从心妻聲七稽切

恫 痛也一曰呻吟也从心同聲他紅切

悲 痛也从心非聲府眉切

惻

痛也从心則聲初力切

惜 痛也从心昔聲思積切

愍 痛也从心敃聲眉殞切

慇 痛也从心殷聲於巾切

㥶 痛聲也从心依聲孝經曰哭不㥶於豈切

𢠵 簡存也从心簡省聲讀若簡古限切

慅 動也从心蚤聲一曰起也穌遭切

感 動人心也从心咸聲古禫切

忧 不動也从心尤聲讀若祐于救切

𢙈 怨仇也从心咎聲其久切

愪 憂皃从心員聲王分切

怮 憂皃从心幼聲於虯切

忦 憂也从心介聲五介切

恙 憂也从心羊聲余亮切

惴 憂懼也从心耑聲詩曰惴惴其慄之瑞切

𢡕 憂也从心鈞聲常倫切

詩節南山釋文如惔引說文小熱也從火部之炎

怲 憂也从心丙聲詩曰憂心怲怲兵永切

惔 憂也从心炎聲詩曰憂心如惔徒甘切

詩雲漢釋文引說文云炎燎也則詩曰上古一曰炎燎也

惙 憂也从心叕聲詩曰憂心惙惙一曰意不定也陟劣切

慯 憂也从心殤省聲式亮切

愁 憂也从心秋聲士尤切

𢥞 憂皃从心弱聲讀與惄同奴歷切

㥑 憂同也从心臽聲苦感切

悠 憂也从心攸聲以周切

悴 憂也从心卒聲讀與易萃卦同秦醉切

慁 憂也从心圂聲一曰擾也胡困切

慦 楚頴之閒謂憂曰慦从心林聲力至切

忓 憂也从心于聲讀若吁況于切

忡 憂也从心中聲詩曰憂心忡忡敕中切

悄 憂也从心肖聲詩曰憂心悄悄親小切

慽 憂也从心

戚聲倉歷切

𢝊 愁也从心从頁徐鍇曰𢝊形於顏面故从頁於求切

患 憂也从心上貫吅吅亦聲胡丱切

𢝵 古文从關省

𢜵 亦古文患

恇 怯也从心匡匡亦聲去王切

㥦 思皃从心夾聲苦叶切

懾 失气也从心聶聲一曰服也之涉切

憚 忌難也从心單聲一曰難也徒案切

悼 懼也陳楚謂懼曰悼从心卓聲臣鉉等曰卓非聲當从罩省徒到切

恐 懼也从心巩聲丘隴切

𢖶 古文

慴 懼也从心習聲讀若疊之涉切

怵 恐也从心术聲丑律切

惕 敬也从心易聲他歷切

悐 或从狄

㤨 戰慄也从心共聲戶工切又工恐切

[illegible] 苦也从心

亥聲胡槩切

惶　恐也从心皇聲胡光切

悑　惶也从心甫聲普故切

怖　或从布聲

慹　悑也从心執聲之入切

⿱毄心　悑也从心毄聲苦計切

⿰忄葡　⿱毄心也从心葡聲蒲拜切

⿸疒葡　或从疒

惎　毒也从心其聲周書曰來就惎惎渠記切

恥　辱也从心耳聲敕里切

㥏　青徐謂慙曰㥏从心典聲他典切

忝　辱也从心天聲他點切

慙　媿也从心斬聲昨甘切

恧　慙也从心而聲女六切

怍　慙也从心作省聲在各切

憐　哀也从心粦聲落賢切

⿱連心　泣下也从心連聲易曰泣涕⿱連心如力延切

忍　能也从心刃聲而軫切

詩蕩釋文四月疏
左傳桓十三年疏釋
言疏皆引說文忕
習也不知何字
或引補入未敢从

厲也一曰止也从心弜聲讀若沔彌兖切

懲也从心乂聲魚肺切

㥁也从心徵聲直陵切

覺寤也从心景聲詩曰憬彼淮夷俱永切

文二百六十三　重二十三

嬾也从心庸聲蜀容切

口悱悱也从心非聲敷尾切

衄怩慙也从心尼聲女夷切

惉懘煩聲也从心沾聲尺詹切

惉懘也从心滯聲尺制切

悃也从心豤聲康很切　恨字本

度也从心寸聲倉本切

悲也从心召聲敕宵切

大哭也从心動聲徒弄切

亂也从心若聲人者切

愜 用心也从心合聲苦狹切

悌 善兄弟也从心弟聲經典通用弟特計切

懌 說也从心睪聲經典通用釋羊益切

文十三　新附

惢 心疑也从三心凡惢之屬皆从惢讀若易旅瑣瑣又才規才累二切

繠 垂也从惢系聲如壘切

文二

丁卯二月廿三日校於平津館

三月四日舟行東光日中校

說文解字弟十下

丁卯年十二月廿七日校小字宋本

說文解字弟十一上　漢太尉祭酒許慎記

銀青光祿大夫守右散騎常侍上柱國東海縣開國子食邑五百戶臣徐鉉等奉

敕校定

二十一部　六百八十五文　重六十三

凡九千七百六十九字

文三十一　新附

巛準也北方之行象衆水竝流中有

微陽之气也凡水之屬皆从水式軌切

汃 西極之水也从水八聲爾雅曰西至汃國謂四極府巾切

河 水出焞煌塞外昆侖山發原注海从水可聲乎哥切

泑 澤在昆侖下从水幼聲讀與妼同於糾切

涷 水出發鳴山入於河从水東聲德紅切

涪 水出廣漢剛邑道徼外南入漢从水咅聲縛牟切

潼 水出廣漢梓潼北界南入墊江从水童聲徒紅切

江 水出蜀湔氐徼外崏山入海从水工聲古雙切

沱 江別流也出崏山東別爲沱从水它聲臣鉉等曰沱沼之沲通用此字今別作池非是徒何切

浙 浙江水東至會稽山陰爲浙江从水折聲旨熱切

湔 水出蜀汶

江徼外東南入江从水我聲五何切

湔 水出蜀郡緜虒玉壘山東南入江从水前聲一曰手瀚之子仙切

沫 水出蜀西徼外東南入江从水末聲莫割切

溫 水出犍爲涪南入黔水从水𥁕聲烏魂切

灊 水出巴郡宕渠西南入江从水鬵聲昨鹽切

沮 水出漢中房陵東入江从水且聲子余切

滇 益州池名从水眞聲都年切

涂 水出益州牧靡南山西北入繩从水余聲同都切

沅 水出牂牁故且蘭東北入江从水元聲愚袁切

淹 水出越嶲徼外東入若水从水奄聲英廉切

溺 水自張掖刪丹西至酒泉合黎餘波入于流沙从水弱聲桑欽所說而灼切

洮 水出隴西臨洮東北入河从水兆聲土刀切

涇 水出安定涇陽开頭山東南入渭雝州之川也从水巠聲古靈切

渭 水出隴西首陽渭首亭南谷東入河从水胃聲杜林說夏書以爲出鳥鼠山雝州浸也云貴切

漾 水出隴西山道東至武都爲漢从水羕聲余亮切

瀁 古文从養

漢 漾也東爲滄浪水从水難省聲臣鉉等曰从難省當作堇而前作相承去土从大疑兼从古文省呼旰切

㵄 古文

浪 滄浪水也南入江从水良聲來宕切

沔 水出武都沮縣東狼谷東南入江或曰入夏水从水丏聲彌兗切

湟 水出金城臨羌塞外東入河从水皇聲乎光切

汧 水出扶風汧縣西北入渭从水幵聲苦堅切

澇 水出扶風鄠北入渭从水勞聲魯刀切

漆

水出右扶風杜陵岐山東入渭一曰入洛从水桼聲親吉切

滻 水出京兆藍田谷入灞从水產聲所簡切

洛 水出左馮翊歸德北夷界中東南入渭从水各聲盧各切

淯 水出弘農盧氏山東南入沔从水育聲或曰出酈山西余六切

汝 水出弘農盧氏還歸山東入淮从水女聲人渚切

潩 水出河南密縣大隗山南入潁从水異聲與職切

汾 水出太原晉陽山西南入河从水分聲或曰出汾陽北山冀州浸符分切

澮 水出霍山西南入汾从水會聲古外切

沁 水出上黨羊頭山東南入河从水心聲七鴆切

沾 水出壺關東入淇一曰沾益也从水占聲臣鉉等曰今别作添非是他兼切

潞 冀州浸也上黨有潞縣从水路聲洛故切

漳　濁漳出上黨長子鹿谷山東入清漳清漳出沾山大要谷北入河南漳出南郡臨沮从水章聲諸良切

淇　水出河内共北山東入河或曰出隆慮西山从水其聲渠之切

蕩　水出河内蕩陰東入黃澤从水蕩聲徒朗切

沇　水出河東東垣王屋山東爲泲从水允聲以轉切

㕣　古文沇臣鉉等曰口部已有此重出

泲　沇也東入于海从水𠂤聲子禮切

洈　水出南郡高城洈山東入繇从水危聲過委切

溠　水在漢南从水差聲荆州浸也春秋傳曰脩涂梁溠側駕切

洭　水出桂陽縣盧聚山洭浦關爲桂水从水匡聲去王切

潓　水出盧江入淮从水惠聲胡計切

灌　水出盧江雩婁北入淮从水雚聲古玩切

漸 水出丹陽黟南蠻中東入海从水斬聲慈冉切

泠 水出丹陽宛陵西北入江从水令聲郎丁切

⿰氵箄 水在丹陽从水箄聲匹卦切

溧 水出丹陽溧陽縣从水㮚聲力質切

湘 水出零陵陽海山北入江从水相聲息良切

汨 長沙汨羅淵屈原所沈之水从水冥省聲莫狄切

溱 水出桂陽臨武入匯从水秦聲側詵切

深 水出桂陽南平西入營道从水罙聲式針切

潭 水出武陵鐔成玉山東入鬱林从水覃聲徒含切

油 水出武陵孱陵西東南入江从水由聲以周切

⿰氵買 水出豫章艾縣西入湘从水買聲莫蟹切

湞 水出南海龍川西入溱从水貞聲陟盈切

溜 水出鬱林郡从水畱聲力救切

宋本作南陽舞陽

瀷 水出河南密縣東入潁从水翼聲與職切

潕 水出南陽舞陰東入潁从水無聲文甫切

滶 水出南陽魯陽入城父从水敖聲五勞切

瀙 水出南陽舞陽中陽山入潁从水親聲七吝切

淮 水出南陽平氏桐柏大復山東南入海从水隹聲戶乖切

滍 水出南陽魯陽堯山東北入汝从水蚩聲直几切

澧 水出南陽雉衡山東入汝从水豊聲盧啓切

溳 水出南陽蔡陽東入夏水从水員聲王分切

淠 水出汝南弋陽垂山東入淮从水畀聲匹備切又匹制切

㵝 水出汝南上蔡冥閭澗入汝从水意聲於力切

泀 水出汝南新郪入潁从水囟聲穌計切

灈 水出汝南吳房入瀙从水瞿聲其俱切

潁

水出潁川陽城乾山東入淮从水頃聲豫州浸余頃切

【洧】水出潁川陽城山東南入潁从水有聲榮美切

【濦】水出潁川陽城少室山東入潁从水㥯聲於謹切

【渦】水受淮陽扶溝浪湯渠東入淮从水過聲古禾切

【泄】水受九江博安洵波北入氐从水世聲余制切

【汳】水受陳留浚儀陰溝至蒙爲雝水東入于泗从水反聲臣鉉等曰今作汴非是皮變切

【潧】水出鄭國从水曾聲詩曰潧與洧方渙渙兮側詵切

【淩】水在臨淮从水夌聲力膺切

【濮】水出東郡濮陽南入鉅野从水僕聲博木切

【濼】齊魯閒水也从水樂聲春秋傳曰公會齊侯于濼盧谷切

【漷】水在魯从水郭聲苦郭切

【淨】魯北城門池也从水爭聲

士耕切又才性切

濕 水出東郡東武陽入海从水㬎聲桑欽云出平原高唐他合切

泡 水出山陽平樂東北入泗从水包聲匹交切

菏 菏澤水在山陽胡陵禹貢浮于淮泗達于菏从水苛聲古俄切

泗 受沛水東入淮从水四聲息利切

洹 水在齊魯間从水亘聲羽元切

灉 河灉水在宋从水雝聲於容切

澶 澶淵水在宋从水亶聲市連切

洙 水出泰山蓋臨樂山北入泗从水朱聲市朱切

沭 水出青州浸从水朮聲食聿切

沂 水出東海費東西入泗从水斤聲一曰沂水出泰山蓋青州浸魚衣切

洋 水出齊臨朐高山東北入鉅定从水羊聲似羊切

濁 水出齊郡厲嬀山東北入鉅定从水蜀聲直角切

溉 水出東海桑瀆覆甑山東北入海一曰灌注也从水既聲古代切

濰 水出琅邪箕屋山東入海徐州浸夏書曰濰淄其道从水維聲以追切

浯 水出琅邪靈門壺山東北入濰从水吾聲五乎切

汶 水出琅邪朱虛東泰山東入濰从水文聲桑欽說汶水出泰山萊蕪西南入泲亡運切

治 水出東萊曲城陽丘山南入海从水台聲直之切

寖 水出魏郡武安東北入呼沱水从水𡩠聲𡩠籒文寑字子鴆切

湡 水出趙國襄國之西山東北入寖从水禺聲噳俱切

滮 水出趙國襄國東入湡从水虒聲息移切

渚 水在常山中丘逢山東入湡从水者聲爾雅曰小州曰渚章与切

洨 水出常山石邑井陘東南入于泜从水交聲祁國有

洨縣下交切

濟　水出常山房子贊皇山東入泜从水齊聲子禮切

泜　水在常山从水氐聲直尼切

濡　水出涿郡故安東入漆涑从水需聲人朱切

灅　水出右北平浚靡東南入庾从水壘聲力軌切

沽　水出漁陽塞外東入海从水古聲古胡切

沛　水出遼東番汗塞外西南入海从水巿聲普蓋切

浿　水出樂浪鏤方東入海从水貝聲一曰出浿水縣普拜切

瀤　北方水也从水褱聲戶乖切

㶟　水出鴈門陰館累頭山東入海或曰治水也从水纍聲力追切

⿰氵虘　水出北地直路西東入洛从水虘聲側加切

泒　水起鴈門葰人戍夫山東北入海从水瓜聲古胡切

滱　水起北地靈丘東入河从水寇聲滱水即漚夷

水并州川也苦侯切

淶 水起北地廣昌東入河从水來聲并州浸洛哀切

泥 水出北地郁郅北蠻中从水尼聲奴低切

湳 西河美稷保東北水从水南聲乃感切

漹 水出西河中陽北沙南入河从水焉聲乙乾切

涶 河津也在西河西从水垂聲土禾切

旟 水也从水旟聲以諸切

洵 過水中也从水旬聲相倫切

涻 水出北嚻山入邙澤从水舍聲始夜切

涊 水也从水刃聲乃見切

淔 水也从水直聲恥力切

淁 水也从水妾聲七接切

涺 水也从水居聲九魚切

㵋 水也从水臮聲其冀切

沋 水也从水尤聲羽求切

涃 水也从水困聲苦頓切

宋本作郭

𣸣（淉）水也从水果聲古火切

𣸣 水也从水⿱小貝聲讀若瑣穌果切

浝 水也从水尨聲莫江切

⿰氵乳 水也从水乳聲乃后切

汷 水也从水夂聲夂古文終職戎切

洦 淺水也从水百聲匹白切

郭氏字刊從字若兩引作酒古

䤈字也酒淺水貌

郭注傳李翰文作一曰酒 郭

汘 水也从水千聲倉先切

洍 水也从水匠聲詩曰江有洍詳里切

澥 勃澥海之別名也从水解聲一說澥即澥谷也胡買切

宋本及毛本韻譜三字部作

有毛刊補

漠 北方流沙也一曰清也从水莫聲慕各切

宋本

海 天池也以納百川者从水每聲呼改切

溥 大也从水尃聲滂古切

⿰氵闇 水大至也从水闇聲乙感切

洪 洚水也从水共聲戶工切

洚 水不遵道一曰下也从水夅聲戶工切又下江切

郭注傳有洚大水也 韻予一曰下也

上有一曰大水也 脫之趙注傳 汉洚洚 字

衍 水朝

華嚴經序言義引說文混阴混沌陰陽未分共同一氣之皃當是一日之文

宗于海也从水从行以浅切

潮 水朝宗于海从水朝省臣鉉等曰隸書不省直遥切

濥 水脈行地中濥濥从水寅聲弋刃切

滔 水漫漫大皃从水舀聲土刀切

涓 小流也从水肙聲爾雅曰汝爲涓古玄切

混 豐流也从水昆聲胡本切

潒 水潒瀁也从水象聲讀若蕩徒朗切

𣻍 順流也一曰水名从水敄聲俟甾切

汭 水相入也从水从内内亦聲而銳切

潚 深清也从水肅聲子叔切

演 長流也一曰水名从水寅聲以淺切

渙 流散也从水奐聲呼貫切

泌 俠流也从水必聲兵媚切

活 水流聲从水𠯑聲古活切

䀉 活或从聒

湝 水流湝湝也从

宋本作淲沱

水皆聲一曰湝湝寒也詩曰風雨湝湝古諧切

泫 湝流也从水玄聲上黨有泫氏縣胡畎切

淲 水流皃从水彪省聲詩曰淲沱北流皮彪切

淢 疾流也从水或聲于逼切

瀏 流清皃从水劉聲詩曰瀏其淸矣力久切

濊 礙流也从水薉聲詩曰施罟濊濊呼括切

滂 沛也从水旁聲臣鉉等曰今俗別作霶霈非是普郎切

汪 深廣也从水㞷聲一曰汪池也烏光切

漻 清深也从水翏聲洛蕭切

泚 清也从水此聲千禮切

況 寒水也从水兄聲許訪切

沖 涌搖也从水中聲讀若動直弓切

汎 浮皃从水凡聲孚梵切

沄 轉流也从水云聲讀若混王分切

浩

史記司馬相如傳索隱引作水之小聲也

宋本作博禾切

澆也从水告聲虞書曰洪水浩浩胡老切

沆 莽沆大水也从水亢聲一曰大澤皃胡朗切

泬 水从孔穴疾出也从水从穴穴亦聲呼穴切

濞 水暴至聲从水鼻聲匹備切

灂 水小聲从水爵聲士角切

潝 水疾聲从水翕聲許及切

滕 水超涌也从水朕聲徒登切

潏 涌出也一曰水中坻人所爲爲潏一曰潏水名在京兆杜陵从水矞聲古穴切

洸 水涌光也从水从光光亦聲詩曰有洸有潰古黃切

波 水涌流也从水皮聲淪禾切

澐 江水大波謂之澐从水雲聲王分切

瀾 大波爲瀾从水闌聲水一切

漣 瀾或从連臣鉉等曰今俗音力延切

淪 小波爲淪从水侖聲詩曰河水清且淪漪

一曰沒也力迭切

漂　浮也从水票聲匹消切又匹妙切

浮　氾也从水孚聲縛牟切

濫　氾也从水監聲一曰濡上及下也詩曰觱沸濫泉一曰清也盧瞰切

氾　濫也从水巳聲孚梵切

泓　下深皃从水弘聲烏宏切

湋　回也从水韋聲羽非切

測　深所至也从水則聲初側切

湍　疾瀨也从水耑聲他耑切

淙　水聲也从水宗聲藏宗切

激　水礙衺疾波也从水敫聲一曰半遮也吉歷切

洞　疾流也从水同聲徒弄切

㵘　大波也从水旛聲孚袁切

洶　涌也从水匈聲許拱切

涌　滕也从水甬聲一曰涌水在楚國余隴切

湁　湁湒鬻也从水拾聲丑入切

涳 直流也从水空聲哭工切又苦江切 汋 激水聲也从水勺聲井一有水一無水謂之瀱汋市若切 瀱 瀱汋从水罽聲居例切 渾 混流聲也从水軍聲一曰洿下皃戶昆切 洌 水清也从水列聲易曰井洌寒泉食良辥切 淑 清湛也从水叔聲殊六切 溶 水盛也从水容聲余隴切又音容 澂 清也从水徵省聲臣鉉等曰今俗作澄非是直陵切 清 朖也澂水之皃从水青聲七情切 湜 水清底見也从水是聲詩曰湜湜其止常職切 潣 水流浼浼皃从水閔聲眉殞切 滲 下漉也从水參聲所禁切 湋 不流濁也从水圍聲羽非切 溷 亂也一曰水濁皃从水圂聲胡困切

宋本同

淈　濁也从水屈聲一曰滒泥一曰水出皃古忽切

㳬　回泉也从水旋省聲似沿切

漼　深也从水崔聲詩曰有漼者淵七罪切

淵　回水也从水𣶒象形左右岸也中象水皃烏玄切

𣶒　淵或省水

囦　古文从口水

濔　滿也从水爾聲奴禮切

水滿也　今作瀰　俗字

澹　水搖也从水詹聲徒濫切

潯　旁深也从水尋聲徐林切

泙　谷也从水乎聲符兵切

泏　水皃从水出聲讀若窋竹律切又口兀切

瀳　水至也从水薦聲讀若尊又在甸切

[illegible]　土得水沮也从水𥳑聲讀若麵竹隻切

滿　盈溢也从水㒼聲莫旱切

滑　利也从水骨聲戶八切

濇　不滑也从水嗇聲色立切

澤　光潤

也从水睪聲文伯切

淫 浸淫隨理也从水㸒聲一曰久雨爲淫余箴切

瀸 漬也从水韱聲爾雅曰泉一見一否爲瀸子廉切

泆 水所蕩泆也从水失聲夷質切

潰 漏也从水貴聲胡對切（繫傳無聲字 亦決也韻）

沴 水不利也从水㐱聲五行傳曰若其沴作郎計切

淺 不深也从水戔聲七衍切（會引作一曰散也）

洔 水暫益且止未減也从水寺聲直里切

渻 少減也一曰水門又水出丘前謂之渻丘从水省聲息并切（又水出 繫傳引作一曰水出）

淖 泥也从水卓聲奴教切

濢 小溼也从水翠聲遵誄切

溽 溼暑也从水辱聲而蜀切

涅 黑土在水中也从水从土日聲奴結切（論語釋文御覽八十七引中下有者字 脫）

滋 益也从水茲聲一曰滋水出牛飲山白陘谷東入呼沱子之切（地里志作白陸谷）

⿰氵曶 青黑

宋本作厓

色从水曶聲呼骨切

浥　溼也从水邑聲於及切

沙　水散石也从水从少水少沙見楚東有沙水所加切

𣲡　譚長說沙或从尐子結切

瀨　水流沙上也从水賴聲洛帶切

濆　水厓也从水賁聲詩曰敦彼淮濆符分切

涘　水厓也从水矣聲周書曰王出涘牀史切

汻　水厓也从水午聲臣鉉等曰今作滸非是呼古切

氿　水厓枯土也从水九聲爾雅曰水醮曰氿居洧切

漘　水厓也从水脣聲詩曰寘河之漘常倫切

浦　瀕也从水甫聲滂古切

沚　小渚曰沚从水止聲詩曰于沼于沚諸市切

沸　畢沸濫泉从水弗聲分勿切又方未切

潨　小水入大水曰潨从水从衆詩曰鳧鷖在

潨 徂紅切

派 別水也从水从𠂢𠂢亦聲匹賣切

汜 水別復入水也一曰汜窮瀆也从水巳聲詩曰江有汜詳里切臣鉉等案前洍字音義同葢或體也

湀 湀辟深水處也从水癸聲求癸切

濘 滎濘也从水寧聲乃定切

滎 絶小水也从水熒省聲戶扃切

洼 深池也从水圭聲一佳切又於瓜切

漥 清水也一曰窊也从水窐聲一穎切又屋瓜切

潢 積水池从水黃聲乎光切

沼 池水从水召聲之少切

湖 大陂也从水胡聲揚州浸有五湖浸川澤所仰以灌溉也戶吳切

汥 水都也从水支聲章移切

洫 十里爲成成閒廣八尺深八尺謂之洫从水血聲論語曰盡力乎溝洫況逼切

溝

文選……注引作 水別流也
郭璞傳……汜……下當有
一切經音義卷十七引作積水池也下有大曰潢小曰洿
一切經音義卷七引作小水也
郭璞傳一切經音義卷十四韵會引作池
一切經音義卷廿三廿五引作小池也
宋本及郭傳引乎作于

水瀆廣四尺深四尺从水冓聲古矦切

瀆 溝也从水賣聲一曰邑中溝徒谷切

渠 水所居从水榘省聲彊魚切

瀶 谷也从水臨聲讀若林一曰寒也力尋切

湄 水艸交爲湄从水眉聲武悲切

洐 溝水行也从水从行戶庚切

澗 山夾水也从水閒聲一曰澗水出弘農新安東南入洛古莧切

澳 隈厓也其內曰澳其外曰隈从水奥聲於六切

澩 夏有水冬無水曰澩从水學省聲讀若學胡角切

𤅩 澩或不省

灘 水濡而乾也从水鷬聲詩曰灘其乾矣呼旰切又它干切

灘 俗灘从隹

汕 魚游水皃从水山聲詩曰烝然汕汕所晏切

決 行流也从水从夬廬江有決水出於大別山古穴切

小字本亦作小津

宋本作王

灓 漏流也从水䜌聲洛官切

滴 水注也从水啻聲都歷切

注 灌也从水主聲之戍切

沃 溉灌也从水芺聲烏鵠切

㵰 所以攤水也从水昔聲漢律曰及其門首洒㵰所責切

澨 埤增水邊土人所止者从水筮聲夏書曰過三澨時制切

津 水渡也从水聿聲將鄰切

𦨈 古文津从舟从淮

淜 無舟渡河也从水朋聲皮冰切

橫 小津也从水橫聲一曰以船渡也戶孟切

泭 編木以渡也从水付聲芳無切

渡 濟也从水度聲徒故切

沿 緣水而下也从水㕣聲春秋傳曰王沿夏與專切

泝 逆流而上曰泝洄泝向也水欲下違之而上也从水㡿聲桑故切

遡 泝或从辵朔

宋本作水津也誤

一切經音義廿八引說文溢也涉渡水也疑即淜字

昭十三年傳文今左作王

㴑洄也从水从回戸灰切

潛行水中也从水永聲爲命切

涉水也一曰藏也一曰𤀌水爲潛从水朁聲昨鹽切

水入船中也一曰泥也从水金聲古暗切

淦或从今

浮也从水乏聲孚梵切

浮行水上也从水从子古或以汓爲没似由切

汓或从囚聲

履石渡水也从水从石詩曰深則砅力制切

砅或从厲

水上人所會也从水奏聲倉奏切

没也从水甚聲一曰湛水豫章浸宅減切

古文

没也从水垔聲於眞切

没也从水从人奴歷切

沈也从水从𠬛莫勃切

没也从水畏聲烏恢切

小字宋本仍作也

宋本作𣿅資也

宋本無皃

滃 雲气起也从水翁聲烏孔切

泱 滃也从水央聲於良切

淒 雲雨起也从水妻聲詩曰有渰淒淒七稽切

渰 雲雨皃从水弇聲衣檢切

溟 小雨溟溟也从水冥聲莫經切

涑 小雨零皃从水束聲所責切

瀑 疾雨也一曰沫也一曰瀑賁也从水暴聲詩曰終風且瀑平到切

澍 時雨澍生萬物从水尌聲常句切

湒 雨下也从水咠聲一曰沸涌皃姊入切

澬 久雨涔資也一曰水名从水資聲才私切又即夷切

潦 雨水大皃从水尞聲盧皓切

濩 雨流霤下皃从水蒦聲胡郭切

涿 流下滴也从水豖聲上谷有涿縣竹角切

𣶒 奇字涿从日乙

瀧 雨瀧瀧皃从水龍聲

說文十一上

宋本書之字

力公切

㴎 㴎沛也从水柰聲奴帶切

滈 久雨也从水高聲乎老切

漊 雨漊漊也从水婁聲一曰汝南謂飲酒習之不醉爲漊力主切

溦 小雨也从水微省聲無非切

濛 微雨也从水蒙聲莫紅切

繫傳作溦雨也

沈 陵上滈水也从水冘聲一曰濁黕也臣鉉等曰今俗別作沉冗不成字非是直深切又尸甚切

洅 雷震洅洅也从水再聲作代切

淊 泥水淊淊也一曰繅絲湯也从水臽聲胡感切

涵 水澤多也从水函聲詩曰僭始既涵胡男切

洳 漸溼也从水挐聲人庶切

瀀 澤多也从水憂聲詩曰既瀀既渥於求切

涔 漬也一曰涔陽渚在郢中从水岑聲鉏箴切

漬 漚也从水責聲前智切

漚 久漬

一本滈作滈書

也从水區聲烏候切
浞 濡也从水足聲士角切
渥 霑也从水屋聲於角切
㴸 灌也从水隺聲口角切又公沃切
洽 霑也从水合聲矦夾切
濃 露多也从水農聲詩曰零露濃濃女容切
瀌 雨雪瀌瀌从水麃聲甫嬌切
溓 薄水也一曰中絕小水从水兼聲力鹽切
泐 水石之理也从水从阞周禮曰石有時而泐徐鍇曰言石因其脈理而解裂也盧則切
滯 凝也从水帶聲直例切
汦 著止也从水氏聲直尼切
㶁 水裂去也从水虢聲古伯切
澌 水索也从水斯聲息移切
汽 水涸也或曰泣下从水气聲詩曰汽可小康許訖切
涸 渴也从水固聲讀若狐貈之貈下各切

宋本作从水

宋本作小池爲汙

𣶃 涸亦从水鹵舟

消 盡也从水肖聲相幺切

潐 盡也从水焦聲子肖切

渴 盡也从水曷聲苦葛切

漮 水虛也从水康聲苦岡切

溼 幽溼也从从一所以覆也覆而有土故溼也㬎省聲失入切

湆 幽溼也从水音聲去急切

洿 濁水不流也一曰窊下也从水夸聲哀都切

浼 汙也从水免聲詩曰河水浼浼孟子曰汝安能浼我武皋切

汙 薉也一曰小池爲之一曰涂也从水于聲烏故切

湫 隘下也一曰有湫水在周地春秋傳曰晏子之宅湫隘安定朝那有湫泉从水秋聲子了切又即由切

潤 水曰潤下从水閏聲如順切

準 平也从水隼聲之允切

汀 平也从水丁聲他丁

韻會引作幽溼也从一覆土而有水故溼也

切

𣲖 汀或从平

沑 水吏也又溫也从水丑聲人九切

瀵 水浸也从水糞聲爾雅曰瀵大出尾下方問切

滜 新也从水皐聲七皐切

瀞 無垢薉也从水靜聲疾正切

瀎 拭滅皃从水蔑聲莫達切

泧 瀎泧也从水戉聲讀若椒樧之樧又火活切

洎 灌釜也从水自聲其冀切

湯 熱水也从水昜聲土郎切

渜 湯也从水耎聲乃管切

洝 渜水也从水安聲烏旰切

洏 洝也一曰煮熟也从水而聲如之切

涚 財溫水也从水兌聲周禮曰以涚漚其絲輸芮切

涫 灊也从水官聲酒泉有樂涫縣古丸切

涾 涫溢也今河朔方言謂沸溢爲涾从水沓聲徒合切

汏

淅𤄻也从水大聲徒蓋切又代何切

𤄻　淅也从水簡聲古限切

淅　汏米也从水析聲先擊切

滰　浚乾漬米也从水竟聲孟子曰夫子去齊滰淅而行其兩切

溲　浸沃也从水叜聲疏有切

浚　杼也从水夋聲私閏切

瀝　浚也从水歷聲一曰水下滴瀝郎擊切

漉　浚也从水鹿聲盧谷切

淥　漉或从彔

潘　淅米汁也一曰水名在河南滎陽从水番聲普官切

灡　潘也从水蘭聲洛干切

泔　周謂潘曰泔从水甘聲古三切

滫　久泔也从水脩聲息流切又思酒切

澱　滓淫也从水殿聲堂練切

淤　澱滓濁泥从水於聲依據切

滓　澱也从水宰聲阻史切

淰　濁也

从水念聲乃忝切

瀹　漬也从水龠聲以灼切

𣸈　釃酒也一曰浚也从网从水焦聲讀若夏書天用勦絶臣鉉等曰以縑帛漉酒故从网子小切

漀　側出泉也从水殸聲殸籀文磬字去挺切

湑　莤酒也一曰浚也一曰露皃从水胥聲詩曰有酒湑我又曰零露湑兮私呂切

湎　沈於酒也从水面聲周書曰罔敢湎于酒彌兗切

漿　酢漿也从水將省聲即良切

[漿]　古文漿省

涼　薄也从水京聲呂張切

淡　薄味也从水炎聲徒敢切

涒　食已而復吐之从水君聲爾雅曰太歲在申曰涒灘他昆切

澆　沃也从水堯聲古堯切

液　盡也从水夜聲羊益切

汁　液也从水十聲之入切

多汁也从水哥聲讀若哥古俄切

灝 豆汁也从水顥聲乎老切

溢 器滿也从水益聲夷質切

洒 滌也从水西聲古文爲灑埽字先禮切

滌 洒也从水條聲徒歷切

濈 和也从水戢聲阻立切

瀋 汁也从水審聲春秋傳曰猶拾瀋也昌枕切

渳 飲也从水弭聲緜婢切

⿰氵算 飲歃也一曰吮也从水算聲巽倦切又先活切

漱 盪口也从水欶聲所右切

泂 滄也从水冋聲戶褧切

滄 寒也从水倉聲七岡切

⿰氵靚 冷寒也从水靚聲七定切

淬 滅火器也从水卒聲七內切

沐 濯髮也从水木聲莫卜切

沬 洒面也从水未聲荒內切

湏 古文沬从

洗宋本及類篇引說
三万九十五引作洒足也

頁

浴　洒身也从水谷聲余蜀切

澡　洒手也从水喿聲子晧切

洗　洒足也从水先聲穌典切

汲　引水於井也从水从及及亦聲居立切

淳　淥也从水䵼聲常倫切

淋　以水沃也从水林聲一曰淋淋山下水皃力尋切

渫　除去也从水枼聲私列切

澣　濯衣垢也从水榦聲胡玩切

浣　澣或从完

濯　澣也从水翟聲直角切

涑　澣也从水束聲河東有涑水速矦切

潎　於水中擊絮也从水敝聲匹蔽切

[illegible]　涂也从水从土尨聲讀若隴又亾江切

灑　汛也从水麗聲山豉切

汛　灑也从水卂聲息晉切

染　以繒染爲色从水杂聲徐鍇曰說文無杂字裴光遠

宋本作洒

韻會引作淥也

文選七發注引作水波之

宋本類篇作及聲

云从木木者所以染梔茜之屬也从九九者染之數也未知其審而琰切

泰 滑也从廾从水大聲他蓋切臣鉉等曰本音他達切今左氏傳作汏輙非是

夳 古文泰

⿰氵閻 海岱之間謂相汙曰⿰氵閻从水閻聲余廉切

灒 汙灑也一曰水中人从水贊聲則旰切

⿰氵愁 腹中有水气也从水从愁愁亦聲士尤切

鍇傳作从水愁聲

湩 乳汁也从水重聲多貢切

洟 鼻液也从水夷聲他計切

潸 涕流皃从水散省聲詩曰潸焉出涕所姦切

汗 人液也从水干聲矦旰切

御覽三百八十七引作身液也

泣 無聲出涕曰泣从水立聲去急切

涕 泣也从水弟聲他禮切

鍇傳韻會引作弟聲

湅 𤅊也从水柬聲郎甸切

讞 議辠也从水獻與法同意魚列切

渝 變汙

也从水俞聲一曰渝水在遼西臨俞東出塞羊朱切

減 損也从水咸聲古斬切

滅 盡也从水威聲亾列切

漕 水轉穀也一曰人之所乘及船也从水曹聲在到切

泮 諸侯鄉射之宮西南爲水東北爲牆从水从半半亦聲普半切

漏 以銅受水刻節晝夜百刻从水屚聲盧后切

澒 丹沙所化爲水銀也从水項聲呼孔切

萍 苹也水艸也从水苹苹亦聲薄經切

濊 水多皃从水歲聲呼會切

泪 治水也从水曰聲于筆切

文四百六十五　重二十三

瀼 露濃皃从水襄聲汝羊切

漙 露皃从水專聲度官切

汍 泣淚皃从

水丸聲胡官切

泯 滅也从水民聲武盡切

瀣 沆瀣气也从水瀣省聲胡介切

瀘 水名从水盧聲洛乎切

瀟 水名从水蕭聲相邀切

瀛 水名从水嬴聲以成切

滁 水名从水除聲直魚切

洺 水名从水名聲武幷切

潺 水聲从水孱聲昨閑切

湲 潺湲水聲从水爰聲王權切

濤 大波也从水壽聲徒刀切

漵 水浦也从水敘聲徐呂切

港 水派也从水巷聲古項切

瀦 水所亭也从水豬聲陟魚切

瀰 大水也从水彌聲武移切

宋本缺此句

諸家不收今附之字韻末

淼 大水也从三水或作渺亡沼切

潔 瀞也从水絜聲古屑切

浹 洽也

宋本作从也

歃也从水夾聲子協切

溘 奄忽也从水盇聲口荅切

潠 含水噴也从水巽聲穌困切

涯 水邊也从水从厓厓亦聲魚羈切

文二十三 新附

嘉慶十二年十二月廿八日校小字宋本於平津館

說文解字弟十一上

說文解字弟十一下　漢太尉祭酒許愼記

銀青光祿大夫守右散騎常侍上柱國東海縣開國子食邑五百戶臣徐鉉等奉

敕校定

沝　二水也闕凡沝之屬皆从沝　之壘切

𣶒　水行也从沝㐬㐬突忽也力求切

流　篆文从水

涉　徒行厲水也从沝从步時攝切

涉　篆文从水

文三　重二

頻　水厓人所賓附頻蹙不前而止从

頁从涉凡顭之屬皆从頻臣鉉等曰今俗別作水濱非是符眞切

文二

顰 涉水顰蹙从頻卑聲符眞切

詩節南山疏引云畎小流也言水小不能自通須人以畎引之

𡿨 水小流也周禮匠人爲溝洫相廣五寸二耜爲耦一耦之伐廣尺深尺謂之𡿨倍𡿨謂之遂倍遂曰溝倍溝曰洫倍洫曰巜凡𡿨之屬皆

从く姑法切

甽 古文く从田从川

畎 篆文く从田犬聲六畎爲一畝

古字宋本空白

文一　重二

巜 水流澮澮也方百里爲巜廣二尋深二仞凡巜之屬皆从巜古外切

繫傳末有讀若澮同

粼 水生厓石閒粼粼也从巜粦聲力珍切

文二

川 貫穿通流水也虞書曰濬く巜距

川言深く巜之水會爲川也凡川之屬皆从川昌緣切

巠水脈也从川在一下一地也壬省聲一曰水冥巠也古靈切　巠古文巠不省

巟水廣也从川亡聲易曰包巟用馮河呼光切　𡿦水流也从川或聲于逼切

𡿧水流也从川曰聲于筆切　𡿪水流歺歺也从川列省聲臣鉉等曰列字从歺此疑誤當从歺省良辥切

邕四方有水自邕城池者从川从邑於容切　邕籀文邕

災害也从一雝川春秋傳曰川雝爲澤凶祖才切

侃剛直也从㐰㐰古文信从川取其不舍晝夜論

宋本作戴曰

語曰子路侃侃如也空旱切

水中可居曰州周遶其旁从重川昔堯遭洪水民居水中高土故曰九州詩曰在河之州一曰州疇也各疇其土而生之臣鉉等曰今別作洲非是職流切

古文州

文十　重三

水原也象水流出成川形凡泉之屬皆从泉疾緣切

泉水也从泉緐聲讀若飯符萬切

文二

三泉也闕凡灥之屬皆从灥詳遵切

厵 水泉本也从灥出厂下愚袁切 原 篆文从泉臣鉉等曰今別作源非是

繫傳作篆文厡省

文二　重一

永 長也象水巠理之長詩曰江之永矣凡永之屬皆从永于憬切

繫傳韻會引作水長也

羕 水長也从永羊聲詩曰江之羕矣余亮切

文二

宋本無此

𠂢 水之衺流別也从反永凡𠂢之屬皆从𠂢讀若稗縣徐鍇曰永長流也反即分𠂢也匹卦切

繫傳作讀若蜀郡郫縣地里志稗縣屬瑯邪郡郫縣屬蜀

衇訂序譌今引作血理之分衺行體中者

衇 血理分衺行體者从𠂢从血莫獲切 脈 衇或从肉 䘑 籒文

覛 衺視也从𠂢从見莫狄切 𧡺 籒文

文三 重三

谷 泉出通川爲谷从水半見出於口

一切經音義九引作泉之通川者曰谷御覽五十四引作泉通川曰谷

凡谷之屬皆从谷 古祿切

谿 山瀆无所通者从谷奚聲苦兮切

豁 通谷也从谷害聲呼括切

豂 空谷也从谷翏聲洛蕭切

𧮫 大長谷也从谷龍聲讀若聾盧紅切

谹 谷中響也从谷

厺聲户萌切

㕡 深通川也从谷从𣦵𣦵殘地阬坎意也虞書曰㕡畎澮距川私閏切

濬 㕡或从水

睿 古文㕡

谸 望山谷谸谸青也从谷千聲倉絢切

文八　重二

仌 凍也象水凝之形凡仌之屬皆从仌筆陵切

冰 水堅也从仌从水魚陵切臣鉉等曰今作筆陵切以爲冰凍之冰

凝 俗冰从疑

凜 寒也从仌廩聲力稔切

凊 寒也从仌青聲七正切

凍 仌也从仌

東聲。多貢切

𣶒　仌出也。从仌朕聲。詩曰：納于朕陰。力膺切

凌　朕或从夌

凘　流仌也。从仌斯聲。息移切

凋　半傷也。从仌周聲。都僚切

冬　四時盡也。从仌从夂。夂，古文終字。都宗切

𣅛　古文冬从日

冶　銷也。从仌台聲。羊者切

滄　寒也。从仌倉聲。初亮切

冷　寒也。从仌令聲。魯打切

㴸　寒也。从仌函聲。胡男切

滭　風寒也。从仌畢聲。卑吉切

冹　一之日滭冹。从仌犮聲。分勿切

凓　寒也。从仌㮚聲。力質切

瀨　寒也。从仌賴聲。洛帶切

文十七　重三

毛傳韻會作寒貌

詩七月二之日栗洌引說文洌寒貌故字从水說經本文改說文瀨爲洌表以而玉篇廣韻有洌字瀨疑後人羼入

雨 水从雲下也一象天冂象雲水霝其閒也凡雨之屬皆从雨王矩切

𠕲 古文

靁 陰陽薄動靁雨生物者也从雨畾象回轉形魯回切

𩆜 古文靁

𩇓 亦古文靁

𩆷 籀文靁閒有回回靁聲也

霣 雨也齊人謂靁爲霣从雨員聲一曰雲轉起也于敏切

𡾏 古文霣

霆 雷餘聲也鈴鈴所以挺出萬物从雨廷聲特丁切

霅 霅霅震電皃一曰衆言也从雨譶省聲丈甲切

電 陰陽激燿也从雨从申堂練切

𩇒 古文電

震 劈歷振物者从雨辰聲春秋傳曰震夷伯之廟臣鉉

等曰今俗別作霹靂非是章刃切

𩆷 籀文震

雪 凝雨說物者从雨彗聲相絕切

霄 雨霓為霄从雨肖聲齊語也相邀切

霰 稷雪也从雨散聲穌甸切

霓 霰或从見

雹 雨冰也从雨包聲蒲角切

繫傳作雨仌也

𩂣 古文雹

霝 雨零也从雨㗊象零形詩曰霝雨其濛郎丁切

廣韻引作雨零為零 零書

䨈 雨零也从雨各聲盧各切

零 餘雨也从雨令聲郎丁切

御覽十藝文初學記二引作徐雨也

⿱雨鮮 小雨財零也从雨鮮聲讀若斯息移切

繫傳作裁初學記二引作纔皆通

霢 霢霂小雨也从雨脈聲莫獲切

霂 霢霂也从雨沐聲莫卜切

⿱雨酸 小雨也从雨酸聲素官切

⿱雨𢦏 微雨也从雨𢦏聲又讀若芟子廉切

⿱雨眾 小雨也从雨眾聲明堂月令曰⿱雨眾雨職戎切

今月令亦无

霃 久陰

初學記一御覽八引作雲久陰也此脫雲字

也从雨沈聲直深切

久雨也从雨兼聲力鹽切

久雨也从雨圅聲胡男切

雨三日已往从雨林聲力尋切

霖雨也南陽謂霖䨙从雨㐺聲銀箴切

雨聲从雨眞聲讀若資即夷切

雨皃方語也从雨禹聲讀若禹王矩切

小雨也从雨酓聲子廉切

雨䨴也从雨沾聲張廉切

濡也从雨染聲而琰切

屋水流也从雨畱聲力救切

屋穿水下也从雨扗尸下尸者屋也盧后切

雨濡革也从雨从革讀若膊匹各切

雨止也从雨齊聲子計切

霽謂之霋从雨妻聲七稽切

雨止雲罷皃从雨郭聲臣鉉等曰今別作廓非

是苦郭切

露 潤澤也从雨路聲洛故切

霜 喪也成物者从雨相聲所莊切

霚 地气發天不應从雨敄聲臣鉉等曰今俗从務亾遇切

雺 籒文省

霾 風雨土也从雨貍聲詩曰終風且霾莫皆切

霿 天气下地不應曰霿霿晦也从雨瞀聲莫弄切

霓 屈虹青赤或白色陰气也从雨兒聲五雞切

䨳 寒也从雨執聲或曰早霜讀若春秋傳墊阨都念切

雩 夏祭樂于赤帝以祈甘雨也从雨于聲羽俱切

𦏺 或从羽雩羽舞也

需 須也遇雨不進止須也从雨而聲易曰雲上於天需臣鉉等案李陽冰據易雲上於天云當从天然諸本及前作所書皆从而無有从天者相俞切

䨏 水音

也从雨羽聲王矩切　文四十六七　重十一

霞　赤雲气也从雨段聲胡加切

霏　雨雪皃从雨非聲芳非切

霎　小雨也从雨妾聲山洽切

䨴　黮䨴雲黑皃从雨對聲徒對切

靄　雲皃从雨藹省聲於蓋切

文五　新附

雲　山川气也从雨云象雲回轉形凡雲之屬皆从雲　王分切

細字訛入云雨二字

云　古文省雨

繫傳作古文云字省雨二字

𠃬　亦古文雲

霒　雲覆日也从雲今聲於今切

侌

古文或省 侌 亦古文霒 文二 重四

魚 水蟲也象形魚尾與燕尾相似凡魚之屬皆从魚 語居切

鰖 魚子已生者从魚憜省聲徒果切 鰖 籀文

鮞 魚子也一曰魚之美者東海之鮞从魚而聲讀若而如之切

魼 魚也从魚去聲去魚切

魶 魚似鱉無甲有尾無足口在腹下从魚納聲奴荅切

鰨 虛鰨也从魚𦐇聲土盍切

鱒 赤目魚从魚尊聲慈損切

鱗 魚也从魚粦聲力珍切

鰫 魚也从魚容聲余封切

鱮 魚也从魚

胥聲相居切

鮪 鮥也周禮春獻王鮪从魚有聲榮美切

䱍 䲛也周禮謂之䱍从魚恒聲古恒切

䲛 䱍䲛也从魚巟聲武登切

鮥 叔鮪也从魚各聲盧各切

鯀 魚也从魚系聲臣鉉等曰系非聲疑从孫省古本切

鰥 魚也从魚眔聲李陽冰曰當从罤省古頑切

鯉 鱣也从魚里聲良止切

鱣 鯉也从魚亶聲張連切

䲣 籀文鱣

鱄 魚也从魚專聲旨兖切

鮦 魚名从魚同聲一曰鱶也讀若絝襱直隴切

鱶 鮦也从魚蠡聲盧啓切

⿰魚婁 魚名一名鯉一名鰜从魚婁聲洛矦切

鰜 魚名从魚兼聲古甜切

鯈 魚名从魚攸聲直由切

⿰魚豆 魚名

从魚豆聲天口切

鯾 魚名从魚便聲房連切

鯿 鯾又从扁

魴 赤尾魚从魚方聲符方切

鰟 魴或从旁

鱮 魚名从魚與聲徐呂切

鰱 魚名从魚連聲力延切

鮍 魚名从魚皮聲敷羈切

⿰魚幼 魚名从魚幼聲讀若幽於糾切

鮒 魚名从魚付聲符遇切

⿰魚巠 魚名从魚巠聲仇成切

鰿 魚名从魚脊聲資昔切

鱺 魚名从魚麗聲郎兮切

鰻 魚也从魚曼聲母官切

鱯 魚名从魚蒦聲胡化切

魾 大鱯也其小者名鮡从魚丕聲敷悲切

鱧 鱯也从魚豊聲盧啓切

⿰魚果 鱧也从魚果聲胡瓦切

鱨 楊也从魚嘗聲市羊切

亦以為籀文

名 宋本

宋本及…作揚

疏引陸璣疏徐州人謂之揚

說文十一下 九

鱏 魚名从魚覃聲傳曰伯牙鼓琴鱏魚出聽余箴切 鯢 刺魚也从魚兒聲五雞切

鰼 鰌也从魚習聲似入切 鰌 鰼也从魚酋聲七由切 鯇 魚名从魚完聲户版切 魠 哆口魚也从魚乇聲他各切 鮆 飲而不食刀魚也九江有之从魚此聲徂礼切

鮀 鮎也从魚它聲徒何切 鮎 鰋也从魚占聲奴兼切 鰋 鮀也从魚晏聲於幰切 鰋 鰋或从匽 鮷 大鮎也从魚弟聲杜兮切

鱱 魚名从魚賴聲洛帶切 ⿰魚朁 魚名从魚朁聲鉏箴切 ⿰魚翁 魚名从魚翁聲烏紅切 ⿰魚臽 魚名从魚臽聲户賺切 鱖 魚名从魚厥聲居衛切 鯫

荀子勸學篇

白魚也从魚取聲士垢切

鱓 魚名皮可爲鼓从魚單聲常演切

鮸 魚名出薉邪頭國从魚免聲亡辨切

魵 魚名出薉邪頭國从魚分聲符分切

⿰魚虜 魚名出樂浪潘國从魚虜聲郎古切

鰸 魚名狀似蝦無足長寸大如叉股出遼東从魚區聲豈俱切

鯜 魚名出樂浪潘國从魚妾聲七接切

⿰魚市 魚名出樂浪潘國从魚市聲博蓋切

⿰魚匊 魚名出樂浪潘國从魚匊聲一曰⿰魚匊魚出江東有兩乳居六切

魦 魚名出樂浪潘國从魚沙省聲所加切

鱳 魚名出樂浪潘國从魚樂聲盧各切

鮮 魚名出貉國从魚羴省聲相然切

鰅 魚名皮有文出樂浪東暆神爵四年初捕收輸考工周成王時揚州獻鰅从魚禺聲魚容切

鱅 魚名从魚庸聲蜀容切 **鰂** 鰞鰂魚名从魚則聲昨則切 **鯽** 鰂或从即 **鮐** 海魚名从魚台聲徒哀切 **鮊** 海魚名从魚白聲旁陌切 **鰒** 海魚名从魚复聲蒲貢切 **鮫** 海魚皮可飾刀从魚刀肴古肴切 **鱷** 海大魚也从魚畺聲春秋傳曰取其鯨鯢渠京切 **鯨** 鱷或从京 **鯁** 魚骨也从魚更聲古杏切 **鱗** 魚甲也从从粦聲刀珍切 **鮏** 魚臭也从魚生聲臣鉉等曰今俗作鯹桑經切 **鱢** 鮏臭也从魚喿聲周禮曰膳膏鱢穌遭切 **鮨** 魚䏿醬也出蜀中从魚旨聲一曰鮪魚名旨夷切 **鮺** 藏魚也南方謂之魿北方謂工鮺从魚差省聲側下切 **魿** 鮺也一曰大魚爲鮺小魚爲魿从魚今聲

鮚 御覽九百四十一鱗介部引作會稽郡獻鮚醬二升 學傳作三斗

宋本作脃

祖悰切

鮑 饐魚也从魚包聲薄巧切

六書故引唐本作饐鮑魚也

魿 蟲連行紆行者从魚令聲郎丁切

鰕 魵也从魚叚聲乎加切

鰝 大鰕也从魚高聲胡倒切

鯦 當互也从魚咎聲其久切

當互段改當氏

當氏魚 讀為時 今之時魚也

魧 大貝也一曰魚膏从魚亢聲讀若岡古郎切

鮩 蚌也从魚丙聲兵永切

鮚 蚌也从魚吉聲漢律會稽郡獻鮚醬巨乙切

二斗

鮅 魚名从魚必聲毗必切

䲵 魚名从魚瞿聲九遇切

鯸 魚名从魚矦聲乎鉤切

鯛 骨耑脃也从魚周聲都僚切

學傳作魚耑脃 耑脃也

䱽 烝然䱽䱽从魚卓聲都教切

鮁 鱣鮪鮁鮁从魚犮聲北末切

鮇 魚名从魚夫聲甫無切

鯕 魚名从魚其聲渠之切

鮡 魚名

从魚兆聲　治小切

魤　魚名从魚匕聲　呼跨切

鱻　新魚精也从三魚不變魚　徐鍇曰三衆也衆而不變是鱻也　相然切

文一百三　重七

鰈　比目魚也从魚枼聲　土盍切

魮　文魮魚名从魚比聲　房脂切

鰩　文鰩魚名从魚䍃聲　余招切

文三　新附

𩺰　二魚也凡𩺰之屬皆从𩺰　語居切

𤃉　捕魚也从𩺰从水　語居切

漁　篆文𤃉从魚

文二　重一

後漢張衡傳注引能細作能小潛淵作入川 初學記卅白帖廿九引作能小能大秋分而潛淵 藝文類聚九十六御覽廿五引作入淵

燕 玄鳥也籋口布翄枝尾象形凡燕之屬皆从燕 於甸切

御覽九百廿二引作岐尾

文一

龍 鱗蟲之長能幽能明能細能巨能短能長春分而登天秋分而潛淵从肉飛之形童省聲 臣鉉等曰象宛轉飛動之皃 凡龍之屬皆从龍 力鍾切

龗 龍也从龍霝聲 郎丁切

龕 龍皃从龍合聲 口含切

宋本及五音韻譜作合聲 毛刻段依今本改引

唐本作今聲

九經字樣今龍從龍今聲 云作合龍訛

䶬 龍耆脊上

龘龘从龍开聲古賢切 龖 飛龍也从二龍讀若沓徒合切

文五

飛 鳥翥也象形凡飛之屬皆从飛 甫微切

𩙪 翄也从飛異聲与職切 翼 篆文𩙪从羽

文選西都賦注引翼屋葉也考在異聲之下

文二 重一

查之

韻會補曰書作違背也從飛下兩翅取其相背

非 違也从飛下翄取其相背凡非之屬皆从非 甫微切

⿱非己別也从非己聲非尾切 靡披靡也从非麻聲文彼切 靠相違也从非告聲苦到切 ⿰阝⿱非土牢也所以拘非也从非陛省聲邊兮切 文五

卂疾飛也从飛而羽不見凡卂之屬皆从卂息晉切

煢回疾也从卂營省聲渠營切

繫傳韻會引作回飛疾也今脫飛

文二

嘉慶十二年十二月廿六日校小字宋本

說文解字弟十一下

說文解字弟十二上　漢太尉祭酒許愼記

銀青光祿大夫守右散騎常侍上柱國東海縣開國子食邑五百戶臣徐鉉等奉

敕校定

三十六部　七百八十一文　重八十

凡九千二百三字

文三十　新附

乚 玄鳥也齊魯謂之乙取其鳴自呼

韻會引作燕乙元鳥也繫傳韻會引作鳦

繫傳韻會引作自謼

象形凡乙之屬皆从乙　徐鍇曰此與甲乙之乙相類其形舉首下曲與甲乙字少異烏轄切

鳦　乙或从鳥

孔　通也从乙从子乙請子之候鳥也乙至而得子矣美之也古人名嘉字子孔康董切

乳　人及鳥生子曰乳獸曰產从孚从乙乙者玄鳥也明堂月令玄鳥至之日祠于高禖以請子故乳从乙請子必以乙至之日者乙春分來秋分去開生之候鳥帝少昊司分之官也而主切

文三　重一

不　鳥飛上翔不下來也从一一猶天

廣韻引一天也無猶字

也象形凡不之屬皆从不方久切

否 不也从口从不不亦聲倫錯曰不可之意見於言故从口方久切

文二

至 鳥飛从高下至地也从一一猶地也象形不上去而至下來也凡至之屬皆从至脂利切

言不字象上去至字象下來

古文至

到 至也从至刀聲都悼切

臻 至也从至秦聲側詵切

𨓫 忿戾也从至至而復遜遜遁也周書曰有夏氏之民叨𨓫𨓫讀若摯丑利切

（繫傳作遜不从辵）

臺 觀四方而高者从至从之从高省與室屋同意徒哀切

（繫傳作从至高省）

臸 到也从二至人質切

文六 重一

西 鳥在巢上象形日在西方而鳥棲牧同以爲東西之西凡西之屬皆从西先稽切

（故因 宋本）

棲 西或从木妻

（繫傳作棲 李从木妻）

卥 古文西

卤 籀文西

（卤 宋本）

𧟹 姓也从西圭聲

戶圭切

文二　重三

鹵　西方鹹地也从西省象鹽形安定有鹵縣東方謂之㡿西方謂之鹵凡鹵之屬皆从鹵　郎古切

𪉞　鹹也从鹵差省聲河内謂之𪉞沛人言若虘昨何切

鹹　銜也北方味也从鹵咸聲胡毚切

文三

鹽　鹹也从鹵監聲古者宿沙初作煑

一切經音義二十九及十四引說文天生曰鹵人生曰鹽當在此監聲句下

魯仲傳左傳成六年疏引漢章帝紀注引郡國志皆作百一十六里水經涑水注篇注引作廣六里周一百一十四里御覽八百六十五引作廣六里周百十四里

海鹽凡鹽之屬皆从鹽　余廉切

盬　河東鹽池袤五十一里廣七里周百十六里从鹽省古聲　公戶切

鹼　鹵也从鹽省僉聲　魚欠切

文三

戶　護也半門曰戶象形凡戶之屬皆从戶　侯古切

𢨬　古文戶从木

扉　戶扇也从戶非聲　甫微切

扇　扉也从戶从翄省　式戰切

二徐翄仍作翅省聲

房　室在旁也从戶方聲　符方切

戾　輜車旁推戶也从戶大聲讀與釱同　徒蓋切

戹 隘也从戶乙聲於革切

肁 始開也从戶从聿臣鉉等曰聿者始也治小切

扆 戶牖之間謂之扆从戶衣聲於豈切

𢨋 閉也从戶劫省聲口盍切

扃 外閉之關也从戶同聲古熒切

（呂覽君守篇中欲不出謂之扃外欲不入謂之閉）

文十 重一

門 聞也从二戶象形凡門之屬皆从門莫奔切

閶 天門也从門昌聲楚人名門曰閶闔尺量切

闈 宮中之門也从門韋聲羽非切

𨷺 闔謂之樀樀廟門也从門詹聲余廉切

閎 巷門也从門厷聲戶萌切

閨

特立之戶上圜下方有似圭从門圭聲古攜切

閤 門旁戶也从門合聲古沓切

闟 樓上戶也从門翕聲徒盍切

閈 門也从門干聲汝南平輿里門曰閈侯旰切

閭 里門也从門呂聲周禮五家爲比五比爲閭閭侶也二十五家相群侶也力居切

閻 里中門也从門臽聲余廉切

壛 閻或从土

闠 市外門也从門貴聲胡對切

闉 城內重門也从門垔聲詩曰出其闉闍於眞切

闍 闉闍也从門者聲當孤切

闕 門觀也从門欮聲去月切

閞 門欂櫨也从門弁聲皮變切

⿵門介 門扇也从門介聲胡介切

闔 門扇也一曰閉也从門盍聲胡臘切

闑 門梱也从門臬聲魚列切

閾 門梱也从門或聲論語曰行不

宋本隟也

一本從言義世三錄今刊作隟也

復閾于逼切

閾 古文閾从洫

閬 門高也从門良聲巴郡有閬中縣來宕切

闢 開也从門辟聲房益切

闢 虞書曰闢四門从門从𠬞

⿵門爲 闢門也从門爲聲國語曰⿵門爲門而與之言韋委切

闡 開也从門單聲易曰闡幽昌善切

開 張也从門从开苦哀切

開 古文

闓 開也从門豈聲苦亥切

閜 大開也从門可聲大杯亦爲閜火下切

閘 開閉門也从門甲聲烏甲切

閟 閉門也从門必聲春秋傳曰閟門而與之言兵媚切

閣 所以止扉也从門各聲古洛切

閒 隟也从門从月徐鍇曰夫門夜閉閉而見月光是有閒隟也古閑切

閒 古文閒

⿵門阿 門傾也从門阿聲烏可切

閼 遮攤也从門於聲烏割切

⿵門緐 開閉門利也从門緐聲一曰縷十紘也臣鉉等曰緐非聲未詳旨沇切

⿵門曷 門聲也从門曷聲乙鎋切

⿵門鄉 門響也从門鄉聲許亮切

闌 門遮也从門柬聲洛干切

閑 闌也从門中有木戶閒切

閉 闔門也从門才所以歫門也博計切

閡 外閉也从門亥聲五漑切

闇 閉門也从門音聲烏紺切

關 以木橫持門戶也从門𢇍聲古還切

⿵門龠 關下牡也从門龠聲以灼切

闐 盛皃从門眞聲待秊切

闛 闛闛盛皃从門堂聲徒郎切

閹 豎也宮中奄閽閉門者从門奄聲英廉切

閽 常以昏閉門隸也从門从昏昏亦聲呼昆切

闚 閃也从門規聲去隓

宋本作與 未知何字之誤

切

䦨 妄入宮掖也从門䜌聲讀若闌洛干切

𨳏 登也从門二二古文下字讀若軍敶之敶臣鉉等曰下言自下而登上也故从下商書曰若升高必自下直刃切

閃 闚頭門中也从人在門中失冄切

閱 具數於門中也从門說省聲弋雪切

闋 事已閉門也从門癸聲傾雪切

闞 望也从門敢聲苦濫切

闊 疏也从門活聲苦括切

閔 弔者在門也从門文聲臣鉉等曰今別作憫非是眉殞切

𢝊 古文閔

闖 馬出門皃从馬在門中讀若郴丑禁切

文五十七　重六

闤 市垣也从門瞏聲戶關切

闥 門也从門達聲他達切

閌 閌閬高門也从

門亢聲苦浪切

閥 閥閱自序也从門伐聲義當通用伐房越切

闃 靜也从門狊聲臣鉉等案易窺其戶闃其無人窺小視也狊大張目也言始小視之雖大張目亦不見人也義當只用狊字苦狊切

文五 新附

耳 主聽也象形凡耳之屬皆从耳而止切

耴 耳垂也从耳下垂象形春秋傳曰秦公子輒者其耳下垂故以爲名陟葉切

䎶 小垂耳也从耳占聲丁兼切

耽 耳大垂也从耳冘聲詩曰士之耽兮丁含切

聃 耳曼也从耳冉聲他甘切

𦕁 聃或从甘

聸 垂耳也从耳詹聲南方聸耳之國都甘切

耿

宋本作烓

耳箸頰也从耳烓省聲杜林說耿光也从光聖省凡字皆左形右聲杜林說非也徐鍇曰凡字多右形左聲此說或後人所加或傳寫之誤古杏切

聯 連也从耳耳連於頰也从絲絲連不絕也力延切

聊 耳鳴也从耳卯聲洛蕭切

聖 通也从耳呈聲式正切

聰 察也从耳悤聲倉紅切

聽 聆也从耳悳壬聲他定切

聆 聽也从耳令聲郎丁切

職 記微也从耳戠聲之弋切

聒 讙語也从耳昏聲古活切

聥 張耳有所聞也从耳禹聲王矩切

聲 音也从耳殸聲殸籒文磬書盈切

聞 知聞也从耳門聲無分切

䎽 古文从昏

聘 訪也从耳甹聲匹正切

聾 無聞也从耳龍聲盧紅切

𦖞 生而聾曰聳从

刻改

耳從省聲息拱切

聹 益梁之州謂聾爲聹秦晉聽而不聰聞而不達謂之聹从耳宰聲作亥切

聵 聾也从耳貴聲五怪切

𦗕 聵或从敝臣鉉等曰當从蔽省義見蔽字注

聉 無知意也从耳出聲讀若孽主滑切

䎽 吳楚之外凡無耳者謂之䎽言若斷耳爲盟从耳闋聲五滑切

聅 軍法以矢貫耳也从耳从矢司馬法曰小罪聅中罪刖大罪剄恥列切

聝 軍戰斷耳也春秋傳曰以爲俘聝从耳或聲古獲切

馘 聝或从𩠐

聣 墯耳也从耳月聲魚厥切

𦗖 乘輿金飾馬耳也从耳麻聲讀若渳水一曰若月令靡草之靡亾彼切

耹 國語曰回祿信於聆遂闕巨今切

聑 安也从二耳丁帖切

聶 附耳私小語也从三耳尼輒切

文三十二　重四

聱 不聽也从耳敖聲五交切

文一 新附

𦣞 顄也象形凡𦣞之屬皆从𦣞與之切

頤 篆文𦣞

𩠐 籀文从首

巸 廣𦣞也从𦣞巳聲與之切

𡰥 古文巸从戶臣鉉等曰今俗作牀史切以爲階戺之戺

文二　重三

手 拳也象形凡手之屬皆从手書九切

𠂿 古文手

掌 手中也从手尚聲諸兩切

拇 將指也从手母聲莫厚切

指　手指也从手旨聲職雉切

拳　手也从手类聲巨員切

掔　手掔也揚雄曰掔握也从手臤聲烏貫切

攕　好手皃詩曰攕攕女手从手韱聲所咸切

揱　人臂皃从手削聲周禮曰輻欲其揱徐鍇曰人臂梢長纖好也所角切

摳　繑也一曰摳衣升堂从手區聲口侯切

攐　摳衣也从手褰聲去虔切

撎　舉手下手也从手壹聲於計切

揖　讓也从手咠聲一曰手箸胷曰揖伊入切

攘　推也从手襄聲汝羊切

拱　斂手也从手共聲居竦切

撿　拱也从手僉聲良冄切

𢷎　首至地也从手𠦬𠦬音忽徐鍇曰𠦬進趣之疾也故拜从之博怪切

拜　揚雄說拜从兩手下

𢪒　古文拜

捾　搯捾也从手官聲一曰援

宋本作攘

玉篇屈手也

取手

玉篇作長臂皃

宋本扶左也

也烏括切

搯　指也从手舀聲周書曰師乃搯搯者拔兵刃以習擊刺詩曰左旋右搯土刀切

𢪌　攡也从手巩聲居竦切臣鉉等案丮部有𢪌與巩同此重出

推　排也从手隹聲他回切

捘　推也从手夋聲春秋傳曰捘衛矦之手子寸切

排　擠也从手非聲步皆切

擠　排也从手齊聲子計切

抵　擠也从手氐聲丁禮切

摧　擠也从手崔聲一曰挏也一曰折也昨回切

拉　摧也从手立聲盧合切

挫　摧也从手坐聲則臥切

扶　左也从手夫聲防無切

𢪃　古文扶

𢪙　扶也从手爿聲七良切

持　握也从手寺聲直之切

挈　縣持也从手㓞聲苦結切

拑　脅持也从

手甘聲巨淹切

揲　閱持也从手枼聲食折切

摯　握持也从手从執脂利切

操　把持也从手喿聲七刀切

𢹿　爪持也从手瞿聲臣鉉等曰今俗別作掬非是居玉切

捦　急持衣裣也从手金聲巨今切

㩒　捦或从禁

搏　索持也一曰至也从手尃聲補各切

據　杖持也从手豦聲居御切

攝　引持也从手聶聲書涉切

抩　并持也从手冄聲他含切

抪　捫持也从手布聲普胡切

挾　俾持也从手夾聲胡頰切

捫　撫持也从手門聲詩曰莫捫朕舌莫奔切

擥　撮持也从手監聲盧敢切

擸　理持也从手巤聲良涉切

握　搤持也从手屋聲於角切

𡳿　古文握

撣　提持

也从手單聲讀若行遟驒驒徒旱切

把 握也从手巴聲博下切

搹 把也从手鬲聲於革切

𢪔 搹或从戹

拏 牽引也从手奴聲女加切

攜 提也从手巂聲戶圭切

提 挈也从手是聲杜兮切

𢪸 拈也从手耴聲丁愜切

拈 㧕也从手占聲奴兼切

摛 舒也从手离聲丑知切

捨 釋也从手舍聲書冶切

擪 一指按也从手厭聲於協切

按 下也从手安聲烏旰切

控 引也从手空聲詩曰控于大邦匈奴名引弓控弦苦貢切

揗 摩也从手盾聲食尹切

掾 緣也从手彖聲以絹切

拍 拊也从手百聲普百切

拊 揗也从手付聲芳武切

掊 把也今鹽

官入水取鹽爲掊从手咅聲父溝切

捋 取易也从手寽聲郎括切

撩 理也从手尞聲洛蕭切

措 置也从手昔聲倉故切

插 刺肉也从手从臿楚洽切

掄 擇也从手侖聲盧昆切

擇 柬選也从手睪聲丈伯切

捉 搤也从手足聲一曰握也側角切

搤 捉也从手益聲於革切

挻 長也从手从延延亦聲式連切

揃 搣也从手前聲即淺切

搣 批也从手威聲亾列切

批 捽也从手此聲側氏切

揤 捽也从手即聲魏郡有揤裴侯國子力切

捽 持頭髮也从手卒聲昨沒切

撮 四圭也一曰兩指撮也从手最聲倉括切

𢱢 撮也从手𥷚省聲居六切

摕

撮取也从手帶聲讀若詩曰蝃蝀在東都計切 捺 摕或从折从示 兩手急持人也 捊 引取也从手孚聲步矦切 抱 捊或从包臣鉉等曰今作薄報切以為褱袌字非是 揜 自關以東謂取曰揜一曰覆也从手弇聲衣檢切 授 予也从手从受受亦聲殖酉切 承 奉也受也从手从卪从𠬞臣鉉等曰謹節其事承奉之義也故从卪署陵切 挋 給也从手臣聲一曰約也章刃切 㨷 拭也从手堇聲居焮切 攩 朋群也从手黨聲多朗切 接 交也从手妾聲子葉切 𢪙 㨷也从手巿聲普活切 挏 擁引也漢有挏馬官作馬酒从手同聲徒總切 招 手呼也从手召聲止搖切 撫 安也从手無聲一曰循也芳武切

捪撮〻也玉篇撮 三捪取也

宋本无聲是

撫 古文从辵亾 捪 撫也从手昏聲一曰摹也武巾切 揣 量也从手耑聲度高曰揣一曰捶之徐鍇曰此字與耑聲不相近如喘遄之類皆當从瑞省初委切 抧 開也从手只聲讀若抵掌之抵諸氏切 摜 習也从手貫聲春秋傳曰摜瀆鬼神古患切 投 擿也从手从殳度矦切 擿 搔也从手適聲一曰投也直隻切 搔 括也从手蚤聲穌遭切 扴 刮也从手介聲古黠切 摽 擊也从手票聲一曰挈闟壯也符少切 挑 撓也从手兆聲一曰摷也國語曰郤至挑天土凋切 抉 挑也从手夬聲於說切 撓 擾也从手堯聲一曰捄也奴巧切 擾 煩也从手夒聲而沼切 挶

戟持也从手局聲居玉切

据 戟挶也从手居聲九魚切

擖 刮也从手葛聲一曰撻也口八切

摘 拓果樹實也从手啻聲一曰指近之也臣鉉等曰當从適省乃得聲他歷切又竹戹切

搳 擖也从手害聲胡秸切

摲 暫也从手斬聲昨甘切

搚 摺也从手劦聲一曰拉也虛業切

摺 敗也从手習聲之涉切

揫 束也从手秋聲詩曰百祿是揫即由切

摟 曳聚也从手婁聲洛侯切

抎 有所失也春秋傳曰抎子辱矣从手云聲于敏切

披 从旁持曰披从手皮聲敷羈切

㩝 引縱曰㩝从手瘛省聲尺制切

⿱此手 積也詩曰助我舉⿱此手搣頰旁也从手此聲前智切

掉 搖也从手卓聲春秋傳曰尾大不掉徒弔切

搖 動也从手䍃聲余招切 搈 動搈也从手容聲余隴切 𢷾 當也从手貳聲直異切 揂 聚也从手酋聲即由切 掔 固也从手臤聲讀若詩赤舄掔掔臣鉉等曰今別作慳非是苦閑切 捀 奉也从手夆聲敷容切 擧 對擧也从手與聲以諸切 揚 飛擧也从手昜聲與章切 敭 古文 舉 對舉也从手與聲居許切 掀 擧出也从手欣聲春秋傳曰掀公出於淖虛言切 揭 高擧也从手曷聲去例切又基竭切 抍 上擧也从手升聲易曰抍馬壯吉蒸上聲 撜 抍或从登臣鉉等曰今俗別作拯非是 振 擧救也从手辰聲一曰奮也章刃切 扛 橫關對擧也从手工聲古雙切

文選擬鄴中集詩注七啓注九錫文注等皆引說文此爲極

抍壯吉下當有一曰云云

繫傳韻會引此有一曰舉也

扮　握也从手分聲讀若粉房吻切

繫傳粉作紛

撟　舉手也从手喬聲一曰撟擅也居少切

捎　自關已西凡取物之上者爲撟捎从手肖聲所交切

擁　抱也从手雝聲於隴切

擩　染也从手需聲周禮六曰擩祭而主切

揄　引也从手俞聲羊朱切

搫　搫擭不正也从手般聲薄官切

擭　搫擭也一曰布擭也一曰握也从手蒦聲一虢切

繫傳韻會握也下有一曰搤也

拚　拊手也从手弁聲皮變切

擅　專也从手亶聲時戰切

揆　葵也从手癸聲求癸切

六書故引唐本作度也

擬　度也从手疑聲魚己切

損　減也从手員聲穌本切

失　縱也从手乙聲式質切

玉篇引作縱緩也

挩　解挩也从手兌聲他括切

玉篇引又云捝字

撥　治也从手發聲北末切

挹 抒也从手邑聲於汲切

抒 挹也从手予聲神與切

抯 挹也从手且聲讀若樝棃之樝側加切

攫 扟也从手矍聲居縛切

扟 从上挹也从手卂聲讀若莘所臻切

拓 拾也陳宋語从手石聲之石切

摭 拓或从庶

攈 拾也从手麇聲居運切

拾 掇也从手合聲是執切

掇 拾取也从手叕聲都括切

擐 貫也从手瞏聲春秋傳曰擐甲執兵胡慣切

揯 引急也从手恒聲古恒切

摍 蹴引也从手宿聲所六切

[扌虔] 相援也从手虔聲巨言切

援 引也从手爰聲雨元切

㨨 引也从手留聲敕鳩切

抽 㨨或从由

[扌秀] 㨨或从秀

擢 引也从手翟聲直角切

拔 擢也从手犮聲蒲八切 揠 拔也从手匽聲烏黠切 擣 手推也一曰築也从手𠷎聲都皓切 攣 係也从手䜌聲呂員切 挺 拔也从手廷聲徒鼎切 攓 拔取也南楚語从手寒聲楚詞曰朝攓批之木蘭九輦切 探 遠取之也从手罙聲他含切 撢 探也从手覃聲他紺切 捼 推也从手委聲一曰兩手相切摩也臣鉉等曰今俗作挼非是奴禾切 撆 別也一曰擊也从手敝聲芳滅切 揻 摇也从手咸聲臣鉉等曰今別作撼非是胡感切 搦 按也从手弱聲尼革切 掎 偏引也从手奇聲居綺切 揮 奮也从手軍聲許歸切 摩 研也从手麻聲莫鄱切 擸

說文十二上　十四

反手擊也从手皀聲匹齊切

攪　亂也从手覺聲詩曰祇攪我心古巧切

搑　推擣也从手茸聲而隴切

撞　丮擣也从手童聲宅江切

㧢　就也从手因聲於眞切

扔　因也从手乃聲如乘切

括　絜也从手𠯑聲古活切

抲　抲撝也从手可聲周書曰盡執抲虎何切

擘　撝也从手辟聲博戹切

撝　裂也从手爲聲一曰手指也許歸切

捇　裂也从手赤聲呼麥切

扐　易筮再扐而後卦从手力聲盧則切

技　巧也从手支聲渠綺切

摹　規也从手莫聲莫胡切

拙　不巧也从手出聲職說切

𢶍　縫指𢶍也一曰韜也从手沓聲讀若眔徒合切

摶　圜也从手

專聲度官切

⿰扌圂 手推之也从手圂聲戶骨切

捄 盛土於梩中也一曰擾也詩曰捄之陾陾从手求聲舉朱切

拮 手口共有所作也从手吉聲詩曰予手拮据古屑切

搰 掘也从手骨聲戶骨切

掘 搰也从手屈聲衢勿切

掩 斂也小上曰掩从手奄聲衣檢切

摡 滌也从手既聲詩曰摡之釜鬵古代切

揟 取水沮也从手胥聲武威有揟次縣相居切

播 種也一曰布也从手番聲補過切

𢿌 古文播

挃 穫禾聲也从手至聲詩曰穫之挃挃陟栗切

⿰扌致 刺也从手致聲一曰刺之財至也陟利切

扤 動也从手兀聲五忽切

抈 折也从手月聲魚厥切

摎 縛殺也从手翏聲居求切

詩本引作捄之仍仍 与今本異

玉篇引手曰乃屑播香本

玉篇作挃也

玉篇廣韻作取水具也以揟

偽本之 禎參見 之以沮誤

參信 古以支

撻　鄉飲酒罰不敬撻其背从手達聲他達切　遽　古文撻周書曰遽以記之

掕　止馬也从手夌聲里甑切　抨　撣也从手平聲普耕切　捲　气勢也从手卷聲國語曰有捲勇一曰捲收也臣鉉等曰今俗作居轉切以為捲舒之捲巨員切　扱　收也从手及聲楚洽切

摷　拘擊也从手巢聲子小切　挨　擊背也从手矣聲於駭切　撲　挨也从手菐聲蒲角切　⿱敫手　旁擊也从手敫聲苦弔切　扚　疾擊也从手勺聲都了切

抶　笞擊也从手失聲丑栗切　抵　側擊也从手氏聲諸氏切　抰　以車鞅擊也从手央聲於兩切　㨐　衣上擊也从手保聲方苟切　捭　兩手擊也从手卑聲北買切

史記搥其胸索隱
云一作抗抗即抵字

畫

捶 以杖擊也从手垂聲之壘切

搉 敲擊也从手隺聲苦角切

摬 中擊也从手竟聲一敬切

拂 過擊也从手弗聲徐鍇曰擊而過之也敷勿切

摼 擣頭也从手堅聲讀若鏗爾舍瑟而作口莖切

抌 深擊也从手冘聲讀若告言不正曰抌竹甚切

㩓 傷擊也从手毀毀亦聲許委切

擊 攴也从手毄聲古歷切

扞 忮也从手干聲矦旰切

抗 扞也从手亢聲苦浪切

杭 抗或从木臣鉉等曰今俗作胡郎切

捕 取也从手甫聲薄故切

𢹂 刺也从手籍省聲周禮曰𢹂魚鼈士革切

撚 執也从手然聲一曰蹂也乃殄切

挂 畫也从手圭聲古賣切

拕 曳也从手它聲託何切

小字宋本作摦也

捈 臥引也从手余聲同都切 抴 捈也从手世聲余制切 揙 搏也从手扁聲婢沔切

撅 从手有所把也从手厥聲居月切 攎 挐持也从手盧聲洛乎切

挐 持也从手如聲女加切 搵 沒也从手昷聲烏困切 搒 掩也从手旁聲北孟切

挌 擊也从手各聲古覈切 拲 兩手同械也从手从共共亦聲周禮上皋梏拲而桎居竦切

𣐩 拲或从木 掫 夜戒守有所擊从手取聲春秋傳曰賓將掫子矦切

捐 棄也从手肙聲與專切 掤 所以覆矢也从手朋聲詩曰抑釋掤忌筆陵切

扜 指麾也从手亏聲億俱切 攠 旌旗所以指麾也从手靡聲許爲切 [illegible] 獵也

軍獲得也从手疌聲春秋傳曰齊人來獻戎捷疾葉切

牽馬也从手口聲苦后切

同也从手昆聲古本切

衆意也一曰求也从手叜聲詩曰束矢其搜所鳩切

易也从手奐聲胡玩切

以手持人臂投地也从手夜聲一曰臂下也羊益切

摩也从手研聲禦堅切

文三百六十五 重十九

橫大也从手瓠聲胡化切

刺也从手毚聲楚銜切

插也从手晉聲搢紳前史皆作薦紳即刃切

奪取也从手京聲本音亮唐韻或作櫟離灼切

爪刺也从手臽聲苦洽切

指捻也从手念聲奴協切

手拉也从手幼聲於絞切

摵 捎也从手戚聲沙劃切

捌 方言去無齒杷从手別聲百轄切

攤 開也从手難聲他干切

抛 棄也从手从尤从力或从手尥聲案左氏傳通用摽詩摽有梅摽落也義亦同匹交切

摴 舒也又摴蒲戲也从手雩聲丑居切

打 擊也从手丁聲都挺切

文十三 新附

𠦬 背呂也象脅肋形也凡𠦬之屬皆从𠦬古懷切

宋本

繫傳从𠦬下有讀若菲亦書作𠦬亦有又𠦬唐本作𠦬从夭嚴云𠦬与古文手相亂唐本是

脊 背呂也从𠦬从肉資昔切

文二

說文解字弟十二上

丁卯二月廿四日校去凡

以李賓信藝

三月四日東光舟中又校○凡

嘉慶十二年十二月廿八日校小字宋本

說文解字弟十二下　漢太尉祭酒許愼記

銀青光祿大夫守右散騎常侍上柱國東海縣開國子食邑五百戶臣徐鉉等奉

敕校定

女　婦人也象形王育說凡女之屬皆从女　尼呂切

姓　人所生也古之神聖母感天而生子故稱天子从女从生生亦聲春秋傳曰天子因生以賜姓　息正切

姜　神農居姜水以爲姓从女羊聲　居良切

姬　黃帝居姬水以爲姓从女𦣞聲　居之

切

姞 黃帝之後百鯈姓后稷妃家也从女吉聲巨乙切

嬴 少昊氏之姓从女羸省聲以成切

姚 虞舜居姚虛因以爲姓从女兆聲或爲姚嬈也史篇以爲姚易也余招切

嬀 虞舜居嬀汭因以爲姓从女爲聲居爲切

妘 祝融之後姓也从女云聲王分切

䢵 籀文妘从員

姺 殷諸矦爲亂疑姓也从女先聲春秋傳曰商有姺邳所臻切

㜣 人姓也从女然聲奴見切

㚷 人姓也从女丑聲商書曰無有作㚷呼到切

娸 人姓也从女其聲杜林說娸醜也去其切

奼 少女也从女乇聲坼下切

媒 謀也謀合二姓从女某聲莫桮切

妁 酌也斟酌二姓也从女勺聲市勺切

嫁 女適人也从女家聲古訝切

娶 取婦也从女从取取亦聲七句切

婚 婦家也禮娶婦以昏時婦人陰也故曰婚从女从昏昏亦聲呼昆切

[illegible] 籀文婚

姻 壻家也女之所因故曰姻从女从因因亦聲於眞切

婣 籀文姻从𣶒

妻 婦與夫齊者也从女从屮从又又持事妻職也臣鉉等曰屮者進也齊之義也故从屮七稽切

⿱肖女 古文妻从肖女肖古文貴字

婦 服也从女持帚灑埽也房九切

妃 匹也从女己聲芳非切

媲 妃也从女毘聲匹計切

妊 孕也从女从壬壬亦聲如甚切

娠 女妊身動也从女辰聲春秋傳曰后緡方娠一曰官婢女隸謂之娠失人切

媰 婦人妊身也从女芻聲周書曰至于媰婦側鳩切

⿰免生

下李作女作屮不作屮也

繫傳韻會引作已齋从屮作屮聲在妻下也下

汗簡引作⿱肖女玉篇亦作⿱肖女[illegible]史記

司馬相如傳卓王孫自以得使女尚司馬長卿晚[illegible]用此字

方言文

[illegible]

生子齊均也从女从生免聲芳萬切

嫛　嫛婗也从女殹聲烏雞切

婗　嫛婗也从女兒聲一曰婦人惡皃五雞切

母　牧也从女象褱子形一曰象乳子也莫后切

嫗　母也从女區聲衣遇切

媼　女老偁也从女𥁕聲讀若奧烏皓切

姁　嫗也从女句聲況羽切

姐　蜀謂母曰姐淮南謂之社从女且聲兹也切

姑　夫母也从女古聲古胡切

威　姑也从女从戌漢律曰婦告威姑徐鍇曰土盛於戌土陰之主也故从戌於非切

妣　殁母也从女比聲卑履切

𡜋　籒文妣省

姊　女兄也从女𠂔聲將几切

妹　女弟也从女未聲莫佩切

娣　女弟也从女从弟弟亦聲徒禮切

媦　楚人謂女弟曰

媦从女胃聲公羊傳曰楚王之妻媦云貴切

〔繫傳不畢上有春秋二字〕

㛮兄妻也从女叜聲穌老切

姪兄之女也从女至聲徒結切

姨妻之女弟同出爲姨从女夷聲以脂切

妿女師也从女加聲杜林說加教於女也讀若阿烏何切

娒女師也从女每聲讀若母莫后切

媾重婚也从女冓聲易曰匪寇婚媾古候切

姼美女也从女多聲尺氏切

𡛖姼或从氏

妭婦人美也从女犮聲蒲撥切

〔繫傳作美婦也〕

㜎女隸也从女奚聲胡雞切

婢女之卑者也从女从卑卑亦聲便俾切

奴奴婢皆古之辠人也周禮曰其奴男子入于辠隸女子入于舂藁从女从又臣鉉等曰又手也持事者也乃都切

〔繫傳初學記十九引說文引作男入于罪隸女入于舂藁〕

㚢古文奴从人

㚤婦官也从女弋聲與

職切

媊 甘氏星經曰太白上公妻曰女媊女媊居南斗食厲天下祭之曰明星从女前聲昨先切

媧 古之神聖女化萬物者也从女咼聲古蛙切

𡠹 籒文媧从𤔔

娀 帝高辛之妃偰母號也从女戎聲詩曰有娀方將息弓切

娥 帝堯之女舜妻娥皇字也秦晉謂好曰娙娥从女我聲五何切

嫄 台國之女周棄母字也从女原聲愚袁切

嬿 女字也从女燕聲於甸切

妸 女字也从女可聲讀若阿烏何切

嬃 女字也楚詞曰女嬃之嬋媛賈侍中說楚人謂姊爲嬃从女須聲相俞切

婕 女字也从女疌聲子葉切

嬩 女字也从女與聲讀若余以諸切

孁 女字也从女霝聲郎丁切

嫽 女字也从女尞聲洛蕭切

㛅 十字也从女衣聲讀若衣於稀切

（繫傳作讀若依）

婤 女字也从女周聲職流切

姶 女字也从女合聲春秋傳曰嬖人婤姶一曰無聲烏合切

妀 女字也从女己聲居擬切

妵 女字也从女主聲天口切

⿰女久 女字也从女久聲舉友切

⿰女耳 女號也从女耳聲仍吏切

（玉篇廣韻引作女字疑號誤）

始 女之初也从女台聲詩止切

媚 說也从女眉聲美祕切

嫵 媚也从女無聲文甫切

媄 色好也从女从美美亦聲無鄙切

⿰女畜 媚也从女畜聲丑六切

嫷 南楚之外謂好曰嫷从女隋聲臣鉉等曰今俗省作媠唐韻作妥非是徒果切

姝 好也从女朱聲昌朱切

好 美也从女子徐鍇曰子者男子之美偁會意呼皓切

嬹 說也从女

興聲許應切

嬮 好也从女厭聲於鹽切

姝 好也从女殳聲詩曰靜女其姝昌朱切

姣 好也从女交聲胡茅切

嬽 好也从女䴢聲讀若蜀郡布名委員切

娧 好也从女兌聲杜外切

媌 目裏好也从女苗聲莫交切

嫿 靜好也从女畫聲呼麥切

婠 體德好也从女官聲讀若楚郤宛一完切

娙 長好也从女巠聲五莖切

[女贊] 白好也从女贊聲則旰切

[女𤔔] 順也从女𤔔聲詩曰婉兮[女𤔔]兮力沇切

妴 婉也从女夗聲於阮切

婉 順也从女宛聲春秋傳曰太子痤婉於阮切

[女同] 直項皃从女同聲他孔切

嫣 長皃从女焉聲於建切

姌 弱長皃从

宋本作兌細

宋本禾穀

女冄聲而琰切

嫋 姌也从女从弱奴鳥切

孅 鋭細也从女韱聲息廉切

嫇 嬰嫇也从女冥聲一曰嫇嫇小人皃莫經切

媱 曲肩行皃从女䍃聲余招切

嬛 材緊也从女瞏聲春秋傳曰嬛嬛在疚許緣切

姽 閑體行姽姽也女危聲過委切

委 委隨也从女从禾臣鉉等曰委曲也取其禾穀垂穗委曲之皃故从禾於詭切

婐 㛂也一曰女侍曰婐讀若騧或若委从女果聲孟軻曰舜爲天子二女婐烏果切

㛂 婐㛂也一曰弱也从女厄聲五果切

⿰女占 小弱也一曰女輕薄善走也一曰多技藝也从女占聲或讀若占齒懾切

⿰女沾 妗也从女占聲丑廉切

妗 ⿱沾女妗也一曰善笑皃从女今聲火占切

⿰女[illegible]

竦身也从女篋聲讀若詩糾糾葛屨居夭切

婧 竦立也从女青聲一曰有才也讀若韭菁七正切

妌 靜也从女井聲疾正切

姂 婦人皃从女乏聲房法切

嫙 好也从女旋聲似沿切

齌 材也从女齊聲祖雞切

姡 面醜也从女其昏聲古活切

嬥 直好皃一曰嬈也从女翟聲徒了切

嫢 媞也从女規聲讀一曰秦晉謂細腰爲嫢从女

媞 諦也一曰妍黠也一曰江淮之閒謂母曰媞从女是聲承旨切

婺 不繇也从女敄聲亡遇切

嫺 雅也从女閒聲戶閒切

媐 說樂也从女巸聲許其切

娶 美也从女臤聲苦閑切

娛 樂也从女吳聲噳俱切

娭 戲也从女矣聲一曰卑賤名也

遏在切

媅 樂也从女甚聲丁含切

娓 順也从女尾聲讀若媚無匪切

嫡 孎也从女啻聲都歷切

孎 謹也从女屬聲讀若人不孫爲不孎之欲切

婉 宴婉也从女寃聲於願切

媕 女有心媕媕也从女弇聲衣檢切

媣 諟也从女染聲而琰切

嫥 壹也从女專聲一曰女嫥嫥職緣切

如 从隨也从女从口徐鍇曰女子从父之教从夫之命故从口會意人諸切

嫧 齊也从女責聲側革切

娕 謹也从女束聲讀若謹敕數數測角切

嬐 敏疾也一曰莊敬皃从女僉聲息廉切

嬪 服也从女賓聲符眞切

𡣯 至也从女執聲周書曰大命不𡣯讀若摯同一曰虞書雉𡣯脂利切

[illegible] 俛伏也从

宋本作爲孎

小字本宋本皆爲女字

宋本及五音韻譜作不孎 韻會引無不字 繫傳作不孎

宋本及五音韻譜作嫥嫥 繫傳有女字毛剜補

韻會引作隨從也

史記申屠嘉傳娖娖廉謹

韻會引作一曰意伏也

舜典一死贄馬鄭皆云士執雉

女省聲一曰伏意他合切

晏 安也从女日詩曰以晏父母烏諫切

嬗 緩也从女亶聲一曰傳也時戰切

嫴 保任也从女辜聲古胡切

媻 奢也从女般聲臣鉉等曰今俗作婆非是薄波切

娑 舞也从女沙聲詩曰市也媻娑素何切

姷 耦也从女有聲讀若祐于救切

侑 姷或从人

姰 鈞適也男女併也从女旬聲居勻切

姕 婦人小物也从女此聲詩曰屢舞姕姕即移切

妓 婦人小物也从女支聲讀若跂行渠綺切

嬰 頸飾也从女賏賏其連也於盈切

敊 三女爲敊敊美也从女奴省聲倉案切

媛 美女也人所援也从女从爰爰引也詩曰邦之媛兮王眷切

娉 問也从女甹聲

宋本亦作隨從也

宋本嫪也

匹正切

娽 隨從也从女彔聲力六切

妝 飾也从女牀省聲側羊切

孌 慕也从女䜌聲力沇切

媟 嬻也从女枼聲私列切

嬻 媟嬻也从女賣聲徒谷切

𡡉 短面也从女窡聲丁滑切

嬖 便嬖愛也从女辟聲博計切

㜸 難也从女毄聲苦賣切

妎 妒也从女介聲胡蓋切

妒 婦妒夫也从女戶聲當故切

媢 夫妒婦也从女冒聲一曰相視也莫報切

𡝩 巧也一曰女子笑皃詩曰桃之𡝩𡝩从女芺聲於喬切

佞 巧讇高材也从女信省臣鉉等曰女子之信近於佞也乃定切

嫈 小心態也从女熒省聲烏莖切

嫪 婟也从女翏聲郎到切

婟 嫪也从女固聲胡誤

切 態也从女次聲即夷切 嬌也从女虘聲將預切 害也

从女方聲敷方切 亂也从女亾聲巫放切 巧黠也从女俞聲託侯切

婆鹵貪也从女汙聲胡古切 小小侵也从女肖聲息約切 量也

从女朶聲丁果切 動也从女由聲徐鍇曰當从冑省徒歷切 不平於心也一

曰疑也从女兼聲戶兼切 減也从女省聲所景切 不順也从女若聲春秋傳

曰叔孫婼丑略切 很也从女幸聲楚詞曰鮌婞直胡頂切 易使怒也从女敝聲

讀若擊撆匹滅切 好枝格人語也一曰靳也从女善聲旨善切 悍也从

宋本作陰阿也

女叕聲讀若唾丁滑切

㜝 含怒也一曰難知也从女酓聲詩曰碩大且㜝五感切

娿 媕娿也从女阿聲烏何切

陰

妍 技也一曰不省録事一曰難侵也一曰惠也一曰安也从女幵聲讀若研五堅切

娃 圜深目皃或曰吳楚之間謂好曰娃从女圭聲於佳切

⿰女陝 不媚前却陝陝也从女陝聲失冉切

妜 鼻目閒皃讀若煙火炔炔从女決省聲於說切

孈 愚戇多態也从女巂聲讀若隓式吹切

⿰女恚 不說也从女恚聲於避切

嫼 怒皃从女黑聲呼北切

⿰女戉 輕也从女戉聲王伐切

嫖 輕也从女㶾聲匹招切

⿰女坙 訬疾也从女坙聲昨禾切

姎 女人自偁我也从女央聲烏浪切

媁

不說皃从女韋聲羽非切

婎　姿婎姿也从女隹聲一曰醜也許惟切

繫傳作如雄姿也按之疑即恣睢

娹　有守也从女弦聲胡田切

媥　輕皃从女扁聲芳連切

嫚　侮易也从女曼聲謀患切

繫傳下作亦

㛼　疾言失次也从女臿聲讀若懾丑聶切

嬬　弱也一曰下妻也从女需聲相俞切

婄　不肖也从女否聲讀若竹皮箁匹才切

嬯　遲鈍也从女臺聲闒嬯亦如之徒哀切

繫傳作如之

⿰女覃　下志貪頑也从女覃聲讀若深乃忝切

⿰女參　婪也从女參聲七感切

婪　貪也从女林聲杜林說卜者黨相詐驗爲婪讀若潭盧含切

繫傳作一曰臥食　書作一曰餐也見饕字下

嬾　懈也怠也一曰臥也从女賴聲洛旱切

婁　空也从毋中女空之意也一曰婁務也洛侯切

繫傳韻會引務下有愚字

𡝤　古文

宋本亦作婡 㛸也 妻 妻

宋刻本 集韻引 挐

㛸 婞婡也从女折聲許列切 婡 得志婡婡一曰婡息也一曰少气也从女夾聲呼帖切

嬈 苛也一曰擾戲弄也一曰嬥也从女堯聲奴鳥切 㜸 惡也一曰人皃从女毀聲許委切

姍 誹也一曰翼便也从女刪省聲所晏切 㜌 醜也一曰老嫗也从女酋聲讀若蹴七宿切

嫫 嫫母都醜也从女莫聲莫胡切 婓 往來婓婓也一曰醜皃从女非聲芳非切

孃 煩擾也一曰肥大也从女襄聲女良切 嬒 女黑色也从女會聲詩曰嬒兮蔚兮古外切

媆 好皃从女耎聲而沇切臣鉉等案切韻又音奴困切今俗作嫩非是

媕 誣挐也从女奄聲依劔切 𡣍 過差也从女監聲論語曰小人窮斯𡣍矣盧瞰切

嫯 侮易也从女敖聲五到切

婬 私逸也从女㸒聲余箴切

姘 除也漢律齊人予妻婢姦曰姘从女并聲普耕切

奸 犯婬也从女从干干亦聲古寒切

姅 婦人污也从女半聲漢律曰見姅變不得侍祠博幔切

娗 女出病也从女廷聲徒鼎切

婥 女病也从女卓聲奴教切

娷 諉也从女垂聲竹恚切

㛴 有所恨也从女𡿺聲今汝南人有所恨曰㛴臣鉉等曰𡿺古囟字非聲當从𡿺省奴皓切

媿 慙也从女鬼聲俱位切

愧 媿或从恥省

奻 訟也从二女女還切

姦 私也从三女古顔切

㦘 古文姦从心旱聲

𡠜 籒文婁从人中女

文二百三十八 重十三

詩桃夭疏引許慎曰楚人謂寡婦曰霜或本淮南注

詩角弓疏引云毋止之也從女象有奸之者言止之毋奸而禁之毋故毋而禁止之辭

嬙 婦官也从女牆省聲才良切

妲 女字妲己紂妃从女旦聲當割切

嬌 姿也从女喬聲舉喬切

嬋 嬋娟態也从女單聲市連切

娟 嬋娟也从女肙聲於緣切

嫠 無夫也从女𠩺聲里之切

姤 偶也从女后聲古候切

文七 新附

毋 止之也从女有奸之者凡毋之屬皆从毋武扶切

禮記曲禮釋文引作毋止之詞其字從女內有一畫象有奸之形禁止之勿令奸古人言毋猶今人言莫也案大畧詩谷風疏引

勿令奸古人言毋猶今人言莫也大畧相同疑本作止之詞从女象有奸之者禁止之

毐 人無行也从士从毋賈侍中說秦始皇母與嫪毐淫坐誅故世罵淫曰嫪毐讀若娭遏在切

漢五行志中之下引許氏以為嫪毐

宋本作衆萌也

宋本房密切

文二

民 衆萌也从古文之象凡民之屬皆从民 彌鄰切

𢀫 古文民

氓 民也从民亡聲讀若盲武庚切

文二　重一

丿 右戾也象左引之形凡丿之屬皆从丿 徐鍇曰其爲文舉首而申體也於小切

乂 芟艸也从丿从乀相交魚廢切

刈 乂或从刀

弗 撟也从丿从乀从韋省分

勿切臣鉉等曰韋所以束枉戾也

文四　重一

乀　左戾也从反丿讀與弗同分勿切

厂　抴也明也象抴引之形凡厂之屬皆从厂虒字从此徐鍇曰象厂而不舉首余制切

弋　橜也象折木衺銳著形从厂象物挂之也與職切

巖云萃考作藸

文二

乁　流也从反厂讀若移凡乁之屬皆从乁弋支切

乁 女陰也象形羊者切 乁 秦刻石也字

文二重一

氏 巴蜀名山岸脅之旁箸欲落㙇者曰氏氏崩聞數百里象形乁聲凡氏之屬皆从氏揚雄賦響若氏隤承旨切

氒 木本从氏大於末讀若厥居月切

文二

氐 至也从氏下箸一一地也凡氐之

宋本作周禮侍臣
执戣

屬皆从氏丁禮切

⿰氐垔臥也从氏垔聲於進切　⿰氐失觸也从氏失聲徒結切　⿰氐門闕臣鉉等

按今篇韻音皓又音教注云誤也

文四

戈平頭戟也从弋一橫之象形凡戈之屬皆从戈古禾切

肈上諱臣鉉等曰後漢和帝名也案李舟切韻云擊也从戈肁聲直小切　戎兵也从戈从甲如融切

戣周禮侍臣執戣立于東垂兵也从戈癸聲渠追切　⿰早戈盾也

从戈旱聲戻旰切
𢧢 有枝兵也从戈倝周禮戟長丈六尺讀若棘臣鉉等曰倝非聲義當从榦省榦枝也紀逆切
戛 戟也从戈从百讀若棘古黠切
賊 敗也从戈則聲昨則切
戍 守邊也从人持戈傷遇切
戰 鬭也从戈單聲之扇切
戲 三軍之偏也一曰兵也从戈䖒聲香義切
戜 利也一曰剔也从戈呈聲徒結切
或 邦也从口从戈以守一一地也于逼切臣鉉等曰今俗作胡國切以爲疑或不定之意
域 或又从土臣鉉等曰今無復或音
𢧵 斷也从戈雀聲昨結切
𢦟 殺也从戈今聲商書曰西伯既𢦟黎口含切
戕 槍也他國臣來弑君曰戕从戈爿聲在良切
戮 殺也从戈翏聲力六切

𢧵 刺也从戈甚聲竹甚口含二切

戭 長槍也从戈寅聲春秋傳有擣戭弋刃以淺二切

𢦏 傷也从戈才聲祖才切

𢧢 滅也从戈晉聲詩曰實始𢧢商即淺切

𢦔 絕也一曰田器从从持戈古文讀若咸讀若詩云攕攕女手臣鉉等曰从鋭意也故从从子廉切

武 楚莊王曰夫武定功戢兵故止戈爲武文甫切

戢 藏兵也从戈咠聲詩曰載戢干戈阻立切

𢧐 闕从戈从音之弋切

戔 賊也从二戈周書曰戔戔巧言徐鍇曰兵多則殘也故从二戈昨干切

文二十六　重一

戉 斧也从戈𠄌聲司馬法曰夏執玄

戉殷執白戚周左杖黃戉右秉白髦凡戉之屬皆从戉臣鉉等曰今俗別作鉞非是王伐切

戚戉也从戉尗聲倉歷切

文二

我施身自謂也或說我頃頓也从戈从手手或說古垂字一曰古殺字凡我之屬皆从我徐鍇曰从戈者取戈自持也五可切

我古文我

義己之威儀也从我羊臣鉉等曰此與善同意故从羊宜寄切

羛 墨翟書義从弗魏郡有羛陽鄉讀若錡今屬鄴本內黃北二十里

文二　重二

亅 鉤逆者謂之亅象形凡亅之屬皆从亅讀若橜衢月切

乚 鉤識也从反亅讀若捕鳥罬居月切

文二

珡 禁也神農所作洞越練朱五弦周加二弦象形凡珡之屬皆从珡巨今切

古文珡从金

瑟 庖犧所作弦樂也从珡必聲所櫛切

古文瑟

文二　重二

琵 琵琶樂器从珡比聲房脂切

琶 琵琶也从珡巴聲義當用枇杷蒲巴切

文二　新附

乚 匿也象迟曲隱蔽形凡乚之屬皆从乚讀若隱　於謹切

直 正見也从乚从十从目徐鍇曰乚隱也今十目所見是直也除力切

古文直

文二　重一

亡　逃也从入从乚凡亡之屬皆从亡　武方切

乍　止也一曰亡也从亡从一徐鍇曰出亡得一則止暫止也鉏駕切

望　出亡在外望其還也从亡朢省聲巫放切

無　亡也从亡無聲武扶切

无　奇字無通於元者虛無道也王育說天屈西北爲无

匃　气也逯安說亡人爲匃古代切

文五　重一

匸　衺徯有所俠藏也从乚上有一覆

繫傳韵会从一下亦云一有所礙也

无

元

宋本亦如此

也

王育易乾释文引作王述

各本皆作奇字无通於元者易乾釋文引作奇字無也通於元者虛無道也六書故韵会引作通於元稱記禮運疏引孝經緯上通元莫与許合

之凡匸之屬皆从匸讀與傒同胡禮切

區 踦區藏匿也从品在匸中品衆也豈俱切

匿 亾也从匸若聲讀如羊騶箠女力切

㔷 側逃也从匸丙聲一曰箕屬臣鉉等曰丙非聲義當从内會意疑傳寫之誤盧候切

匽 匿也从匸晏聲於蹇切

医 盛弓弩矢器也从匸从矢國語曰兵不解医於計切

匹 四丈也从八匸八揲一匹八亦聲普吉切

文七

匚 受物之器象形凡匚之屬皆从匚讀若方府良切

匧 繫傳韻會引作緘藏也文選應休璉百一詩注謝惠連擣衣詩注等引作篋也藏疑篋之誤

宋竹臣

匚 籀文匚

匠 木工也从匚从斤斤所以作器也疾亮切

匧 藏也从匚夾聲苦叶切

篋 匧或从竹

匡 飯器筥也从匚𡈼聲去王切

筐 匡或从竹

匜 似羹魁柄中有道可以注水从匚也聲移尔切

匴 淥米籔也从匚算聲穌管切

⿷匚贛 小桮也从匚贛聲古送切

槓 ⿷匚贛或从木

匪 器似竹筐从匚非聲逸周書曰實玄黃于匪非尾切

今見孟子

蓋周書亡篇

⿷匚倉 古器也从匚倉聲七岡切

⿷匚攸 田器也从匚攸聲徒聊切

⿷匚異 田器也从匚異聲與職切

匫 古器也从匚曶聲呼骨切

匬 甌器也从匚俞聲度侯切

匱 匣也从匚貴聲求位切

匵 匱也从匚賣聲徒谷切

匣 匱也

从匚甲聲胡甲切

匯 器也从匚淮聲胡罪切

柩 棺也从匚从木久聲巨救切

匶 籀文柩

匰 宗廟盛主器也周禮曰祭祀共匰主从匚單聲都寒切

文十九　重五

曲 象器曲受物之形或說曲蠶薄也凡曲之屬皆从曲丘玉切

𠙺 古文曲

𥁊 𥁊曲也从曲玉聲丘玉切

𠚕 古器也从曲舀聲土刀切

文三　重一

東楚名缶曰甾象形凡甾之屬皆从甾 側詞切

古文

𣂁也古田器也从甾疌聲楚洽切

宋本作魁

𤮺屬蒲器也所以盛種从甾弁聲布忖切

詩卷耳正義引蒲器作草器

𢁉也从甾并聲杜林以爲竹筥揚雄以爲蒲器讀若軿薄經切

䍃也从甾虍聲讀若盧同洛乎切

篆文𤮸

籀文𤮸

文五　重三

土器已燒之總名象形凡瓦之屬

皆从瓦 五寡切

旊 周家摶埴之工也从瓦方聲讀若抵破之抵臣鉉等曰抵音瓦非聲未詳分兩切

甄 匋也从瓦垔聲居延切

甍 屋棟也从瓦夢省聲徐鍇曰所以承瓦故从瓦莫耕切

甑 甗也从瓦曾聲子孕切

鬵 籀文甑从鬵

甗 甑也一曰穿也从瓦鬳聲讀若言魚蹇切

瓵 甌瓿謂之瓵从瓦台聲與之切

瓽 大盆也从瓦尚聲丁浪切

甌 小盆也从瓦區聲烏侯切

瓮 罌也从瓦公聲烏貢切

瓨 似罌長頸受十升讀若洪从瓦工聲古雙切

㼝 小盂也从瓦夗聲臣鉉等曰今俗別作椀非是烏管切

瓴 甇似瓶也从瓦令聲郎丁切

𤭛 罌謂之𤭛从瓦卑聲部迷切

甂 似小瓿大口而卑用食从瓦扁聲芳連切

瓿 甂也从瓦音聲蒲口切

𤮩 器也从瓦容聲与封切

甓 瓴甓也从瓦辟聲詩曰中唐有甓扶歷切

甃 井壁也从瓦秋聲側救切

甈 康瓠破罌从瓦臬聲魚列切

𤮿 甈或从埶

𤮐 䃕垢瓦石从瓦爽聲初兩切

㼱 蹈瓦聲从瓦耎聲零帖切

㼨 治橐榦也从瓦今聲胡男切

𤭢 破也从瓦卒聲穌對切

瓪 敗瓦也从瓦反聲布綰切

文二十五　重二

瓷 瓦器也从瓦次聲疾資切

瓻 酒器从瓦稀省聲丑脂切

文二 新附

弓 以近窮遠象形古者揮作弓周禮六弓王弓弧弓以射甲革甚質夾弓庾弓以射干矦鳥獸唐弓大弓以授學射者凡弓之屬皆从弓 居戎切

弴　畫弓也从弓𦎫聲都昆切
弭　弓無緣可以解轡紛者从弓耳聲緜婢切
⿰弓兒　弭或从兒
弲　角弓也洛陽名弩曰弲从弓肙聲烏玄切
弧　木弓也从弓瓜聲一曰往體寡來體多曰弧戶吳切
弨　弓反也从弓召聲詩曰彤弓弨兮尺招切
⿰弓雚　弓曲也从弓雚聲九院切
彄　弓弩耑弦所居也从弓區聲恪侯切
⿰弓繇　弓便利也从弓繇聲讀若燒弋招切
張　施弓弦也从弓長聲陟良切
彏　弓急張也从弓矍聲許縛切
弸　弓彊皃从弓朋聲父耕切
彊　弓有力也从弓畺聲巨良切
彎　持弓關矢也从弓䜌聲烏關切
引　開弓也从弓丨臣鉉等曰象引弓之形余忍切
弙　滿弓有所鄉也从弓于聲哀都切

切

弘 弓聲也从弓厶聲厶古文肱字胡肱切

𢐀 弛弓也从弓璽聲斯氏切

弛 弓解也从弓从也施氏切

㢮 弛或从虒

弢 弓衣也从弓从屮屮垂飾與鼓同意土刀切

弩 弓有臂者周禮四弩夾弩庾弩唐弩大弩从弓奴聲奴古切

彀 張弩也从弓𣪊聲古候切

𢐋 弩滿也从弓黃聲讀若郭苦郭切

彈 行丸也从弓單聲徒案切

𢎤 彈或从弓持丸

彃 䠶也从弓畢聲楚詞曰𢏚焉彃日卑吉切

發 䠶發也从弓𤼽聲方伐切

𢏚 帝嚳䠶官夏少康滅之从弓幵聲論語曰𢏚善䠶五計切

文二十七 重三

彊也从二弓凡弜之屬皆从弜其兩切

輔也重也从弜西聲徐鍇曰西舌也非聲舌柔而弜剛以柔从剛輔弼之意房密切

弼或如此　並古文弼

文二　重三

弓弦也从弓象絲軫之形凡弦之屬皆从弦臣鉉等曰今別作絃非是胡田切

弼戾也从弦省从盩讀若戾臣鉉等曰盩者繫辠人見血也弼戾之意郎計切

急戾也从弦省少聲於霄切

□ 不成遂急戾也从弦省曷聲讀若瘞葬於罽切

文四

系 繫也从系丿聲凡系之屬皆从系胡計切

𦁝 系或从毄處

𦃃 籀文系从爪絲

孫 子之子曰孫从子从系系續也思魂切

緜 聯微也从系从帛武延切

繇 隨從也从系䍃聲臣鉉等曰今俗从䍃余招切

文四　重二

繫傳有繇从繇爲或作

説文解字第十二下

丁卯年十二月廿九日校宋

本

說文解字弟十三上　漢太尉祭酒許慎記

銀青光祿大夫守右散騎常侍上柱國東海縣開國子食邑五百户臣徐鉉等奉

敕挍定

二十三部　文七百　重一百二十四

凡八千三百九十八字

文三十七　新附

糸　細絲也象束絲之形凡糸之屬皆

从糸讀若䙺 徐鍇曰一蠶所吐爲忽十忽爲絲糸五忽也莫狄切

𢆶 古文糸

繭 蠶衣也从糸从虫𦬠省古典切

絸 古文繭从糸見

繅 繹繭爲絲也从糸巢聲穌遭切

繹 抽絲也从糸睪聲羊益切

緒 絲耑也从糸者聲徐呂切

緬 微絲也从糸面聲弭沇切

純 絲也从糸屯聲論語曰今也純儉常倫切

綃 生絲也从糸肖聲相幺切

䊷 大絲也从糸皆聲口皆切

[illegible] 絲曼延也从糸巟聲呼光切

紇 絲下也从糸气聲春秋傳有臧孫紇下沒切

紙 絲滓也从糸氏聲都兮切

絓 繭滓絓頭也一曰以囊絮練也从糸圭聲胡卦切

纅 絲色也从糸樂聲以灼切

繀 箸絲於筟車也从糸崔聲穌對切

經 織也从糸巠聲九丁切

織 作布帛之總名也从糸戠聲之弋切

𢇲 樂浪挈令織从糸从式臣鉉等曰挈令蓋律令之書也

紝 機縷也从糸壬聲如甚切

絍 紝或从任

綜 機縷也从糸宗聲子宋切

綹 緯十縷爲綹从糸咎聲讀若柳力九切

緯 織橫絲也从糸韋聲云貴切

緷 緯也从糸軍聲王問切

繢 織餘也从糸貴聲胡對切

統 紀也从糸充聲他綜切

紀 絲別也从糸己聲居擬切

繈 觕纇也从糸強聲居兩切

纇 絲節也从糸頪聲盧對切

紿 絲勞即紿从糸台聲徒亥切

納 絲溼納納也从糸內聲奴

呑切

紡　網絲也从糸方聲妃兩切

絕　斷絲也从糸从刀从卩情雪切

𢇍　古文絕象不連體絕二絲

繼　續也从糸𢇍一曰反𢇍爲繼古詣切

續　連也从糸賣聲似足切

賡　古文續从庚貝臣鉉等曰今俗作古行切

纘　繼也从糸贊聲作管切

紹　繼也从糸召聲一曰紹緊糾也市沼切

𦀝　古文紹从邵

⿰糸羨　偏緩也从糸羨聲昌善切

⿰糸盈　緩也从糸盈聲讀與聽同他丁切

綎　⿰糸盈或从呈

縱　緩也一曰舍也从糸從聲足用切

紓　緩也从糸予聲傷魚切

繎　絲勞也从糸然聲如延切

紆　詘也从糸于聲一曰縈也億俱切

緈　直也从糸㚔聲讀若陘胡頂切

纖 細也从糸韱聲息廉切
細 微也从糸囟聲穌計切
緢 旄絲也从糸苗聲周書曰惟緢有稽武儦切
縒 參縒也从糸𢀩聲楚宜切
繙 冕也从糸番聲附袁切
縮 亂也从糸宿聲一曰蹴也所六切
紊 亂也从糸文聲商書曰有條而不紊亾運切
級 絲次弟也从糸及聲居立切
總 聚束也从糸悤聲臣鉉等曰今俗作摠非是作孔切
𦃇 約也从糸具聲居玉切
約 纏束也从糸勺聲於略切
繚 纏也从糸尞聲盧鳥切
纏 繞也从糸廛聲直連切
繞 纏也从糸堯聲而沼切
紾 轉也从糸㐱聲之忍切
繯 落也从糸瞏聲胡畎切
辮 交也从糸辡聲

宋本作捷

頻犬切

結 締也从糸吉聲古屑切

縎 結也从糸骨聲古忽切

締 結不解也从糸帝聲特計切

縛 束也从糸尃聲符钁切

繃 束也从糸崩聲墨子曰禹葬會稽桐棺三寸葛以繃之補盲切

絿 急也从糸求聲詩曰不競不絿巨鳩切

絅 急引也从糸同聲古熒切

⿰糸𠂢 散絲也从糸𠂢聲匹卦切

⿰糸𣎆 不均也从糸𣎆聲力臥切

給 相足也从糸合聲居立切

綝 止也从糸林聲讀若郴丑林切

縪 止也从糸畢聲卑吉切

紈 素也从糸丸聲胡官切

終 絿絲也从糸冬聲職戎切

𠔁 古文終

𦄼 合也从糸从集讀若捷姊入切

繒 帛也从糸曾聲疾陵切

辝

宋本作徽幟、从卜

籀文繒从宰省揚雄以爲漢律祠宗廟丹書告

緭 繒也从糸胃聲云貴切

絩 綺絲之數也漢律曰綺絲數謂之絩布謂之總綬組謂之首从糸兆聲治小切

綺 文繒也从糸奇聲祛彼切

縠 細縛也从糸殸聲胡谷切

縳 白鮮色也从糸專聲持沇切

縑 幷絲繒也从糸兼聲古甜切

綈 厚繒也从糸弟聲杜兮切

練 湅繒也从糸柬聲郎甸切

縞 鮮色也从糸高聲古老切

⿰糸璽 粗緒也从糸璽聲臣鉉等曰今俗別作絁非是式支切

紬 大絲繒也从糸由聲直由切

綮 𢼄繒也一曰徽幟信也有齒从糸𢼄聲康禮切

綾 東齊謂布帛之細曰綾从糸夌聲力膺切

縵 繒無文也从糸曼聲漢律曰賜衣者縵表

白裏莫繡五采備也从糸絢詩云素以爲絢兮
半切　肅聲息救切　从糸旬聲臣鉉等
案論語注絢繪會五采繡也虞書曰山龍華蟲作繪
文貌許掾切　論語曰繪事後素从糸會聲黃外切
緀白文皃詩曰緀兮斐兮成𥿇繡文如聚細米
是貝錦从糸妻聲七稽切　也从糸从米米
亦聲莫絹繒如麥稍从糸綠帛青黃色也从
禮切　肙聲吉掾切　糸彔聲力玉切
縹帛青白色也从䋖帛青經縹緯一曰育陽
糸嫖聲敷沼切　染也从糸育聲余六切
絑純赤也虞書丹朱如纁淺絳也从糸
此从糸朱聲章俱切　熏聲許云切　絀
絳也从糸出絳大赤也从糸綰惡也絳也从
聲丑律切　夅聲古巷切　糸官聲一曰

絹也讀若雞卵烏版切

縉 帛赤色也春秋傳曰縉雲氏禮有縉緣从糸晉聲即刃切

綪 赤繒也以茜染故謂之綪从糸青聲倉絢切

緹 帛丹黃色从糸是聲他禮切

紙 緹或从氏

縓 帛赤黃色一染謂之縓再染謂之䞓三染謂之纁从糸原聲七絹切

紫 帛青赤色从糸此聲將此切

紅 帛赤白色从糸工聲戶公切

繱 帛青色从糸蔥聲倉紅切

紺 帛深青揚赤色从糸甘聲古暗切

綥 帛蒼艾色从糸畀聲詩曰縞衣綥巾未嫁女所服一曰不借綥渠之切

綦 綥或从其

繰 帛如紺色或曰深繒从糸喿聲讀若喿親小切

緇 帛黑色也从糸甾聲側持切

纔 帛雀頭色一曰微黑

色如紺纔淺也讀若讒从糸毚聲士咸切 **緂** 帛騅色也从糸剡聲詩曰毳衣如緂臣鉉等曰今俗別作

毯非是土敢切 **綟** 帛戾艸染色从糸戾聲郎計切 **紑** 白鮮衣皃从糸不聲詩曰素衣其紑

匹丘切 **緂** 白鮮衣皃从糸炎聲謂衣采色鮮也充彡切 **繻** 繒采色从糸需聲讀若易

繻有衣臣鉉等曰漢書傳符帛也相俞切 **縟** 繁采色也从糸辱聲而蜀切 **纚** 冠織也从

糸麗聲所綺切 **紘** 冠卷也从糸厷聲戶萌切 **紭** 紘或从弘 **紞** 冕冠塞耳者从

糸冘聲臣鉉等曰今俗別作髧非是都感切 **纓** 冠系也从糸嬰聲於盈切 **紻** 纓卷

也从糸央聲於兩切 **緌** 系冠纓也从糸委聲儒佳切 **緄** 織帶也从糸昆聲古本切

紳 大帶也从糸申聲失人切 繟 帶緩也从糸單聲昌善切 綬 韍維也从糸受聲殖酉切 組 綬屬其小者以爲冕纓从糸且聲則古切 緺 綬紫青也从糸咼聲古蛙切 縌 綬維也从糸逆聲宜戟切 纂 似組而赤从糸算聲作管切 紐 系也一曰結而可解从糸丑聲女久切 綸 青絲綬也从糸侖聲古還切 綎 系綬也从糸廷聲他丁切 絙 緩也从糸亘聲胡官切 繐 細疏布也从糸惠聲私鋭切 䌖 頸連也从糸暴省聲補各切 紟 衣系也从糸今聲居音切 ⿰糸金 籒文从金 緣 衣純也从糸彖聲以絹切 纀 裳削幅謂之纀从糸僕聲博木切 絝 脛衣也从糸夸聲苦

故切

綺 綺紐也从糸喬聲牽搖切

緥 小兒衣也从糸保聲臣鉉等曰今俗作褓非是博抱切

繜 薉貉中女子無絝以帛爲脛空用絮補核名曰繜衣狀如襜褕从糸尊聲子昆切

紴 絛屬从糸皮聲讀若被或讀若水波之波博禾切

絛 扁緒也从糸攸聲土刀切

絨 采彰也一曰車馬飾从糸戉聲王伐切

緃 絨屬从糸从從省聲足容切

紃 圜采也从糸川聲詳遵切

緟 增益也从糸重聲直容切

纕 援臂也从糸襄聲汝羊切

纗 維綱中繩从糸巂聲讀若畫或讀若維戶圭切

綱 維紘繩也从糸岡聲古郎切

古文綱

縜 持綱紐也从糸員聲周禮曰縜寸臣鉉等曰縜長寸也爲贇切

綅 絳綫也从糸侵省聲

詩曰貝冑朱綅子林切

縷 綫也从糸婁聲力主切

綫 縷也从糸戔聲私箭切

線 古文綫

⿰糸穴 縷一枚也从糸穴聲乎決切

縫 以鍼紩衣也从糸逢聲符容切

緁 緶衣也从糸疌聲七接切

𦀺 緁或从習

紩 縫也从糸失聲直質切

一切經音義卷十一引作縫衣也

緛 衣戚也从糸耎聲而沇切

⿰糸旦 補縫也从糸旦聲丈莧切

繕 補也从糸善聲時戰切

絬 論語曰絬衣長短右袂从糸舌聲私列切

纍 綴得理也一曰大索也从糸畾聲力追切

縭 以絲介履也从糸离聲力知切

緱 刀劍緱也从糸矦聲古矦切

繄 戟衣也从糸殹聲一曰赤黑色繒烏雞切

縿 旌旗之游也从糸參聲所銜切

繫傳韻會引作紆朱縈繩也六書故引蜀本作紆朱縈索也舊作紆未

徽 衺幅也一曰三糾繩也从糸微省聲許歸切

⿱折糸 扁緒也一曰弩罥鉤帶从糸折聲幷劉切

紉 繟繩也从糸刃聲女鄰切

繩 索也从糸蠅省聲食陵切

⿰糸爭 紆未縈繩一曰急弦之聲从糸爭聲讀若旌側莖切

縈 收韏也从糸熒省聲於營切

絇 纑繩絇也从糸句聲讀若鳩其俱切

縋 以繩有所縣也春秋傳曰夜縋納師从糸追聲持僞切

絭 攘臂繩也从糸𢍏聲居願切

緘 束篋也从糸咸聲古咸切

縢 緘也从糸朕聲徒登切

編 次簡也从糸扁聲布玄切

維 車蓋維也从糸隹聲以追切

絥 車絥也从糸伏聲平祕切

𦯬 絥或从艸

鞴 絥或从革葡聲

綎 乘輿馬飾也从

糸正聲諸盈切

綊 紝綊也从糸夾聲胡頰切

緐 馬髦飾也从糸每聲春秋傳曰可以稱旌緐乎附袁切

䋣 緐或从舁舁籒文弁

繮 馬紲也从糸畺聲居良切

紛 馬尾韜也从糸分聲撫文切

紂 馬緧也从糸肘省聲除柳切

緧 馬紂也从糸酋聲七由切

絆 馬縶也从糸半聲博幔切

𦈡 絆前兩足也从糸須聲漢令蠻夷卒有𦈡相主切

紖 牛系也从糸引聲讀若弞直引切

縼 以長繩繫牛也从糸旋聲辭戀切

詩小戎疏引作繫也

縻 牛轡也从糸麻聲靡爲切

𦃃 縻或从多

紲 系也从糸世聲春秋傳曰臣負羈紲私列切

緤 紲或从枼

纆 索也从糸黑聲莫北切

縆 大索也一曰急

也从糸恆聲古恆切
繘　綆也从糸矞聲余聿切
𦆽　古文从絲
䌛　籒文繘
綆　汲井綆也从糸更聲古杏切
絠　彈彄也从糸有聲弋宰切又古亥切
繳　生絲縷也从糸敫聲之若切
繴　繴謂之罿罿謂之罬罬謂之罦捕鳥覆車也从糸辟聲博戹切
緍　釣魚繳也从糸昏聲吳人解衣相被謂之緍武巾切
絮　敝緜也从糸如聲息據切
絡　絮也一曰麻未漚也从糸各聲盧各切
纊　絮也从糸廣聲春秋傳曰皆如挾纊苦謗切
絖　纊或从光
紙　絮一苫也从糸氏聲諸氏切
䋈　治敝絮也从糸咅聲芳武切
𦆅　絜緼也一曰敝絮从糸奴聲易曰需有衣絮女余切
繫　繫繞也一曰惡絮从

繐○一切經音義八引德蜀白細布也御覽八百廿引德蜀布也玉篇廣韵並以德爲繐之重文義云書作蜀細布也以德爲重文是非謂此繐與德不盡人誤繐与德爲一也

糸毄聲古詣切

縓 繫縓也一曰維也从糸虒聲郎兮切

緝 績也从糸咠聲七入切

絘 績所緝也从糸次聲七四切

績 緝也从糸責聲則歷（歷）切

纑 布縷也从糸盧聲洛乎切

紨 布也一曰粗紬从糸付聲防無切

繐 蜀細布也从糸彗聲祥歲切

絺 細葛也从糸希聲丑脂切

綌 粗葛也从糸谷聲綺戟切

㠷 綌或从巾

縐 絺之細也詩曰蒙彼縐絺一曰蹴也从糸芻聲側救切

絟 細布也从糸全聲此緣切

紵 檾屬細者爲絟粗者爲紵从糸宁聲直呂切（一切經音義十四引作白而細曰紵）

䋶 紵或从緒省

緦 十五升布也一曰兩麻一絲布也从糸思聲息茲切

𥿮 古文緦从糸省

緆 細布也从糸易

 九

聲先擊切緆緆或从麻緰緰貲布也从糸俞聲度矦切縗服衣長六寸博四寸直心从糸衰聲倉回切絰喪首戴也从糸至聲臣鉉等曰當从姪省乃得聲徒結切

緶交枲也一曰緁衣也从糸便聲房連切⿸戶糸履也一曰青絲頭履也讀若阡陌之陌从糸戶聲亡百切⿰糸封枲履也从糸封聲博蠓切緉履兩枚也一曰絞也从糸从兩兩亦聲力讓切

絜麻一耑也从糸㓞聲古屑切繆枲之十絜也一曰綢繆从糸翏聲武彪切綢繆也从糸周聲直由切縕紼也从糸𥁕聲於云切紼亂系也从糸弗聲分勿切絣氐人殊縷布也从糸幷聲北萌切紕氐人𦄼也讀若禹貢玭珠从糸比聲

甲履切

罽 西胡毳布也从糸罽聲居例切

縊 經也从糸益聲春秋傳曰夷姜縊於賜切

綏 車中把也从糸从妥徐鍇曰禮升車必正立執綏所以安也當从爪从安省說文無妥字息遺切

彝 宗廟常器也从糸糸綦也廾持米器中實也彑聲此與爵相似周禮六彝雞彝鳥彝黃彝虎彝蜼彝斝彝以待祼將之禮以脂切

𢑱 𢑚 皆古文彝

緻 密也从糸致聲直利切

文二百四十九　重三十一

緗 帛淺黃色也从糸相聲息良切

緋 帛赤色也从糸非聲甫微切

緅 帛青赤色也从糸取聲子矦切

繖 蓋也从糸散聲穌旱切

綀 布屬从糸束聲所葅切

縡 事也从糸宰聲子代切 繾 繾綣不相離也从糸遣聲去演切 綣 繾綣也从糸卷聲去阮切

文九 新附

儆書為政禮記王制安亡政為上必作政

素 白緻繒也从糸𠂹取其澤也凡素之屬皆从素 桑故切

𦃃 素屬从素収聲居玉切 𦃋 白約縞也从素勺聲以灼切 𦄄 素屬从素卒聲所律切 繛 𦃗也从素卓聲昌約切 綽 繛或省 𦃗 繛也

从𦃃爰聲胡玩切 [篆] 𦃃或省

文六 重三

[篆] 蠶所吐也从二糸凡絲之屬皆从絲息茲切

[篆] 馬轡也从絲从軎與連同意詩曰六轡如絲兵媚切

[篆] 織絹从糸貫杼也从絲省卝聲古還切臣鉉等曰卝古磺字

文三

[篆] 捕鳥畢也象絲网上下其竿柄也凡率之屬皆从率所律切

文一

虫　一名蝮博三寸首大如擘指象其臥形物之微細或行或毛或蠃或介或鱗以虫爲象凡虫之屬皆从虫　許偉切

蝮　虫也从虫复聲芳目切

螣　神蛇也从虫朕聲徒登切

蚺　大蛇可食从虫冄聲人占切

螼　螾也从虫堇聲弃忍切

螾　側行者从虫寅聲余忍切

蚓　螾或从引

螉　蟲在牛馬皮者从虫翁聲烏紅切

蜙　螉蜙也从虫從聲子紅切

蠁 知聲蟲也从虫鄉聲許兩切 䖮 司馬相如蠁从向 蛁 蟲也从虫召聲都僚切 [illegible] 蟲也从虫𣪠聲祖外切 蛹 繭蟲也从虫甬聲余隴切 螝 蛹也从虫鬼聲讀若潰胡罪切 蛕 腹中長蟲也从虫有聲戶恢切 蟯 腹中短蟲也从虫堯聲如招切 雖 似蜥蜴而大从虫唯聲息遺切 虺 虺以注鳴詩曰胡爲虺蜥从虫兀聲臣鉉等曰兀非聲未詳許偉切 蜥 蜥易也从虫析聲先擊切 蝘 在壁曰蝘蜓在艸曰蜥易从虫匽聲於殄切 𧍷 蝘或从䖵 蜓 蝘蜓也从虫廷聲一曰螾蜓徒典切 蚖 榮蚖蛇醫以注鳴者从虫元聲愚袁切 蠸 蟲也一曰大螫也讀若蜀都布名从虫雚

韻會引作而大有文也 脫有文二字

聲巨員切

螟 蟲食穀葉者吏冥冥犯法即生螟从虫冥聲又螟蛉莫經切

蟘 蟲食苗葉者吏乞貸則生蟘从虫从貸貸亦聲詩曰去其螟蟘臣鉉等曰今俗作蟘非是徒得切

蟣 蝨子也一曰齊謂蛭曰蟣从虫幾聲居狶切

蛭 蟣也从虫至聲之日切

蝚 蛭蝚至掌也从虫柔聲耳由切

蛣 蛣蚰蝎也从虫吉聲去吉切

蚰 蛣蚰也从虫出聲區勿切

蟫 白魚也从虫覃聲余箴切

蛵 丁蛵負勞也从虫巠聲戶經切

蜭 毛蠹也从虫臽聲乎感切

蟜 蟲也从虫喬聲居夭切

蛓 毛蟲也从虫𢦏聲千志切

蠆也从虫圭聲烏蝸切

蚔 蠆也从虫氏聲巨支切

蠆 毒蟲也象形丑芥切

蠤或从䖵

蝤 蝤蠀也从虫酋聲字秋切

蠀 蠀蠤也从虫齊聲徂兮切

蝎 蝤蠀也从虫曷聲胡葛切

強 蚚也从虫弘聲徐鍇曰弘與強聲不相近秦刻石文从口疑从籀文省巨良切

𧈒 籀文強从䖵从彊

蚚 強也从虫斤聲巨衣切

蜀 葵中蠶也从虫上目象蜀頭形中象其身蜎蜎詩曰蜎蜎者蜀市玉切

蠲 馬蠲也从虫目益聲ㄐ象形明堂月令曰腐艸爲蠲古玄切

螕 齧牛蟲也从虫𣬉聲邊兮切

蠖 尺蠖屈申蟲也从虫蒦聲烏郭切

蝝 復陶也劉歆說蝝蚍蜉子董仲舒說蝗子也从虫彖聲與專切

螻 螻蛄也从虫婁聲一曰螜天螻洛侯切

蛄 螻蛄也从虫古聲古乎切

蠪 丁螘也从虫龍聲盧紅切

蛾　羅也从虫我聲臣鉉等案爾雅蛾羅蠶蛾也蚰部巳有蝨或作蚤此重出五何切

螘　蚍蜉也从虫豈聲魚綺切

蚳　螘子也从虫氐聲周禮有蚳醢讀若祁直尼切

𧖁　籒文蚳从蚰

𧑒　古文蚳从辰土

蠜　𨸏蠜也从虫樊聲附袁切

𧍣　悉𧍣也从虫帥聲臣鉉等曰今俗作蟀非是所律切

蝒　馬蜩也从虫面聲武延切

蟷　蟷蠰不過也从虫當聲都郎切

蠰　蟷蠰也从虫襄聲汝羊切

蜋　堂蜋也从虫良聲一名蚚父魯當切

蛸　蟲蛸堂蜋子从虫肖聲相邀切

蛢　蟜蟥以翼鳴者从虫并聲薄經切

蟜　蟜蟥也从虫矞聲余律切

蟥　蟜蟥也从虫黃聲乎光切

𧎖　姑䗍強蛘也从虫施聲式支切

宋本作蟜蟥

宋雅釋蟲強蛘注云音羋　姓釋文引說文作羋又本作蛘

宋雅釋蟲釋文引作蛾羅也

御覽九百四十六引一名蟷蠰一名蚚父

御覽九百五十引作蟜蟥也此作蟜誤

宋本作蛣蟹強

羋　羋也五

音韵譜同毛刻

蛅 蛅斯墨也从虫占聲職廉切

蜆 縊女也从虫見聲胡典切

蜰 盧蜰也从虫肥聲符非切

𧎬 渠𧎬一曰天社从虫却聲其虐切

𧓍 𧓍蠃蒲盧細要土蠭也天地之性細要純雄無子詩曰螟蠕有子𧓍蠃負之从虫𤔲聲古火切

蜾 𧓍或从果

蠃 蜾蠃也从虫𣎆聲一曰虒蝓郎果切

蠕 螟蠕桑蟲也从虫霝聲郎丁切

蛺 蛺蜨也从虫夾聲兼叶切

蜨 蛺蜨也从虫疌聲臣鉉等曰今俗作蝶非是徒叶切

蚩 蟲也从虫之聲赤之切

𧍧 盤蝥毒蟲也从虫般聲布還切

蝥 盤蝥也从虫敄聲臣鉉等曰今俗作蟊非是蟊即蠿蟊蜘蛛之別名也莫交切

蟠 鼠婦也从虫番聲附袁切

蛜 蛜威委黍委黍鼠婦也从虫伊

御覽九百四十六引說文𧎬蜋一曰天柱又引爾雅天柱蜣蜋云云

作天社

文選 … 注

嗤詩注

伊

詩注古九言注引笑也蔑以為書在蚩下有一曰云云玉篇蚩笑也不从口

說文十三上 四

省聲於脂切
蜙蝑以股鳴者从虫松聲息恭切
蜙或省臣鉉等曰今俗作古紅切以爲蜈蚣蟲名
蜙蝑也从虫胥聲相居切
蟲也从虫庶聲之夜切
螽也从虫皇聲乎光切
蟬也从虫周聲詩曰五月鳴蜩徒聊切
蜩或从舟
以旁鳴者从虫單聲市連切
寒蜩也从虫兒聲五雞切
螇鹿蛁蟟也从虫奚聲胡雞切
蚜蚗蛁蟟也从虫夬聲於悅切
蚜蚗蟬屬讀若周天子赧从虫丏聲武延切
蜻蛚也从虫列聲良辥切
蜻蛚也从虫青聲子盈切
蜻蛉也从虫令聲一名桑根郎丁切
蠛蠓也从虫蒙聲莫孔切
螶⿰虫京

也一曰蜉蝣朝生莫死者从虫京聲离灼切

秦晉謂之蜹楚謂之蚊从虫芮聲而銳切

蠨蛸長股者从虫肅聲穌彫切

蟲也从虫省聲息正切

商何也从虫寽聲力輟切

蠅胆也周禮蜡氏掌除骴从虫昔聲鉏駕切

動也从虫耎聲而沇切

行也从虫支聲巨支切

蟲行也从虫睘聲香沇切

蟲曳行也从虫中聲讀若騁丑善切

蠭醜螸垂腴也从虫欲聲余足切

蠅醜蝙搖翼从虫扇聲式戰切

蛇蟬所解皮也从虫稅省輸芮切

螫也从虫若省聲呼各切

蟲行毒也从虫赦聲施隻切

虺屬从虫亞聲烏各切

搔蛘

也从虫羊聲余兩切

蝕 敗創也从虫人食食亦聲乘力切

蛟 龍之屬也池魚滿三千六百蛟來爲之長能率魚飛置笱水中即蛟去从虫交聲古肴切

螭 若龍而黄北方謂之地螻从虫离聲或云無角曰螭丑知切

虯 龍子有角者从虫丩聲渠幽切

蜦 蛇屬黒色潛于神淵能興風雨从虫侖聲讀若戾艸力屯切

蜧 蜦或从戾

螊 海蟲也長寸而白可食从虫兼聲讀若嗛力鹽切

蜃 雉入海化爲蜃从虫辰聲時忍切

盒 蜃屬有三皆生於海千歲化爲盒秦謂之牡厲又云百歲燕所化魁盒一名復累老服翼所化从虫合聲古沓切

螷 階也脩爲螷圜爲蠇从虫庳聲臣鉉等曰今俗作魶或作蠯非是蒲猛切

蝸 蝸嬴也从虫咼聲古華切

一切經音義十六引說文蟹水蟲也八足二螯旁行也 此脫水蟲也三字

蚌 蜃屬从虫丰聲步項切

蠇 蚌屬似蠊微大出海中今民食之从虫萬聲讀若賴力制切

蝓 虒蝓也从虫俞聲羊朱切

蜎 蜎也从虫肙聲狂沇切

蟺 夗蟺也从虫亶聲常演切

蚴 蚴蟉也从虫幽聲於虯切

蟉 蚴蟉也从虫翏聲力幽切

蟄 藏也从虫埶聲直立切

蚨 青蚨水蟲可還錢从虫夫聲房無切

⿰虫匊 ⿰虫匊鼀詹諸以脰鳴者从虫匊聲居六切

蝦 蝦蟆也从虫叚聲乎加切

蟆 蝦蟆也从虫莫聲莫遐切

蠵 大龜也以胃鳴者从虫巂聲戶圭切

⿰虫夐 司馬相如說蠵从夐

螹 螹離也从虫漸省聲慈染切

蟹 有二敖八足旁行非蛇鮮之穴無所庇从虫解聲胡買切

⿰魚解

蟹或从魚

蟹也从虫危聲過委切

短狐也似鼈三足以气射害人从虫或聲于逼切

蜮又从國臣鉉等曰今俗作古獲切以爲蝦蟇之別名

似蜥易長一丈水潛吞人即浮出日南从虫屰聲吾各切 [以]

蝄蜽山川之精物也淮南王說蝄蜽狀如三歲小兒赤黑色赤目長耳美髮从虫网聲國語曰木石之怪夔蝄蜽文兩切 [韻會引作淮南子說]

蝄蜽也从虫兩聲臣鉉等曰今俗別作魍魎非是良獎切

善援禺屬从虫爰聲臣鉉等曰今俗別作猨非是雨元切 [御覽九百十引作禺屬]

禺屬从虫翟聲直角切

如母猴卬鼻長尾从虫隹聲余季切

北方有蚼犬食人从虫句聲古厚切

蛩蛩獸也一曰秦謂蟬蛻曰蛩从虫巩聲渠容切

鼠也一曰西方有獸

前足短與蛩蛩巨虚比其名謂之蟨从虫厥聲居月切

蝙 蝙蝠也从虫扁聲布玄切

蝠 蝙蝠服翼也从虫畐聲方六切

蠻 南蠻蛇種从虫䜌聲莫還切

閩 東南越蛇種从虫門聲武巾切

虹 螮蝀也狀似蟲从虫工聲明堂月令曰虹始見戶工切

𧈧 籀文虹从申申電也

螮 螮蝀虹也从虫帶聲都計切

蝀 螮蝀也从虫東聲多貢切

蠥 衣服歌謠艸木之怪謂之祅禽獸蟲蝗之怪謂之蠥从虫辥聲魚列切

䖸 古文

文一百五十三　重十五

蜑 南方夷也从虫延聲徒旱切

蟪 蟪蛄蟬也从虫惠聲乎桂切

蠛

蠛蠓細蟲也从虫蔑聲莫結切（亡宋本）

蚝 蚝蟊艸上蟲也从虫毛聲陟格切

蜢 蚝蜢也从虫孟聲莫杏切

蟋 蟋蟀也从虫悉聲息七切

螳 螳蜋也从虫堂聲徒郎切

文七 新附

嘉慶十二年十一月卅日校小字宋本

說文解字弟十三上

小字宋本作任
丝也

說文解字弟十三下 漢太尉祭酒許慎記

銀青光禄大夫守右散騎常侍上柱國東海縣開國子食邑五百戶臣徐鉉等奉

敕校定

䖵 蟲之緫名也从二虫凡䖵之屬皆从䖵讀若昆 古魂切

蠶 任絲蟲从䖵朁聲 昨含切

⿱我䖵 蠶化飛蟲从䖵我聲 五何切

蛾 或从虫

⿱叉䖵 齧人跳蟲从䖵叉聲 叉古爪字子皓切

蚤 或从虫

蝨 齧人蟲从䖵卂

聲所櫛切

螽 蝗也从䖵夂聲夂古文終字職戎切

螽或从虫衆聲

蟲也从䖵展省聲知衍切

蠽 小蟬蜩也从䖵𢧵聲子列切

蠿 蠿蟊作罔蛛蟊也从䖵𢇍聲𢇍古絕字側八切

蟊 蠿蟊也从䖵矛聲莫交切

蟲也从䖵寍聲奴丁切

蠀蠤也从䖵𣍘聲財牢切

螻蛄也从䖵舝聲胡葛切

蟲蛸也从䖵卑聲匹標切

蟲或从虫

蠭 飛蟲螫人者从䖵逢聲敷容切

古文省

蠭甘飴也一曰螟子从䖵鼏聲彌必切

蜜 蠭或从宓

蟲蠁也从䖵巨聲強魚切

蟁 齧人飛蟲从䖵民聲無分切

蟁或从昬以昬時出也

蚊

俗蟁从虫从文

蝱 齧人飛蟲从䖵亾聲武庚切

蠹 木中蟲从䖵橐聲當故切

⿱木䖵 蠹或从木象蟲在木中形譚長說

蠡 蟲齧木中也从䖵彖聲盧啓切

⿱彖从 古文

𧕎 多足蟲也从䖵求聲巨鳩切

蛷 𧕎或从虫

⿱橐䖵 蚍⿱橐䖵也从䖵橐聲縛牟切

蜉 ⿱橐䖵或从虫从孚

⿱雋䖵 蟲食也从䖵雋聲子兖切

蠢 蟲動也从䖵春聲尺尹切

𢧢 古文蠢从𢦏周書曰我有𢧢于西

文二十五　重十三

蟲 有足謂之蟲無足謂之豸从三虫

宋本作蟲今艸根者

宋本淫溺作晦淫

凡蟲之屬皆从蟲 直弓切

蟊 蟲食艸根者从蟲象其形吏抵冒取民財則生徐鍇曰唯此一字象蟲形不从矛書者多誤莫浮切

蟊 蟊或从敄臣鉉等桉虫部已有莫交切作盤蝥蟲此重出

蛑 古文蟊从虫从牟

𧖸 蚍蜉大螘也从蟲比聲房脂切

蚍 𧖸或从虫比聲

蟁 蟁也从蟲冋聲武巾切

蜚 臭蟲負蠜也从蟲非聲房未切

𧍙 蜚或从虫

蠱 腹中蟲也春秋傳曰皿蟲爲蠱淫溺之所生也梟桀死之鬼亦爲蠱从蟲从皿皿物之用也公戶切

文六 重四

風 八風也東方曰明庶風東南曰清明風南方曰景風西南曰涼風西方曰閶闔風西北曰不周風北方曰廣莫風東北曰融風風動蟲生故蟲八日而化从虫凡聲凡風之屬皆从風 方戎切

𠙊 古文風

䬙 北風謂之䬙从風涼省聲呂張切

𩗗 小風也从風朮聲翾

韵会引作颭风也一曰小风谓之颭

宋刻

聿切

扶搖風也从風猋聲甫遙切

飆或从包

回風也从風㶾聲撫招切

翔風也从風立聲穌合切

高風也从風翏聲力求切

疾風也从風从忽忽亦聲呼骨切

大風也从風胃聲王勿切

大風也从風日聲于筆切

風所飛揚也从風昜聲與章切

風雨暴疾也从風利聲讀若栗力質切

列風也从風𠛱聲讀若𠛱良薛切

文十三　重二

涼風也从風思聲息茲切

颼飂也从風叜聲所鳩切

風吹浪動也从風占聲隻冉切

文三　新附

初學記一引作疾風也

文選風賦注引作風聲

琴賦注作翔風也

說文作列風也

它 虫也从虫而長象冤曲垂尾形上古艸居患它故相問無它乎凡它之屬皆从它 託何切

蛇 它或从虫臣鉉等曰今俗作食遮切

文一 重二

龜 舊也外骨内肉者也从它龜頭與它頭同天地之性廣肩無雄龜鼈之類以它爲雄象足甲尾

之形凡龜之屬皆从龜居追切

集韻有一曰甲背隆處

龜 古文龜

䶰 龜名从龜夂聲夂古文終字徒冬切

䶱 龜甲邊也从龜冄聲天子巨䶱尺有二寸諸侯尺大夫八寸士六寸汝閻切

文三 重一

黽 鼃黽也从它象形黽頭與它頭同凡黽之屬皆从黽莫杏切

臣鉉等曰象其腹也

藝文類聚九十六引作介蟲也

黽 籀文黽

鼈 甲蟲也从黽敝聲并列切

黿 大鼈也从黽元聲愚袁切

鼃 蝦蟇也从黽圭聲烏媧切

鼀 圥鼀詹諸也其鳴詹諸其皮鼀鼀其行圥圥从黽从圥圥

亦聲七宿切 鼀或从酋

𪓰𪔂詹諸也詩曰得此𪓰𪔂言其行𪔂𪔂从黽爾聲式支切

水蟲似蜥易長大从黽單聲徒何切

御覽九百卅三引作長丈所此作長大誤

水蟲也薉貉之民食之从黽奚聲胡雞切

䵷屬頭有兩角出遼東从黽句聲其俱切

營營青蠅蟲之大腹者从黽从虫余陵切

鼅鼄蟊也从黽𣉻省聲陟离切 或从虫

鼅鼄也从黽朱聲陟輸切 鼄或从虫

匽鼂也讀若朝楊雄說匽鼂蟲名杜林以為朝旦非是从黽从旦臣鉉等曰今俗作晁直遥切 篆文从皀

文十三 重五

海大鼈也从黽敖聲五牢切

文一 新附

卵 凡物無乳者卵生象形凡卵之屬皆从卵 盧管切

五經文字九經字樣皆乃說文外古卵字或唐本有重文形與隸書重文相州未知何別

毈 卵不孚也从卵段聲徒玩切

文二

二 地之數也从偶一凡二之屬皆从二 而至切

宋本及五音韻譜無一字繫傳韻會有毛依剡補

宋本無一字

弍 古文

亟 敏疾也从人从口从又从二二天地也徐鍇曰承天之時因地之利口謀之手執之時不可失疾也紀力切又去吏切

恆 常也从心从舟在二之間上下一心以舟施恒也胡登切

宋本及集韻無一字繫傳有毛依剡補

亙 古文恒从月詩曰如月之恒

亘 求亘也从二从回回古文回象亘回形上下所求物也徐鍇曰回風回轉所以宣陰陽也須緣切

竺 厚也从二竹聲冬毒切

凡 最括也从二二偶也从乃乃古文及浮芝切

文六　重二

土 地之吐生萬物者也二象地之下地之中丨物出形也凡土之屬皆从土它魯切

地 元气初分輕清陽爲天重濁陰爲地萬物所陳剡也从土也聲徒四切

墬 籒文地从

彖

坤 地也易之卦也从土从申土位在申苦昆切

垓 兼垓八極地也國語曰天子居九垓之田从土亥聲古哀切

墺 四方土可居也从土奧聲於六切

［古文］ 古文墺

堣 堣夷在冀州陽谷立春日日值之而出从土禺聲尚書曰宅堣夷噳俱切

坶 朝歌南七十里地周書武王與紂戰于坶野从土母聲莫六切

坡 阪也从土皮聲滂禾切

坪 地平也从土从平平亦聲皮命切

均 平徧也从土从勻勻亦聲居勻切

壤 柔土也从土襄聲如兩切

塙 堅不可拔也从土高聲苦角切

墽 磽也从土敫聲口交切

壚 剛土也从土盧聲洛乎切

垶 赤剛土也从土觲省聲息營切

埴 黏土也从土直聲常職切

坴 土塊坴坴也从土圥聲讀若逐一曰坴梁力竹切

𡎸 土也洛陽有大𡎸里从土軍聲戶昆切

墣 塊也从土菐聲匹角切

圤 墣或从卜

凷 墣也从土一屈象形苦對切

塊 凷或从鬼

堛 凷也从土畐聲芳逼切

堫 種也一曰内其中也从土㚇聲子紅切

塍 稻田畦也从土朕聲食陵切

坺 治也一曰臿土謂之坺詩曰武王載坺一曰塵皃从土犮聲蒲撥切

坄 陶竈窻也从土役省聲營隻切

基 牆始也从土其聲居之切

垣 牆也从土亘聲雨元切

𩫖 籒文垣从𩫏

圪 牆高皃詩曰崇墉圪圪从土气聲魚迄切

堵 垣也五版為一堵从土者聲當古切

𩫨 籀文从𩫏

壁 垣也从土辟聲比激切

㙭 周垣也从土尞聲力沼切

堨 壁間隙也从土曷聲讀若謁魚列切

埒 卑垣也从土寽聲力輟切

堪 地突也从土甚聲口含切

堀 突也詩曰蜉蝣堀閱从土屈省聲苦骨切

堂 殿也从土尚聲徒郎切

坣 古文堂

𩫖 籀文堂从高省

垛 堂塾也从土朶聲丁果切

坫 屏也从土占聲都念切

[illegible] 涂也从土浝聲臣鉉等案水部已有此重出力歱切

垷 涂也从土見聲胡典切

墐 涂也从土堇聲渠吝切

㙙 仰涂也从土旣聲其冀切

堊 白涂也从土亞聲烏各切

墀 涂地也从土犀聲禮天子赤墀直尼切

墼 瓴適也一曰未燒也从土毄聲古歷切

𡊅 埽除也从土弁聲讀若糞方問切

埽 棄也从土从帚穌老切

在 存也从土才聲昨代切

坐 止也从土从畱省土所止也此與畱同意徂臥切

㘸 古文坐

坻 箸也从土氏聲諸氏切

塡 塞也从土眞聲陟鄰切今待季切

坦 安也从土旦聲他但切

坒 地相次比也衛大夫貞子名坒从土比聲毗至切

堤 滯也从土是聲丁禮切

壎 樂器也以土爲之六孔从土熏聲況袁切

封 爵諸侯之土也从之从土从寸守其制度也公侯百里伯七十里子男五十里徐鍇曰各之其土也會意府容切

𡉚 古文封省

𡊨 籒文从丰

唐律引作璽天子印也

璽　王者印也所以主土从土爾聲斯氏切　璽　籒文从玉　墨　書墨也从土从黑黑亦聲莫北切　垸　以桼和灰而髹也从土完聲一曰補垸胡玩切　型　鑄器之法也从土刑聲戶經切　埻　射臬也从土𦎧聲讀若準之允切　塒　雞棲垣爲塒从土時聲市之切　城　以盛民也从土从成成亦聲氏征切　𡒄　籒文城从𩫏　墉　城垣也从土庸聲余封切　𩫏　古文墉　堞　城上女垣也从土葉聲徒叶切　坎　陷也从土欠聲苦感切　墊　下也春秋傳曰墊隘从土執聲都念切　坻　小渚也詩曰宛在水中坻从土氐聲直尼切　汷　坻或从水从夊　𣸧　坻或从水从耆

皇侃疏引作所以盛受民也

御覽百九十二引多所字

疑此乃𩫏墉字

㙫 下入也从土㬎聲敕立切 **垎** 水乾也一曰堅也从土各聲胡格切 **垐** 以土增大道上从土次聲疾資切 **堲** 古文垐从土即虞書曰龍朕堲讒說殄行堲疾惡也 **增** 益也从土曾聲作滕切 **埤** 增也从土卑聲符支切 **坿** 益也从土付聲符遇切 **塞** 隔也从土从𡫳先代切 **圣** 汝潁之閒謂致力於地曰圣从土从又讀若兔窟苦骨切 **垍** 堅土也从土自聲讀若臮其冀切 **埱** 气出土也一曰始也从土叔聲昌六切 **埵** 堅土也从土坙聲讀若朶丁果切 **埐** 地也从土㑴聲子林切 **𡏳** 土積也从土从聚省才句切 **𡎺** 保也高土也从土𠷎聲讀若毒都皓切 **培** 培敦土田

山川也从土音聲薄回切埩治也从土爭聲疾郢切墇擁也从土章聲之亮切

⿰土則遏遮也从土則聲初力切垠地垠也一曰岸也从土艮聲語斤切圻垠或从斤

墠野土也从土單聲常衍切垑恃也从土多聲尺氏切壘軍壁也从土畾聲力委切

垝毀垣也从土危聲詩曰乘彼垝垣過委切陒垝或从𨸏圮毀也虞書曰方命圮族从土己聲符鄙切

𨽸圮或从手从非配省聲𡫑塞也尚書曰鯀垔洪水从土西聲於真切𡋽古文垔

塹阬也一曰大也从土斬聲七豔切

埂秦謂阬為埂从土更聲讀若井汲綆古杏切壙塹穴也一曰大也从土廣聲苦謗切

塏 高燥也从土豈聲苦亥切 毀 缺也从土毇省聲許委切 𡍬 古文毀从王

壓 壞也一曰塞補从土厭聲烏狎切 壞 敗也从土褱聲下怪切 𡊁 古文壞省

𣀔 籀文壞臣鉉等按攴部有𣀔此重出 坷 坎坷也梁國寧陵有坷亭从土可聲康我切

㙤 坼也从土虖聲呼訝切 𨻰 㙤或从𨸏 坼 裂也詩曰不坼不疈从土㡿聲丑格切

坱 塵埃也从土央聲於亮切 塺 塵也从土麻聲亡果切

塿 塺土也从土婁聲洛侯切 坋 塵也从土分聲一曰大防也房吻切 𡋲 塵也从土非聲房未切

埃 塵也从土矣聲烏開切 𡏖 塵埃也从土殹聲烏雞切

垽 澱也从土沂聲魚僅切

垢 濁也从土后聲古厚切

𡒄 天陰塵也詩曰𡒄𡒄其陰从土壹聲於計切

坏 丘再成者也一曰瓦未燒从土不聲芳桮切

垤 螘封也詩曰鸛鳴于垤从土至聲徒結切

坦 益州部謂螾場曰坦从土且聲七余切

埍 徒隸所居也一曰女牢一曰亭部从土肙聲古泫切

𡉉 囚突出也从土𡉉聲胡八切

瘞 幽薶也从土㾜聲於罽切

堋 喪葬下土也从土朋聲春秋傳曰朝而堋禮謂之封周官謂之窆虞書曰堋淫于家方鄧切

垗 畔也爲四時界祭其中周禮曰垗五帝於四郊从土兆聲治小切

塋 墓也从土熒省聲余傾切

墓 丘也从土莫聲莫故切

墳 墓也从土

宋本無陻

賁聲符分切

壠 丘壠也从土龍聲力踵切

壇 祭壇場也从土亶聲徒干切

場 祭神道也一曰田不耕一曰治穀田也从土昜聲直良切

圭 瑞玉也上圜下方公執桓圭九寸矦執信圭伯執躬圭皆七寸子執穀璧男執蒲璧皆五寸以封諸侯从重土楚爵有執圭古畦切

珪 古文圭从玉

圯 東楚謂橋爲圯从土巳聲與之切

垂 遠邊也从土𠂹聲是爲切

堀 兔堀也从土屈聲苦骨切

陻 垔或从𨸏 在第九葉垔字下

文一百三十一 重二十六

塗 泥也从土涂聲同都切

塓 塗也从土冥聲莫狄切

埏 八方之地也从

土延聲以然切

埸　疆也从土易聲羊益切

境　疆也从土竟聲經典通用竟居領切

塾　門側堂也从土孰聲殊六切

墾　耕也从土豤聲康很切

塘　隄也从土唐聲徒郎切

坳　地不平也从土幼聲於交切

壒　塵也从土蓋聲於蓋切

墜　陊也从土隊聲古通用隊直類切

塔　西域浮屠也从土荅聲土盍切

坊　邑里之名从土方聲古通用埅府良切

文十三　新附

垚　土高也从三土凡垚之屬皆从垚吾聊切

堯 高也从垚在兀上高遠也吾聊切 堯 古文堯

文二　重一

堇 黏土也从土从黃省凡堇之屬皆从堇巨斤切 堇 堇 皆古文堇

艱 土難治也从堇艮聲古閑切 艱 籀文艱从喜

文二　重三

里 居也从田从土凡里之屬皆从里

良止切

釐 家福也从里𠩺聲里之切

野 郊外也从里予聲羊者切

壄 古文野从里省从林

文三　重一

田 陳也樹穀曰田象四口十阡陌之制也凡田之屬皆从田待季切

町 田踐處曰町从田丁聲他頂切

𤱩 城下田也一曰𤱩郤也从田耎聲而緣切

𠷎 耕治之田也从田象耕屈之形直由切

𠃬 𠷎或省

𤳳 燒穜也漢律曰

疁田茠艸从田翏聲力求切

畬　三歲治田也易曰不菑畬田从田余聲以諸切

⿰田柔　和田也从田柔聲耳由切

畸　殘田也从田奇聲居宜切

⿰田差　殘田也詩曰天方薦瘥从田差聲昨何切

畮　六尺爲步步百爲畮从田每聲莫厚切

畝　畮或从田十久臣鉉等曰十四方也久聲

甸　天子五百里地从田包省堂練切

畿　天子千里地以遠近言之則言畿也从田幾省聲巨衣切

畦　田五十畮曰畦从田圭聲戶圭切

畹　田三十畮也从田宛聲於阮切

畔　田界也从田半聲薄半切

畍　境也从田介聲古拜切

畖　境也一曰陌也趙魏謂陌爲畖从田亢聲古郎切

畷　兩陌間道也廣六尺从田叕聲陟劣切

畛　井田

閒陌也从田㐱聲之忍切

畤 天地五帝所基址祭地从田寺聲右扶風有五時好時鄜時皆黃帝時祭或曰秦文公立也周市切

略 經略土地也从田各聲离約切

當 田相值也从田尚聲都郎切

畯 農夫也从田夋聲子峻切

甿 田民也从田亡聲武庚切

疄 轢田也从田粦聲良刃切

留 止也从田丣聲力求切

畜 田畜也淮南子曰玄田爲畜丑六切

𤲸 魯郊禮畜从田从茲茲益也

疃 禽獸所踐處也詩曰町疃鹿場从田童聲土短切

畼 不生也从田昜聲臣鉉等曰借爲通暘之暘今俗別作暢非是丑亮切

文二十九　重三

畕 比田也从二田凡畕之屬皆从畕 居良切

畺 界也从畕三其界畫也居良切 疆 畺或从彊土

文二 重一

黃 地之色也从田从炗炗亦聲炗古文光凡黃之屬皆从黃 乎光切

䔐 古文黃

䵺 赤黃也一曰輕易人䵺姁也从黃夾聲許兼切

⿰黃耑 黃黑色也

从黃耑聲他耑切

䵋青黃色也从黃有聲呼辠切

黇白黃色也从黃占聲他兼切

黊鮮明黃也从黃圭聲戶圭切

文六　重一

男丈夫也从田从力言男用力於田也凡男之屬皆从男那含切

舅母之兄弟爲舅妻之父爲外舅从男臼聲其久切

甥謂我舅者吾謂之甥也从男生聲所更切

文三

力筋也象人筋之形治功曰力能圉

大災凡力之屬皆从力　林直切

勳　能成王功也从力熏聲許云切
勛　古文勳从員
功　以勞定國也从力从工工亦聲古紅切
助　左也从力且聲牀倨切
勴　助也从力从非慮聲良倨切
勑　勞也从力來聲洛代切
劼　愼也从力吉聲周書曰汝劼毖殷獻臣巨乙切
務　趣也从力敄聲亡遇切
勥　迫也从力強聲巨良切
⿰彊力　古文从彊
勱　勉力也周書曰用勱相我邦家讀若萬从力萬聲莫話切
⿰厥力　彊也从力厥聲瞿月切
勍　彊也春秋傳曰勍敵之人从力京聲渠京切
勁　彊也从力巠聲吉正切

勉 彊也。从力免聲。亡辨切

劭 勉也。从力召聲。讀若舜樂韶。寔照切

勖 勉也。周書曰：勖哉夫子。从力冒聲。許玉切

勸 勉也。从力雚聲。去願切

勝 任也。从力朕聲。識蒸切

勶 發也。从力从徹，徹亦聲。臣鉉等曰：今俗作撤，非是。丑列切

勠 幷力也。从力翏聲。力竹切

勨 繇緩也。从力象聲。余兩切

動 作也。从力重聲。徒總切

𨔝 古文動从辵

⿰畾力 推也。从力畾聲。盧對切

劣 弱也。从力少。力輟切

勞 劇也。从力，熒省。熒，火燒冂，用力者勞。魯刀切

𢥒 古文勞从悉

勮 務也。从力豦聲。其據切

剋 尤劇也。从力，克聲。苦得切

勩 勞也。詩云：莫知我勩。从力

貫聲余制切

勦 勞也春秋傳曰安用勦民从力巢聲子小切又楚交切

劵 勞也从力卷省聲臣鉉等曰今俗作倦義同渠卷切

勤 勞也从力堇聲巨巾切

加 語相增加也从力从口古牙切

𠢕 健也从力敖聲讀若豪五牢切

勇 气也从力甬聲余隴切

𢦒 勇或从戈用

恿 古文勇从心

勃 排也从力孛聲蒲没切

文選張孟陽七哀詩注引作劫人也

勡 刦也从力票聲匹妙切

劫 人欲去以力脅止曰劫或曰以力止去曰劫居怯切

韻會引作以力去曰劫無止字

飭 致堅也从人从力食聲讀若敕恥力切

劾 法有辠也从力亥聲胡槩切

募 廣求也从力莫聲莫故切

文四十　重六

劬 勞也从力句聲其俱切

勢 盛力權也从力埶聲經典通用埶舒制切

勘 校也从力甚聲苦紺切

辦 致力也从力辡聲蒲莧切

文四 新附

劦 同力也从三力山海經曰惟號之山其風若劦凡劦之屬皆从劦胡頰切

恊 同心之和从劦从心胡頰切

勰 同思之和从劦从思胡頰切

協 衆之同和也从劦从十臣鉉等曰十衆也胡頰切

旪 古文協从曰十

叶 或从口

文一　重五

丁卯六月廿四日校于安德平津館

戊辰年正月一日校于寧寓齋

說文解字第十三下

說文解字弟十四上　漢太尉祭酒許慎記

銀青光祿大夫守右散騎常侍上柱國東海縣開國子食邑五百戶臣徐鉉等奉

敕校定

五十一部　文六百四　重七十四

凡八千七百一十七字

文十八 新附

金　五色金也黃爲之長久薶不生衣

初學記廿七御覽八百十事類賦注引作百陶不耗疑後人改陶為鍊

百鍊不輕从革不違西方之行生於土从土左右注象金在土中形今聲凡金之屬皆从金 居音切

金 古文金

銀 白金也从金艮聲 語巾切

鐐 白金也从金尞聲 洛蕭切

鋈 白金也从金𣶒省聲 烏酷切

鉛 青金也从金㕣聲 與專切

錫 銀鉛之間也从金易聲 先擊切

鈏 錫也从金引聲 羊晉切

乙當作白錫也

銅 赤金也从金同聲 徒紅切

鏈 銅屬从金連聲 力延切

鐵 黑金也从金𢧜聲 天結切

銕 鐵或省

銕 古文鐵从夷 **鍇** 九江謂鐵曰鍇从金皆聲苦駭切 **鋚** 鐵也一曰轡首銅从金攸聲以周切 **鏤** 剛鐵可以刻鏤从金婁聲夏書曰梁州貢鏤一曰鏤釜也盧候切

鐼 鐵屬从金賁聲讀若熏火運切 **銑** 金之澤者一曰小鑿一曰鐘兩角謂之銑从金先聲穌典切

鋻 剛也从金臤聲古甸切 **鑗** 金屬一曰剝也从金黎聲郎兮切

錄 金色也从金录聲力玉切 **鑄** 銷金也从金壽聲之戍切 **銷** 鑠金也从金肖聲相邀切 **鑠** 銷金也从金樂聲書藥切 **鍊** 冶金也从金柬聲郎甸切 **釘** 鍊鉼黃金从金丁聲當經切 **錮** 鑄塞也从金固聲古慕切 **鑲** 作型中腸也从金襄聲汝

五音作詩云侈兮
哆兮毛刻改依今
詩

羊切

鎔 冶器法也从金容聲余封切

鋏 可以持冶器鑄鎔者从金夾聲讀若漁人莢魚之莢一曰若挾持古叶切

鍛 小冶也从金段聲丁貫切

鋌 銅鐵樸也从金廷聲徒鼎切

⿰金曉 鐵文也从金曉聲呼鳥切

鏡 景也从金竟聲居慶切

鉹 曲鉹也从金多聲一曰鬵鼎讀若擠一曰詩云哆兮侈兮尺氏切

宋本如此

詩侈作一曰五詩曰侈兮之侈

鈃 似鐘而頸長从金幵聲戶經切

鍾 酒器也从金重聲職容切

鑑 大盆也一曰鑑諸可以取明水於月从金監聲革懺切

鐈 似鼎而長足从金喬聲巨嬌切

鐆 陽鐆也从金隊聲徐醉切

鋞 溫器也圜直上从金巠聲戶經切

圜諸
刀作圜
而直上

鑴 瓽也从金巂聲戶圭切

鑊 鑴也从金蒦聲胡郭切

鍑

鍪 繫傳廣韻引釜下有而字 一切經音義二及十六御覽七百五十七引作如釜而大口

釜大口者从金复聲方副切

鍪 鍑屬从金敄聲莫浮切

錪 朝鮮謂釜曰錪从金典聲他典切

銼 鍑也从金坐聲昨禾切

鑹 銼鑹也从金𣎆聲魯戈切

鉶 器也从金荆聲戶經切

鎬 溫器也从金高聲武王所都在長安西上林苑中字亦如此乎老切

鏖 溫器也一曰金器从金麀聲於刀切

銚 溫器也一曰田器从金兆聲以招切

𨭬 酒器也从金𤀲象器形大口切

𤀲 𨭬或省金

鐎 鐎斗也从金焦聲即消切

鋗 小盆也从金肙聲火玄切

鏏 鼎也从金彗聲讀若彗于歲切

鍵 鉉也一曰車轄从金建聲渠偃切

鉉 舉鼎具也易謂之鉉禮謂之鼏从金玄聲胡犬切

鋊 可以

鎬 文選西都賦注引鎬在上林苑中

句鼎耳及鑪炭从金谷聲一曰銅屑讀若浴余足切

鎣 器也从金熒省聲讀若銑烏定切

鑯 鑯器也一曰鐫也从金韱聲臣鉉等曰今俗作尖非是子廉切

錠 鐙也从金定聲丁定切

鐙 錠也从金登聲臣鉉等曰錠中置燭故謂之鐙今俗別作燈非是都滕切

鏶 鍱也从金集聲秦入切

鍓 鏶或从咠

鍱 鏶也从金枼聲齊謂之鍱與渋切

鏟 鏶也一曰平鐵从金產聲初限切

鑪 方鑪也从金盧聲臣鉉等曰今俗別作爐非是洛乎切

鏇 圜鑪也从金旋聲辭戀切

鑈 器也从金虒聲杜兮切

鐪 煎膠器也从金虜聲郎古切

釦 金飾器口从金从口口亦聲苦厚切

錯 金涂也从金昔聲倉各切

宋本作鑴也

宋本作鑴也

宋本作

玉篇作一曰平木器

宋本作葉聲

鋤 鉏鋤也从金御聲魚舉切 鋙 鋤或从吾 錡 鉏鋤也从金奇聲江淮之間謂釜曰錡魚綺切 鍤 郭衣鍼也从金臿聲楚洽切 鉥 綦鍼也从金朮聲食聿切 鍼 所以縫也从金咸聲職深切 鈹 大鍼也一曰劒如刀裝者从金皮聲敷羈切 鎩 鈹有鐔也从金殺聲所拜切 鈕 印鼻也从金丑聲女久切 𤤽 古文鈕从王 銎 斤斧穿也从金巩聲曲恭切 鈭 鈭錍斧也从金此聲即移切 錍 鈭錍也从金卑聲府移切 鏨 小鑿也从金从斬斬亦聲藏濫切 鐫 穿木鐫也从金雋聲一曰琢石也讀若瀸子全切 鑿 穿木也从金糳省聲在各切

史記高帝紀索隱引說文鍪器名也地形似器故名之言力未知何字疑鈷而言義太殊

說文十四上　四

銛 鍤屬从金舌聲讀若棪桑欽讀若鐮息廉切 鈂 臿屬从金冘聲直深切
⿰金危 臿屬从金危聲一曰瑩鐵也讀若跛行過委切 鐅 河内謂臿頭金也从金敝聲芳
滅切 錢 銚也古田器从金戔聲詩曰庤乃錢鎛即淺切又昨先切 钁 大鉏也从金矍聲
居縛切 鈐 鈐鏞大犂也一曰類相从金今聲巨淹切 鏞 鈐鏞也从金隋聲徒果切
鏺 兩刃木柄可以刈艸从金發聲讀若撥普活切 鉵 相屬从金蟲省聲讀若同徒冬切
鉏 立薅所用也从金且聲士魚切 ⿰金罷 相屬从金罷聲讀若嬀彼爲切 鎌 鍥也
从金兼聲力鹽切 鍥 鎌也从金契聲苦結切 鉊 大鎌也从金召聲鎌謂之鉊張徹說

止摇切

銍 穫禾短鎌也从金至聲陟栗切

鎮 博壓也从金真聲陟刃切

鉆 鐵銸也从金占聲一曰膏車鐵鉆敕淹切

銸 鉆也从金耴聲陟葉切

鉗 以鐵有所劫束也从金甘聲巨淹切

釱 鐵鉗也从金大聲特計切

鋸 槍唐也从金居聲居御切

鐕 可以綴箸物者从金朁聲則參切

錐 銳也从金隹聲職追切

鑱 銳也从金毚聲士銜切

銳 芒也从金兑聲以芮切

𠛱 籀文銳从厂剡

鏝 鐵杇也从金曼聲母官切

槾 鏝或从木臣鉉等案木部已有此重出

鑽 所以穿也从金贊聲借官切

鑢 錯銅鐵也从金慮聲良攄切

銓 衡也从金全聲此緣切

銖 權十分黍之重也从金朱聲市朱切 鋝 十銖二十五分之十三也从金寽聲周禮曰重三鋝北方以二十兩爲鋝力輟切 鍰 鋝也从金爰聲虞書曰罰百鍰戶關切 錙 六銖也从金甾聲側持切 錘 八銖也从金垂聲直垂切 鈞 三十斤也从金勻聲居勻切 銞 古文鈞从旬 鈀 兵車也一曰鐵也司馬法晨夜內鈀車从金巴聲伯加切 鐲 鉦也从金蜀聲軍法司馬執鐲直角切 鈴 令丁也从金从令令亦聲郎丁切 鉦 鐃也似鈴柄中上下通从金正聲諸盈切 鐃 小鉦也軍法卒長執鐃从金堯聲女交切 鐸 大鈴也軍法五人爲伍五伍爲兩兩司馬執鐸从金睪聲徒洛切 鑮 大鍾淳于

之屬所以應鐘磬也堵以二金樂則鼓鎛應之从金薄聲匹各切

鏞
大鐘謂之鏞从金庸聲余封切

鐘
樂鐘也秋分之音物穜成从金童聲古者垂作鐘職茸切

銿
鐘或从甬

鈁
方鐘也从金方聲府良切

鎛
鎛鱗也鐘上橫木上金華也一曰田器从金尃聲詩曰庤乃錢鎛補各切

鍠
鐘聲也从金皇聲詩曰鐘鼓鍠鍠乎光切

鎗
鐘聲也从金倉聲楚庚切

鏓
鎗鏓也一曰大鑿平木者从金悤聲倉紅切

錚
金聲也从金爭聲側莖切

鏜
鐘鼓之聲从金堂聲詩曰擊鼓其鏜土郎切

鑋
金聲也从金輕聲讀若春秋傳曰䡫而乘它車苦定切

鐔
劒鼻也从金覃聲徐鍇曰劒鼻人握處之下也徐林切

鏌
鏌釾也从金莫聲慕各切

釾 鏌釾也从金牙聲以遮切

鏢 刀削末銅也从金㶾聲撫招切

鈒 鋋也从金及聲穌合切

鋋 小矛也从金延聲市連切

鈗 侍臣所執兵也从金允聲周書曰一人冕執鈗讀若允余準切

鉈 短矛也从金它聲食遮切

鏦 矛也从金從聲七恭切臣鉉等曰今音楚江切

錄 鏦或从彖

錟 長矛也从金炎聲讀若老聃徒甘切

鏠 兵耑也从金逢聲敷容切

錞 矛戟柲下銅鐏也从金𦎫聲詩曰厹矛沃錞徒對切

鐏 柲下銅也从金尊聲徂寸切

鏐 弩眉也一曰黃金之美者从金翏聲力幽切

鍭 矢金鏃翦羽謂之鍭从金侯聲乎鉤切

鏑 矢鏠也从金啇聲都歷切

鎧 甲也从金豈聲苦亥切

釬 臂鎧也从金干聲矦旰切

錏 錏鍜頸鎧也从金亞聲烏牙切

鍜 錏鍜也从金叚聲乎加切

鐧 車軸鐵也从金閒聲古莧切

釭 車轂中鐵也从金工聲古雙切

（一切經音義七及十二十九引轂中作轂口）

銴 車樘結也一曰銅生五色也从金折聲讀若誓時制切

釳 乘輿馬頭上防釳插以翟尾鐵翮象角所以防網羅釳去之从金气聲許訖切

鑾 人君乘車四馬鑣八鑾鈴象鸞鳥聲和則敬也从金从鸞省洛官切

（寫者誤）

鉞 車鑾聲也从金戉聲詩曰鑾聲鉞鉞臣鉉等曰今俗作鐬以鉞作斧戉之戉非是呼會切

鍚 馬頭飾也从金陽聲詩曰鉤膺鏤鍚一曰鍱車輪鐵臣鉉等曰今經典作錫與章切

銜 馬勒口中从金从行銜行馬者也戶監切

鑣 馬銜也从金麃聲補嬌切

觼 鐍或从角

鉣 組帶鐵也从金劫省聲讀若劫居怯切

鈇 莝斫刀也从金夫聲甫無切

釣 鉤魚也从金勺聲多嘯切

𨩲 羊箠耑有鐵从金埶聲讀若至脂利切

鋃 鋃鐺瑣也从金良聲魯當切

鐺 鋃鐺也从金當聲都郎切

鋂 大瑣也一鐶貫二者从金每聲詩曰盧重鋂莫桮切

環字

鍡 鍡鑸不平也从金畏聲烏賄切

鑸 鍡鑸也从金壘聲洛猥切

鎎 怒戰也从金氣聲春秋傳曰諸侯敵王所鎎許既切

鋪 箸門鋪首也从金甫聲普胡切

鐉 所以鉤門戶樞也一曰治門戶器也从金巽聲此緣切

鈔 叉取也从金少聲臣鉉等曰今俗别作抄楚交切

錔 以金有所冒也从金沓聲他荅切

錉 斷也

詩虞今疏引作環也一環貫二

从金昏聲古涽切

鉻 鬄也从金各聲盧各切

鑇 伐擊也从金亶聲旨善切

鏃 利也从金族聲作木切

鈌 刺也从金夬聲於決切

鏉 利也从金欶聲所右切

鐂 殺也徐鍇曰說文無劉字偏旁有之此字又史傳所不見疑此即劉字也从金从丣刀字屈曲傳寫誤作田爾力求切

錉 業也賈人占錉从金昏聲武巾切

鉅 大剛也从金巨聲其呂切

鎕 鎕銻火齊从金唐聲徒郎切

銻 鎕銻也从金弟聲杜兮切

鈋 化圜也从金化聲五禾切

鐓 下垂也一曰千斤椎从金敦聲都回切

鍒 鐵之耎也从金从柔柔亦聲耳由切

錭 鈍也从金周聲徒刀切

鈍 錭也从金屯聲徒困切

鈽

利也从金朿聲讀若齊徂奚切 錗 側意从金委聲女恚切

文一百九十七 重十三

鑺 兵器也从金瞿聲其俱切 銘 記也从金名聲莫經切 鎖 鐵鎖門鍵也从金肖聲穌果切 鈿 金華也从金田聲待季切 釧 臂環也从金川聲尺絹切 釵 笄屬从金叉聲本只作叉此字後人所加楚佳切 釽 裂也从金爪普擊切

文七 新附

幵 平也象二干對構上平也凡幵之

屬皆从幵（徐鍇曰幵但象物平無音義也古賢切）　文一

勺　挹取也象形中有實與包同意凡勺之屬皆从勺（之若切）

与　賜予也一勺爲与此与與同（余呂切）

文二

几　踞几也象形周禮五几玉几雕几彤几鬃几素几凡几之屬皆从几（居履切）

凭　依几也从几从任周書凭玉几讀若馮臣鉉等曰人之依馮几所勝載故从任皮氷切

凥　處也从尸得几而止孝經曰仲尼凥凥謂閒居如此九魚切

処　止也得几而止从几从夊昌與切

處　処或从虍聲

文四　重一

且　薦也从几足有二横一其下地也凡且之屬皆从且子余切又千也切

俎　禮俎也从半肉在且上側呂切

𠭴　且往也从且虘聲昨誤切

文三

斤　斫木也象形凡斤之屬皆从斤

舉欣切

斫也从斤父聲方矩切

方銎斧也从斤爿聲詩曰又缺我斨七羊切

擊也从斤石聲之若切

斫也从斤句聲其俱切

斫也从斤屬聲職玉切

斫也从斤𠁁臣鉉等曰𠁁器也所以斲之竹角切

斲或从畫从丮

劑斷也从斤金宜引切

伐木聲也从斤戶聲詩曰伐木所所疏舉切

析也从斤其聲詩曰斧以斯之息移切

斬也从斤昔聲側略切

截也从斤从𢇍𢇍古文絕徒玩切

古文斷从皀皀古文叀字周書曰𠊱𠊱猗無他技

亦古文

𣃔柯擊也从斤良聲來可切 新取木也从斤亲聲息鄰切 斦二斤也从二斤語斤切

文十五　重三

斗十升也象形有柄凡斗之屬皆从斗當口切

斛十斗也从斗角聲胡谷切 斝玉爵也夏曰琖殷曰斝周曰爵从吅从斗冂象形與爵同意或說斝受六升古雅切 料量也从斗米在其中讀若遼洛蕭切 斞量也从斗臾聲周禮曰求三斞以主切 斡蠡柄也从斗倝聲揚雄杜林說皆以爲軺車輪斡烏括切 魁羹斗

也从斗鬼聲苦回切

斠 平斗斛也从斗冓聲古岳切

斟 勺也从斗甚聲職深切

斜 杼也从斗余聲讀若荼似嗟切

𣂁 挹也从斗奐聲舉朱切

𣁽 量物分半也从斗从半半亦聲博幔切

𣂇 量溢也从斗㫄聲普郎切

𣃁 杼滿也从斗䜌聲俱願切

斣 相易物俱等爲斣从斗蜀聲昌六切

𣂋 斛旁有庣从斗庣聲一曰突也一曰利也爾疋曰庣謂之疀古田器也臣鉉等曰說文無庣字疑厂象形兆聲今俗別作鍫非是土雕切

升 十龠也从斗亦象形識蒸切

文十七

矛 酋矛也建於兵車長二丈象形凡

矛之屬皆从矛莫浮切

𢦡古文矛从戈　䂆矛屬从矛良聲魯當切　𥎞矛屬从矛害聲苦蓋切

矠矛屬从矛昔聲讀若笮士革切　矜矛柄也从矛今聲居陵切又巨巾切　𥎊刺也从矛丑聲女久切

文六　重一

車輿輪之總名夏后時奚仲所造象形凡車之屬皆从車尺遮切

𨏥籀文車　軒曲輈藩車从車干聲虛言切　輜軿車前衣車後也从車甾

史記[illegible]索隱引作曲輈藩車

左傳宣九年疏引輜軿衣車也前後有蔽室十三年疏引作

韻會一切經音義六引作奚仲所作

聲側持切 輧 輜車也从車幷聲薄丁切 轀 臥車也从車𥁕聲烏魂切 輬 臥車也从車京聲呂張切 軺 小車也从車召聲以招切 輕 輕車也从車巠聲去盈切 輶 輕車也从車酋聲詩曰輶車鑾鑣以周切 輣 兵車也从車朋聲薄庚切 軘 兵車也从車屯聲徒魂切 䡴 陷敶車也从車童聲尺容切 轈 兵高車加巢以望敵也从車巢聲春秋傳曰楚子登轈車鉏交切 輿 車輿也从車舁聲以諸切 輯 車和輯也从車咠聲秦入切 𨎌 衣車蓋也从車曼聲莫半切 軓 車軾前也从車凡聲周禮曰立當前軓音範 軾 車前也从車式聲賞職切 輅 車軨前橫木也从車各聲臣鉉等曰各非聲當从路省洛

重曰輜輕曰軿

左傳成十六年釋文乃作兵車高如巢

輜一名軿前後蔽也本有脫誤

故切

較 車騎上曲銅也从車爻聲古岳切

𨊻 車耳反出也从車从反反亦聲府遠切

轛 車橫軨也从車對聲周禮曰參分軹圍去一以爲轛圍追萃切

輢 車旁也从車奇聲於綺切

輒 車兩輢也从車耴聲陟葉切

𨊂 車約𨊂也从車川聲周禮曰孤乘夏𨊂一曰下棺車曰𨊂敕倫切

轖 車籍交錯也从車嗇聲所力切

軨 車轖間橫木从車令聲郎丁切

𨏩 軨或从霝司馬相如說

輑 軺車前橫木也从車君聲讀若帬又讀若褌牛尹切

軫 車後橫木也从車㐱聲之忍切

轐 車伏兔也从車菐聲周禮曰加軫與轐焉博木切

䡅 車伏兔下革也从車𤺌聲𤺌古昏字讀若閔眉殞切

軸 持輪也从車由聲徐鍇曰當从

楚詞王逸注云軔支輪木也 詩小雅疏引

胄省直六切

輹 車軸縛也从車复聲易曰輿脫輹芳六切

軔 礙車也从車刃聲而振切

輮 車軔也从車柔聲人九切

𨏥 車輮規也一曰一輪車从車熒省聲讀若熒渠營切

轂 輻所湊也从車𣪊聲古祿切

輥 轂齊等皃从車昆聲周禮曰望其轂欲其輥古本切

軝 長轂之軝也以朱約之从車氏聲詩曰約軝錯衡渠支切

䡖 軝或从革

軹 車輪小穿也从車只聲諸氏切

軎 車軸耑也从車象形杜林說徐鍇曰指事于濊切

轊 軎或从彗

輻 輪轑也从車畐聲方六切

轑 蓋弓也一曰輻也从車尞聲盧皓切

軑 車輨也从車大聲特計切

輨 轂端沓也从車官聲古滿切

轅 輈也从車袁聲雨元切

詩小雅疏引云礙車木也 此脫木字

輈 轅也。从車舟聲。張流切。𨏔 籀文輈。

輂 直轅車轒也。从車具聲。居玉切。

軏 車轅耑持衡者。从車元聲。魚厥切。

軶 轅前也。从車戹聲。於革切。

䡣 軶軥也。从車軍聲。乎昆切。

軥 軶下曲者。从車句聲。古候切。

轙 車衡載轡者。从車義聲。魚綺切。钀 轙或从金从獻。

軜 驂馬內轡繫軾前者。从車內聲。詩曰：洪以觼軜。奴荅切。

⿴行車 車搖也。从車从行。一曰行省聲。古絢切。

⿻丞車 軺車後登也。从車丞聲。讀若易抍馬之抍。署陵切。

載 乘也。从車𢦏聲。作代切。

軍 圜圍也。四千人爲軍。从車从包省。軍，兵車也。舉云切。

軷 出將有事於道，必先告其神，立壇四通，樹茅以依神爲軷。既祭軷，轢於牲而行，爲範軷。詩曰：取羝以軷。

从車犮聲蒲撥切

範 範軷也从車笵省聲讀與犯同音犯

䡷 載高皃从車巘省聲五葛切

轄 車聲也从車害聲一曰轄鍵也胡八切

轉 運也从車專聲知戀切

輸 委輸也从車俞聲式朱切

輖 重也从車周聲職流切

輩 若軍發車百兩爲輩从車非聲補妹切

軋 輾也从車乙聲烏轄切

輾 轢也从車𡰪聲尼展切

轢 車所踐也从車樂聲郎擊切

軌 車徹也从車九聲居洧切

䡐 車迹也从車從省聲臣鉉等曰今俗別作蹤非是即容切

軼 車相出也从車失聲夷質切

輡 車輡鈏也从車眞聲讀若論語鏗爾舍瑟而作又讀若掔苦閑切

輊 抵也从車埶聲陟利切

軭 車戾也从車匡聲巨王切

輟 車小缺復合者从車叕聲臣鉉等按网部輟與罬同此重出陟劣切

⿰車多 礙也从車多聲康禮切

轚 車轄相擊也从車从毄毄亦聲周禮曰舟輿擊互者古歷切

⿱算車 治車軸也从車算聲所眷切

軻 接軸車也从車可聲康我切

⿱殸車 車堅也从車殸聲口莖切

軵 反推車令有所付也从車从付讀若茸而隴切

輪 有輻曰輪無輻曰輇从車侖聲力屯切

輇 蕃車下庳輪也一曰無輻也从車全聲讀若饌市緣切

輗 大車轅耑持衡者从車兒聲五雞切

輗 輗或从宜

棿 輗又从木

軧 大車後也从車氐聲丁禮切

轃 大車簀也从車秦聲讀若臻側詵切

轒 淮陽名車穹隆轒从車賁聲符分切

⿰車宂 大車後壓也从

宋本作讀若胥聲

小徐作茸毛依刊改

趙本作藩車

御覽七百七十三引作大車後掩也

車宛聲於云切

輂 大車駕馬也从車共聲居玉切

𨍶 連車也一曰却車抵堂爲𨍶从車差省聲讀若遅士皆切

輦 輓車也从車从扶在車前引之力展切

輓 引之也从車免聲無遠切

軖 紡車也一曰一輪車从車㞷聲讀若狂巨王切

轘 車裂人也从車睘聲春秋傳曰轘諸栗門臣鉉等曰睘渠營切非聲當从環省胡慣切

斬 戳也从車从斤斬法車裂也側減切

輀 喪車也从車而聲如之切

輔 人頰車也从車甫聲扶雨切

轟 羣車聲也从三車呼宏切

文九十九　重八

轏 車名从車孱聲士限切

轔 車聲从車粦聲力珍切

轍 車迹也从車徹省聲

本通用徹後人所加直劉切

文三 新附

𠂤 小𨸏也象形凡𠂤之屬皆从𠂤 臣鉉等曰今俗作堆都回切

𡴎 危高也从𠂤屮聲讀若臬魚列切

官 吏事君也从宀从𠂤𠂤猶衆也此與師同意古丸切

文三

說文解字弟十四上

史 小字宋本作史好极

嘉慶十三年正月晦日校小字宋本

說文解字弟十四下　漢太尉祭酒許慎記

銀青光祿大夫守右散騎常侍上柱國東海縣開國子食邑五百戶臣徐鉉等奉
敕校定

𨸏 大陸山無石者象形凡𨸏之屬皆从𨸏 房九切

𨸑 古文

陵 大𨸏也从𨸏夌聲力膺切

䧘 大𨸏也从𨸏鯀聲胡本切

阞 地理也从𨸏力聲盧則切

陰 闇也水之南山之北也从𨸏侌聲於今切

陽

高明也从𨸏昜聲與章切

陸 高平地从𨸏从坴坴亦聲力竹切

𨺵 籒文陸

阿 大陵也一曰曲𨸏也从𨸏可聲烏何切

陂 阪也一曰沱也从𨸏皮聲彼爲切

阪 坡者曰阪一曰澤障一曰山脅也从𨸏反聲府遠切

陬 阪隅也从𨸏取聲子侯切

隅 陬也从𨸏禺聲噳俱切

險 阻難也从𨸏僉聲虚檢切

限 阻也一曰門榍从𨸏艮聲乎簡切

阻 險也从𨸏且聲側吕切

陮 陮隗高也从𨸏隹聲都辠切

隗 陮隗也从𨸏鬼聲五辠切

阭 高也一曰石也从𨸏允聲余準切

陯 磊也从𨸏厽聲洛猥切

陗 陵也从𨸏肖聲七笑切

陖 陗高也从𨸏夋聲私閏切

隥 仰也从𨸏登聲都鄧切

陋 阸陜也从𨸏㔷聲盧候切

陜 隘也从𨸏夾聲臣鉉等曰今俗从山非是矦夾切

陟 登也从𨸏从步竹力切

𨺼 古文陟

陷 高下也一曰陊也从𨸏从臽臽亦聲戶猎切

隰 阪下溼也从𨸏㬎聲似入切

䧢 敧也从𨸏區聲臣鉉等曰今俗作嶇非是豈俱切

隤 下隊也从𨸏貴聲杜回切

隊 從高隊也从𨸏㒸聲徒對切

降 下也从𨸏夅聲古巷切

隕 從高下也从𨸏員聲易曰有隕自天于敏切

隉 危也从𨸏从毀省徐巡以為隉凶也賈侍中說隉法度也班固說不安也周書曰邦之阢隉讀若虹蜺之蜺五結切

阤 小崩也从𨸏也聲丈爾切

隓

敗城𨸏曰隓从𨸏差聲臣鉉等曰說文無差字蓋二左也衆力左之故从二左今俗作隳非是許規切

𡐦 篆文

⿰阝頃 仄也从𨸏从頃頃亦聲去營切

陊 落也从𨸏多聲臣鉉等曰今俗作墮非是徒果切

阬 閬也从𨸏亢聲客庚切臣鉉等曰今俗作坑非是

隫 通溝也从𨸏賣聲讀若瀆徒谷切

⿰谷賣 古文隫从谷

防 隄也从𨸏方聲符方切

埅 防或从土

隄 唐也从𨸏是聲都兮切

阯 基也从𨸏止聲諸市切

址 阯或从土

陘 山絕坎也从𨸏巠聲戶經切

附 附婁小土山也从𨸏付聲春秋傳曰附婁無松柏符又切

阺 秦謂陵阪曰阺从𨸏氐聲丁禮切

阢 石山戴土也从

𨸏从兀兀亦聲五忽切 隒 崖也从𨸏兼聲讀若儼魚檢切 阸 塞也从𨸏厄聲於革切 隔 障也从𨸏鬲聲古覈切 障 隔也从𨸏章聲之亮切 隱 蔽也从𨸏㥯聲於謹切 隩 水隈崖也从𨸏奥聲烏到切 隈 水曲隩也从𨸏畏聲烏恢切 ⿱臾𨸏 ⿱臾𨸏商小塊也从𨸏从臾臣鉉等曰臾古文蕢字去衍切 ⿰𨸏解 水衡官谷也从𨸏解聲一曰小谿胡買切 隴 天水大阪也从𨸏龍聲力蝩切 ⿰𨸏衣 酒泉天依阪也从𨸏衣聲於希切 陝 弘農陝也古虢國王季之子所封也从𨸏夾聲失冉切 ⿰𨸏無 弘農陝東陬也从𨸏無聲武扶切 ⿰𨸏𢍏 河東安邑陬也从𨸏𢍏聲居遠切 陭 上黨陭氏阪也从𨸏奇聲於离切

切

隃 北陵西隃鴈門是也从𨸏俞聲傷遇切

阮 代郡五阮關也从𨸏元聲虞遠切

𨺅 大𨸏也一曰右扶風鄠有𨺅𨸏从𨸏告聲苦沃切

陚 丘名从𨸏武聲方遇切

⿰阝貞 丘名从𨸏貞聲陟盈切

⿰阝丁 丘名从𨸏丁聲讀若丁當經切

⿰阝爲 鄭地阪从𨸏爲聲春秋傳曰將會鄭伯於隱許爲切

陼 如渚者陼丘水中高者也从𨸏者聲當古切

陳 宛丘舜後嬀滿之所封从𨸏从木申聲臣鉉等曰陳者大昊之虛畫八卦之所木德之始故从木直珍切

⿰阝申 古文陳

陶 再成丘也在濟陰从𨸏匋聲夏書曰東至于陶丘陶丘有堯城堯嘗所居故堯號陶唐氏徒刀切

⿰阝⿱召土 耕以臿浚出下壚土也一曰耕休田也从𨸏从土召聲之少切

阽 壁危也从𨸏占聲余

陛文選懷舊賦注
言子建贈丁儀誄注
善御覽百八十五引作
殿階也也作陛非

廉切

除 殿陛也从阜余聲直魚切

階 陛也从阜皆聲古諧切

阼 主階也从阜乍聲昨誤切

陛 升高階也从阜坒聲旁禮切

陔 階次也从阜亥聲古哀切

際 壁會也从阜祭聲子例切

隙 壁際孔也从阜从㡇㡇亦聲綺戟切

陪 重土也一曰滿也从阜咅聲薄回切

鍇本言聲下有
一曰陪臣陪備也

⿰阝彖 道邊庳垣也从阜彖聲徒玩切

陾 築牆聲也从阜耎聲詩云捄之陾陾如乘切

陴 城上女牆俾倪也从阜卑聲符支切

𩫖 籀文陴从𩫏

隍 城池也有水曰池無水曰隍从阜皇聲易曰城復于隍乎光切

阹 依山谷爲牛馬圈也从阜去聲去魚切

陲 危也从阜垂聲是爲切

隖 小障也一曰庳城也从阜烏聲安古

段居
杜唐

宋本房九切

切

院 堅也从𨸏完聲臣鉉等按宀部已有此重出王眷切

陯 山𨸏陷也从𨸏侖聲盧昆切

陙 水𨸏也从𨸏辰聲食倫切

玉篇作小𨸏也

䧖 水𨸏也从𨸏戔聲慈衍切

文九十二 重九

𨸝 陵名从𨸏凡聲所臻切

阡 路東西爲陌南北爲阡从𨸏千聲倉先切

文二 新附

𨺅 兩𨸏之閒也从二𨸏凡𨺅之屬皆从𨺅似醉切

房九

宋本作隘

𨽸 𨺅突也从𨺅決省聲於決切 繫傳作夬聲

𨼸 陋也从𨺅𦶡聲𦶡籒文嗌字烏懈切 隘 籒文隘从𨸏益

𨽻 塞上亭守湊火者从𨺅从火遂聲徐醉切 隧 篆文省

文四　重二

厽 絫坺土為牆壁象形凡厽之屬皆从厽 力軌切

玉篇云古文以為參字

絫 增也从厽从糸絫十黍之重也力軌切

繫傳韻會引作从絫从厽亦聲

垒 絫墼也从厽从土力軌切

文三

四 陰數也象四分之形凡四之屬皆从四 息利切

古文四 亖 籒文四 文一 重二

宁 辨積物也象形凡宁之屬皆从宁 直呂切

𦉢 㡿也所以載盛米从宁从甾甾缶也陟呂切 文二

叕 綴聯也象形凡叕之屬皆从叕 陟劣切

綴 合箸也从叕从糸陟衛切

段依韻會乃作从糸从叕亦聲

文二

亞 醜也象人局背之形賈侍中說以爲次弟也凡亞之屬皆从亞衣駕切

汗簡以爲惡字云出石經

㠭 闕衣駕切

文二

五 五行也从二陰陽在天地閒交午也凡五之屬皆从五

天

臣鉉等曰二天地也疑古切

㐅 古文五省

段依作古文如此

下

文一 重一

六 易之數陰變於六正於八从入从八凡六之屬皆从六 力竹切 文一

繫傳作易之陰數

七 陽之正也从一微陰从中衺出也凡七之屬皆从七 親吉切 文一

九 陽之變也象其屈曲究盡之形凡九之屬皆从九 舉有切

馗 九達道也似龜背故謂之馗馗高也从九从首 渠追切

繫傳無馗高也

逵 馗或从辵从坴

文二　重一

禸　獸足蹂地也象形九聲尒疋曰狐貍貛貉醜其足蹞其迹禸凡禸之屬皆从禸　人九切

蹂　篆文从足柔聲

禽　走獸總名从禸象形今聲禽离兕頭相似　巨今切

离　山神獸也从禽頭从禸从屮歐陽喬說离猛獸也臣鉉等曰从屮義無所取疑象形　吕支切

萬　蟲也从禸象形　無販切

禹　蟲也从禸象形　王矩切

𠆢　古文禹

𥜿　周成王時州靡國獻𥜿人身反踵自笑笑即上脣掩其目食人北方謂之土螻爾疋云𥜿𥜿如人被髮一名梟陽从禸象形符未切

禼　蟲也从禸象形讀與偰同私列切

𢿘　古文禼

文七　重三

嘼　㹌也象耳頭足禸地之形古文嘼下从禸凡嘼之屬皆从嘼許救切

獸　守備者从嘼从犬舒救切

文二

甲　位東方之孟陽气萌動从木戴孚甲

宋本始於十見於千

之象一曰人頭宐爲甲甲象人頭

宋本集韻引作空韻會作大一經曰頭空爲甲

凡甲之屬皆从甲古狎切

古文甲始於一見於十成於木之象

宋本及集韻引作始於十見於千 韻會作始於一見於十歲

文一　重一

乙

象春艸木冤曲而出陰气尚彊其出乙乙也與丨同意乙承甲象人頸凡乙之屬皆从乙於筆切

乾

上出也从乙乙物之達也倝聲渠焉切又古寒切

乾

籀文乾

亂

治也

从乙乙治之也从𤔔郎段切

尤　異也从乙又聲徐鍇曰乙欲出而見閡見閡則顯其尤異也羽求切

文四　重一

丙　位南方萬物成炳然陰气初起陽气將虧从一入冂一者陽也丙承乙象人肩凡丙之屬皆从丙徐鍇曰陽功成入於冂冂門也天地陰陽之門也兵永切

文一

繫傳韻會引作皆丁壯成實

丁　夏時萬物皆丁實象形丁承丙象

人心凡丁之屬皆从丁當經切　文一

戊　中宮也象六甲五龍相拘絞也戊承丁象人脅凡戊之屬皆从戊莫候切

成　就也从戊丁聲氏征切　成　古文成从午徐鍇曰戊中宮成於中也

文二　重一

己　中宮也象萬物辟藏詘形也己承戊象人腹凡己之屬皆从己居擬切

[古文己]古文

巹　謹身有所承也从己丞讀若詩云赤舄己己居隱切

礼記昏義釋文引巹讀若赤舄几几

㠱　長踞也从己其聲讀若杞曁己切

玉篇長跽也

文三　重一

巴　蟲也或曰食象蛇象形凡巴之屬皆从巴

徐鍇曰一所吞也指事伯加切

𢀳　𢀳擊也从巴帚闕博下切

繫傳作帚擊字闕字

文二

庚　位西方象秋時萬物庚庚有實也庚承己象人𪗋凡庚之屬皆从庚

古行切

文一

辛 秋時萬物成而孰金剛味辛辛痛即泣出从一从辛辛辠也辛承庚象人股凡辛之屬皆从辛 息鄰切

辠 犯法也从辛从自言辠人蹙鼻苦辛之憂秦以辠似皇字改爲罪臣鉉等曰自古者以爲鼻字故从自 徂賄切

辜 辠也从辛古聲 古乎切

𣦼 古文辜从死

辥 辠也从辛𡴀聲 私列切

辤 不受也从辛从受受辛宜辤之 似茲切

辝 籀文辤从台

辭　訟也从𤔔𤔔猶理辜也𤔔理也似兹切　籀文辭从司

文六　重三

辡　辠人相與訟也从二辛凡辡之屬皆从辡方免切

辯　治也从言在辡之閒符蹇切

文二

壬　位北方也陰極陽生故易曰龍戰于野戰者接也象人褢妊之形承

亥壬以子生之叙也與巫同意壬承辛象人脛脛任體也凡壬之屬皆从壬如林切

文一

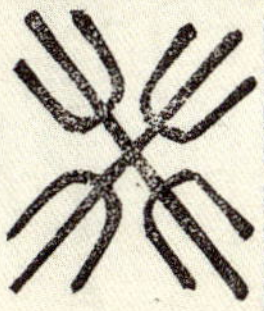

冬時水土平可揆度也象水從四方流入地中之形癸承壬象人足凡癸之屬皆从癸居誄切

籀文从癶从矢

文一　重一

子 十一月陽气動萬物滋入以爲偁象形凡子之屬皆从子 李陽冰曰子在襁緥中足併也 即里切

子 古文子从巛象髮也

子 籒文子囟有髮臂脛在几上也

孕 裹子也从子从几徐鍇曰取象於裹妊也以證切

㝃 生子免身也从子从免徐鍇曰説文無免字疑此字从𪓔省以免身之義通用爲解免之免晚冕之類皆當从𪓔省芳萬切 臣鉉等曰今俗作亾辯切

字 乳也从子在宀下子亦聲疾置切

㝅 乳也从子㱿聲一曰㝅瞀也古候切

孿 一乳兩子也从子䜌

宋本作放也

聲。呂患切。

孺　乳子也。一曰輸也。輸尚小也。从子需聲。而遇切。

季　少稱也。从子，从稚省，稚亦聲。居悸切。

孟　長也。从子皿聲。莫更切。

𡥜　古文孟。

孽　庶子也。从子辥聲。魚列切。

孳　汲汲生也。从子茲聲。子之切。

𢽽　籀文孳从絲。

孤　無父也。从子瓜聲。古乎切。

存　恤問也。从子才聲。徂尊切。

𡥈　放也。从子爻聲。古肴切。

疑　惑也。从子、止、匕，矢聲。徐鍇曰：止，不通也。𠤕，古矢字。反匕之幼子多惑也。語其切。

文十五　重四

了　尥也。从子無臂。象形。凡了之屬皆

从了盧鳥切

孑 無右臂也从了乚象形居桀切

孓 無左臂也从了亅象形居月切

文三

孨 謹也从三子凡孨之屬皆从孨讀若翦旨兖切

孱 迮也一曰呻吟也从孨在尸下臣鉉等曰尸者屋也士連切

段本作一曰孨聲

孴 盛皃从孨从日讀若薿薿一曰若存魚紀切

𡥜 籀文孴从二子一曰𡥜即奇字簮

本作一曰 毛刻改曰作日誤

文三 重一

𠫓 不順忽出也从到子易曰突如其來如不孝子突出不容於内也凡𠫓之屬皆从𠫓 他骨切

𠫓 或从到古文子即易突字

育 養子使作善也从𠫓肉聲虞書曰教育子徐鍇曰𠫓不順子也不順子亦教之況順者乎余六切

毓 育或从每

疏 通也从㐬从疋疋亦聲所菹切

文三　重二

丑 紐也十二月萬物動用事象手之

形時加丑亦舉手時也凡丑之屬皆从丑 敕九切

𦙃 食肉也从丑从肉 女久切

羞 進獻也从羊羊所進也从丑丑亦聲 息流切

文三

寅 髕也正月陽气動去黃泉欲上出陰尚彊象宀不達髕寅於下也凡寅之屬皆从寅 徐鍇曰髕斥之意人陽气銳而出上閡於宀臼所

以擯之也弋眞切

古文寅

文一　重一

卯

冒也二月萬物冒地而出象開門之形故二月爲天門凡卯之屬皆从卯莫飽切

古文卯

文一　重一

辰

震也三月陽气動靁電振民農時

也物皆生从乙匕象芒達厂聲也
辰房星天時也从二二古文上字
凡辰之屬皆从辰徐鍇曰匕音化乙屮木萌初出曲卷也臣鉉等曰三月陽气盛屮木生上徹於土故从上厂非聲疑亦象物之出植鄰切

辰 古文辰

辱 恥也从寸在辰下失耕時於封畺上戮之也辰者農之時也故房星爲辰田候也而蜀切

文二 重一

巳 巳也四月陽气巳出陰气巳藏萬

物見成文章故巳爲蛇象形凡巳之屬皆从巳 詳里切

㠯 用也从反巳賈侍中說巳意巳實也象形 羊止切

文二

午 啎也五月陰气午逆陽冒地而出此予矢同意凡午之屬皆从午 疑古切

繫傳韻會本作與

啎 逆也从午吾聲 五故切

文二

未 味也六月滋味也五行木老於未

象木重枝葉也凡未之屬皆从未無沸切

文一

申 神也七月陰气成體自申束从臼自持也吏目餔時聽事申旦政也凡申之屬皆从申失人切

𢁩 古文申

𤰶 籀文申

䡫 擊小鼓引樂聲也从申柬聲羊晉切

臾 束縛捽抴爲臾从申从乙臣鉉等曰乙屈也羊朱切

曳 臾曳也从申丿聲余制切

文四　重二

酉　就也八月黍成可爲酎酒象古文酉之形凡酉之屬皆从酉　與久切

丣　古文酉从丣丣爲春門萬物已出丣爲秋門萬物已入一閉門象也

酒　就也所以就人性之善惡从水从酉酉亦聲一曰造也吉凶所造也古者儀狄作酒醪禹嘗之而美遂踈儀狄杜康作秫酒子酉切

⿰酉冡　䴹生衣也从酉冡聲莫紅切

⿰酉甚　孰䴹也从酉甚聲余箴切

釀　醞也作酒曰釀从酉襄聲女亮切

醞　釀也从酉昷聲於問切

醑 旨酒也从酉胥聲○右字記引說文有此字及解今本無之疑脫文

酒疾孰也从酉弁聲芳萬切

酴 酒母也从酉余聲讀若廬同都切

釃 下酒也一曰醇也从酉麗聲所綺切

䣓 䤅酒也从酉肙聲古玄切

䤅 酳也从酉鬲聲郎擊切

醴 酒一宿孰也从酉豊聲盧啓切

醪 汁滓酒也从酉翏聲魯刀切

後漢書寇恂傳注引汁上有無字

醇 不澆酒也从酉𦎧聲常倫切

醹 厚酒也从酉需聲詩曰酒醴維醹而主切

酎 三重醇酒也从酉从時省明堂月令曰孟秋天子飲酎除柳切

六書故引唐本作从酉時省聲

孟秋作孟夏及呂

醠 濁酒也从酉盎聲烏浪切

醲 厚酒也从酉農聲女容切

䤋 酒也从酉茸聲而容切

玉篇作酒厚也

酤 一宿酒也一曰買酒也从酉古聲古乎切

□ 酒也从酉罸省聲陟离切

□ 泛齊行酒也从酉監聲盧瞰切

䤁 酒味淫也从酉竷省聲讀若春秋傳曰美而豔古禫切

酷 酒厚味也从酉告聲苦濼切

醰 酒味長也从酉覃聲徒紺切

⿰酉市 酒色也从酉市聲普活切

配 酒色也从酉己聲臣鉉等曰己非聲當从妃省滂佩切

⿰酉弋 酒色也从酉弋聲與職切

醆 爵也一曰酒濁而微清也从酉戔聲阻限切

酌 盛酒行觴也从酉勺聲之若切

醮 冠娶禮祭从酉焦聲子肖切

𥛺 醮或从示

⿰酉朁 歓酒也从酉朁聲子朕切

酳 少少歓也从酉勻聲余刃切

醻 主人進客也从酉𠷎聲市流切

酬 醻或从州

醋 客酌主人也从酉昔聲在各切臣鉉等曰今俗作倉故切

⿰酉盜 歓酒俱盡也从酉盜聲迷

新修十九文

必切

釂 飲酒盡也从酉嚼省聲子肖切

酣 酒樂也从酉从甘甘亦聲胡甘切

酖 樂酒也从酉冘聲丁含切

醧 私宴飲也从酉區聲依據切

醵 會飲酒也从酉豦聲其虐切

𨠞 醵或从巨

酺 王德布大飲酒也从酉甫聲薄乎切

醅 醉飽也从酉咅聲匹回切

醉 卒也卒其度量不至於亂也一曰潰也从酉从卒將遂切

醺 醉也从酉熏聲詩曰公尸來燕醺醺許云切

醟 酗也从酉熒省聲爲命切

酗 醉醟也从酉句聲香遇切

酲 病酒也一曰醉而覺也从酉呈聲直貞切

醫 治病工也殹惡姿也醫之性然得酒而使从酉王育說一曰殹病聲酒所以治病也周禮有醫酒古者巫彭初

作醫於莤禮祭束茅加于祼圭而灌鬯酒是爲莤
其切象神歆之也一曰莤榼上塞也从酉从艸
春秋傳曰爾貢包茅不入王醨薄酒也从酉离聲
祭不供無以莤酒所六切讀若離呂支切
䤁酢也从酉韱聲酸酢也从酉夋聲關東
聲初減切謂酢曰酸素官切䤁
籀文酸酨酢漿也从酉醶酢漿也从酉僉聲
从畯𢦏聲徒奈切臣鉉等曰今俗作
釅非是酢醶也从酉乍聲倉故切臣酏黍酒
魚窆切鉉等曰今俗作在各切也从
酉也聲一曰甜也賈侍醬盬也从肉从酉酒以和
中說酏爲䣽清移爾切醬也爿聲即亮切
古醬籀醢肉醬也从酉㿼臣鉉等曰㿼
文文甌器也所以盛醢呼改切

廣韻韻會引作醢也

繫傳韻會引作㿼聲

說文十四下　六

玉篇廣韻皆云䤕
任酉

宋本無酓

籀文

䤮 䤮酳榆醬也从酉敄聲莫候切

酳 䤮酳也从酉俞聲田候切

酹 餟祭也从酉寽聲郎外切

⿰酉畢 擣榆醬也从酉畢聲蒲計切

⿰酉矞 醬也从酉矞聲居律切

䣼 雜味也从酉京聲力讓切

⿰氵⿱⿰亻攴酉 闕慈冉切

⿰亻酉 闕而琰切

酓 酒味苦也从酉今聲咽嗛切 在第十七葉醬字下

文六十七　重八

酪 乳漿也从酉各聲盧各切

醐 醍醐酪之精者也从酉胡聲户吳切

酩 酩酊醉也从酉名聲莫迥切

酊 酩酊也从酉丁聲都挺切

醒 醉解也从酉星聲按醒字注云一曰醉而覺也則古醒亦音醒也桑經切

醍 清酒也从酉是聲它禮切

文六 新附

酋 繹酒也从酉水半見於上禮有大酋掌酒官也凡酋之屬皆从酋字秋切

尊 酒器也从酋廾以奉之周禮六尊犧尊象尊箸尊壺尊太尊山尊以待祭祀賓客之禮祖昆切

尊 尊或从寸臣鉉等曰今俗以尊作尊卑之尊别作罇非是

文二 重一

戌 滅也九月陽气微萬物畢成陽下

入地也五行土生於戊盛於戌从戊含一凡戌之屬皆从戌辛聿切

繫傳韻會引作从戊一一亦聲 補安蕾刀作从戊一聲 又引陽冰曰一囗說聲 別本有聲字

文一

亥

荄也十月微陽起接盛陰从二二古文上字一人男一人女也从乙象裹子咳咳之形春秋傳曰亥有二首六身凡亥之屬皆从亥胡改切

補安蕾刀陽冰說古文亥本象豕藏一畫在

亥 古文亥亥爲豕與豕同亥而生子復從一起

文一　重一

說文解字弟十四下

丁卯二月廿四日校于錫下　三月一日舟行安亮河中大風阻竟

戊辰正月四日校小字宋本完時在安德平津館　五松居士記

說文解字弟十五上　漢太尉祭酒許慎記

銀青光祿大夫守右散騎常侍上柱國東海縣開國子食邑五百戶臣徐鉉等奉

勑挍定

古者庖犧氏之王天下也仰則觀象於天俯則觀法於地視鳥獸之文與地之宜近取諸身遠取諸物於是始作易八卦以垂憲象及神農氏結繩爲治而統

其事庶業其繁飾僞萌生黃帝之史倉頡見鳥獸蹏迒之迹知分理之可相別異也初造書契百工以乂萬品以察蓋取諸夬夬揚于王庭言文者宣敎明化於王者朝廷君子所以施祿及下居德則忌也倉頡之初作書蓋依類象形故謂之文其後形聲相益即謂之字字者

文者物象之本

言孳乳而浸多也著於竹帛謂之書書者如也以迄五帝三王之世改易殊體封于泰山者七十有二代靡有同焉周禮八歲入小學保氏敎國子先以六書一曰指事指事者視而可識察而可見上下是也二曰象形象形者畫成其物隨體詰詘日月是也三曰形聲形聲者

可見漢藝文志注師古曰謂視而可識察而見之

以事爲名取譬相成江河是也四曰會
意會意者比類合誼以見指撝武信是
也五曰轉注轉注者建類一首同意相
受考老是也六曰假借假借者本無其
字依聲託事令長是也及宣王太史籒

繫傳汗簡異叙門作太史籒

著大篆十五篇與古文或異至孔子書

繫傳汗簡異叙門作与古文或同或異

六經左丘明述春秋傳皆以古文厥意

可得而說其後諸侯力政不統於王惡
禮樂之害己而皆去其典籍分爲七國
田疇異畮車涂異軌律令異法衣冠異
制言語異聲文字異形秦始皇帝初兼
天下丞相李斯乃奏同之罷其不與秦
文合者斯作倉頡篇中車府令趙高作
爰歷篇太史令胡毋敬作博學篇皆取

汗簡畧叙引作而說也
汗簡畧叙引作力征
汗簡畧叙引作律法異令衣冠異

史籀大篆或頗省改所謂小篆者也是時秦燒滅經書滌除舊典大發隸卒興役戍官獄職務繁初有隸書以趣約易而古文由此絶矣

汗簡[illegible]又戍作[illegible]下同

徐鍇曰王僧虔云秦獄吏程邈善大篆得辠繫雲陽獄增減大篆去其繁複始皇善之出爲御史名其書曰隸書班固云謂施之於徒隸也即今之隸書而無點畫俯仰之勢

自爾秦書有八體一曰大篆二曰小篆三曰刻符四曰蟲書

徐鍇曰案藻書注蟲書即鳥書以書幡信首象鳥形

即下云鳥 五曰摹印 蕭子良以刻符摹印合爲一體徐鍇以爲符者竹而中剖蟲是也之字形半分理應別爲一體摹印屈曲塡密則秦璽文也子良誤合之 六曰署書 蕭子良云署書漢高六年蕭何所定以題蒼龍白虎二闕羊欣云何覃思累月然後題之 七曰殳書 徐鍇曰書於殳也殳體八觚隨其勢而書之 八曰隸書漢興有艸書 徐鍇曰案書傳多云張芝作艸又云齊相杜探作據說文則張芝之前已有矣蕭子良云藁書者董仲舒欲言災異藁艸未上即爲藁書藁者艸之初也史記上官奪屈原藁艸今云漢興有艸知所言藁艸是創詞非艸書也 尉律 徐鍇曰尉律漢律篇名 學僮十七已上始試

諷籒書九千字乃得爲吏又以八體試
之郡移太史并課最者以爲尚書史書
或不正輒舉劾之今雖有尉律不課小
學不修莫達其説久矣孝宣時召通倉
頡讀者張敞從受之涼州刺史杜業沛
人爰禮講學大夫秦近亦能言之孝平
時徵禮等百餘人令説文字未央廷中

以禮爲小學元士黃門侍郎楊雄采以作訓纂篇凡倉頡已下十四篇凡五千三百四十字羣書所載略存之矣及亡新居攝使大司空甄豐等校文書之部自以爲應制作頗改定古文時有六書一曰古文孔子壁中書也二曰奇字即古文而異者也三曰篆書即小篆秦始

自相似三字汗簡畧敘引皆下空

皇帝使下杜人程邈所作也徐鍇曰李斯雖改史篇爲秦篆而程邈復同作也四曰佐書即秦隸書五曰繆篆所以摹印也六曰鳥蟲書所以書幡信也壁中書者魯恭王壞孔子宅而得禮記尚書春秋論語孝經又北平侯張倉獻春秋左氏傳郡國亦往往於山川得鼎彝其銘即前代之古文皆自相似

自此二條𦙍補

說字當作誼

雖叵復見遠流其詳可得略說也而世人大共非訾以爲好奇者也故詭更正文鄉壁虛造不可知之書變亂常行以燿於世諸生競說字解經誼稱秦之隸書爲倉頡時書云父子相傳何得改易乃猥曰馬頭人爲長人持十爲斗虫者屈中也廷尉說律至以字斷法苛人受

錢苛之字止句也若此者甚衆皆不合
孔氏古文謬於史籀俗儒鄙夫翫其所
習蔽所希聞不見通學未嘗覩字例之
條怪舊埶而善野言以其所知爲祕妙
究洞聖人之微恉又見倉頡篇中幼子
承詔因號古帝之所作也其辭有神僊
之術焉其迷誤不諭豈不悖哉書曰予

欲觀古人之象言必遵修舊文而不穿鑿孔子曰吾猶及史之闕文今亡也夫蓋非其不知而不問人用己私是非無正巧說衺辭使天下學者疑蓋文字者經藝之本王政之始前人所以垂後後人所以識古故曰本立而道生知天下之至嘖而不可亂也今敘篆文合以古

籒博采通人至于小大信而有證稽譔其說將以理羣類解謬誤曉學者達神恉徐鍇曰恉即意旨字旨者美也多通用分別部居不相雜廁徐鍇曰分部相從自許始也萬物咸覩靡不兼載厥誼不昭爰明以諭其偁易孟氏書孔氏詩毛氏禮周官春秋左氏論語孝經皆古文也於其所不知蓋闕如也

小字宋本作其於

宋本及趙鈔作其於

說文解字弟一

一 部一　上 部二　示 部三　三 部四

王 部五　玉 部六　玨 部七　气 部八

士 部九　丨 部十　屮 部十一　艸 部十二

蓐 部十三　茻 部十四

說文解字弟二

小 部十五　八 部十六　釆 部十七　半 部十八

牛 部十九
犛 部二十
告 部二十一
口 部二十二

凵 部二十三
吅 部二十四
哭 部二十五
走 部二十六

止 部二十七
癶 部二十八
步 部二十九
此 部三十

正 部三十一
是 部三十二
辵 部三十三
彳 部三十四

廴 部三十五
㢟 部三十六
行 部三十七
齒 部三十八

牙 部三十九
足 部四十
疋 部四十一
品 部四十二

龠 部四十三
冊 部四十四

宋本先㕯後只 而三上次第仍只在㕯右

說文解字弟三

㗊 部四十五
舌 部四十六
干 部四十七
𧮫 部四十八

只 部四十九
㕯 部五十
句 部五十一
丩 部五十二

古 部五十三
十 部五十四
卅 部五十五
言 部五十六

誩 部五十七
音 部五十八
䇂 部五十九
丵 部六十

菐 部六十一
廾 部六十二
𠬜 部六十三
共 部六十四

異 部六十五
舁 部六十六
𦥑 部六十七
䢅 部六十八

爨 部六十九
革 部七十
鬲 部七十一
䰜 部七十二

爪 部七十三
丮 部七十四
鬥 部七十五
又 部七十六

𠂇 部七十七
史 部七十八
支 部七十九
𦘒 部八十

聿 部八十一
畫 部八十二
隶 部八十三
臤 部八十四

臣 部八十五
殳 部八十六
殺 部八十七
𠘧 部八十八

寸 部八十九
皮 部九十
㼱 部九十一
攴 部九十二

教 部九十三
卜 部九十四
用 部九十五
爻 部九十六

宋本皕作百誤

㸚 部九十七

說文解字第四

𡕥 部九十八 目 部九十九 䀠 部一百 眉 部一百一

盾 部一百二 自 部一百三 白 部一百四 鼻 部一百五

皕 部一百六 習 部一百七 羽 部一百八 隹 部一百九

奞 部一百十 萑 部一百十一 𦫳 部一百十二 𥄕 部一百十三

羊 部一百十四 羴 部一百十五 瞿 部一百十六 雔 部一百十七

雥 部一百十八
鳥 部一百十九
烏 部一百二十
𠦒 部一百二十一

冓 部一百二十二
幺 部一百二十三
𢆶 部一百二十四
叀 部一百二十五

玄 部一百二十六
予 部一百二十七
放 部一百二十八
𠬪 部一百二十九

𣦼 部一百三十
歺 部一百三十一
死 部一百三十二
冎 部一百三十三

骨 部一百三十四
肉 部一百三十五
筋 部一百三十六
刀 部一百三十七

刃 部一百三十八
㓞 部一百三十九
丯 部一百四十
耒 部一百四十一

角 部一百四十二

鼓字俗作鼓

說文解字弟五

竹 部一百四十三
箕 部一百四十四
丌 部一百四十五
左 部一百四十六

工 部一百四十七
㠭 部一百四十八
巫 部一百四十九
甘 部一百五十

曰 部一百五十一
乃 部一百五十二
丂 部一百五十三
可 部一百五十四

兮 部一百五十五
号 部一百五十六
亏 部一百五十七
旨 部一百五十八

喜 部一百五十九
壴 部一百六十
鼓 部一百六十一
豈 部一百六十二

豆 部一百六十三
豊 部一百六十四
豐 部一百六十五
䖒 部一百六十六

疑傳郭叙爲畗在㫗前云畗端 [uncertain reading]

虍 部一百六十七
虎 部一百六十八
虤 部一百六十九
皿 部一百七十

凵 部一百七十一
去 部一百七十二
血 部一百七十三
丶 部一百七十四

丹 部一百七十五
青 部一百七十六
井 部一百七十七
皀 部一百七十八

鬯 部一百七十九
食 部一百八十
亼 部一百八十一
會 部一百八十二

倉 部一百八十三
入 部一百八十四
缶 部一百八十五
矢 部一百八十六

高 部一百八十七
冂 部一百八十八
𩫏 部一百八十九（畗 宋本）
京 部一百九十

亯 部一百九十一
㫗 部一百九十二
畗 部一百九十三
㐭 部一百九十四

也坡次之以畢圭
茀汗南先畢後
畱与青

嗇 部一百九十五　來 部一百九十六　麥 部一百九十七　夊 部一百九十八

舛 部一百九十九　舜 部二百　韋 部二百一　弟 部二百二

夂 部二百三　久 部二百四　桀 部二百五

說文解字弟六

木 部二百六　東 部二百七　林 部二百八　才 部二百九

叒 部二百十　之 部二百十一　帀 部二百十二　出 部二百十三

𣎵 部二百十四　生 部二百十五　乇 部二百十六　𠂹 部二百十七

𠂹部二百十八
華部二百十九
𥝌部二百二十
稽部二百二十一
巢部二百二十二
桼部二百二十三
束部二百二十四
㯻部二百二十五
囗部二百二十六
員部二百二十七
貝部二百二十八
邑部二百二十九
𨛜部二百三十

說文解字弟七

日部二百三十一
旦部二百三十二
倝部二百三十三
㫃部二百三十四
冥部二百三十五
晶部二百三十六
月部二百三十七
有部二百三十八

朙 部二百三十九
囧 部二百四十
夕 部二百四十一
多 部二百四十二
毌 部二百四十三
𢎘 部二百四十四
𣐺 部二百四十五
𠧪 部二百四十六
齊 部二百四十七
朿 部二百四十八
片 部二百四十九
鼎 部二百五十
克 部二百五十一
彔 部二百五十二
禾 部二百五十三
秝 部二百五十四
黍 部二百五十五
香 部二百五十六
米 部二百五十七
毇 部二百五十八
臼 部二百五十九
凶 部二百六十
朩 部二百六十一
林 部二百六十二
麻 部二百六十三
尗 部二百六十四
耑 部二百六十五
韭 部二百六十六

瓜 部二百六十七
瓠 部二百六十八
宀 部二百六十九
宮 部二百七十
呂 部二百七十一
穴 部二百七十二
㝱 部二百七十三
疒 部二百七十四
冖 部二百七十五
𠔼 部二百七十六
冃 部二百七十七
㒳 部二百七十八
网 部二百七十九
襾 部二百八十
巾 部二百八十一
市 部二百八十二
帛 部二百八十三
白 部二百八十四
㡀 部二百八十五
黹 部二百八十六

說文解字第八

人 部二百八十七
𠤎 部二百八十八
匕 部二百八十九
从 部二百九十

鍇傳部敘㐺从
在丘前云北背也背
而求衆故次之以㐺
㐺衆也衆依於北
故次之以北今亦
釋文從一聚目例
丘在㐺前
臥　身㐆衣裘
老毛毳尸尺
尾
自敘云尾十一
部鍇傳部敘
蓋與大徐卷
首部目同云云
不及備錄

比 部二百九十一
北 部二百九十二
丘 部二百九十三
㐺 部二百九十四

𡈼 部二百九十五
重 部二百九十六
臥 部二百九十七
身 部二百九十八

㐆 部二百九十九
衣 部三百
裘 部三百一
老 部三百二

毛 部三百三
毳 部三百四
尸 部三百五
尺 部三百六

尾 部三百七
履 部三百八
舟 部三百九
方 部三百十

儿 部三百十一
兄 部三百十二
兂 部三百十三
皃 部三百十四

𠑹 部三百十五
先 部三百十六
秃 部三百十七
見 部三百十八

覞 部三百十九
欠 部三百二十
㱃 部三百二十一
次 部三百二十二
旡 部三百二十三

說文解字弟九

頁 部三百二十四
𦣻 部三百二十五
面 部三百二十六
丏 部三百二十七
首 部三百二十八
県 部三百二十九
須 部三百三十
彡 部三百三十一
彣 部三百三十二
文 部三百三十三
髟 部三百三十四
后 部三百三十五
司 部三百三十六
卮 部三百三十七
卩 部三百三十八
印 部三百三十九

色部三百四十
𠨍部三百四十一
辟部三百四十二
勹部三百四十三

包部三百四十四
茍部三百四十五
鬼部三百四十六
甶部三百四十七

厶部三百四十八
嵬部三百四十九
山部三百五十
屾部三百五十一

屵部三百五十二
广部三百五十三
厂部三百五十四
丸部三百五十五

危部三百五十六
石部三百五十七
長部三百五十八
勿部三百五十九

冄部三百六十
而部三百六十一
豕部三百六十二
㣇部三百六十三

彑部三百六十四
豚部三百六十五
豸部三百六十六
𤉡部三百六十七

易 部三百六十八
象 部三百六十九

說文解字弟十

馬 部三百七十
廌 部三百七十一
鹿 部三百七十二
麤 部三百七十三
㲋 部三百七十四
兔 部三百七十五
萈 部三百七十六
犬 部三百七十七
㹜 部三百七十八
鼠 部三百七十九
能 部三百八十
熊 部三百八十一
火 部三百八十二
炎 部三百八十三
黑 部三百八十四
囪 部三百八十五
焱 部三百八十六
炙 部三百八十七
赤 部三百八十八
大 部三百八十九

亦 部三百九十　夨 部三百九十一　夭 部三百九十二　交 部三百九十三

尢 部三百九十四　壺 部三百九十五　壹 部三百九十六　㚔 部三百九十七

奢 部三百九十八　亢 部三百九十九　夲 部四百　夰 部四百一

亣 部四百二　夫 部四百三　立 部四百四　竝 部四百五

囟 部四百六　思 部四百七　心 部四百八　惢 部四百九

說文解字弟十一

水 部四百十　沝 部四百十一　頻 部四百十二　𡿨 部四百十三

巜 部四百十四
川 部四百十五
泉 部四百十六
灥 部四百十七
永 部四百十八
𠂢 部四百十九
谷 部四百二十
仌 部四百二十一
雨 部四百二十二
雲 部四百二十三
魚 部四百二十四
𩺰 部四百二十五
燕 部四百二十六
龍 部四百二十七
飛 部四百二十八
非 部四百二十九
卂 部四百三十

說文解字弟十二

乞 部四百三十一
不 部四百三十二
至 部四百三十三
西 部四百三十四

鹵 部四百三十五

鹽 部四百三十六

戶 部四百三十七

門 部四百三十八

耳 部四百三十九

𦣝 部四百四十

手 部四百四十一

𠦬 部四百四十二

女 部四百四十三

毋 部四百四十四

民 部四百四十五

丿 部四百四十六

𠂆 部四百四十七

乁 部四百四十八

氏 部四百四十九

氐 部四百五十

戈 部四百五十一

戉 部四百五十二

我 部四百五十三

亅 部四百五十四

珡 部四百五十五

乚 部四百五十六

亡 部四百五十七

匸 部四百五十八

匚 部四百五十九

曲 部四百六十

甾 部四百六十一

瓦 部四百六十二

弓 部四百六十三
弜 部四百六十四
弦 部四百六十五
系 部四百六十六

說文解字弟十三

糸 部四百六十七
素 部四百六十八
絲 部四百六十九
率 部四百七十

虫 部四百七十一
䖵 部四百七十二
蟲 部四百七十三
風 部四百七十四

它 部四百七十五
龜 部四百七十六
黽 部四百七十七
卵 部四百七十八

二 部四百七十九
土 部四百八十
垚 部四百八十一
堇 部四百八十二

里 部四百八十三
田 部四百八十四
畕 部四百八十五
黃 部四百八十六

男 部四百八十七
力 部四百八十八
劦 部四百八十九

說文解字弟十四

金 部四百九十
幵 部四百九十一
勺 部四百九十二
几 部四百九十三
且 部四百九十四
斤 部四百九十五
斗 部四百九十六
矛 部四百九十七
車 部四百九十八
𠂤 部四百九十九
𨸏 部五百
𨺅 部五百一
厽 部五百二
四 部五百三
宁 部五百四
叕 部五百五
亞 部五百六
五 部五百七
六 部五百八
七 部五百九

九 部五百十
禸 部五百十一
嘼 部五百十二
甲 部五百十三
乙 部五百十四
丙 部五百十五
丁 部五百十六
戊 部五百十七
己 部五百十八
巴 部五百十九
庚 部五百二十
辛 部五百二十一
辡 部五百二十二
壬 部五百二十三
癸 部五百二十四
子 部五百二十五
了 部五百二十六
孨 部五百二十七
𠫓 部五百二十八
丑 部五百二十九
寅 部五百三十
卯 部五百三十一
辰 部五百三十二
巳 部五百三十三
午 部五百三十四
未 部五百三十五
申 部五百三十六
酉 部五百三十七

酋部五百三十八　戌部五百三十九　亥部五百四十

說文解字弟十五上

說文解字弟十五下　漢太尉祭酒許慎記

銀青光祿大夫守右散騎常侍上柱國東海縣開國子食邑五百戶臣徐鉉等奉

敕校定

敘曰此十四篇五百四十部九千三百五十三文重一千一百六十三解說凡十三萬三千四百四十一字其建首也立一爲耑方以類聚物以羣分同條牽

屬共理相貫雜而不越據形聯系引而申之以究萬原畢終於亥知化窮冥于時大漢聖德熙明承天稽唐敷崇殷中遐邇被澤渥衍沛滂廣業甄微學士知方探嘖索隱厥誼可傳粵在永元困頓之季（徐鍇曰漢和帝永元十二年歲在庚子也）孟陬之月朔日甲申曾曾小子祖自炎神縉雲相黃共承

高辛太岳佐夏呂叔作藩俾侯于許世祚遺靈自彼徂召宅此汝瀕竊卬景行敢涉聖門其弘如何節彼南山欲罷不能旣竭愚才惜道之味聞疑載疑演贊其志次列微辭知此者稀儻昭所尤庶有達者理而董之

召陵萬歲里公乘艸莽臣沖稽首再拜上書皇帝陛下臣

伏見陛下以神明盛德承遵聖業上考度於天下流化於民先天而天不違後天而奉天時萬國咸寧神人以和猶復深惟五經之妙皆爲灋制博采幽遠窮理盡性以至於命先帝詔侍中騎都尉賈逵修理舊文殊藝異術王教一耑苟有可以加於國者靡不悉集易曰窮神知

化德之盛也書曰人之有能有爲使羞其行而國其昌臣父故太尉南閣祭酒慎本從逵受古學蓋聖人不空作皆有依據今五經之道昭炳光明而文字者其本所由生自周禮漢律皆當學六書貫通其意恐巧說衺辭使學者疑慎博問通人考之於逵作說文解字六藝羣

書之詁皆訓其意而天地鬼神山川艸
木鳥獸蚰蟲雜物奇怪王制禮儀世間
人事莫不畢載凡十五卷十三萬三千
四百四十一字慎前以詔書校書東觀教
小黃門孟生李喜等以文字未定未奏
上今慎已病遣臣齎詣闕慎又學孝經
孔氏古文說古文孝經者孝昭帝時魯

國三老所獻建武時給事中議郎衛宏所校皆口傳官無其説謹撰具一篇并上臣沖誠惶誠恐頓首頓首死辠死辠

臣沖稽首再拜以聞皇帝陛下建光元年九月己亥朔二十日戊午上徐鍇曰建光元年漢安帝之十五年歲在辛酉

召上書者汝南許沖詣左掖門外會令并齎所上書十月十九日中黃門饒

喜以詔書賜召陵公乘許沖布四十匹
即日受詔朱雀掖門　敕勿謝
銀青光祿大夫守右散騎常侍上柱國
東海縣開國子食邑五百戶臣徐鉉奉
直郎守祕書省著作郎直史館臣句中
正翰林書學臣葛湍臣王惟恭等奉
詔校定許慎說文十四篇并序目一篇

凡萬六百餘字聖人之旨蓋云備矣稽夫八卦既畫萬象既分則文字爲之大輅載籍爲之六轡先王教化所以行於百代及物之功與造化均不可忽也雖復五帝之後改易殊體六國之世文字異形然猶存篆籀之迹不失形類之本及暴秦苛政散隸聿興便於末俗人競

師法古文既絶譌僞日滋至漢宣帝時
始命諸儒修倉頡之法亦不能復故光
武時馬援上疏論文字之譌謬其言詳
矣及和帝時申命賈逵修理舊文於是
許慎采史籀李斯揚雄之書博訪通人
考之於逵作說文解字至安帝十五年
始奏上之而隸書行之已久習之益工

加以行草八分紛然間出返以篆籀爲奇怪之迹不復經心至於六籍舊文相承傳寫多求便俗漸失本原爾雅所載艸木魚鳥之名肆意增益不可觀矣諸儒傳釋亦非精究小學之徒莫能矯正唐大曆中李陽冰篆迹殊絕獨冠古今自云斯翁之後直至小生此言爲不妄

矣於是刊定說文修正筆法學者師慕
篆籀中興然頗排斥許氏自爲臆說夫
以師心之見破先儒之祖述豈聖人之
意乎今之爲字學者亦多從陽冰之新
義所謂貴耳賤目也自唐末喪亂經籍
道息
皇宋膺運

二聖繼明人文國典粲然光被興崇學校登進羣才以爲文字者六藝之本固當率由古法乃

詔取許愼說文解字精加詳校垂憲百代臣等愚陋敢竭所聞蓋篆書堙替爲日已久凡傳寫說文者皆非其人故錯亂遺脫不可盡究今以集書正副本及

羣臣家藏者備加詳考有許慎注義序
例中所載而諸部不見者審知漏落悉
從補録復有經典相承傳寫及時俗要
用而說文不載者承
詔皆附益之以廣篆籀之路亦皆形聲
相從不違六書之義者其間說文具有
正體而時俗譌變者則具於注中其有

義理乖舛違戾六書者並序列於後俾
夫學者無或致疑大抵此書務援古以
正今不徇今而違古若乃高文大冊則
宜以篆籀著之金石至於常行簡牘則
艸隸足矣又許慎注解詞簡義奧不可
周知陽冰之後諸儒箋述有可取者亦
從附益猶有未盡則臣等粗爲訓釋以

成一家之書說文之時未有翻切後人
附益互有異同孫愐唐韻行之已久今
竝以孫愐音切爲定庶夫學者有所適
從食時而成旣異淮南之敏縣金於市
曾非吕氏之精塵瀆
聖明若臨冰谷謹上
新修字義

左文一十九説文闕載注義及序例偏旁有之今竝録於諸部

詔　志　件　借　魋　綦　剔

䰜　醆　趄　顦　璵　譍　樧

緻　笑　迓　睆　峯

左文二十八俗書譌謬不合六書之體

亹字書所無不知所从無以下筆易云定天下之亹亹當作娓　个亦不

見義無以下筆明堂左右个者明堂旁室也當作介

暮 本作莫日在茻中也

熟 本作孰享芽以手進之

捧 本作奉从廾从手丰聲經典皆如此

邀 本作敫从出从放

徘徊 本作裴回寬衣也取其裴回之狀

迴 本作回象回轉之形

腰 本只作要說文象形借爲玄要之要後人加肉

嗚 本只作烏烏盱呼也以其名自呼故曰烏呼後人加口

慾 說文欲字注云貪欲也此後人加心

揀 本只作柬說文从束八八柬之也後人加手

俸 本只作奉古爲之奉祿後人加人自暮已下一十二字後人妄加偏傍失六書

之義

鞦韆 按詞人高無際作鞦韆賦序云漢武帝後庭之戲也本云千秋祝壽之詞也語譌轉爲秋千後人不本其意乃造此字非皮革所爲非車馬之用不合从革

影 按影者光景之類也合通用景非毛髮藻飾之事不當从彡

斌 本作彬或份文質備也从文配武過爲鄙淺復有从斌从貝者音顧亦於義無取

悅 經典只作說

藝 本只作埶後人加艸云義無所取

著 本作箸說文陟慮切注云飯攲也借爲住箸之箸後人从艸

墅 經典只用野野亦音常句切

蓑 衰字本作蘇禾切从衣象形借爲衰朽之衰

賾 周易疏義云深也按

此亦假借之字當通用嘖

黌 學堂也从學省黃聲說文無學部

黈 充耳也从纊省主聲說文無纊部

矗 直直皃經史所無說文無直部此三字皆無部類可附

麌 說文噳字注云麌鹿羣口相聚也詩麀鹿麌麌當用噳字

池 池沼之池當用沱沱江之別流也

篆文筆迹相承小異

尺 **尺** 尺本作乃尺本从二从古文及左旁不當引筆下垂蓋前作筆勢如此後代因而不改

以 說文不从人直作㠯

親 左旁

亲从辛从木說文不省此二字李斯刻石文如此後人因之从辛从口

中畫不當上曲亦李斯刻石如此上曲則字形茂美人皆効之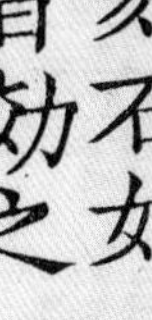說文作

象二屬之形李斯筆迹小變不言爲異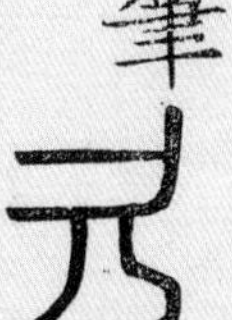說文作亦李斯小變其勢李

陽冰乃云从開口形亦爲臆說說文从屮而垂下於相出入也从入此字

从屮下垂當只作屮蓋相承多一畫如六切說文本作肉後人相承作

与月字相類說文作止史籀筆迹小異非別體此本

蕃廡之廡李斯借爲有無之無後人尚其簡

便故皆从之有無字本从亡李陽冰乃云不

說文十五下　十二

當加亡且蕃廡字从大从丗數之積也从林亦蕃多之義若不加亡何以得爲有無之無

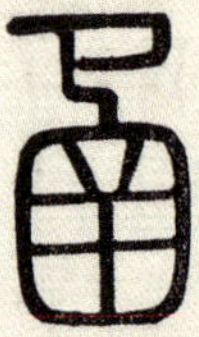

或作[illegible]亦止於筆迹小異

說文作[illegible]李斯筆迹小異

說文解字弟十五下

接

銀青光禄大夫守右散騎常侍上柱國
東海縣開國子食邑五百戸臣徐鉉等

伏奉
聖旨校定許愼說文解字一部伏以振
發人文興崇古道考遺編於魯壁緝蠹
簡於羽陵載穆
皇風允符
昌運伏惟
應運統天睿文英武大聖至明廣孝皇

帝陛下凝神繫表降鑒機先　聖靡不
通　思無不及以爲經籍既正憲章具
明非文字無以見聖人之心非篆籀無
以究文字之義眷兹譌俗深惻
皇慈爰命討論以垂程式將懲宿弊宜
屬通儒臣等寔媿謏聞猥承乏使徒窮
懵學豈副

宸謨塵瀆
冕旒冰炭交集其書十五卷以編袟繁
重每卷各分上下共三十卷謹詣
東上閤門進
上謹進

雍熙三年十一月　日翰林書學臣王惟恭臣葛湍等狀進

奉直郎守祕書省著作郎直史館臣句中正

銀青光祿大夫守右散騎常侍上柱國東海縣開國子食邑五百戶臣徐鉉

中書門下　　牒徐鉉等

新校定說文解字

牒奉

敕許愼說文起於東漢歷代傳寫譌謬

實多六書之蹤無所取法若不重加刊

正漸恐失其原流爰命儒學之臣共詳

篆籀之跡右散騎常侍徐鉉等深明舊史多識前言果能商搉是非補正闕漏書成上奏克副朕心宜遣雕鐫用廣流布自我朝之垂範俾永世以作程其書宜付史館仍令國子監雕爲印版依九經書例許人納紙墨價錢收贖兼委徐鉉等點檢書寫雕造無令差錯致誤後

人牒至準

敕故牒

雍熙三年十一月　日牒

給事中參知政事辛仲甫

給事中參知政事呂蒙工

中書侍郎兼工部尚書平章事李昉

嘉慶十三年四月四日校完小字宋本于安德

道署之平津館

後學毛晉從宋本校刊　男扆再校

說文自五音韻譜盛行於世而始一終亥眞本遂失其傳案徐楚金鍇撰繫傳四十卷中有部敘二卷學周易序卦傳而爲之推原偏旁所以相次之故則五百四十部一字不容倒置矣即毎部之中其先後各有意義亦非漫然者說文韻譜亦楚金所撰蓋爲後學檢字而作其兄鼎臣鉉序曰方今許李之書僅存於世偏旁奧密不可意知尋求一字往往終卷力省功倍思得其宜舍弟楚金特善小學因取叔重所記以切韻次之聲韻區分開卷可覩今此書止欲便於

檢討無恤其他聊存訓詁以爲别識凡十卷曰無恤其他言體例與説文迥别也聊存訓詁不載舊注也乃巽岩李氏燾割裂説文依韻重編起東終甲分十二卷名曰五音韻譜扆案平上去入爲四聲宫商録徵羽爲五音書中次序皆依四聲而名曰五音何也有前後二序原委頗詳戴馬氏通攷中今世行本删去而以説文舊序冠之譌謬甚矣　先君購得説文眞本係北宋板嫌其字小以大字開雕未竟而　先君謝世扆哀毀之餘益增痛焉久欲繼志而力有不逮今桼

榆之景爲日無多乃躬田而刻成之蓋不忍墮　先志也叔重偏旁在十五卷是時未有翻切但編其次序之先後尒今卷首標目有音釋者乃徐鼎臣所增也按歐陽公集古目録有郭忠恕小字說文字源扆今不得而見但夢英篆書偏旁延平二年所建者陝榻流傳甚廣中有五處次序不侔始竊疑之及讀郭恕先忠恕汗簡次序與此悉同乃知夢英之誤也即繫傳部敘之次亦有顛倒闕略處而書中之次與標目無二要必以此爲正也扆每讀他書其有關說文

者節録於後以備博覽之一助云汲古後人毛扆謹
識

魏江式論書表云後漢侍中賈逵汝南許慎古學之
師也後慎嗟時人之好奇歎俗儒之穿鑿惋文毀於
凡譽痛字敗於庸説詭更任情變亂於世故撰説文
解字十五篇首一終亥各有部居包括六藝羣書之
詁評譯百氏諸子之訓天地山川草木鳥獸昆蟲雜
物奇怪珍異王制禮儀世閒人事莫不畢載可謂類
聚羣分雜而不越文質彬彬最可得而論也

唐張懷瓘書斷云按大篆者周宣王太史史籀所作也或云柱下史始變古文或同或異謂之爲篆篆者傳也傳其物理施之無窮甄酆定六書三曰篆書八體書法一曰大篆又漢藝文志云史籀十五篇並此也以史官製之用以教授謂之史書凡九千字秦焚書惟易與史篇得全案許愼說文十五卷九千餘字適與此合故先民以爲愼即取此而說其文義

五代蜀廣政間林罕字源偏傍小說序云漢太尉祭酒許愼取其形類作偏傍條例十五卷名之曰說文

說文遺漏呂忱又作字林五卷以補其闕洎三國之
後歷晉魏陳隋隸書盛行篆書殆將泯滅至唐將作
少監李陽冰就許氏說文重加刊正展作三十卷今
之所行者是也其時復於說文篆字下便以隸書照
之名曰字說開元中以隸體不定復隸書字統不録
篆文作四十卷名曰開元文字自此隸體始定矣○
又云篆雖一體而隸變數般篆隸即興訛舛相錯非
究於篆無由曉隸隸書有不拋篆者有全違篆者有
減篆者有添篆者有與篆同文者罕今所篆者則取

李陽冰重定說文所隸者則取開元文字於偏傍五百四十一字下各隨字訓釋或有事關造字省而難辨者須見篆方曉隸者雖在注中亦先篆後隸各逐所部載而明之其餘形聲易會不關造字者則略而不論其篆文下及注中易字便以隸書爲音如稍難者則紐以四聲四聲不足乃加切韻於說文中巳十得其八九矣名之曰林氏字源偏傍小說

徐鉉說文韻譜序曰昔伏羲畫八卦而文字之耑見矣倉頡模鳥跡而文字之形立矣史籀作大篆以潤

飾之李斯變小篆以簡易之其美至矣至程邈作隷
而人競趨省古法一變字義浸譌先儒許慎患其若
此故集倉雅之學研六書之旨博訪通識考於賈逵
作說文解字十五篇凡萬六千字字書精博莫過於
是篆籒之體極於斯焉
李文仲字鑑序云黄帝史倉頡仰觀天文奎星圓曲
之象俯察地理萬物之宜遂爲鳥跡蟲魚之書由是
文籍生焉周禮保氏掌養國子以道教之六書一曰
指事指事者視而可識察而可見上下是也二曰象

形象形者畫成其物隨體詰詘日月是也三曰形聲
形聲者以事爲名取譬相成江河是也四曰會意會
意者比類合誼以見指撝武信是也五曰轉注轉注
者建類一首同意相受考老是也六曰假借假借者
本無其字依聲託事令長是也六者制字之本雖蟲
篆變體古今異文離此則謬周宣王太史籀著大篆
十五篇與古文或同或異秦丞相李斯頗刪籀文謂
之小篆因政令之急職務之繁小篆不足以給下邽
程邈始變篆文而作隸書以趣約易後漢和帝命賈

逵修理舊文於是許愼集篆籀古文諸家之書質之
於逵作說文解字體包古今首得六書之要其於字
學處說文之先者非說文無以明處說文之後者非
說文無以法故後學所用取以爲則
張美和撰吳均增補復古編敘云文字之先本乎處
羲立畫暨黃帝之史蒼頡姓侯剛氏黃帝史也亦曰皇頡觀鳥跡以依類
象形故謂之文形聲相益則謂之字字者孳也孳孳
而生無窮之字出焉由是象形會意指事諧聲假借
轉注是謂六書成周之世八歲入小學先以此教之

漢許愼說文以五百四十二字爲部以統古今之字遂爲百世不刊之典

昭德晁氏公武郡齋讀書志云說文解字三十卷漢許愼纂唐李陽冰刊定南唐徐鉉再是正之又增加其鈌字

伯玉陳氏振孫直齋書録解題云許氏說文凡十四篇幷序目一篇各分上下卷凡五百四十部九千三百五十三文重一千一百六十三雍熙中右散騎常侍徐鉉奉詔挍定以李陽冰排斥許氏爲臆說末有

新修字義三條其音切則以唐孫愐爲定

崇文總目云說文字源一卷唐李騰集李陽冰篆書初陽冰爲滑州節度使爲李勉篆新驛記賈耽鎭滑州見陽冰書歎其精絕因命陽冰姪騰集其篆書以許愼說文目録五百餘字刊於石用爲世法云

歐公集古録云小字說文字源郭忠恕書忠恕者五代漢周之際爲湘陰公從事及事皇朝其事見實録頗奇怪世人但知其小篆而不知其楷法尤精然其楷書亦不見刻石者惟有此尔